中華書局校刊

聚珍仿宋版

十三經注疏

十九

孟子注疏

中華書局

孟子注疏

【四部備要】

經部

上海中華書局據阮刻本

校刊

桐鄉　陸費逵總勘
杭縣　高時顯 吳汝霖輯校
杭縣　丁輔之監造

欽定四庫全書總目孟子正義十四卷

漢趙岐注其疏則舊本題宋孫奭撰岐字邠卿京兆長陵人初名嘉字臺卿永興二年辟司空掾遷皮氏長延熹元年中常侍唐衡兄玹爲京兆尹與岐夙隙岐避禍逃避四方乃自改名字後遇赦得出拜并州刺史又遭黨錮十餘歲中平元年徵拜議郎舉燉煌太守後遷太僕終太常事蹟具後漢書本傳奭字宗古博平人太宗端拱中九經及第仁宗時官至兵部侍郎龍圖閣學士事蹟具宋史本傳是注卽岐避難北海時在孫賓家夾柱中所作漢儒注經多明訓詁名物惟此注箋釋文句乃似後世之口義與古學稍殊然孔安國馬融鄭元之注論語今載於何晏集解者體亦如是蓋易書文皆最古非通其訓詁則不明詩禮語皆徵實非明其名物亦不解論語孟子詞旨顯明惟闡其義理而止所謂言各有當也其中如謂宰予子貢有若緣孔子聖德高美而盛稱之孟子知其太過故貶謂之污下之類紕繆殊甚以屈原憔悴爲徵於色以甯戚叩角爲發於聲之類亦

比擬不倫然朱子作孟子集注或問於岐說不甚掊擊至於書中人名惟盆成括告子不從其學於孟子之說季孫子叔不從其二弟子之說餘皆從之書中字義惟折枝訓按摩之類不取其說餘亦多取之蓋其說雖不及後來之精密而開闢荒蕪俾後來得循途而深造其功要不可泯也胡爌拾遺錄據李善文選注引孟子曰墨子兼愛摩頂致於踵趙岐曰致至也知今本經文及注均與唐本不同今證以孫奭音義所音岐注亦多不相應（語詳孟子音義條下）蓋已非舊本至於盡心下篇夫子之設科也注稱孟子曰夫我設教授之科云云則顯爲予字今本乃作夫子又萬子曰句注稱萬子萬章也則顯爲子字今本乃作萬章是又注文未改而經文誤刊者矣其疏雖稱孫奭作而朱子語錄則謂邵武士人假託蔡季通識其人今考宋史邢昺傳稱昺於咸平二年受詔與杜鎬舒雅孫奭李慕清崔偓佺等校定周禮儀禮公羊穀梁春秋傳孝經論語爾雅義疏不云有孟子正義涑水紀聞載奭所定著有論語孝經爾雅正義亦不聞有孟子正義其不

出顛手確然可信其疏皆敷衍語氣如鄉塾講章故朱子語錄謂其全不似疏體不曾解出名物制度只繞纏趙岐之說至岐注好用古事爲比疏多不得其根據如注謂非禮之禮若陳質娶妻而長拜之非義之義若藉交報讎此誠不得其出典（案藉交報讎似謂藉交游之力以報讎如朱家郭解非有人姓藉名交也疑不能明謹附識於此）至於單豹養其內而虎食其外事出莊子亦不能舉則弇陋太甚朱彝尊經義考摘其欲見西施者人輸金錢一文事詭稱史記今考注以尾生爲不虞之譽以陳不瞻爲求全之毀疏亦並稱史記尾生事實見莊子陳不瞻事實見說苑（案說苑作陳不占蓋古字同音假借）皆史記所無如斯之類益影撰無稽矣以久列學官姑仍舊本錄之爾

孟子正義序

朝散大夫尚書兵部郎中充龍圖閣待制知通進銀臺司兼門下封駁事兼判國子監上護軍賜紫金魚袋臣孫奭撰

夫總羣聖之道者莫大乎六經紹六經之教者莫尚乎孟子自昔仲尼既沒戰國初興至化陵遲異端並作儀衍肆其詭辯楊墨飾其淫辭遂致王公納其謀以紛亂於上學者循其踵以蔽惑於下猶洚水懷山時盡昏墊繁蕪塞路孰可芟夷惟孟子挺名世之才秉先覺之志拔邪樹正高行厲辭導王化之源以救時弊開聖人之道以斷羣疑其言精而贍其旨淵而通致仲尼之教獨尊於千古非聖賢之倫安能至於此乎其書由炎漢之後盛傳於世爲之注者則有趙岐陸善經爲之音則有張鎰丁公著自陸善經已降其所訓說雖小有異同而共宗趙氏惟是音釋二家撰錄俱未精當張氏則徒分章句漏落頗多丁氏則稍識指歸僞謬時有若非再加刊正詎可通行臣奭前奉

勑與同判國子監王旭國子監直講馬龜符國子學說書吳易直馮元等作音義二卷已經

進呈今輒罄淺聞隨趙氏所說仰効先儒釋經爲之正義凡理有所滯事有所
遺質諸經訓與之增明雖仰測至言莫窮於奥妙而廣傳博識更佚於發揮謹
上

孟子注疏題辭解

題辭解 疏 正義曰案史記云孟軻受業子思門人道既通所干者不合退與萬章之徒序詩書述仲尼之意作孟子七篇至嬴秦焚書坑儒孟子之徒黨自是盡矣其七篇書號爲諸子故篇籍得不泯絶漢興高皇未遑庠序之事孝惠雖除挾書之律然而公卿皆武力功臣亦莫以爲意及孝文皇帝廣遊學之路天下衆書往往稍出由是論語孟子孝經爾雅皆置博士當時乃有劉歆九種孟子凡十一篇炎漢之後盛傳於世爲之注者西京趙岐出焉至于李唐又有陸善經出焉自陸善經已降其所訓說雖小有異同而咸歸宗於趙氏隋志云趙岐注孟子十四卷又有鄭玄注孟子七卷在梁時又有綦毋邃孟子九卷唐書藝文志又云孟子注凡四家有三十五卷至于皇朝崇文總目孟子獨存趙岐注十四卷唐陸善經注孟子七卷凡二家二十一卷今校定仍據趙注爲本今以爲主題辭者趙岐謂此書孟子之所作所以題號孟子之書其題辭爲孟子而作故曰孟子題辭

孟子題辭者所以題號孟子之書本末指義文辭之表也 疏 孟子至表也。○正義曰此敘孟子題辭爲孟子書之序也張鎰釋云孟子題辭即序也趙注尚異故不謂之序而謂之題辭

孟姓也 疏 正義曰此敘孟氏之所自也案魯史桓公之後桓公適子莊公爲君庶子公子慶父公子叔牙公子季友仲孫是慶父之後叔孫是叔牙之後季孫是季友之後其後子孫皆以仲叔季爲氏至仲孫氏後世改仲曰孟又云孟庶長之稱也言已是庶不敢與莊公爲伯仲叔季之次故取庶長爲始也又定公六年有仲孫何忌如晉左傳即曰孟懿子往是孟氏爲仲孫氏之後改孟也

子者男子之通稱也 疏 正義曰此敘凡稱子之例也案經傳凡敵者相謂皆言吾子或直言子稱師亦曰子是子者男子有德之通稱也公羊傳云子沈子曰何休云沈子稱子冠氏上者著其爲師也不但言子曰者辟孔子也然則後人稱先師則以子冠氏上所以明其爲師也如子公羊子子沈子之類是也凡書傳

直言子曰者皆指孔子以其師範來世人盡知之故不必言氏也孟軻有德亦足以師範來世宜其以氏冠子使後人知之非獨云有孔子又有孟子稱爲子焉
此書孟子之所作也故總謂之孟子疏正義曰此敘孟子所作此書故總名號爲孟子也唐林慎思續孟子書二卷以謂孟子七篇非軻自著乃弟子共記其言韓愈亦云孟軻之書非軻自著軻既沒其徒萬章公孫丑相與記軻所言焉今趙氏爲孟子之所作故總謂之孟子者蓋亦有由爾
其篇目則各自有名疏正義曰此敘孟子七篇各有名目也故梁惠王公孫丑滕文公離婁萬章告子盡心是也
孟子鄒人也名軻字則未聞也鄒本春秋邾子之國至孟子時改曰鄒矣國近魯後爲魯所幷又言邾爲楚所幷非魯也今鄒縣是也疏正義曰此敘孟子姓字及所居之國也案史記列傳云孟軻鄒人也不紀其字故趙氏云字則未聞焉後世或云字子輿云鄒本春秋邾子之國至是也者案春秋隱公元年書公及邾儀父盟于蔑杜注云邾今魯國鄒縣是也儀父事齊桓以獎王室王命以爲邾子說文云鄒孔子鄉也一云鄒魯附庸之國云國近魯者案左傳哀公七年公伐邾及范門猶聞鍾聲又曰魯擊柝聞於邾杜注云范門邾郭門也是爲魯所幷云爲楚所幷者案史記云魯頃公二十四年楚考烈王伐滅魯是又爲楚所幷
或曰孟子魯公族孟孫之後故孟子仕於齊喪母而歸葬於魯也三桓子孫既以衰微分適他國疏或曰至他國○正義曰此敘孟子爲魯公族孟孫之後也其說在孟姓之段云仕於齊葬於魯者公孫丑篇之文也春秋定公六年季孫斯仲孫何忌如晉十年叔孫仇如齊哀公二十七年公患三桓之後欲以諸侯去之杜預云欲求諸侯以逐三桓後至魯頃公時魯遂絕祀由是三桓子孫衰微
孟子生有淑質夙喪其父幼被慈母三遷之教長師孔子之孫子思治

儒述之道通五經尤長於詩書疏孟子至詩書○正義曰此敘孟子自幼至長之事也案史列女傳云孟軻母其舍近墓孟子少嬉遊爲墓間之事孟母曰此非吾所以處子也乃去舍市傍其嬉戲乃賈人衒賣之事又曰此非吾所以處子也復徙舍學宮之傍其嬉戲乃設俎豆揖遜進退孟母曰此真可以居吾子矣遂居焉及孟子既學而歸孟母問學所至孟子自若也孟母以刀斷機曰子廢學若吾斷機孟子懼旦夕勤學不息師子思遂成名儒又案史記云孟軻受業於子思之門人道既通所干不合退與萬章之徒敘詩書故趙氏云尤長於詩書周衰之末戰國縱橫用兵爭強以相侵奪當世取士務先權謀以爲上賢先王大道陵遲隳廢異端並起若楊朱墨翟放蕩之言以干時惑衆者非一孟子閔悼堯舜湯文周孔之業將遂湮微正塗壅底仁義荒怠佞僞馳騁紅紫亂朱疏周衰之末至亂朱○正義曰此敘周衰戰國縱橫之時大道陵遲也案太史公曰秦紀至犬戎敗幽王周東遷洛邑秦襄公始封爲諸侯作西時用事上帝於是僭端見矣自後陪臣執政大夫世祿六卿分晉及田常弒簡公而相齊國諸侯晏然不討海內爭於戰攻於是六國盛焉其務在強兵并敵謀詐用而縱橫長短之說起故秦用商君富國強兵楚魏用吳起戰勝弱敵齊威宣王用孫子田忌之徒而諸侯東面朝齊天下於是方務於合縱連橫以攻伐爲賢而楊朱墨翟以兼愛自爲以害仁義孟軻乃述唐虞三代之德退敘詩書述孔子之意當此之時念非孟子有哀憫之心則堯舜湯文周孔之業將遂沉小而正道鬱塞仁義荒怠佞僞並行紅紫亂朱矣楊雄云古者楊墨塞路孟子辭而闢之云湮微者湮沉也微小也云壅底者言正道鬱塞而不明也云仁義荒蕪者釋名曰仁忍也好生惡殺善惡含忍也義宜也裁制事物使合宜也莊子云愛仁利物之謂仁楊子云事得其宜謂之義尚書云無怠無荒孔注云迷亂曰荒怠懈怠也云佞僞馳騁者論語云仁而不

佞孔云佞口辭捷給爲人所憎惡者說文云僞詐也馳騁奔走云紅紫亂朱者論語云惡紫之奪朱也孔注云朱正色紫間色案皇氏云青赤黃白黑五方正色也不正謂五方間色綠紅碧紫騮黃是也青是東方正綠是東方間東爲木木色青木剋土土色黃並以所剋爲間故綠色青黃也朱是南方正紅是南方間南爲火火色赤火剋金金色白故紅色赤白也白是西方正碧是西方間西爲金金色白金剋木木色青故碧色青白也黑是北方正紫是北方間北方水水色黑水剋火火色赤故紫色赤黑也黃是中央正騮黃是中央間中央土土色黃土剋水水色黑故騮黃色黃黑也是正間然於是則慕仲尼周流憂世遂以儒道遊於諸侯思濟斯民然由不肯枉尺直尋時君咸謂之迂闊於事終莫能聽納其說疏於是至其說○正義曰此敘孟子周流聘世時君不聽納其說也言孟子心慕孔子偏憂其世遂以儒家仁義之道歷遊諸侯之國思欲救濟天下之民然而諸侯不能尊敬之者孟子亦且不見也雖召之而不往以其不肯枉尺以直尋十寸曰尺八尺曰尋史記云孟子道既通遊事齊齊宣王不能用適梁梁惠王不果所言是皆以爲迂遠而闊於事情而莫有能聽納其說者孟子亦自知遭蒼姬之訖。錄值炎劉之末奮進不得佐興唐虞雍熙之和退不能信三代之餘風恥沒世而無聞焉是故垂憲言以詒後人仲尼有云我欲託之空言不如載之行事之深切著明也疏孟子至著明也○正義曰此敘孟子自知道不行於世恥沒世無名聞故慕仲尼託之空言而載之行事也言孟子生於六國之時當衰周末又遇漢之末興上不得輔起唐虞二世之治下不能伸夏商周三代之風化自愧沒一世而無名聞所以垂法言以貺後人故託慕仲尼周流憂世既不遇乃退而與萬章之徒敘詩書而作此七篇也趙氏意其然乃引孔子之言而明孟子載七篇之意也云蒼姬者周以木德王故號爲蒼姬姬周姓也云炎劉者漢以火德王故號爲炎劉劉高祖之姓氏也於是退而論集所與高第弟子公孫丑萬章之徒難疑荅問又自撰其法度之言著書七篇二百六十一章三萬四千六百八十五字包羅天地揆敘萬類仁義道德性命禍福粲然靡所不載疏於是至不載○正義曰此敘孟子退而著述篇章之數也史記云孟子所干者不合退而與萬章之徒敘詩書述仲尼之意作孟子七篇云二百六十一章者合七篇之章數言也據趙氏分章則梁惠王篇凡二十有三章公孫丑篇凡二十有三章滕文公篇凡十有五章離婁篇凡六十一章萬章篇凡十有八章告子篇凡三十有六章盡心篇凡八十有四章總而計之是二百六十一章也云三萬四千六百八十五字者合七篇而言也今計梁惠王篇凡五千三百三十三字公孫丑篇凡五千一百二十字滕文公篇凡四千五百三十字離婁篇凡四千二百八十五字萬章篇凡五千一百二十字告子篇凡五千五百三十五字盡心篇凡四千一百五十九字總而計之是三萬四千六百八十五字也云包羅天地至靡所不載者言此七篇之書大而至於天地微而至於昆蟲草木又次而至於性命禍福無有不載者也然而篇所以七者蓋天以七紀璇璣運度七政分離聖以布曜故法之也章所以二百六十一者三時之日數也不敢比易當期之數故取於三時三時者成歲之要時故法之也三萬四千六百八十五字者可以行五常之道施七政之紀故法五七之數而不敢盈也已帝王公侯遵之則可以致隆平頌清廟卿大夫士蹈之則可以尊君父立忠信守志厲操者儀之則可以崇高節抗浮雲疏帝王至浮雲○正義曰此敘孟子之七篇書爲要者也言上而帝王遵循之則可以興升平之治次而公侯遵循之則可以頌清廟云頌清廟者言公侯可以此助祭于天子之廟也詩有清廟之篇以祀文王注云天德清明文王象焉故祭而

歌此詩也箋云諸侯有光明著見之德者來助祭也卿大夫士蹈之則可以尊欽君父圭其忠信守志厲操者儀而法之則可以此崇其高節而抗富貴如浮雲云帝王公侯卿大夫士者蓋帝以德言王以業言卿有諸侯之卿有大夫之卿士有中士有下士公侯是周之爵所謂公侯伯子男凡有五等是也自帝王以下言之則有公侯自公侯以下則有卿自卿以下則有大夫自大夫以下則止於有士也

有風人之託物二雅之正言可謂直而不倨曲而不屈命世亞聖之大才者也

疏有風至者也○正義曰此敘孟子七篇有風人二雅之言爲亞聖者也如對惠王欲以與民同樂故以文王靈臺靈沼爲言對宣王欲以好貨色與百姓同之故以太王厥妃爲言論仁則託以轂爲喻論性則託以牛山之木爲喻是皆有風人之託物也云二雅之正言者如引他人有心予忖度之乃積乃倉古公亶父來朝走馬不失其馳舍矢如破凡此之類是皆有二雅之正言也故可謂直其辭而且不失之倨傲曲其辭而且不失之屈枉而孟子誠爲問世亞聖之大才者也言孟子之才比於上聖人之才但相王天而已故謂亞聖大才

孔子自衛反魯然後樂正雅頌各得其所乃删詩定書繫周易作春秋

疏孔子至春秋○正義曰此敘引孔子退而著述之意也案定公十四年孔子去魯應聘諸國哀公十一年自衛反魯是時道衰樂廢孔子來還乃正之又哀公十一年左傳云冬衛孔文子將攻太叔訪於仲尼仲尼曰胡簋之事則嘗學之甲兵之事未之聞也退命駕而行曰鳥則擇木木豈能擇鳥文子遽止之曰圉豈敢度其私訪衛國之難也將止魯人以幣召之乃歸杜預曰於是自衛反魯然後樂正雅頌各得其所是也云乃删詩定書繫周易作春秋者案世家云魯定公五年季氏僭公室陪臣執國命是以魯大夫以下皆僭離於正道故孔子不仕退而修詩書禮樂弟子彌衆至自遠方莫不受業焉至哀十一年自衛反魯乃上采契后稷中述商周之盛至幽厲之缺凡三百五篇孔子皆弦歌之以求合韶武雅頌之音禮樂自此可得而述以備王道成六藝孔子晚喜易

序象繫象說卦孔子以詩書禮樂教弟子蓋三千焉哀十四年春狩大野仲尼視之曰麟也取之曰吾道窮矣乃因史記作春秋上至隱公下訖哀十四年十二公據魯親周故商運之三代約其文辭而指博故曰後世知丘者其惟春秋罪丘者亦惟春秋

孟子退自齊梁述堯舜之道而著作焉此大賢擬聖而作者也

疏孟子至者也○正義曰此敘孟子退而擬孔子之聖而著述焉案馬遷作列傳云孟子遊仕齊宣王宣王不能用適梁梁惠王不果所言是以退而敘詩書述仲尼之意而作孟子七篇也

七十子之疇會集夫子所言以爲論語論語者五經之錧鎋六藝之喉衿也

疏七十子至衿也○正義曰此敘引孔子弟子記諸善言而爲論語也案漢書藝文志云論語者孔子應荅弟子時人及弟子相與言而接聞於夫子之語也當時弟子各有所記夫子既卒門人相與集而論纂故謂之論語鄭注云仲弓子游子夏等撰述論者綸也以此書可以經綸世務故曰論也語者鄭注周禮云荅述曰語此書所載皆仲尼荅弟子及時人之辭故曰語而在論字下錧鎋者車軸頭鐵也說文云車鍵也喉衿者說文云喉咽也衿衣領也言論語爲五經六藝之要如此錧鎋與夫喉衿也

孟子之書則而象之

疏正義曰此敘孟子作此七篇之書而儀象論語之書是亦錧鎋喉衿

衛靈公問陳於孔子孔子荅以俎豆梁惠王問利國孟子對以仁義宋桓魋欲害孔子孔子稱天生德於予魯臧倉毀鬲孟子孟子曰臧氏之子焉能使予不遇哉旨意合同若此者衆

疏衛靈公至遇哉○正義曰此敘孟子作七篇則象論語之旨意也衛靈公問陳於孔子孔子對曰俎豆之事此論語之文也案左傳哀公十一年云云在孔子自衛反魯段云俎豆者案明堂位云俎有虞氏以梡夏后氏以嶡商以椇周以房俎鄭注云梡斷木爲四足而已嶡之言蹷也謂中足爲橫距之象周禮謂之

距椇之言根椇也謂曲橈之也謂足下跗也上下兩間有似於堂房魯頌曰籩豆大房又曰夏氏以楬豆商玉豆周獻豆鄭注云楬無異物之飾也獻疏刻之齊人謂無髮爲禿楬其委曲制度備在禮圖梁惠王問利國孟子對以仁義說在梁惠王篇宋桓魋欲害孔子孔子稱天生德於予是亦論語之文也案世家孔子適宋與弟子習禮大樹下宋司馬桓魋欲殺孔子拔其樹孔子去弟子曰可速矣故孔子發此語言天生德於予者言孔子謂天授我以德性德合天地吉無不利桓魋必不能害我故曰其如予何云魯臧倉毀鬲孟子孟子曰臧氏之子焉能使予不遇哉者說在惠王下篇凡此者是皆旨意合若此類者甚衆故不特止此而已

又有外書四篇性善辯文說孝經爲正。其文不能弘深不與內篇相似似非孟子本真後世依放而託之者也疏正義曰凡此外書四篇趙岐不尙以故非之漢中劉歆九種孟子有十一卷時合此四篇

孟子既沒之後大道遂絀逮至亡秦焚滅經術坑戮儒生孟子徒黨盡矣其書號爲諸子故篇籍得不泯絕疏孟子至泯絕○正義曰此敘孟子之書得其傳也蓋孟子生於六國之時憫道之不行遂著述作七篇之書既沒之後先王之大道遂絀而不明于世至嬴秦幷六國號爲秦始皇帝因李斯之言遂焚書坑儒自是孟子徒黨盡矣秦紀云秦皇三十四年丞相李斯曰五帝不相復三代不相襲今陛下創大業是萬世之功固非愚儒所知且越言三代之事臣請史官非秦紀皆燒之非博士官所職天下敢有藏詩書百家語者悉詣守尉雜燒之所不去者惟有醫卜種藝之書故孟子之書號爲諸子以故篇籍不亡而得傳於世

漢興除秦虐禁開延道德孝文皇帝欲廣遊學之路論語孝經孟子爾雅皆置博士後罷傳記博士獨立五經而已訖今諸經通義得引孟子以明事謂之博文疏漢興

至博文○正義曰此敘孟子之書自漢而行也案漢書云高皇帝誅項羽引兵圍魯魯中諸儒尚講習禮弦歌之音不絕豈非聖人遺化好學之國哉於是喟然興於學然尚有干戈平定四海亦未遑庠序之事至孝惠乃除挾書之律然公卿皆武力功臣莫以爲意至孝文始使掌故鼂錯從伏生受尚書尚書出于屋壁詩始萌芽天下衆書往往頗出猶廣立於學官爲置博士由是論語孟子孝經爾雅皆置博士及後罷傳記博士以至于後漢惟有五經博士博士秦官掌通古今秩比六百石員多至數十人漢武建元五年初置五經博士宣帝黄龍九年增員二十人自是之後五經獨有博士訖於西京趙岐之際凡諸經通義皆得引孟子以明事故謂之博文也

孟子長於譬喻辭不迫切而意以獨至其言曰說詩者不以文害辭不以辭害志以意逆志爲得之矣斯言殆欲使後人深求其意以解其文不但施於說詩也今諸解者往往摭取而說之其說又多乖異不同

疏正義曰此敘孟子作七篇之書長於譬喻其文辭不至迫切而趙岐遂引孟子說詩之旨亦欲使後人知之但深求其意義其旨不特止於說詩也然今之解者摭取而說之其說又多乖異而不同矣

孟子以來五百餘載傳之者亦已衆多

疏正義曰此言孟子七篇之書自孟子既沒之後至西京趙岐已五百有餘年傳七篇之書解者亦甚衆多也

余生西京世尋丕祚有自來矣少蒙義方訓涉典文知命之際嬰戚于天遘屯離蹇詭姓遁身經營八紘之內十有餘年心勦形瘵何勤如焉嘗息肩弛擔於濟岱之間或有温故知新雅德君子矜我劬瘁睠我皓首訪論稽古慰以大道余困吝之中精神遐漂靡所濟集聊欲係

志於翰墨得以亂思遺老也惟六籍之學先覺之士釋而辯之者既已詳矣儒家惟有孟子閎遠微妙緼奥難見宜在條理之科於是乃述己所聞證以經傳爲之章句具載本文章別其旨分爲上下凡十四卷究而言之不敢以當達者施於新學可以寤疑辯惑愚亦未能審於是非後之明者見其違闕儻改而正諸不亦宜乎

【疏】余生至不亦宜乎○正義曰此是趙岐自敘己意而爲孟子解也言我生自西漢之京若以世代根尋其祚其先與秦共祖皆顓帝之裔孫也其後子孫造父爲穆王攻徐偃王大破之以功封趙城後因氏焉故其來端有自矣在幼少蒙義方教訓之以先王典籍及五十之歲閒乃零丁艱戚于天是其時遇迍邅之險難遂詭詐其姓氏逃遁其身經營治身於八紘之內至十餘年心神形色莫不焦瘁疲瘵謂何勤如此之甚曾因息肩弛負擔於濟岱之地或有温故君子有雅德者憐我勤苦焦瘁見我頭白遂訪我談論以稽考古人仍慰我以大道然於困吝之中其精神亦且遐漂未有歸定聊欲係志於筆墨以亂思遺我老也思其六經皆得先覺之賢士釋而辯論之亦已甚詳於儒家獨有孟子七篇之書其理蘊奥深妙難造宜在於聖智條理之科於是乃申述己之聞見驗以六經之傳斷爲章句具載本文章章別爲意旨分七篇作上下篇爲十四卷究極而言雖不敢當於達士然於初學者資之亦可以曉悟其疑惑其有是非得失愚亦未敢審實後之有明哲者如見其違理疑闕者改而正之是其宜也 原缺 云爲之章句分爲上下凡十四卷者各於卷下有說此更不言 原缺 丁公著案漢書趙岐本傳云趙岐字邠卿京兆長陵人也嘗遇疾甚誡其子曰吾死之後置一圓石安墓前刻曰漢有逸人姓趙名岐有志無時後疾瘳仕至大僕卿嘗仕州郡以廉直疾惡見憚焉

孟子注疏校勘記序

漢人孟子注存於今者惟趙岐一家趙岐之學以較馬鄭許服諸儒稍爲固陋然屬書離辭指事類情於詁訓無所戾七篇之微言大義藉是可推且章別爲指令學者可分章尋求於漢傳注別開一例功亦勤矣唐之張鎰丁公著始爲之音宋孫奭采二家之善補其闕遺成音義二卷本未嘗作正義也未詳何人擬他經爲正義十四卷於注義多所未解而妄說之處全抄孫奭音義略加數語署曰孫奭疏朱子所云邵武一士人爲之者是也又盡刪章指矣而疏內又往往詮釋其所刪於十三卷自稱其例曰凡於趙注有所要者雖於文段不錄然於事未嘗敢棄之而不明其可議有如此者自明以來學官所貯注疏本而已疏之悠繆不待言而經注之譌舛闕逸莫能諟正吳中舊有北宋蜀大字本宋劉氏丹桂堂巾箱本相州岳氏本盱郡重刊廖瑩中世綵堂本皆經注善本也賴吳寬毛扆何焯何煌朱奐余蕭客先後傳校迄休寧戴震授曲阜孔繼涵安邱韓岱雲鋟版於是經注譌可正闕可補而注疏本有十行者亦較它注疏

本爲善今屬元和生員李鋭合諸本臚其同異元爲辨其是非以經注本正注疏本以注疏十行本正明之閩本北監本汲古閣本爲校勘記十四卷章指及篇敘既學者所罕見則備載之音義亦校訂附後俾爲趙氏之學者得有所參考折衷日本孟子考文所據僅足利本古本二種今則所據差廣考孟子者殆莫能捨是矣阮元記

引據各本目錄

單經本

宋石經殘本 高宗御書行書每行字數參差不齊今止存十一碑見在杭州府學

經注本

北宋蜀大字本 章邱李氏所藏今據何焯校本

宋本 劉氏丹桂堂巾箱本鄭師山所藏闕公孫丑告子二冊今據何焯校本

岳本 亦據何焯校本

廖本 廖瑩中世綵堂本元盱郡重刊今據何煌校本

孔本乾隆壬辰曲阜孔繼涵微波榭刊凡十四卷末附音義韓本同

韓本乾隆辛丑安邱韓岱雲刊

日本國古本已下二本據七經孟子考文補遺

足利本

注疏本

宋十行本凡十四卷卷分上下閩監毛三本同又此本及閩本無題辭監毛本有

閩本

監本

毛本

孟子注疏解經卷第一上

梁惠王章句上 凡七章　　孫奭疏

趙氏注 梁惠王者魏惠王也魏國名惠謚也王號也時天下有七王皆僭號者猶春秋之時吳楚之君稱王也魏惠王居於大梁故號曰梁王聖人及大賢有道德者王公侯伯及卿大夫咸願以為師孔子時諸侯問疑質禮若弟子之問師也魯衞之君皆專事焉故論語或以弟子名篇而有衞靈公季氏之篇孟子亦以大儒為諸侯師是以梁惠王滕文公題篇以公孫丑等而為之一例者也

【疏】梁惠王章句上○正義曰自此至盡心是孟子七篇之目及次第也總而言之則孟子為此書之大名梁惠以下為當篇之小目其次第蓋以聖王之盛唯有堯舜堯舜之道仁義為首故以梁惠王問利國對以仁義為七篇之首也此篇凡二十三章趙氏分為上下卷此上卷只有七章一章言治國以仁義為名二章言聖王之德與民共樂恩及禽獸三章言王化之本在於使民養生喪死之用足備四章言王者為政之道生民為首五章言百里行仁天下歸之六章言定天下者一道而已不貪殺人者人則歸之七章言典籍攸載帝王之道無傳霸之事其餘十六章分在下卷各有言說大抵皆是君國之要務故述為篇章之先凡此二十三章既以梁惠王問利國為章首遂以梁惠王為篇名公孫丑以下諸篇所以次當篇之下各有所說云章句者章文之成也句者辭之絕也又言章者明也總義包體所以明情者也句必聯字而言句者局也聯字分疆所以局言者也○注云梁惠至例者也○正義曰案史記世家云魏之先畢公高之後也武王伐紂而高封於畢是為畢姓其後絕封為庶人或在夷狄其裔曰畢萬事晉獻公獻公十六年以魏封畢萬為大夫卜偃曰畢萬之後必大矣萬滿數也魏大名也畢萬封十一年獻公卒畢萬之世彌大從其國名為魏氏生武子武子生悼悼生嬴嬴生魏獻子子生侈侈之孫曰魏桓子桓子孫

曰文侯文侯卒子擊立爲武侯武侯卒子罃立爲惠王惠王二十一齊趙共伐我邑於是徙都大梁然則梁惠王是武侯之子名罃謚曰惠謚法云愛人好與一曰惠汲冢紀年云梁惠成王九年四月甲寅徙都大梁○字林云王者天地人一貫三爲王天下所法也是時天下有七王者魏趙韓秦齊楚燕七雄之王也云論語或以弟子名篇而有衛靈季氏之篇者如顏淵子路子張是弟子名篇也趙岐所以引而爲例

孟子見梁惠王孟子適梁魏惠王禮請孟子見之王曰叟不遠千里而來亦將有以利吾國乎曰辭也叟長老之稱。猶父也孟子去齊老而之魏。王尊禮之曰父不遠千里之路而來。此亦將有。以爲寡人興利除害。者。乎孟子對曰王何必曰利亦有仁義而已矣孟子知王欲以富國強兵爲利故曰王何以利爲名乎。亦。有仁義之道。可以爲名以利爲名則有不利之患矣因爲王陳之王曰何以利吾國大夫曰何以利吾家士庶人曰何以利吾身上下交征利而國危矣征取也從王至庶人故言上下交爭各欲利其身必至於篡弒則國危。矣論語曰放於利而行多怨故不欲使王以利爲名也又言交爲俱也萬乘之國弒其君者必千乘之家萬乘兵車萬乘謂天子也千乘諸侯也夷羿之弒夏后是以千乘取其萬乘者也千乘之國弒其君者必百乘之家天子建國諸侯立家百乘之家謂大國之卿食采邑有兵車百乘之賦者也若齊崔衛甯晉六卿等是以其終亦皆弒。君此以百乘取千乘也上。下乘當言國而言家者諸侯以國爲家亦以避萬乘稱故稱家君臣上下之辭萬取千焉千取百焉不爲不多矣周制君十卿祿君食萬鍾臣食千鍾亦多。故不爲不多矣苟爲後義而先利不奪不饜苟誠也誠令大臣皆後仁義而先自利則不饜奪君位不足自饜飽其欲。矣未有仁而遺其親者也未有

義而後其君者也仁者親親義者尊尊人無行仁而遺棄其親也無行義而忽後其君長王亦曰仁義而已矣何

必曰利孟子復申此者重嘆其禍也【疏】孟子見梁惠王至何必曰利○正義曰此章言治國之道當以仁義爲名也孟子見梁惠王者是孟子自齊至梁見惠王也王曰叟不遠千里而來亦將有以利吾國乎者王號也以業爲言也曰發語詞也叟尊老之稱也言惠王尊老孟子也惠王尊孟子曰叟不遠千里之路而至此相將亦有以利益我國乎云亦與乎者況外物不可必又非可止於一事耳故云亦乎與論語云不亦說乎不亦樂乎同孟子對曰王何必曰利亦有仁義而已矣者是孟子荅惠王也言王何必特止曰財利我亦有仁義之道以利益而已上利以財利爲言下利以利益爲言王曰何以利吾國大夫曰何以利吾家士庶人曰何以利吾身上下交征利而國危矣者是孟子託言也言惠王今問我曰何以利益我國則爲王之大夫必問我曰何以利益我家爲大夫既欲利益其家則爲王之士庶人亦必問我曰何以利益我身假使上至下下至於士庶人皆且取其利益而國必危亂喪亡矣王以國爲問大夫以家爲問士庶人以身爲問者王稱國故以國問大夫稱家故以家問士庶人無稱故以身問而已萬乘之國弒其君者必千乘之家千乘之國弒其君者必百乘之家者孟子言上下交取其利而國喪亡者是萬乘之國弒其君者必千乘之家所弒也無它焉則千乘之家欲以萬乘之利爲多也千乘之國弒其君者必百乘之家所弒也亦無它焉是百乘之家欲以千乘之利爲多也云弒者自下殺上謂之弒萬取千千取百焉不爲不多者孟子言凡欲天子之萬乘者且於其內取千乘而爲天子之諸侯欲諸侯之千乘者且於其內但取百乘而爲之大夫是亦不爲少矣何必交相爭奪慕多爲勝耶苟爲後義而先利不奪不饜者孟子言且令臣庶皆後去其仁義而先且以自利則不交相殺奪故不足自飽饜言必殺奪如千乘奪取萬乘百乘奪取千乘然後爲飽足也未有仁而遺其親者也未有義而後其君者也者孟子言未有心存乎仁而遺棄其親者亦未有存義而後去其君者王亦曰仁義而已矣何必曰利者孟子重嗟

歎其禍故曰王今亦當曰亦有仁義而已矣何必特止言其利一說云是惠王悟孟子之言爲是而以己言爲非故亦應之曰仁義而已矣何必言利○注云孟子至見之○正義曰案魏世家云惠王三十五年惠王以厚幣招賢者鄒衍淳于髡孟子皆至梁是也○注曰辭也至之魏○正義曰詞也從口乙聲亦象口氣出也劉熙曰叟長老之稱依皓首之言父矩也家長率教者云去齊之魏者案史記列傳云孟子事齊宣王宣王不能用乃適魏是也○注征取也至俱也○正義曰征正也蓋言君子至於利也非釋之而弗取也特不可交征而正取之爾猶季氏聚斂以弱魯趙孟資之傾晉之類故也引論語曰放於利而行多怨者證其上下交征利而國危亡之意也孔曰放依也每事依利而行取怨之道也云交俱也蓋云俱皆也○注萬乘至萬乘也○正義曰案司馬策云六尺爲步步百爲畝畝百爲夫夫三爲屋屋三爲井井十爲通通十爲成成方十里成十爲終終十爲同同方百里同十爲封封十爲畿畿方千里有稅有賦稅以足食賦以足兵一同百里提封萬井定出賦六千四百井戎馬四百匹兵車百乘此卿大夫采地之大者也是謂百乘之家一封三百一十六里提封十萬井定出賦六萬四千井戎馬四千匹兵車千乘此諸侯之大者也是謂千乘之國天子畿方千里提封百萬井定出賦六十四萬井戎馬四萬匹兵車萬乘故稱萬乘之主云夷羿弒夏后者引之以語千乘取萬乘也案魯襄四年左傳曰昔有夏之方衰也后羿自鉏遷於窮石因夏民以代夏政杜預曰禹孫大康淫放失國夏人立其弟仲康仲康亦微弱仲康卒子相立羿遂代相號曰有窮後爲少康所滅注云夷羿者左傳襄四年杜注云夷氏也故云夷羿○注云齊崔衞甯晉六卿等○正義曰此引之以證百乘取千乘也齊崔崔杼爲齊之大夫語云崔子弒齊君襄公二十五年左傳云崔杼作亂是也衞甯甯喜也爲衞大夫史記世家衞獻公十八年甯惠子與孫文子逐獻公獻公奔齊齊置獻公於聚邑孫甯共立定公弟秋爲衞君是爲殤公殤公十二年爲晉平公所執獻公復入衞後元年誅甯喜又襄二十六年書甯喜弒其君剽是也六卿魏獻子與韓宣子趙簡子智文子中行氏子范獻子六人是也史記世表云昭公二十八

年六卿誅公族分其邑各使其子爲大夫故也○注周制至不多矣○正義曰周制蓋言周之所制也王制云君十卿祿是也云鍾量名也晏子曰齊舊四量

豆區釜鍾四升爲豆四豆爲區四區爲釜釜十爲鍾是也○注苟誠也至欲矣○正義曰語云苟子之不欲苟能正其身之苟同云饜者說文云饜飽也字從

厭從食也飽則厭食也此一章遂爲七篇之首章

孟子見梁惠王王立於沼上顧鴻鴈麋鹿曰賢者亦樂此乎沼池也王好廣苑囿大池沼與孟子遊觀乃顧視禽獸之衆多其心以爲娛樂誇咤孟子曰賢者亦樂此乎孟子對曰賢者而後樂此不賢者雖有此不樂也惟有賢者然後乃得樂此耳謂修堯舜之道國家安寧故得有此以爲樂也不賢之人亡國破家雖有此亦爲人所奪故不得以爲樂也

詩云經始靈臺經之營之庶民攻之不日成之詩大雅靈臺之篇也言文王始初經營規度此臺衆民並來治作之而不與之相期日限自來成之經始勿亟庶民子來言文王不督促使之亟疾也衆民自來赴若子來爲父使之也王在靈囿麀鹿攸伏麀鹿濯濯白鳥鶴鶴麀鹿牝鹿也言文王在囿中麀鹿懷妊安其所而伏不驚動也獸肥飽則濯濯鳥肥飽則鶴鶴而澤好而已王在靈沼於牣魚躍文王在池沼魚乃跳躍喜樂言其德及鳥獸魚鼈也

文王以民力爲臺爲沼而民歡樂之謂其臺曰靈臺謂其沼曰靈沼樂其有麋鹿魚鼈孟子謂王誦此詩因曰文王雖以民力築臺鑿池民由歡樂之謂其臺沼若神靈之所爲欲使其多禽獸以養文王者也古之人與民偕樂故能樂也偕俱也言古賢之君與民同樂故能得其樂

湯誓曰時日害喪予及女皆亡湯誓尚書篇名也時是也日乙卯日也害大也言桀爲無道百姓皆欲與湯共伐之湯臨士衆誓言是日桀當大喪亡我與女俱往亡之民欲與之皆

亡雖有臺池鳥獸豈能獨樂哉孟子說詩書之義以感喻王言，民。欲與湯共亡桀雖有臺池禽獸何能獨樂之哉復申明上言不賢者雖有此不樂也。

疏孟子見梁惠王至豈能獨樂哉○正義曰此章言聖王之德與民共樂恩及鳥獸也孟子見梁惠王王立於沼上顧鴻鴈麋鹿者是孟子在梁時見惠王立於沼之上而顧盼鴻鴈麋鹿之狀也曰賢者亦樂此乎者是惠王稱譽孟子爲賢者問孟子亦樂此池沼之上而顧盼鴻鴈麋鹿乎云乎意恐孟子樂與不樂所以云乎而作疑之之辭也孟子對曰賢者而後樂此不賢者雖有此不樂也者是孟子荅惠王言唯有德之賢者爲君然後得樂於此此如君之不賢雖有此鴻鴈麋鹿之顧亦不得其樂也詩云經始靈臺經之營之庶民攻之不日成之經始勿亟庶民子來者至魚躍是孟子爲王誦此靈臺之詩以證賢者而後樂此也言文王規度始於靈臺而經營之際衆民皆作治之故臺不期日而有成言其成之速也既成之速文王未嘗亟之疾使民成之用如此之速也是衆民自然若子來如爲父之使耳故如此之速也王在靈囿麀鹿攸伏麀鹿濯濯白鳥鶴鶴者言文王在靈囿之時麀鹿皆安其所而伏臥以懷其妊又且不驚動非特不驚動又且濯濯然而肥飽非特麀鹿之肥飽其於白鳥又且鶴鶴然而肥澤也麀鹿牝鹿也王在靈沼於牣魚躍者言文王在靈沼之時則魚盈滿乎沼中又且跳躍喜樂如也言其魚之微物亦且得其所也文王以民力爲臺爲沼而民歡樂之謂其臺曰靈臺謂其沼曰靈沼樂其有麋鹿魚鼈者是孟子至此又自言文王作臺沼之意而感喻于惠王也文王雖以民力爲其臺沼然而民皆喜樂而爲之如謂其臺沼則曰靈臺靈沼也以靈臺靈沼云者謂其文王之德化亦樂其有之行如靈神之所至故謂其臺沼必曰爲靈臺靈沼凡此者無他焉是衆民感文王之德化亦樂其有魚鼈禽獸之多以奉養文王也。已古之人與民偕樂故能樂也者言古之賢君如此文王與民同其樂故能得此臺池之樂也湯誓曰時日害喪予及女皆亡者是孟子引商書謂桀於是時無道暴虐百姓故百姓皆欲與湯王共伐之湯於是往伐臨於衆中誥誓之曰是日桀當大滅我與女衆共往滅之一云時日害喪予及女皆亡者是桀云故湯誓引而言之也謂桀云天有是日猶吾之有民日曷有亡哉日亡則吾與民亦俱亡矣民欲與之皆亡雖有臺池鳥獸豈能獨樂哉者是孟子首對惠王曰不賢者雖有此不樂也故引此桀而證其言也言桀爲不賢之君民亦欲與湯共伐之雖有臺池鳥獸豈能得獨享其此樂哉言不能得樂也○注云詩大雅至成之也○正義曰周詩大雅篇名曰靈臺注云天子有靈臺者所以觀祲象察氣之妖祥也神之精明者稱曰靈四方而高曰臺文王受命于周作邑于豐立靈臺又案春秋傳曰公既視朔遂登觀臺以望而書雲物爲備○注言文王至使也○正義曰案靈臺之詩箋云亟急也度始靈臺之基衆民各以子成父事而來攻之○注云麀鹿至澤好○正義曰毛氏注云麀鹿牝鹿也囿所以域養禽獸也天子百里諸侯四十里箋云攸所也言所遊伏毛注云濯濯娛遊也鶴鶴肥澤也○注文王至魚鼈○正義曰詩注云沼池也牣滿也箋云靈沼之魚盈滿其中皆跳躍亦言得其所○注云湯誓至亡之○正義曰湯誓商書之篇名也案史記云是日何時喪予與女皆亡趙注曰尚書大傳云桀云天之有日猶吾之有民日有亡哉日亡則吾亦亡矣尚書孔安國注云比桀於日曰是日何時喪我與女皆亡欲殺身以喪桀是也檀弓云子卯不樂鄭注云紂以甲子死桀以乙卯亡也

梁惠王曰寡人之於國也盡心焉耳矣王侯自稱孤寡言寡人於治國之政盡心欲利百姓焉耳者懇至之辭河內凶則移其民於河東移其粟於河內河東凶亦然言凶年以此救民也魏舊在河東後爲強國兼得河內也察鄰國之政無如寡人之用心者言鄰國之君用心憂民無如己也鄰國之民不加少寡人之民不加多何也王自怪爲政有此惠而民人不增多於鄰國者何也孟子對曰王好戰請以戰喻因王好戰故以戰事喻解王意填然鼓之兵刃既接棄甲曳兵而走或百步而後止或五十步而後止以五十步笑百

步則何如塡鼓音也兵以鼓進以金退孟子問王曰今有戰者兵刃已交其負者棄甲曳兵而走五十步而止足以笑百步者否曰不可
直不百步耳是亦走也王曰不足以相笑也是人俱走直爭不百步耳曰王如知此則無望民之多於
鄰國也孟子曰王如知此不足以相笑王之政猶此也王雖有移民轉粟之善政其好戰殘民與鄰國同而獨望民之多何異於五十步笑百步者乎
不違農時穀不可勝食也從此已下爲王陳王道也使民得三時務農不違奪其要時則五穀饒穰不可勝食數罟不入
洿池魚鼈不可勝食也數罟密網也密細之網所以捕小魚鼈也故禁之不得用魚不滿尺不得食斧斤以時入山
林材木不可勝用也時謂草木零落之時使材木茂暢故有餘穀與魚鼈不可勝食材木不可勝用
是使民養生喪死無憾也憾恨也民所用者足故無恨養生喪死無憾王道之始也王道先得民心
民心無恨故言王道之始五畝之宅樹之以桑五十者可以衣帛矣廬井邑居各二畝半以爲宅各入保城二畝半
故爲五畝也樹桑牆下古者年五十乃衣帛矣雞豚狗彘之畜無失其時七十者可以食肉矣言孕時不失時
也七十不食肉不飽百畝之田勿奪其時數口之家可以無饑矣一夫一婦耕耨百畝百畝之田不可以徭役奪
其時功則家給人足農夫上中下所食多少各有差故總言數口之家也謹庠序之教申之以孝悌之義頒白者不
負戴於道路矣庠序者教化之宮也殷曰序周曰庠謹脩教化申重孝悌之義頒者班也頭半白班班者也壯者代老心各安之故頒白者不
負戴也七十者衣帛食肉黎民不饑不寒然而不王者未之有也言百姓老稚溫飽禮義脩行積

之可以致王也孟子欲以風王何不行此可以王天下有率土之民何但望民多於鄰國狗彘食人食而不知檢塗有餓莩而不知發言人君但養犬彘使食人食不知以法度檢斂也塗道也餓死者曰莩詩曰莩有梅莩零落也道路之旁有餓死者不知發倉廩以用賑救之也人死則曰非我也歲也是何異於刺人而殺之曰非我也兵也人死謂餓疫死者也王政使然而曰非我殺之歲殺之也此何以異於用兵殺人而曰非我也兵自殺之也王無罪歲斯天下之民至焉戒王無歸罪於歲責己而改行則天下之民皆可致也○

疏正梁惠王曰至民至焉○正義曰此章言王化之本在於使民養生喪死之用足備也王侯自稱曰寡惠王與孟子曰寡人之於國盡其心而爲民耳矣耳矣者言至極也言河內凶荒我則移徙民於河東之地河東粟多我則移之於河內河東之地凶荒我則又如此而移民故曰亦然也察鄰國之政無如寡人之用心者察詳視也言詳視鄰國之君無有似寡人如此之用心者然而鄰國之人民不加益其損寡人之人民不加益其多是如之何故曰鄰國之民不加少寡人之民不加多何也遂以此而問孟子孟子對曰王好戰請以戰喻是孟子荅惠王言惠王心好征戰故孟子請以戰事比喻而解王意填然鼓之兵刃既接棄甲曳兵而走或百步而後止或五十步而後止以五十步笑百步則何如者是孟子言戰事之語也填塞也又滿也趙氏云鼓音蓋言鼓音之充塞洋洋而盈滿也言鼓音既充塞盈滿於戰陣之際則兵刃刀鎗既以交接兵刃既交接乃棄去其甲曳散其兵而反走者或百步之間而止或五十步之間而止者則笑走至百步之間而止者則王以爲如何曰不可直不百步耳是亦走也惠王荅孟子言凡征戰之際鼓音既填然則不可棄去其甲曳散其兵而相笑走也雖有走或只止於五十步或有止於百步言其但自棄甲曳兵而反走者是雖止於五十步不至於百步然皆是走也豈可以五十步笑百步哉故曰直不百步耳是亦走也曰王如知此則無望民之多於鄰國者是孟子荅惠王言惠王如能

知此不可以五十步笑百步則王無更望其國民加多於鄰國也意謂王既好征戰而殘民而以轉粟移民爲盡心欲望民加多於鄰國是亦五十步笑百步之走者也不違農時穀不可勝食至不王未之有也者是皆孟子又爲王陳其王道也言使民無違奪其春耕夏耘秋收三時之要則五穀豐盛饒穰雖勝食之多亦不可盡也密細之網不入於洿池則魚鼈不可勝食斧斤以草木零落之時入山林不以草木生長之時入之則材木不可勝用也穀與魚鼈既不可勝食材木既不可勝用是使民得以養生喪死無怨恨於不足也五畝之宅栽牆下以桑則年至五十之老可以。著其絹帛雞豚狗彘不失其養字之時則年至七十之老可以食其肉百畝之田不奪其耕耨之時則七八口之家可以無飢凡云可者但得過而已未至於富足有餘也謹庠序教化之宮以申舉孝悌之義而富以教之則頭班班然而半白者不自負戴於道塗之間矣無他人皆知孝悌之義爲之壯者必代之爾故曰班白者不負戴於道路矣是則五十之老足以衣帛七十之老足以食肉而黎庶之民故不飢不寒然而君上能如此而民不歸往而王之者必無也故曰未之有也狗彘食人食而不知檢塗有餓莩而不知發人死則曰非我也歲也是何異於刺人而殺之曰非我也兵也者是孟子以此諷惠王也言人君但養其狗彘而食人之所食而王不知檢斂道塗之間有餓死者而王不知發倉廩以救賑之見其人死則推之曰非我之罪是歲之罪也言是歲之凶荒而疫死之也是何異於執其兵器而刺殺人而曰非我殺也是兵器自殺之類也王無罪於歲則天下之民至焉者是孟子諷之而又誡之也言王儻人餓死不歸罪於歲但責己而改行則天下之民莫不歸往而至焉耳爲惠王好征戰以糜爛其民故以此諷之○注云王侯自稱孤寡○正義曰禮云諸侯與民言自稱曰寡人在凶服曰孤老冊云王侯自稱孤寡不穀是也○注云魏舊河東至河內○正義曰案地理云魏地觜觿參之分野其界自高陵以東盡河東河內河東本殷之舊都周既滅殷分其地畿內爲三國詩風邶鄘衛是也○注云戰事○正義曰莊公十一年左傳曰皆陳曰戰杜預云堅而有備各得其所成敗決於志力者也○注填鼓音兵以鼓進以金退

○正義曰賈逵云填塞也滿也禮云色容填填史云車馬駢填云兵以鼓進以金退者案周官大司馬辨鼓鐸鐲鐃之用以教坐作進退疾徐疏數之節云鼓人三鼓司馬振鐸羣吏作旗車徒皆行鳴鐲車徒皆行鳴鐃且卻是也○注使民得三時務農不違奪其要時○正義曰王制云用民之力歲不過三日周禮內人職云凡均力政以歲上下豐年則公旬用三日焉中年則公旬用二日焉無年則公旬用一日焉語云使民以時包注曰作使民必以其時不妨奪農務荀卿曰春耕夏耘秋收冬藏四者不失時故五穀不絕而百姓有餘食是五穀不可勝食也○注數罟至不得食○正義曰釋云數密也罟網也荀子曰網罟毒藥不入澤洿池淵沼謹其時禁故魚鼈優多而百姓有餘用注云食足之外可貨易也○注時謂至有餘○正義曰周官山虞掌山林之政令云仲冬斬陽木仲夏斬陰木鄭注云陽木春夏生陰木秋冬生者若松柏之屬一云陽木生山陽在南者陰木生山陰在北者荀卿曰斬伐養長不失其時故山林不童而百姓有餘材也○注廬井至衣帛矣○正義曰案周禮云乃經土地而井牧其田野九夫爲井四井爲邑遂人掌邦之野辨其野之土地上地夫一廛田百畝萊五十畝餘夫亦如之中地夫一廛田百畝萊百畝餘夫亦如之下地夫一廛田百畝萊二百畝餘夫亦如之鄭司農云戶計一夫一婦而賦之田其一戶有數口者餘夫亦受此田也廛居也萊謂休不耕者鄭玄云廛城邑之居漢志云六尺爲步步百爲畝畝百爲夫夫三爲井井方一里是爲九夫八家共之各受私田百畝公田十畝是爲八百八十畝餘爲廬舍里有序而鄉有庠序以明教庠以行禮而視化焉其有秀異者移鄉學于庠序庠序之異者移國學于小學小學之異者移於大學命曰造士行同能偶則別之以射然後爵命焉此先王制士處居富而教之之大略也王制云五十異粮始衰六十非肉不飽七十非帛不煖八十非人不煖九十雖得人不煖是古者五十乃衣帛矣○注言人君至救之也○正義曰餓死者曰莩詩曰莩有梅莩零落也者案毛詩而言也毛詩云莩落也箋云梅實尚餘而未落是其解也

梁惠王曰：寡人願安承教。願安意承受孟子之教令。

孟子對曰：殺人

以挺與刃有以異乎挺杖也曰無以異也王曰挺刃殺人無以異也以刃與政有以異乎孟子欲以政喻王曰無以異也王復曰挺刃殺人無異也與政殺人無異也曰庖有肥肉廄有肥馬民有飢色野有餓莩此率獸而食人也孟子言人君如此率獸而食人也獸相食且人惡之爲民父母行政不免於率獸而食人惡在其爲民父母也虎狼食禽獸人猶尚惡視之牧民爲政乃率禽獸食人安在其爲民父母之道也仲尼曰始作俑者其無後乎爲其象人而用之也如之何其使斯民飢而死也俑偶人也用之送死仲尼重人類謂秦穆公時以三良殉葬本由有作俑者也惡其始造故曰此人其無後嗣乎如之何其使斯民飢而死也孟子陳此以教王愛其民也○疏梁惠王曰至死也○正義曰此一段宜與前段合爲一章趙氏分別之蓋言王者爲政之道在生民爲首也梁惠王曰寡人願安承教者是惠王願安意承受孟子之教令也孟子對曰殺人以挺與刃有以異乎者是孟子荅惠王故託此而問惠王言殺人以杖與刃有以各異乎云乎者是又孟子未知惠王以爲如何故疑之也曰無以異者是惠王荅孟子之問言以杖殺人與刃殺人無以各異是皆能殺人也以刃與政有以異乎者孟子復問以刃與政殺人有以異曰無以異也者惠王復曰政之殺人與刃之殺人亦無以異也言致人死則一也曰庖有肥肉廄有肥馬民有飢色野有餓莩此率獸而食人也者是孟子之諷惠王也言庖廚之間有肥肉棧廄之中有肥馬而民皆有飢餓之顏色郊野之間又有餓而死者此乃是王率獸而食人也獸相食且人惡之爲民父母行政不免於率獸而食人惡在其爲民父母也者孟子言獸畜自相食如虎狼食牛羊且人猶尚惡見之況爲民之父母其於行政以治民尚不免驅率獸而食人安在其爲民之父母也言行政如此不足爲民之父母也仲尼曰始作俑者其無後乎是孟子引仲尼之言也言仲尼有云始初作俑

偶人者其無後嗣乎無他焉是爲其象人而用之也故後有秦穆公以生人從葬故曰其無後嗣也○注梃杖也○正義曰釋文云梃木片也○注俑偶人也○正義曰記云孔子謂作俑者不仁埤倉云木人送葬設關而能踊跳故名之曰俑魯文公六年秦穆公卒以子車氏之三子奄息仲行鍼虎爲殉杜預曰以人從葬曰殉詩有黃鳥之篇以哀三良是也孟子諷之故曰如之何使斯民飢餓而死

梁惠王曰晉國天下莫強焉叟之所知也韓魏趙本晉六卿當此時號三晉故惠王言晉國天下之強焉及寡人之身東敗於齊長子死焉西喪地於秦七百里南辱於楚寡人恥之願比死者壹洒之如之何則可王念有此三恥求策謀於孟子孟子對曰地方百里而可以王言古聖人以百里之地以致王天下謂文王也王如施仁政於民省刑罰薄稅斂深耕易耨壯者以暇日修其孝悌忠信入以事其父兄出以事其長上可使制梃以撻秦楚之堅甲利兵矣易耨芸苗令簡易也制作也王如行此政可使國人作杖以捶敵國堅甲利兵何患恥之不雪也彼奪其民時使不得耕耨以養其父母父母凍餓兄弟妻子離散彼陷溺其民王往而征之夫誰與王敵彼謂齊秦楚也彼困其民願王往征之也彼失民心民不爲用夫誰與共禦王之師而爲王之敵乎故曰仁者無敵王請勿疑鄰國暴虐已修仁政則無敵矣王請行之勿有疑也○**疏**梁惠王至勿疑○正義曰此章言百里行仁則天下歸之也梁惠王曰晉國天下莫強焉叟之所知也者是梁惠王欲問孟子之謀策也言晉國爲天下之最強叟必知之及寡人之身東敗於齊長子死焉西喪地於秦七百里南辱於楚寡人恥之願比死者壹洒之如之何則可者是惠王言晉國逮及寡人之身東則見敗於齊而殺死

其長子西又喪去其地於秦七百里南又常受辱於楚寡人心甚愧恥之今願近死不惜命者一洗除之當如之何謀則可以洗除此恥孟子對曰地方百里而可以王者是孟子荅惠王言古之聖君其地但止於百里尚可以王天下也王如施仁政於民省刑罰薄稅斂深耕易耨壯者以暇日修其孝悌忠信入以事其父兄出以事其長上可使制梃以撻秦楚之堅甲利兵矣者是孟子言王自今能施仁政以及民又省去其刑罰輕其稅斂使民皆得深耕易耨壯者以閑暇日修孝悌忠信入閨門之内以奉事其父兄出鄉黨之間以奉事其長上凡能如此雖作一棰梃亦可以鞭撻秦楚之堅甲利兵矣然以秦楚有堅甲利兵而以一梃可鞭撻者蓋秦楚常違奪其農時使民不得耕耨也故云彼奪其民時使不得耕耨以養父母又云父母凍餓兄弟妻子離散彼陷溺其民王往而征之夫誰與王敵者言民既不得耕耨以奉養父母則爲父母者被寒凍飢餓兄弟者與妻子者皆離背散各彼秦楚陷溺其人民如此而王往彼正其罪夫更誰敢禦王之師而爲王之敵者故曰仁者無敵王請勿疑者是孟子請惠王行此仁政而往正其罪而無敵如所謂仁者無敵是也遂請之行而無更遲疑也前所謂閑暇日者蓋言民於耕耨田地之外有休息閑暇之日也○注韓趙魏至強也○正義曰案史記年表云定王十六年魏桓子與韓康子趙襄子三人敗知伯于晉陽乃至分其地故號爲三晉是爲強國云東敗於齊而喪長子者案史記世家惠王三十年魏伐趙趙告急於齊齊宣王用孫子計救趙魏遂大興師太子申自將攻齊遂與齊人戰敗於馬陵是也云西喪地於秦者案史記年表云周顯王十五年秦與魏戰元里斬首七千取少梁南則常辱於楚馬陵者案徐廣云地在於元城

孟子注疏卷一上校勘記　阮元撰盧宣旬摘錄

朝散大夫尚書兵部郎中充龍圖閣待制知通進銀臺司兼門下封駮事兼判國子監上護軍賜紫金魚袋臣孫奭撰　按此銜名十行本作兩行上空一字與音義序題銜合閩監毛三本改爲一行擡寫又音義銜龍圖下無閣字撰下有進字

夫總羣聖之道者　按自此至篇末十行本行行頂格亦與音義序合閩監毛三本首行頂格次行以下並上空一格○又記中凡摘經注疏句有不盡采全者倣經典釋文例

爲之音　閩監毛三本同音義序此下者字是也

而共宗趙氏　按此下音義序有今既奉勑校定仍據趙注爲本十二字僞疏删

惟是音釋　按此下音義序有宜在討論臣今詳七字

漏落頗多　閩監毛三本同音義序落作略

若非再加刊正　按音義序無再加二字

臣奭前奉勑與同判國子監王旭國子監直講馬龜符國子學說書吳易直馮元等　按音義序此文作謹與尚書虞部員外郎同判國子監臣王旭諸王府侍講太常博士國子監直講臣馬龜符鎮寧軍節度推官國子學說書臣吳

易直前江陰軍江陰縣尉國子學說書臣馮元等僞疏刪去寄祿官及臣字非也

作音義二卷已經進呈今輒罄淺聞隨趙氏所說仰効先儒釋經爲之正義凡理有所滯事有所遺質諸經訓與之增明按音義序無此文而有推究本文參考舊注采諸儒之善削異說之煩證以字書質諸經訓疏其疑滯備其闕遺集成音義二卷一段文蓋僞疏竄改又上文勑字及此進呈字十行本提行頂格閩監毛三本並接寫不提行

孟子注疏題辭解按十行本閩本無此篇監毛本有山井鼎考文所謂孟子題辭注疏本或無之者是也又按音義孟子題辭張鎰云卽序也不云題辭解疑此解字是僞疏增又音義孟子題辭下出趙氏字今本無之蓋失其舊

孟子至表也監本此下有圈毛本無以下並同

值炎劉之未奮毛本同音義出值炎云丁作直

繫周易毛本同音義繫本亦作系

爲正毛本同浦鏜正誤云政誤正按周禮小宰職聽政役以比居注或作正是正政古通用浦說是也

孟子注疏解經卷第一上監毛本同閩本誤脫上字

梁惠王章句上凡七章按宋高宗御書孟子石經殘本篇題並頂格不空字十行本正與之合蓋猶是舊款閩監毛三本並低一字非又篇題下近孔繼涵韓岱雲所刻經注本及考文古本無凡幾章字音義及足利本有

趙氏注　孫奭疏　十行本孫奭疏三字在第二行篇題下趙氏注三字在第三行上低一字下接注文閩監毛三本並作漢趙氏注宋孫奭疏在篇題之前其注移在凡幾章之下考文古本注在趙氏注下與十行本合足利本注及題名在篇題後其題名作後漢太常趙岐邠卿注與各本皆不合非也廖瑩中經注本趙氏作趙岐亦非按音義題辭下出趙氏字然則舊本題名不作趙岐并無注字也

梁惠王者　自此至一例者也岳本廖本無又按十行本注文皆雙行細字閩監毛三本以注文改爲單行上冠注字非復十行本舊式矣

皆僭號者　閩監毛三本同宋本孔本韓本考文古本足利本下有也字

皆專事焉　閩監毛三本同宋本孔本韓本考文古本專作尊○按尊是也

爲諸侯師　閩監毛三本同宋本孔本韓本考文古本師上有所字

以公孫丑等而爲之一例者也　閩監毛三本同宋本考文古本孔本以作與無而之者三字韓本與宋本同有者字

梁惠王章句上　十行本標起止下每作一圈以別正義閩監本同毛本去圈正義接標起止下以後放此

長老之稱　閩監毛三本同廖本孔本韓本考文古本下有也字

王尊禮之　閩監毛三本同廖本孔本韓本考文古本上有故字

而來此　閩監毛三本同宋本孔本韓本考文古本此上有至字

亦將有以爲寡人興利除害者乎　閩監毛三本同宋本孔本有下有可字無者字廖本無者字韓本足利本有下有可

字考文古本有下有可字者乎作也

故曰王何以利爲名乎闔監毛三本同孔本韓本考文古本何下有必字足利本王何作可必

亦有仁義之道闔監毛三本同宋本亦下有惟字廖本岳本下有者字孔本韓本考文古本作亦惟有仁義之道者

則國危矣闔監毛三本同廖本孔本韓本考文古本危下有亡字

是以千乘取其萬乘者也闔監毛三本同宋本廖本孔本韓本考文古本無其字者字岳本無者字

亦皆弑君闔監毛三本同廖本孔本韓本考文古本足利本君上有其字

上下乘當言國闔監毛三本同孔本韓本考文古本下作千是也

亦多故不爲不多矣闔監毛三本同廖本孔本韓本考文古本故作矣○按作故是

不足自饜飽其欲矣闔監毛三本孔本同宋本廖本韓本考文古本無矣字

而遺棄其親也闔監毛三本同廖本孔本韓本考文古本無也字

而忽後其君長闔監毛三本同宋本廖本孔本韓本考文古本長作者

重歎其禍也闔監毛三本同宋本孔本韓本考文古本作重嗟歎其禍音義出重嗟則亦有嗟字

章指言孔本韓本作曰下同治國之道明當以仁義爲名然後上下和親君臣集穆足利

本集作輯天經地義不易之道故以建篇立始也凡章指十行本以下注疏本無今据廖本載全文于每章後各本異同郎注于下以補注疏本之缺全書同此

此章言治國之道當以仁義爲名也案每章疏首數句乃僞疏竊取趙氏章指之文而又不全載謬甚

孔曰放依也閩監毛三本孔下並衍子字

又襄二十六年閩本同監毛本襄下有公字

乃顧視禽獸之衆多閩監毛三本同宋本孔本韓本考文古本無乃字

其心以爲娛樂閩監毛三本同宋本廖本孔本韓本考文古本無其字

誇咤孟子閩監毛三本同宋本廖本孔本韓本考文古本誇作夸音義出誇咤丁云誇也按此則作誇非也

亦爲人所奪閩監毛三本同宋本孔本韓本考文古本亦作當

而不與之相期日限自來成之閩監毛三本同宋本無而之相三字日作曰廖本無相限二字下有也字孔本下有也字韓本考文古本無而相限三字下有也字

不督促使之閩監毛三本孔本韓本同音義出不督云丁作⿱叔走○按⿱叔走疑裻之誤古裻與督義同音同

爲父使之也閩監毛三本同宋本廖本孔本韓本考文古本無之字

牝鹿也閩監毛三本同廖本孔本韓本牝作牸牸與牝義同考文古本牝作特牸卽牸之譌也俗刊之書多此誤字

言文王在囿中閩監毛三本同岳本廖本孔本韓本考文古本囿上有此字

麀鹿懷妊閩監毛三本同宋本廖本孔本韓本妊作任

則鶴鶴而澤好而已閩監毛三本同宋本廖本孔本韓本考文古本無而已二字

於物魚躍閩監毛三本孔本韓本同音義出於物云丁本作仞

而民歡樂之各本同音義出歡樂云本亦作勸樂臧琳曰案左傳昭九年注衆民自以子義來勸樂爲之正義曰衆民自以子成父事而來勸樂而早成之耳知晉唐時本皆作勸樂

孟子謂王誦此詩閩監同廖本孔本韓本監毛本謂作爲是也

民由歡樂之宋本孔本韓本考文古本足利本同閩監毛三本由作猶按由猶古今字

言古賢之君閩監毛三本同廖本孔本韓本足利本賢之作之賢

與民同樂閩監毛三本同廖本作與民共同其樂宋本孔本韓本作與民共同其所樂考文古本作與民同其所樂

故能得其樂閩監毛三本同廖本孔本韓本考文古本作故能樂之

予及女皆亡孔本韓本同閩監毛三本皆作偕

日乙卯日也閩監毛三本韓本同宋本孔本上日作時○按宋本孔本非當作是日乙卯日也

湯臨士衆誓閩監毛三本同廖本孔本韓本作湯臨士衆而誓之考文古本下有之字

言民欲與湯共亡桀閩監毛三本同宋本孔本韓本民下有皆字

章指言聖王之德與民共樂恩及鳥獸則忻戴其上大平化與無道之君衆怨神怒則國滅祀絕不得保守其所樂也

以奉養文王也已閩監毛三本已作此非

注言文王至使也閩本同監本毛本使下有之字非

毛氏注云閩監毛三本氏作詩○案注當作傳

足以笑百步者否閩監毛三本同廖本步下有止字宋本否作不孔本韓本考文古本作足以笑百步止者不足利本作是以笑百步止者不音義出者不

王雖有移民轉粟之善政閩監毛三本同宋本孔本韓本考文古本足利本粟作穀

而獨望民之多閩監毛三本孔本韓本足利本同考文古本獨作猶

何異於五十步笑百步者乎閩監毛三本韓本同廖本孔本考文古本於下有以字

所以捕小魚鼈也閩監毛三本同廖本孔本韓本考文古本也上有者字

各入保城二畝半閩監毛三本足利本同宋本孔本韓本各作冬是考文古本城作城非○按據公羊傳宣十四年注及漢地理志則作冬是也公羊注同春夏出田秋冬入保城郭今各本或作保城或作城保若依公羊則保城爲長

可以無饑矣監本毛本同宋本岳本咸淳衢州本孔本韓本閩本饑作飢按飢餓之字當作飢饑乃饑饉字此經當以飢爲正

頭半白班班者也閩監毛三本同宋本白下有曰字岳本廖本韓本者上並有然字孔本作頭半白曰頒班班然者也按以班爲班古字假借毛本孔本韓本班作斑非也足利本作頭半白日頒班班者也山井鼎云日當作曰是○按頒白字說文作𩑶从須卑聲

故頒白者不負戴也閩監毛三本同孔本足利本故下有曰字戴下有於道路三字韓本與孔本同無曰字

黎民不饑不寒監本同韓本閩本毛本饑作飢

言人君但養犬彘廖本孔本韓本考文古本足利本同閩監毛三本犬作狗

不知以法度檢斂也閩監毛三本同毛本檢作撿避所諱宋本孔本韓本不上有而字

詩曰莩有梅宋本孔本韓本同閩監毛三本曰作云

道路之旁有餓死者韓本閩監毛三本同宋本孔本旁作傍

以用賑救之也廖本考文古本足利本同宋本孔本韓本賑作振閩監毛三本用作周按振即古之賑字作賑者非

章指言王化之本在於孔本於作乎使民養生喪死之用備足然後導之以禮義

責己矜窮則斯民集矣

在於使民養生喪死之用足備也閩監毛三本喪作送誤

可以着其絹帛閩本同監本毛本着作箸

背陣曰戰閩本同按背當作皆監本毛本改作皆是也

周禮內人職云閩監毛三本同盧文弨云內當作均是也

殺人以挺與刃閩本同宋本廖本岳本孔本韓本監毛本挺作梃案音義云從木則此本及閩本誤也此本注俱作梃閩本經注並作挺

梃刃殺人閩監毛三本同孔本韓本考文古本梃作杖

曰無以異也各本同孔本以異誤倒

梃刃殺人與政殺人閩監毛三本廖本岳本同宋本孔本韓本無梃刃殺人與五字

無異也閩監毛三本同廖本岳本孔本韓本考文古本無下有以字

率禽獸而食人也閩監毛三本上率字作是廖本作是率禽獸以食人也宋本孔本韓本考文古本作爲率禽獸以食人也足利本與古本同但人下有者字

虎狼食禽獸人猶尙惡視之牧民爲政乃率禽獸食人安在其爲民父母之道也各本並同足利本作古者虎狼之中能常食於禽獸是人所惡今人猶尙惡視之牧民爲政乃率禽獸食人安在其爲民父母之道也已

惡其始造閩監毛三本同廖本孔本韓本惡上有夫字音義出夫惡山井鼎考文云古本本由有作俑者也下有夫字以夫字屬上讀非也

如之何其使斯民飢而死也閩監毛三本同廖本孔本韓本考文古本斯作此也作邪岳本斯作此音義出死邪

以教王愛其民也閩監毛三本同廖本無也字宋本孔本韓本考文古本無其字也字

章指言王者爲政之道生民爲首以政殺人人君之咎猶以白刃疾之甚也

故惠王言晉國天下之強焉閩監毛三本之作莫廖本無之字宋本孔本韓本考文古本無之焉二字

壹洒之孔本韓本考文古本同閩監毛三本壹作一

深耕易耨音義出易耨云下奴豆切字亦作蓐

而爲王之敵乎閩監毛三本同宋本孔本韓本足利本無而之二字廖本無而字考文古本作於王敵乎

章指言以百里行仁天下歸之以政傷民民樂其亡以梃服強仁與不仁也

足利本也上有者字

願比死者壹洒之閩監毛三本壹作一

今願近死不惜命者一洗除之閩本同監毛本近作爲

皆離背散各各字誤閩監毛三本並作亡

韓魏趙至強也閩本同監毛本也改焉

孟子注疏卷一上校勘記

孟子注疏解經卷第一下

梁惠王章句上　　趙氏注　　孫奭疏

孟子見梁襄王出語人曰望之不似人君襄謚也。魏之嗣王也。望之無儼然之威儀也就之而不見所畏焉。就與之言無人君操柄之威知其不足畏卒然問曰天下惡乎定卒暴問事不由其次也問天下安所定言誰能定之吾對曰定于一孟子謂仁政為一也孰能一之言孰能一之者對曰不嗜殺人者能一之嗜猶甘也言今諸侯有不甘樂殺人者則能一之孰能與之王言誰能與不嗜殺人者乎對曰天下莫不與也孟子曰時人皆苦虐政如有行仁天下莫不與之王知夫苗乎七八月之閒旱則苗槁矣天油然作雲沛。然下雨則苗浡然與之矣其如是孰能禦之以苗生喻人。歸也周七八月夏之五六月。也油然興雲之貌沛然下雨以潤槁苗則浡然已盛孰能止之今夫天下之人牧未有不嗜殺人者也如有不嗜殺人者則天下之民皆引領而望之矣誠如是也民歸之由水之就下沛然誰能禦之今天下牧民之君誠能行此仁政民皆延頸望欲歸之如水就下沛然而來誰能止之。

【疏】孟子見梁襄王至誰能禦之○正義曰此章言定天下者一道而已不貪殺人人則歸之也孟子見梁襄王出語人曰望之不似人君就之而不見所畏焉者是孟子在梁見襄王而語於人曰遠望之襄王而不似人君言無人君之威儀也就而近之而不見所畏焉言無人君操柄之威也卒然問曰天下惡乎定者是孟子語於人言襄王卒暴而問我曰天下誰能定吾對曰定于一者言我對之曰定天

下者在乎仁政爲一者也孰能一之是孟子言襄王又問誰能仁政爲一對曰不嗜殺人者能一之者是孟子言我復荅之唯不好殺人者能以仁政爲一也孰能與之者言襄王又問誰能與之不好殺人者對曰天下莫不與也言我對曰天下之人無有不與之也王知夫苗乎七八月之間旱則苗槁矣天油然作雲沛然下雨則苗浡然興之矣其如是孰能禦之者是孟子比喻而解王之意也故問襄王曾知夫苗乎言夫苗自七八月之時則乾旱而無水苗於是枯槁上天油然而起雲沛然而降雨則枯槁之苗又浡然興起而茂其不嗜殺人者能一之有如此苗而興茂誰能止之也又言如有行仁而天下莫不與之誰能止之而不與也今夫天下之人牧未有不嗜殺人者也至誰能禦之者是孟子因比喻苗而解王之意又以此復詳明之欲使襄王即曉之也言今天下爲牧養人民之君未有不好殺人者也言皆好殺人若有不好殺人者則天下之人民皆延頸而望王以歸之矣誠如此上言之者則民皆歸之亦若水之流自上而下其勢沛然而來誰能止之言無人能止之也○注襄諡也至儀○正義曰案世家云惠王在位三十六年卒子赫立是爲襄王襄王在位六年卒諡曰襄諡法云因事有功曰襄又曰辟土有德曰襄○注周七八月夏之五六月○正義曰周之時蓋以子之月爲正夏之時建寅之月爲正是知周之七八月即夏之五六月也

齊宣王問曰齊桓晉文之事可得聞乎宣諡也宣王問孟子欲庶幾齊桓公小白晉文公重耳孟子冀得行道故仕於齊齊不用乃適梁建篇先梁者欲以仁義爲首篇因言魏事章次相從然後道齊之事

孟子對曰仲尼之徒無道桓文之事者是以後世無傳焉臣未之聞也孔子之門徒頌述宓義以來至文武周公之法制耳雖及五霸心賤薄之是以儒家後世無欲傳道之者故曰臣未之聞也

無以則王乎既不論三皇五帝殊無所問則尚當問王道耳不欲使王問霸者之事

曰德何如則可以王矣王曰德行當何如而可得以王乎

曰保民而王莫之能禦也保安也禦止也言安

民則惠。而黎民懷之若此以王無能止也曰若寡人者可以保民乎哉王自恐德不足以安民故問之曰可孟子以為如王之性可以安民也曰何由知吾可也王問孟子何以知吾可以保民曰臣聞之胡齕曰王坐於堂上有牽牛而過堂下者王見之曰牛何之對曰將以釁鐘。王曰舍之吾不忍其觳觫若無罪而就死地對曰然則廢釁鐘與曰何可廢也以羊易之不識有諸胡齕王左右近臣也觳觫牛當到死地處恐貌新鑄鐘殺牲以血塗其釁郄因以祭之曰釁周禮大祝曰墮釁逆牲逆尸令鐘鼓天府上春釁寶。鐘及寶器孟子曰臣受胡齕言王嘗有此仁不知誠。充之否曰有之王曰有之曰是心足以王矣百姓皆以王為愛也臣固知王之不忍也愛嗇也孟子曰王推是仁心足以至於王道然百姓皆謂王嗇愛其財臣知王見牛恐懼不欲趨死不忍故易之。也王曰然誠有百姓者齊國雖褊小吾何愛一牛卽不忍其觳觫若無罪而就死地故以羊易之也王曰亦誠有百姓所言者矣吾國雖小豈愛惜一牛之財費哉卽見其牛哀之釁鐘又不可廢故易之以羊耳曰王無異於百姓之以王為愛也以小易大彼惡知之王若隱其無罪而就死地則牛羊何擇焉異怪也隱痛也孟子言無怪百姓。謂王愛財也見王以小易大故也王如痛其無罪羊亦無罪何為獨釋牛而取羊王笑曰是誠何心哉我非愛其財而易之以羊也宜乎百姓之謂我愛也王自笑心不然而不能自免為百姓所非乃責己之以小易大故曰宜乎其罪我也曰無傷也是乃仁術也見牛未見羊也君子之於禽獸也見其生不忍見其死聞其聲不忍食其肉是以君子遠庖廚也孟子解王自責之心曰無傷於仁是乃王爲仁之道也。時未見羊羊之爲牲次於牛故用之耳是以君子遠庖廚不欲見其生食其肉也王說曰詩云他人有心予忖度之夫子之謂也夫我乃行之反而求之不得吾心夫子言之於我心有戚戚焉此心之所以合於王者何也詩小雅巧言之篇也王喜悅因稱是詩以嗟嘆孟子忖度知己心戚戚然心有動也寡人雖有是心何能足以。合。於王也曰有復於王者曰吾力足以舉百鈞而不足以舉一羽明足以察秋毫之末而不見輿薪則王許之乎復白也許信也人有白王如此王信之乎百鈞三千斤也曰否王曰我不信也今恩足以及禽獸而功不至於百姓者獨何與然則一羽之不舉爲不用力焉輿薪之不見爲不用明焉百姓之不見保爲不用恩焉故王之不王不爲也非不能也孟子言王恩及禽獸而不安百姓若不用力不用明者也不爲耳非不能也曰不爲者與不能者之形何以異王問其狀何以異也曰挾太山以超北海語人曰我不能是誠不能也爲長者折枝語人曰我不能是不爲也非不能也故王之不王非挾太山以超北海之類也王之不王是折枝之類也孟子爲王陳爲與不爲之形若是王則不折枝之類也折枝案摩折手節解罷枝也少者恥。是役故不爲耳非不能也太山北海皆近齊故以爲喻也老吾老以及人之老幼吾幼以及人之幼天下可運於掌老猶敬也幼猶愛也敬我之老亦敬人之老愛我之幼亦愛人之幼推此心以惠民天下可轉之掌上言其易也詩云刑于寡妻至于兄弟以御于家邦言舉斯心加諸彼而已詩大雅思齊之篇也刑正也寡少也言文王正己適妻則入妾從以及兄弟御享也享天下國家之福但舉己以加於人而已故推恩足以保四海不推恩無以保妻子古之人所以大過人者無他焉善推其所爲而已矣大過人者大有爲之君也善推其心所好惡以安四海也今恩足以及禽獸而功不至於百姓者獨何與復申此言非王不能不爲之耳權然後知輕重度然後知長短物皆然心爲甚王請度之權銓衡也可以稱輕重度丈尺也可以量長短凡物皆當稱度乃可知心當行之乃爲仁心比於物尤當爲之甚者也欲使王度心如度物也抑王興甲兵危士臣構怨於諸侯然後快於心與抑辭也孟子問王抑亦如是乃快邪王曰否吾何快於是將以求吾所大欲也王言不然我不快是也將欲以求吾心所大欲者耳曰王之所大欲可得聞與孟子雖心知王意而故問者欲令王自道遂因而陳之王笑而不言王意大而不敢正言曰爲肥甘不足於口與輕煖不足於體與抑爲采色不足視於目與聲音不足聽於耳與便嬖不足使令於前與王之諸臣皆足以供之而王豈爲是哉孟子復問此五者欲以致王所欲也故發異端以問之也曰否吾不爲是也王言我不爲是也曰然則王之所大欲可知已欲辟土地朝秦楚莅中國而撫四夷也莅臨也言王意欲庶幾王者臨莅中國而安四夷者也

以若所爲求若所欲猶緣木而求魚也若順也順嚮者所爲謂搆兵諸侯之事求順今之所欲莅中國之願其不可得
如緣喬木而求生魚也王曰若是其甚與王謂比之緣木求魚爲大甚曰殆有甚焉緣木求魚雖不得
魚無後災以若所爲求若所欲盡心力而爲之後必有災孟子言盡心戰鬬必有殘民破國之災故
曰殆有甚於緣木求魚者也曰可得聞與王欲知其害也曰鄒人與楚人戰則王以爲孰勝言鄒小楚大也
曰楚人勝王曰楚人勝也曰然則小固不可以敵大寡固不可以敵衆弱固不可以敵
強海內之地方千里者九齊集有其一以一服八何以異於鄒敵楚哉固辭也言小弱
固不可以敵強大集會齊地可方千里譬一州耳今欲以一州服八州猶鄒欲敵楚也蓋亦反其本矣王欲服之之道蓋當反王道之本耳
今王發政施仁使天下仕者皆欲立於王之朝耕者皆欲耕於王之野商賈皆
欲藏於王之市行旅皆欲出於王之塗天下之欲疾其君者皆欲赴愬於王其
若是孰能禦之反本道行仁政若此則天下歸之誰能止之也王曰吾惛不能進於是矣願夫子輔吾
志明以教我我雖不敏請嘗試之王言我情思惛亂不能進行此仁政不知所當施行也欲使孟子明言其道以教訓之我
雖不敏願嘗使少行之也曰無恆產而有恆心者惟士爲能若民則無恆產因無恆心孟子爲王
陳其法也恆常也產生也恆產則民常可以生之業也恆心人常有善心也惟有學士之心者雖窮不失道不求苟得耳凡民迫於飢寒則不能守其常善之

心也。苟無恆心放辟邪侈。無不爲已及陷於罪然後從而刑之是罔民也。民誠無恆心放溢辟邪侈於姦利犯罪觸刑無所不爲乃就刑之是由張羅罔以罔民者也焉有仁人在位罔民而可爲也安有仁人爲君罔陷其民是政何可爲也是故明君制民之產必使仰足以事父母俯足以畜妻子樂歲終身飽凶年免於死亡然後驅而之善故民之從之也輕言衣食足知榮辱故民從之教化輕易也今也制民之產仰不足以事父母俯不足以畜妻子樂歲終身苦凶年不免於死亡此惟救死而恐不贍奚暇治禮義哉言今民困窮救死恐凍餓而不給何暇修禮行義乎王欲行之則盍反其本矣五畝之宅樹。之以桑五十者可以衣帛矣雞豚狗彘之畜無失其時七十者可以食肉矣百畝之田勿奪其時八口之家可以無飢矣謹庠序之教申之以孝悌之義頒白者不負戴於道路矣老者衣帛食肉黎民不飢不寒然而不王者未之有也其說與上同八口之家次上農夫也孟子所以重言此者乃王政之本常生之道故爲齊梁之君各具陳之當章究義不嫌其重也

疏齊宣王至未之有也○正義曰此章言典籍攸載帝王之道無傳霸者之事也齊宣王問曰齊桓晉文之事可得聞乎者齊宣是齊威王之子辟疆是也謚爲宣言齊宣王問孟子曰齊。威公小白晉文公重耳二霸之事可得而聞之乎孟子對曰仲尼之徒無道桓文之事者是以後世無傳焉臣未之聞也者是孟子荅齊宣王之言也言自孔子之門徒無有道及桓文二霸者事是以後世無傳焉故臣于今未之曾聞知也云臣者是孟子對王而

言故自稱己為臣也無以則王乎者孟子言無以問及宓犧以來至文武周公之法尚當以王者之道為問耳曰德何如則可以王矣者齊宣又問孟子言德當何如則可以為王曰保民而王莫之能禦也者孟子言當安民而為之王則天下之民莫之能止禦之也曰若寡人者可以保民乎哉者宣王又自問只如寡人之德可以安民乎王恐德不足以安民故問之也曰可者孟子言如王之德可以安民也曰何由知吾可也者宣王又問孟子何緣而知吾之德可以安民曰臣聞之胡齕曰王坐於堂上有牽牛而過堂下王見之曰牛何之至以羊易之者是孟子因胡齕之言而荅宣王之問也胡齕王之左右近臣言嘗聞胡齕曰王坐於廟堂之上有牽牛自堂下而過者王見之而問牽牛者曰其牛牽去何所牽牛者對之曰相將以為釁鍾也王對牽牛者曰舍去之我不忍其牛之恐懼若無罪之人而就於所死之地者也牽牛者又對曰如若王之所不忍則廢去釁鍾之禮與王復與牽牛者曰塗釁祭鍾之禮何可得而廢以羊更易之而已不識有諸者是孟子又未知齊宣王還是有此言故問宣王曰不識有諸曰有之者宣王荅孟子以為是有此言也曰是心足以王矣者是孟子於此言知王有此不忍之心故足以為王矣百姓皆以王為愛也臣固知王之不忍也者孟子言然百姓盡以王為愛財也臣素知王有不忍之心故如此也王曰然者宣王復亦自謂百姓是有此疑也誠有百姓者齊國雖褊小吾何愛一牛即不忍其觳觫若無罪而就死地故以羊易之也者宣王言誠有百姓以我為愛財者齊國雖曰褊小狹隘我亦何獨止愛其一牛即是不忍見其牛之恐懼如無罪而就於所死之地又為釁鍾不可廢故以羊更之也宣王必以羊易牛者以其羊之為牲次於牛也故以羊易之曰王無異於百姓之以王為愛也以小易大彼惡知之王若隱其無罪而就死地則牛羊何擇焉者孟子對宣王言王無怪百姓皆謂我為愛財也以羊之小而易牛之大彼百姓之人安知王以為不忍見其恐懼又為釁鍾不可廢故以羊易之之意也彼必曰王若隱痛不忍見牛若無罪而就所死之地則牛與羊何擇焉言羊之與牛是皆若無罪而就死也何獨擇取其牛而以羊就死也王笑曰是誠何心哉我非愛其財而易

之以羊也宜乎百姓之謂我愛也者是宣王自笑以其己之心不如是故笑之也笑而言曰儻如此者是何心哉然我非愛其財故以羊易牛也云此者宣王又疑孟子亦以爲然故以此言復荅之也宜乎百姓不知我之意而謂我愛財也曰無傷也是乃仁術也見牛未見羊也君子之於禽獸也見其生不忍見其死聞其聲不忍食其肉是以君子遠庖廚也者孟子復解王之自責之意也言如此亦無傷害於爲王也此亦爲仁之一術耳無他是見其牛之觳觫未見其羊之觳觫也凡君子之於禽獸見其生貌則不忍見其就死聞其鳴聲則不忍食其肉是以君子之人凡於庖廚烹炙之事所以遠去之也王悅曰詩云他人有心予忖度之夫子之謂也者是宣王見孟子解其己意故喜悅之而引詩之文而言也他人有心予忖度之二句是小雅巧言之詩也宣王引之而爲如夫子之所謂也云夫子者宣王尊孟子爲夫子也夫我乃行之反而求之不得吾心夫子言之於我心有戚戚焉者宣王言我既行之事尚且反而求之於己而不得其心之所之自今夫子言之於我心中戚戚然有動也此心之所以合於王者何也者宣王言雖有是心其所以得契合於王者是如之何也曰有復於王者曰吾力足以舉百鈞而不足以舉一羽明足以察秋毫之末而不見輿薪則王許之乎者是孟子欲以此比喻而解王也言今有人復白於王而曰我力能舉得三千斤之重而不能舉一羽毛之輕目之明能觀視其秋毫之末銳而不能見一大車之薪木則王信乎否乎曰否者是宣王荅之曰凡如此云者我不信也今恩足以及禽獸而功不至於百姓者獨何與者孟子復以此諷之也言今王有恩德足以及其禽獸而其功績不至於百姓者王獨以爲何如然則一羽之不舉爲不用力焉輿薪之不見爲不用明焉百姓之不見保爲不用恩焉故王之不王不爲也非不能也者孟子又言苟如是一羽之輕所以不能舉者爲其不用力也一車薪之大所以不見者爲其不用明也今百姓所以不見安者爲其不用恩也故王之所以不爲王是王之不爲也非不能也曰不爲者與不能者之形何以異者是宣王問孟子言不爲與不能二狀何以爲異也曰挾太山以超北海語人曰我不能是誠不能也爲長者折枝語人曰我不能是

不爲也非不能也故王之不王非挾太山以超北海之類也是折枝之類也者是孟子又以此比喻而解王問不爲與不能之異狀也言今有人云挾太山而超過北海而語人曰我不能此眞不能也如爲長者按摩手節而語人曰我不能爲長者按摩手節是恥見役使但不爲之耳非不能也今王之所以不王非是挾太山超北海之類也是不爲長者折枝之類也以其不爲之耳老吾老以及人之老幼吾幼以及人之幼天下可運於掌者是孟子欲以此教宣王也言敬吾之所敬以及他人之所敬者愛吾之所愛以及他人之所愛者凡能推此而惠民則治天下之大止如運轉於掌上之易也詩云刑于寡妻至于兄弟以御于家邦者是孟子引大雅思齊之詩文也言文王自正于寡妻以至正于兄弟自正于兄弟以至臨御于家邦言凡此是能舉此心而加諸彼耳故推恩足以保四海不推恩無以保妻子古之人所以大過人者無他焉善推其所爲而已矣者孟子言爲君者但能推其恩惠故足以保四海苟不推恩惠雖妻子亦不能安之古之人君所以大過強於人者無他事焉獨能推其所爲恩惠耳蓋所謂老吾老以及人之老幼吾幼以及人之幼又如詩云文王刑于寡妻至于兄弟以御于家邦是其善推其所爲之意旨故也今恩足以及禽獸而功不至於百姓者獨何與者孟子復言非王不能但不爲耳故復云然權然後知輕重度然後知長短物皆然心爲甚王請度之者孟子又託物而諷王也言爲之權與度然尙能知其輕重長短其權度之爲物也然尙皆然而人心又甚於權度故請王自忖度之耳抑王興甲兵危士臣構怨於諸侯然後快於心與者抑辭也與語曰抑爲之不厭之抑同孟子又以此數事而測王之意也言抑是王欲興起甲兵以伐人危士臣以卽戎不以爲危事外結怨於諸侯如此且然後快樂其心與王曰否者宣王荅之以爲不如是也言我何肯快心於此數事我但將以求吾所大欲耳曰王之所大欲可得聞與者是孟子欲知王之所大欲故問之曰王大欲可得而聞之乎王笑而不言宣王知己之所欲甚大但笑而不言也曰爲肥甘不足於口與輕煖不足於體與至不足使令於前與者是孟子又以此四事而測王所大欲也言王之所大欲是爲其肥甘之

味不足以供於口與抑是其聲音之樂不足供聽於王之耳與便嬖之幸不足使令於王之前與采色之飾不足供視於王之目與然此數事而爲王之諸臣者皆足以供奉王矣而王豈用爲此者與故繼之曰王之諸臣皆足以供之而王豈爲是哉又曰否吾不爲是者宣王荅之曰我不爲是四者之事也曰然則王之所大欲可知已者孟子言如是則王之大欲我今可得知已欲辟土地朝秦楚莅中國而撫四夷也者孟子知王以此爲大所大欲也以若所爲求若所欲猶緣木而求魚也者孟子言王如若以此欲大開闢其土地而求其廣又欲朝秦楚之諸侯以臨莅其中國而撫安四夷爲此所大欲是若緣喬木之上而求其魚也王曰若是其甚與者宣王亦謂己之大欲若此求魚之甚與曰殆有甚焉緣木求魚雖不得魚無後災以若所爲求若所欲盡心力而爲之後必有災者孟子言王如此大欲殆有甚於緣木求魚也緣喬木而求魚雖不得魚又且無後災難所及而王如若以所欲假使盡心力而爲之後亦必有大災難所及也曰可得聞與者是宣王又問孟子欲求知其大災難也曰鄒人與楚人戰則王以爲孰勝者孟子以此比喻而解王也言鄒之小國與楚之大國戰鬭則王以爲誰國勝之曰楚人勝者宣王荅孟子以爲楚之大國人勝之也曰然則小固不可以敵大寡固不可以敵衆弱固不可以敵強者孟子言如是則小國固不可敵大國人之寡少固不可以敵人之衆多劣弱固不可以敵強悍也海內之地方千里者九齊集有其一以一服八何以異於鄒敵楚哉者孟子又言今海內之地方千里者有九而齊國但集而有一且以一而服八是何以異於鄒國之小而敵楚國之大哉言與此無異也王如欲服之蓋當反行王道之本耳故云蓋亦反其本矣今王發政施仁至孰能禦之者孟子於此教宣王王道之本也言今王發政而施仁使天下爲之仕者皆欲立於王之朝廷耕者皆欲耕作於王之郊野商賈皆欲藏於王之市行旅皆欲出於王之道塗凡天下欲疾惡其君者又皆欲奔赴王而告愬之其如此天下皆歸之誰能止禦之也商賈漢書云通。財鬻貨曰商白虎通云賣曰賈行旅者師旅也說文云軍五百人也王曰吾惽不能進於是矣願夫子輔吾志明以教我我雖不敏請嘗試之者宣王欲孟子明其王道而教之也故曰我之惛亂不能進於此仁政願夫子輔我志以明白教我也我雖不能敏疾而行之但請嘗試教之如何耳曰無恆產而有恆心者惟士爲能若民則無恆產因無恆心苟無恆心放辟邪侈無不爲已至未之有也者是孟子爲宣王陳王道之本而教之者也言無常生之業而有常善之心者惟士人爲能有之言士窮則獨善其身不求苟得故能有常心也若民則迫於窮困不能守其常善無常生之業遂因之而無常善之心苟無常善之心則放辟邪侈之事無有不爲及其陷溺於罪然後又從而誅戮之是若張羅網而罔民也安有仁人之君在位而以罔民而可爲之也故明哲之君制民之生產必使其民仰而上之則足以奉事父母俯而下之則足以畜養妻子豐樂之歲終身飽足凶荒之年又免其死亡然後驅率而從善教故其民從其善教亦輕易也自今之君制民之產仰則不足以奉養父母俯則不足以畜養妻子雖豐樂之歲終身又且勞苦而凶荒之年又不得免其死亡如此則民惟獨於救死尚恐其不足何有閒暇而修治禮義哉言無及修其禮義也王欲行之則盍反其本矣者言王欲行之則何不反其王道之本五畝之宅至未之有也是又孟子爲宣王陳王道之本其說已在前此更不解○注宣謚也至齊也○正義曰周顯王二十七年史記云齊威卒子辟疆立是爲齊宣王在位十九年卒注曰宣謚法云善問周達曰宣云齊桓公小白者莊公八年左傳。王齊僖公母弟曰夷仲年生公孫無知有寵於僖公弑君自立九年春弑無知莊公納子糾桓公小白自莒入於是立爲桓公元年史記云桓公小白元年春齊弑無知五年與魯人會柯七年始霸會諸侯於鄄云晉文公重耳者史記云周襄王十六年晉文公重耳立是爲元年又云晉獻公五年伐驪戎得二姬歸生奚齊其娣生卓子驪姬嬖欲立其子重耳者乃獻公娶於戎得二女大戎狐姬之所生也十二年居重耳於蒲城二十六年獻公卒立奚齊里克殺之及卓子又立小戎所生夷吾者爲晉惠公七年重耳聞管仲死自狄之齊十四年。惠公夷吾卒遂立重耳爲晉文公九年在位卒云孟子不得行道故仕於齊齊不用乃適梁者案史記列傳已說在梁王段注云宓羲至聞也正義曰宓羲古帝王氏也即伏犧氏也五霸者即齊桓晉文秦繆宋襄楚莊是也崔李云夏昆吾殷大彭家韋周齊桓晉文是也謂之霸者把也把持諸侯之權也案國語亦然荀子云仲尼之門人五尺之豎子言羞稱乎五霸是仲尼之徒無道桓文之事者之證也注云觳觫牛於到死地處恐貌正義曰案廣雅有云觳觫死貌是也云周禮大祝墮釁逆牲逆尸令鐘鼓者鄭司農云墮釁謂薦血也凡血祭曰釁既墮釁後言逆牲容逆鼎是也蓋古者器成而釁以血所以厭變怪禦妖釁釁鐘之釁謂之釁亦治亂謂之亂之類也云天府云上春釁寶鐘及寶器者寶鐘寶器玉瑞玉器之美上春孟春也又言釁謂以殺牲以血血之也蓋釁之法其來有自矣周之所釁又非止此而已如大司馬於軍器小子於邦器小人於龜器雞人於雞大祝逆牲小祝祈號皆在所釁也注愛嗇也正義曰釋文云嗇愛澀也字法從來亩來麦也來者亩而藏之故田夫謂之嗇夫亩音廩書云嗇夫馳是也〇注百鈞三千斤也〇正義曰律曆志云銖兩斤鈞石本起於黃鍾之重一龠容千二百黍重十二銖二十四銖爲兩十六兩爲斤三十斤爲鈞重一千五百二十銖四鈞爲石重百二十斤以此推之則百鈞是三千斤也〇注太山北海近齊〇正義曰案地理志云齊地南有太山城陽北有千乘清河是也〇注權銓衡至度物也〇正義曰權重衡平衡所以任權而均物平輕重也釋文云銓平木器又曰銓衡也權稱錘也度者分寸尺丈引也所以度長短也本起於黃鍾之長以子穀巨黍中者子穀穀子在地即黑黍中者不大不小言黑黍穀子大小中者率爲分寸一黍之廣度之九十分黃鍾之長爲十分十分爲寸十寸爲尺十尺爲丈十丈爲引法用銅高一寸廣二寸長一丈而分寸尺丈存焉〇寸注八口之家次上農夫〇正義曰王制制農田百畝百畝之分上農夫食九人其次食八人孟子云一夫百畝百畝之糞上農夫食九人上次食八人是也此云八口之家所以特指次上農夫者而已斯亦舉其次而見上下之意耳

孟子注疏解經卷第一下

孟子注疏卷一下校勘記　阮元撰盧宣旬摘錄

梁惠王章句上　趙氏注　孫奭疏十行本各上篇下及下篇上下卷題名如此

魏之嗣王也閩監毛三本同廖本孔本韓本足利本魏作梁

操柄之威閩監毛三本同廖本孔本韓本柄作秉○按秉柄古今字古書柄多用秉者

沛然下雨音義出沛字云字亦作霈按初學記引此文正作霈

以苗生喻人歸也閩監毛三本岳本孔本韓本同宋本考文古本歸作象

夏之五六月也閩監毛三本韓本同廖本孔本考文古本無也字

章指言定天下者一道韓本足利本作仁政孔本作一道仁政而已而已不貪殺人人則歸之是

故文王視民如傷此之謂也

襄謚也至儀閩本同監毛本儀上有威字

齊不用乃適梁閩監毛三本同廖本孔本韓本考文古本作不用而去乃適於梁岳本足利本無齊字

欲以仁義爲首篇閩監毛三本孔本同宋本廖本韓本無爲字

然後道齊之事閩監毛三本同宋本考文古本作然後道齊也廖本岳本孔本韓本足利本事下有也字

頌述宓義 義字誤閩監毛三本作羲廖本孔本韓本考文古本足利本作戲音義出宓戲

不欲使王問霸者之事 閩監毛三本同宋本廖本孔本韓本考文古本作不欲使王問霸事也

而黎民懷之 閩監毛三本同宋本廖本孔本韓本無而字

可以保民 閩監毛三本同廖本孔本韓本保作安

將以釁鍾 宋九經本咸淳衢州本閩本同孔本韓本監毛本鍾作鐘下及注同音義出鍾與知此經亦當作鍾

上春釁寶鍾 閩本同宋本岳本孔本韓本監毛本作鐘按鍾當依周禮作鎮形相涉而誤

不知誠充之否 閩監毛三本同廖本孔本韓本考文古本充作有

不忍故易之也 閩監毛三本孔本韓本足利本同考文古本無也字

無怪百姓謂王愛財也 閩監毛三本同廖本孔本韓本謂上有之字

無傷於仁 各本同考文古本仁作牛

時未見羊 閩監毛三本同廖本孔本時上有王字

何能足以合於王也 閩監毛三本同宋本廖本孔本韓本考文古本無合於二字

挾太山以超北海 各本同音義出以超云超或作趍

少者恥見役也廖本孔本韓本考文古本足利本同閩監毛三本改見爲是非

敬我之老廖本孔本韓本同閩監毛三本我作吾非

言其易也閩監毛三本同宋本廖本孔本韓本考文古本無其字

享也享天下國家之福孔本韓本閩毛本同監本享作亨浦鏜云誤

但舉己心加於人而已閩本同監毛本心作以形近而誤宋本廖本孔本韓本考文古本而已作耳

可以量長短宋本廖本岳本孔本韓本同閩監毛三本量作度考文古本亦作量短下有也字按音義云度之待各切注稱度度心度物皆同不云度長短是音義本亦當作量改爲度者閩本之誤監毛二本因而不革也

尤當爲之甚者也閩監毛三本孔本同韓本足利本無當字

將欲以求吾心所大欲者耳閩本考文古本同宋本廖本孔本韓本吾作我廖本監毛本耳作矣

遂因而陳之閩監毛三本同宋本廖本孔本韓本考文古本因而作緣以

故發異端以問之也孔本閩監毛三本同韓本考文古本無之字山井鼎云古本問作明恐非

臨莅中國閩監毛三本韓本同岳本廖本孔本考文古本足利本作莅臨

而安四夷者也閩監毛三本孔本同韓本考文古本無者字

固不可以敵強大閩監毛三本同宋本孔本韓本考文古本足利本作固不如強大

猶鄒欲敵楚也閩監毛三本同宋本廖本孔本韓本考文古本無也字

蓋亦反其本矣閩監毛三本孔本同韓本足利本蓋作盍周廣業孟子四考曰按史記孔子世家夫子蓋少貶焉檀弓子蓋慎諸並以盍爲蓋

蓋當反王道之本耳閩監毛三本同宋本廖本孔本考文古本無耳字韓本無當字耳字韓本考文古本蓋作盍山井鼎云似非

誰能止之也閩監毛三本同宋本廖本孔本韓本考文古本也作者

吾惛不能進於是矣石經惛作惽

無恆產而有恆心者石經恆諱作恒下同

人常有善心也閩監毛三本同廖本考文古本有下有所字孔本韓本人下有所字

則不能守其常善之心也閩監毛三本同宋本廖本孔本韓本考文古本無也字

放辟邪侈侈音義云丁作移案考工記鳧氏侈弇之所由興注故書侈作移又儀禮少牢篇移袂又禮記衣服以移之是移爲侈之假借字

是罔民也各本同音義罔民丁作司民下同按丁本司當讀爲伺司伺古通用〇按依趙注則是罔字丁作司者非趙本也

樹之以桑石經樹諱作植

章指言典籍攸載帝王道純桓文之事譎正相紛撥亂反正聖意弗珍韓本考文

古本作稱故曰後世無傳未聞仁不施人猶不成德釁鍾易牲考文古牲誤性本民不被澤王請嘗試欲踐其跡考文古本作路荅以反本惟是爲要此蓋孟子不屈道之言也

齊威公小白閩監本同毛本威作桓

通財鬻貨曰商閩本同監毛本財作利

莊公八年左傳王閩本同按王當作云監毛本改作云是也

十四年此文之下十行本有脫頁閩本亦缺閩本出於十行本此其證也

孟子注疏卷一下校勘記

孟子注疏解經卷第二上

梁惠王章句下 凡十六章

趙氏注　孫奭疏

疏正義曰此卷趙氏分別爲第二卷也故云梁惠王章句下今據此卷章指凡十六章一章言人君田獵以時鍾鼓有節與民同樂二章譏王廣囿專利以嚴刑陷民三章言聖人樂天事小以勇安天下四章言與天下同憂樂者不爲慢遊恣溢之行五章言齊王好色好貨孟子推以公劉太王好貨色與民同之六章言君臣上下各勤其任無墮其職七章言人君進賢退惡八章言孟子云紂以崇惡失其尊名九章言任賢使能不遺其學十章言征伐之道在順民心十一章言伐惡養善無貪其富以小王大十二章言上恤其下下赴其難惡出於己害及其身十三章言事無禮之國不若得民心與之守死善道十四章言君子之道正己在天強暴之來非己所召獨善其身而已十五章言太王居邠權也效死弗去義也十六章言讒邪構賢賢者歸於天不尤人也凡十六章合上卷七章是梁惠王篇有二十三章矣故各於卷首總列其章目而分別其指焉

莊暴見孟子曰暴見於王王語暴以好樂暴未有以對也曰好樂何如莊暴齊臣也不能決知之故無以對而問曰王好樂何如孟子曰王之好樂甚則齊國其庶幾乎王誠能大好古之樂齊國其庶幾治乎他日見於王曰王嘗語莊子以好樂有諸孟子問王有是語。不王變乎色曰寡人非能好先王之樂也直好世俗之樂耳變乎色愠恚莊子道其好樂也王言我不能好先。聖王之樂直好世俗之樂謂鄭聲也曰王之好樂甚則齊其庶幾乎今之樂猶古之樂也甚大也謂大要與民同樂古今何異也曰可得聞與（王問古今同樂之意寧可得聞邪）曰獨樂樂與人樂樂孰樂（孟子復問王獨自作樂樂邪與人共聽其樂爲樂邪）曰不若與人（王曰獨聽樂不如與衆共聽之爲樂也）曰與少樂樂與衆樂樂孰樂（孟子復問王與少之人共聽樂樂邪衆人共聽樂樂也）曰不若與衆（王言不若與衆人共聽樂爲樂）臣請爲王言樂（孟子欲爲王陳獨樂與衆人樂樂狀）今王鼓樂於此百姓聞王鍾鼓之聲管籥之音舉疾首蹙頞而相告曰吾王之好鼓樂夫何使我至於此極也父子不相見兄弟妻子離散（鼓樂者樂以鼓爲節也管笙籥籥或曰籥若笛短而有三孔詩云左手執籥以節衆也疾首頭痛也蹙頞愁貌言王擊鼓作樂發賦徭役皆出於民而德不加之故使民愁也）今王田獵於此百姓聞王車馬之音見羽旄之美舉疾首蹙頞而相告曰吾王之好田獵夫何使我至於此極也父子不相見兄弟妻子離散此無他不與民同樂也（田獵無節以非時取牲也羽旄之美但飾羽旄使之美好也發民驅獸供給役使不得休息故民窮極而離散奔走也）今王鼓樂於此百姓聞王鍾鼓之聲管籥之音舉欣欣然有喜色而相告曰吾王庶幾無疾病與何以能鼓樂也（百姓欲令王康強而鼓樂也今無賦斂於民而有惠益故欣欣然而喜也）今王田獵於此百姓聞王車馬之音見羽旄之美舉欣欣然有喜色而相告曰吾王庶幾無疾病與何以能田獵也此無他與民同樂也（王以農隙而田不妨民時有閔民之心因田獵而加撫恤之是以民悅之也）今王與百姓

同樂則王矣孟子言王何故不大好樂效古賢君與民同樂則可以王天下也何惡莊子之言王。之好樂也。

疏莊暴見孟子至則王矣○正義曰此章言人君田獵以時鐘鼓有節與民同樂也莊暴見孟子曰暴見於王王語暴以好樂暴未有以對也者莊暴齊臣也莊姓也暴名也言莊暴見孟子謂暴朝見於齊王王語暴以好樂之事暴是時未有言以對荅之曰好樂何如者故莊暴問孟子以謂王之所以好樂是如之何孟子曰王之好樂甚則齊國其庶幾乎者孟子荅莊暴之問也言齊王之好樂至甚則齊國庶幾其治安乎他日見於王曰王嘗語莊子以好樂有諸者是孟子自見莊暴言好樂之後他一日見於齊王而問之曰王曾與莊子語以好樂之事還有此言否乎孟子稱莊子不稱曰暴者是孟子尊王之臣故不欲稱其名也王變乎色曰寡人非能好先王之樂也直好世俗之樂耳者是齊王自孟子問之後變其常容而有憤怒之色蓋憤莊暴言己之好樂於孟子也故荅孟子曰寡人不能好古聖王之樂古聖王之樂如黄帝之咸池堯之大章舜禹之韶夏商周之濩武是也但能直好世俗樂耳如鄭衛之聲是也曰王之好樂甚則齊其庶幾乎者孟子復對王而言也言王之好樂至甚則齊幾乎治安孟子言齊國其庶幾乎以對莊子對之齊王則止曰齊其庶幾乎者蓋對莊子則稱。其國及對齊王故不必稱國焉耳今之樂猶古之樂者是孟子見齊王言不能好先王之樂直好世俗之樂故以此言今之樂亦若古之聖王樂也但其要在能與民同聽樂爲樂耳遂以此問之曰可得聞與者是齊王問孟子言古今之樂一同寧可得而聞知之與曰獨樂樂與人樂樂孰樂者是孟子欲以此問王使王知與民同樂樂爲樂也故問之曰王獨作樂爲樂耶與人同樂爲樂耶曰不若與人者是齊王荅孟子亦以爲獨樂不若與人同樂爲樂也曰與少樂樂與衆樂樂孰樂者是孟子復問王與少人同樂爲樂與衆人同樂爲樂孰樂耶曰不若與衆者齊王亦復荅孟子以爲不若與衆人同樂爲樂也臣請爲王言樂孟子於此知齊王亦識與衆同樂之意乃爲王陳其獨樂與衆同樂之效故不待王問而自請言之也今王鼓樂於此至與民同樂也者皆孟子陳獨樂與衆樂樂之文也言今王鼓作其樂於此國也百姓之人聞王鍾鼓之聲與管籥之音舉皆疾痛其頭又蹙頞愁悶而交相告曰我王之好作樂爲樂發賦徭役使我至於此之極也父子不得以相見兄弟妻子又皆離散之以其如此故百姓所以頭痛蹙頞愁悶也又言今王田獵於此國百姓之人聞王車馬之音見羽旄之美好舉皆蹙頞愁悶疾痛其首而交相告曰我王之好田獵禽獸如何使我供給役使不得休息而至於如此之極父子不得以相見兄弟妻子皆離散之然則王之鼓樂田獵而百姓皆如此者無他事焉是王之不與民同其樂也言今王鼓樂於此國百姓聞王鍾鼓之聲管籥之音舉皆欣欣然有喜色而交相告曰我王庶幾無疾病也何以能鼓樂於此言百姓皆欲。之康強不特止於庶幾無疾病也苟即庶幾近於無疾病則王亦何以能鼓樂也又言今王田獵禽獸於此國百姓之人聞王車馬之音見羽旄之美好舉皆欣欣然有喜色而交相告曰我王即庶幾近於無疾病又何以能田獵也此言又欲王之康強不特止於庶幾無疾病也然則王之鼓樂田獵百姓皆如此欲王之康強者無他事焉是王能與民同其樂也言今之王能與民同樂爲樂則爲之王者矣云鼓樂者蓋鍾以止爲體鼓以作爲用故凡作樂所以謂之鼓樂也云音與聲者蓋鍾鼓言聲以其聲之單出故云聲也管籥車馬言音以其音之雜比故云音也然車馬亦謂之音者蓋升車則馬動馬動則鸞鳴鸞鳴則和應故也聲之與音合而言之則聲音。則一也別而言之則單出爲聲雜比爲音詩云嘒嘒管聲此言管籥之音是聲音之通論也齊王悅南郭先生吹竽廩食以數百人喜鄒忌鼓琴卒授之國政是安知與衆樂樂邪此孟子所以陳其與民同樂之意也○注鄭聲也○正義曰論語云鄭聲淫以其能惑人心也孔傳云鄭聲惑人心。其與雅樂同也○注鼓樂至百姓愁○正義曰周禮鼓人掌教六鼓以節聲樂鍾師掌金奏注云以鍾鼓奏者先擊鍾次擊鼓以奏九夏夏大也樂之大歌有九王夏肆夏昭夏納夏章夏齊夏族夏祴夏驁夏凡九夏是也故附于此云管笙籥簫或曰籥若笛而有三孔者案禮圖云笙長四尺諸管參差亦如鳥翼爾雅曰大笙謂之巢小者謂之和郭璞爾雅云二十三管爲簫風俗通云舜作竹簫以象鳳翼周禮笙師掌教吹籥後鄭云籥如笛有三孔是也詩云左手執籥蓋邶詩簡兮之篇文也注云籥六孔言碩人多才藝又能籥舞言文武備也釋云首頭也頞鼻頸也言齊王
擊鼓作樂其使民徭役苦楚皆蹙其鼻頸而愁悶也○注田獵至奔走也○正義曰釋云獵田也蒐狩苗獮是也案魯隱公五年左傳云春蒐夏苗秋獮冬狩
皆於農隙講武事也杜預曰蒐索擇取不孕者苗爲苗除害也獮殺也以殺爲名順秋氣也狩圍守也冬物畢成獲則取之無所擇也羽旄者案左傳魯襄公
十四年范宣子假羽旄於齊定公四年晉人假羽旄於鄭杜預曰以析羽爲旌爲王者旃車之所建也又案司常九旗之數又有全羽析羽釋云全羽析羽直
有羽而無帛也云天時不如地利地利不如人和蓋公孫丑篇文也○齊宣王問曰文王之囿方七十里有諸王言
聞文王苑囿方七十里寧有之孟子對曰於傳有之於傳文有是言曰若是其大乎王怪其大曰民猶以爲
小也言文王之民尙以爲小也曰寡人之囿方四十里民猶以爲大何也。王以爲文王在岐山。之時雖爲西伯
土地尙狹而囿。巳大矣今我地方千里而囿小之民以爲寡人。之囿。爲大何故也曰文王之囿方七十里芻蕘者往焉
雉兔者往焉與民同之民以爲小不亦宜乎芻蕘者取芻薪之賤人也雉兔獵人取雉兔者言文王聽民往取禽
獸刈其芻薪民苦其小是其宜也臣始至於境問國之大禁然後敢入言王之政嚴刑重也臣聞郊關之
內有囿方四十里殺其麋鹿者如殺人之罪郊關齊四境之郊皆有關則是方四十里爲阱
於國中民以爲大不亦宜乎設陷阱者不過丈尺之間耳今王陷阱乃方四十里民。言其大不亦宜乎。疏齊宣王至不亦宜乎
○正義曰此章譏王廣囿專利嚴刑陷民也齊宣王問曰文王之囿方七十里有諸者是宣王嘗聞文王有囿方闊七十里故見孟子問之還是有之否孟子

對曰於傳有之者孟子答之以爲書傳之文有言也曰若是其大乎者宣王怪之以爲文王囿如此之闊大民猶尚以爲之小也曰寡人之囿方四十里民猶以爲大何也者宣王又問孟子言寡人之囿但方闊四十里而民猶尚以爲之大是如之何其差也曰文王之囿方七十里芻蕘者往焉雉兔者往焉與民同之民以爲小不亦宜乎者孟子言文王之囿方闊七十里而採芻草薪木之賤人與獵雉鳥兔獸者皆得往其中而有所取之是其與民同共之故民以爲小不亦宜乎也臣始至於境問國之大禁然後敢入者孟子對王稱臣言自臣始初至於王之齊境問其王國禁令然後乃敢入其國中也臣聞郊關之內有囿方四十里殺其麋鹿者如殺人之罪則是方四十里爲阱於國中民以爲大不亦宜乎者孟子言自臣入王郊關之內乃聞王有苑囿方四十里之廣其有於中殺其麋鹿者如殺其人之罪而科之如此則是王爲阱陷方四十里之廣於國中以陷其民也故民以爲大不亦宜之乎凡此是皆孟子譏王之專利而不與民同也傳云天子之囿方百里大國四十里次國三十里小國二十里文王之國百里之國或者以謂有七十里之里爲苑囿是如之何其差殊不知文王百里之國是其始封之時一制也七十里之囿乃文王作西伯之時有也周制上公封四百里其食者三之一豈七十里之囿特止山川不可食之地與彼有子虛者以謂楚地方千里而囿居其九是可食之地亦鞠爲遊畋之地耶是安知周制之以法與○注云文王在岐山之時雖爲西伯土地尚挾而囿以大者○正義曰案鄭玄詩譜云周之先公曰太王者避狄難自豳始遷焉商王帝乙之初命其子王季爲西伯至紂又命文王典治南國江漢汝墳之諸侯是文王繼父之業爲西伯於岐邑也商之州長曰伯謂爲雍州伯也子夏云王季以九命作伯於西文王因之亦爲西伯焉論語云三分天下有其二以服事殷是時宜七十里之囿而民猶以爲小也○注郊關齊四境之郊皆有關者○正義曰周官閭師掌國中及四郊之人民司馬法曰王國百里爲郊二百里爲州三百里爲野四百里爲縣五百里爲都載師掌任土之法以宅田土田賈田任近郊之地以官田牛田賞田牧田任遠郊之地杜子春云五十里爲近郊百里爲遠郊云四

境郊皆有關者蓋四郊之門也齊宣王問曰交鄰國有道乎問與鄰國交接之道孟子對曰有欲爲王陳古聖王之
比也惟仁者爲能以大事小是故湯事葛文王事昆夷葛伯放而不祀湯先助之祀詩云昆夷兌矣惟其喙
矣謂文王也是則聖人行仁政能以大事小者也惟智者爲能以小事大故太王事獯鬻勾踐事吳獯鬻
北狄彊者今匈奴也大王去邠避獯鬻越王勾踐退於會稽身自官事吳王夫差是則智者用智是故以小事大而全其國也以大事小者樂
天者也以小事大者畏天者也樂天者保天下畏天者保其國詩云畏天之威
于時保之聖人樂行天道如天無不蓋也故保天下湯文是也智者量時畏天故保其國大王勾踐是也詩周頌我將之篇言成王尚畏天之威於
是時故能安其太平之道也王曰大哉言矣寡人有疾寡人好勇王謂孟子之言大不合於其意荅之云寡人有疾在
於好勇不能行聖賢之所履也對曰王請無好小勇夫撫劍疾視曰彼惡敢當我哉此匹夫之
勇敵一人者也疾視惡視也撫劍瞋目曰人安敢當我哉此一匹夫之勇足以當一人之敵者也王請大之詩云王赫
斯怒爰整其旅以遏徂莒以篤周祜以對于天下此文王之勇也文王一怒而
安天下之民詩大雅皇矣之篇也言文王赫然斯怒於是整其師旅以遏止往伐莒者以篤周家之福以揚名於天下文王一怒而安民願王慕
其大勇無論匹夫之小勇而已書曰天降下民作之君作之師惟曰其助上帝寵之四方有罪
無罪惟我在天下曷敢有越厥志書尚書逸篇也言天生下民爲作君爲作師以助天光寵之也四方善惡皆在己所謂在

予一人天下何敢有越其志者也一人衡行於天下武王耻之此武王之勇也衡橫也武王耻天下一人有橫行不順天道者故伐紂也而武王亦一怒而安天下之民今王亦一怒而安天下之民民惟恐王之不好勇也孟子言武王好勇亦則文王一怒而安天下之民也今王好勇亦則武王一怒而安天下之民民恐王之不好勇耳王何爲欲小勇而自謂有疾也。

疏自齊宣王至惟恐王之不好勇也○正義曰此章言聖人樂天賢者知時仁者必有勇也齊宣王問曰交鄰國有道乎者是宣王問孟子以交接鄰國其有道乎孟子對曰有者孟子欲陳古之聖王而比之故荅之曰有道也惟仁者爲能以大事小是故湯事葛文王事昆夷至于時保之者是皆孟子陳古之聖王而比之。之文也言惟有仁者之君乃能以大而奉事其小是故葛國之伯不祭祀而湯且遺之牛羊而助之是湯事葛也文王西有昆夷之患而以采薇薄伐肆不殄厥愠是文王事昆夷也昆夷西戎之國也惟智者乃能以小奉事其大是故太王去邠避狄始事之以皮幣珠玉犬馬而不免是大王事獯鬻也勾踐退會稽身自官事吳王夫差是勾踐事吳也勾踐越王也以大奉事其小是樂行天道如天無不覆者也以小奉事其大以其量時畏天者也故樂天者如湯文遂能安天下畏天者如太王勾踐遂能安其國故詩之周頌我將之篇有云畏天之威于時保之蓋言成王能欽畏上天之威故能安持盈守成太平之道也此孟子所以引之而證其言王曰大哉言矣寡人有疾寡人好勇者宣王謂孟子之言大不合己意故荅之曰大哉言矣以言其寡人有疾而疾在於好勇也對曰王請無好小勇夫撫劍疾視曰彼惡敢當我哉此匹夫之勇敵一人者也者是孟子又荅宣王言宣王也今請之無好其小勇也夫按劍一瞋目疾視而號於衆曰彼安敢當敵我哉此則一匹夫之小勇只可以抵敵於一人者也故曰王請大之也詩云王赫斯怒爰整其旅以遏徂莒以篤周祜以對于天下者此詩大雅皇矣之篇文也孟子所以引此者蓋欲言文王之勇而陳于王也故曰此文王之勇也其詩蓋言文王赫然大怒以整其師旅以止往伐莒以篤厚周家之福以揚天下之名也言文王亦一怒而安天下之民者謂文王亦以此一怒而安天下之民也書曰天降下民作之君作之師惟曰其助上帝寵之四方有罪無罪惟我在天下曷敢有越厥志者此周書之文也孟子所以又引此書云者蓋又欲言武王之勇而陳于王也言天生下民而立之君師以治以教之惟曰其在助相上帝寵安四方有罪有惡皆在我天下安有敢違越其志者也一人衡行於天下武王恥之此武王之勇也者一人指紂而言之也言紂一人縱横逆行其道而不順其天故武王心愧恥之於是伐紂也凡此是武王之大勇也而武王於是亦一怒而安天下之民故曰武王亦一怒而安天下之民今王亦一怒而安天下之民民惟恐王之不好勇也者孟子言今王若能如文王武王一怒而安天下之民則天下之民惟恐王之不好勇也○注葛伯不祀至小者也○正義曰書云葛伯不祀湯始征之孔安國云葛國也伯爵也湯居亳與葛為鄰葛伯不祀湯使人遺之牛羊又不祀湯又使人往為之耕是其助之也詩云昆夷兌矣惟其喙矣謂文王也者蓋引大雅緜之篇文也箋云昆夷夷狄國也見文王之使者將士衆過己國則惶怖驚走奔突入柞棫之中而逃甚困劇也又云駾突也喙困也趙注引此而證以解作文王事昆夷大與詩注不合又云大王避狄文王伐昆夷成道興國其志一也是文王未嘗事昆夷也今孟子乃曰文王事昆夷者昆夷西戎之國也詩之采薇云文王之時西有昆夷之患注云昆夷西戎也是也今據詩之箋云乃曰伐昆夷與孟子不合者蓋文王始初事之卒不免故伐之也始初之時乃服事殷之時也趙注引昆夷兌矣惟其喙矣蓋失之矣○注獯鬻至其國也○正義曰案匈奴傳云唐虞以上有山戎獫狁獯戎居于北邊夏道衰公劉變于西戎邑于西戎邑于豳其後三百餘戎狄攻大王亶父亶父走于岐山後至六國遂爲匈奴是也云越王勾踐退會稽而身自官事吳王夫差者案史記世家云吳王闔廬十五年伐越至吳王夫差元年悉以精兵伐越敗之越王勾踐乃以甲兵五千人棲於會稽請委國爲臣妾是也賈逵曰會稽山名也○注周頌我將之篇至太平之道○正義曰箋云于時於是也言成王畏天之威於是得安文

王之道是其解也○注疾視至敵也○正義曰莊書云蓬頭突鬢瞋目而語此庶人之勇無異於鬬雞一旦命已絕矣是與此同意○注大雅至小勇○正義
曰案大雅皇矣之篇其文乃曰以遏徂旅今孟子乃曰以遏徂莒者又案春秋魯隱公二年書莒子盟于密則莒者密之近地詩言密之衆孟子言密之地其
旨同也○注尙書逸篇○正義曰案周書泰誓篇今有云天佑下民作之君作之師惟其克相上帝寵綏四方有罪無罪予曷敢有越厥志孔安國云寵綏四
方言當能助寵安天下越遠也言己志欲爲民除惡是與否不敢遠其志趙注乃以其助上帝寵之而斷其句以四方爲下文則其意俱通故二解皆錄焉○
注衡橫也至伐紂也○正義曰周書泰誓篇云惟十有一年武王伐紂是也釋文云衡橫也 齊宣王見孟子於雪宮王曰賢
者亦有此樂乎雪宮離宮之名也宮中有苑囿臺池之飾禽獸之饒王自多有此樂故問曰賢者亦。有此。之樂乎 孟子對曰有
人不得則非其上矣不得而非其上者非也爲民上而不與民同樂者亦非也
有人不得人有不得。其志。也不責己仁義不自修而責上之不用己此非君子之道人君適情。從欲獨樂其身而不與民同樂亦非在上不驕之義也 樂
民之樂者民亦樂其樂憂民之憂者民亦憂其憂言民之所樂君與之同故民亦樂使其君有樂也民之所
憂者君亦助。之。憂故民亦能憂君之憂爲之赴難也 樂以天下憂以天下然而不王者未之有也言古賢君樂則
以己之樂與天下同之憂則以天下之憂與己共之如是未有不王者孟子以是荅王者言雖有此樂未能與人共之 昔者齊景公問於
晏子曰吾欲觀於轉附朝儛遵海而南放於。琅邪吾何脩而可以比於先王觀
也孟子言往者齊景公嘗問其相晏子若此也轉附朝儛皆山名也又言朝水名也遵循也放至也循海而南至於琅邪琅邪齊東。境上邑也當何修治可

以比先王之。觀。遊乎先王先聖。王也晏子對曰善哉問也天子適諸侯曰巡狩巡狩者巡所守也諸侯朝於天子曰述職述職者述所職也無非事者春省耕而補不足秋省斂而助不給言天子諸侯出必因王事有所補助於民無非事而空行者也春省耕補耒耜之不足秋省斂助其力不給也夏諺曰吾王不遊吾何以休吾王不豫吾何以助一遊一豫爲諸侯度晏子道夏禹之世民之諺語也言王者巡狩觀民其行從容若遊若豫豫亦遊也。遊。亦。豫。也春秋傳曰魯季氏有嘉樹晉范宣子豫焉吾王不遊。吾何以得見勞苦蒙休息也吾王不豫我何以得見賑贍助不足也王者一遊一豫行恩布德應法而出可以爲諸侯之法度也今也不然師行而糧食飢者弗食勞者弗息。睊睊胥讒民乃作慝今也者晏子言今時天下之民人君。行師。興軍皆遠轉糧食而食。之有飢不得飽食。者勞者致重亦不得休息在位。在。職者又睊睊側目相視更相讒惡民由是化之而作。其慝惡也方命虐民飲食若流流連荒亡爲諸侯憂方猶。逆也。逆。先王之命但爲虐民之政恣意飲食若水流之無窮極也謂沈湎于酒能蹈不熟怒而殺人之類也流連荒亡皆驕君之溢行也言王道虧諸侯行霸由當相匡正故爲諸侯憂也從流下而忘反謂之流從流上而忘反謂之連從獸無厭謂之荒樂酒無厭謂之亡先王無流連之樂荒亡之行惟君所行。也言驕君放遊無所不爲或浮水而下樂而忘反謂之流若齊桓與蔡姬乘舟於囿之類也連。引也使人徒引舟舡上行而亡反以爲樂故謂之連書曰罔水行舟丹朱慢遊。是。好無水而行舟豈不引舟於水。上。而行乎此其類也從獸無厭若羿之好田獵無有厭極以亡其身故謂之荒亂也樂酒無厭若殷紂以酒喪國也故謂之亡言聖人之

（行無此四者惟君所欲行也晏子之意不欲使景公空遊於琅邪而無益於民也）景公說大戒於國出舍於郊於是始興發補不足（景公說晏子之言也戒備也大修戒備於國出舍於郊示憂民困始興惠政發倉廩以賑貧困不足者也）召太師曰爲我作君臣相說之樂蓋徵招角招是也（大師樂師也徵招角招其所作樂章名也）其詩曰畜君何尤畜君者好君也（其詩樂詩也言臣說君謂之好何尤者無過也孟子所以導晏子景公之事者欲以感喻宣王非其矜夸雪宮而欲以苦賢者）

疏齊宣王至好君也○正義曰此章言與天下同憂者不爲慢遊之樂不循肆溢之行也齊宣王見孟子於雪宮者雪宮離宮之名也中間有池囿言宣王在雪宮之中而見孟子來至也王曰賢者亦樂此乎者是宣王稱孟子爲賢者問之孟子亦嘗有此雪宮之樂也云乎者亦未知孟子可否若何所以云乎而疑之之辭也亦梁惠王在沼上而問孟子賢者亦樂此乎同意孟子對曰有人不得則非其上矣至然而不王者未之有也者孟子荅宣王之言而欲宣王有此雪宮之樂在與民同其樂也故言有爲人下者不得此樂則必非其上矣爲人下者既不得此樂而以非謗其上非也以其不可也無他是不知命與分定故也爲民之上者既有此樂而不與下民同其樂亦非也以其亦不可也無他是不知義而失之於驕也蓋爲之君在民之上凡有所樂皆出於民之賦役而成之也豈可驕之哉故曰亦非也苟爲君能以民之所樂而爲己之樂則在下之民見君之所樂亦樂之而不敢非謗也以民之所憂而己亦爲憂之則在己有所憂而在下之民亦分憂之矣凡此皆君民憂樂施報之効也故曰在上爲君者凡有所樂與天下之民同其樂凡有所憂天下之民同其憂然而天下不歸往而爲之王者未之有也言其無也昔者齊景公問於晏子曰吾欲觀於轉附朝儛遵海而南放於琅邪吾何脩而可比於先王觀也至好君也者是皆孟子引景公問晏子晏子告景公之言而誨齊宣王也昔往也齊景公齊莊公之後景公杵臼是也魯襄公二十六年立在位五十八年薨轉附朝儛皆山名

也又云朝水也言往者齊景公嘗問於晏子曰我欲遊觀於轉附朝儛循海而南至於瑯邪我何以修治而可以比效於先聖王之遊觀也晏子齊景公之相齊大夫也姓晏名嬰者晏子荅曰善哉王之問也乃言天子往於諸侯謂之巡狩巡狩者謂巡諸侯爲天子所守土也如歲二月東巡狩五月南巡狩八月西巡狩十一月北巡狩是也諸侯朝覲於天子謂之述職述職者謂述己之所守職如春朝以圖天下之事夏宗以陳天下之謨秋覲以比邦國之功冬遇以協諸侯之慮是也然此皆無非事而已春則省察民之耕而食不足者則補之如周禮旅師春頒其粟是也秋則省察民之收而有力不足者則助之如遂師巡其稼穡而移用其民以救時事是也凡如此是皆下之所以有望於上而巡也故夏禹之世民俗諺有曰我王不遊我何以得其休息我王不豫我何以得助其力此先聖王所以一遊一豫而爲諸侯之法度也統而言之則遊與豫皆巡行也別而言之則遊者有所縱至於適也豫者有所適而至於樂也故於遊則未至於豫豫則不止於遊也今也景公則不如此其興師行軍皆遠轉糧食而食之有飢之民而不得飽食有勞乏之民則不得休息在位者皆睊睊然側目相視而非其上而下民又皆作爲邪慝也故方命虐民飲食若流流連荒亡爲諸侯憂方逆也凡物圓則行方則止行則順止則逆所謂方命虐民者是逆先王之命而下則暴虐民人也凡遊豫補助皆先王之命也今則方命而虐民又飲食無窮極而若暴水之流蓋流連荒亡四行皆爲諸侯之所憂也以其皆能喪亡其身而已故流者是從流下而忘反之謂也如齊桓與蔡姬乘舟於囿是也連者從流上而忘反之謂也如書曰罔水行舟若丹朱是也荒者從獸無厭之謂也如羿之好田獵無有厭極以亡其身是也亡者樂酒無厭之謂也如殷紂以酒喪國是也故曰從流下而忘反謂之流從流上而忘反謂之連從獸無厭謂之荒樂酒無厭謂之亡以其晏子自解之耳言先王無流連之樂荒亡之行惟君所行也者謂古之先王無此流連之極樂荒亡之溢行惟獨在君所行也君者指景公而言也景公自知己小有流連之樂大有荒亡之行遂一聞晏子之言而喜悅之景公所以說者以其能悟而改過也乃大戒勑於國而。敢慢其

事出舍於郊而不敢寧其居於是能與發倉廩而補贍其不足者又召樂師之
官曰爲我作君臣相說之樂以作徵招角招是也必作其徵招角招之者蓋徵
以爲事角以爲民皆以招名之曰亦舜作歌以康庶事鼓琴歌南風以阜民財
之意也此所以謂之徵招角招矣又引樂詩曰畜君何尤畜君者好君也言說
君所以好君何有其過也故又曰畜君者是好君也凡此皆晏子所言是其畜
君者也孟子引此誨宣王亦欲宣王如景公說晏子之言而悟之也○注轉附
朝儛至邑也正義曰云轉附朝儛皆山名今案諸經並未詳據梁時顧野王釋
云㵽水名出南陽恐誤㵽爲儛他並未詳云琅邪爲齊東南上邑者案地理志
云齊地東有琅邪南越志云琅邪邑名是也○注沈湎于酒能蹯不熟怒而殺
人。者○正義曰注云羲和湎淫亂往征之孔安國云羲和氏世業天地四時之
官自唐虞至三代世職不絕承太康之後沈湎于酒過差非度又曰紂沈湎冒
亂敢行暴虐孔安國傳云沈湎者酒春秋魯宣公二年晉靈公不君厚斂以彫
牆從臺上彈人而觀其避丸也宰夫胹熊蹯不熟殺之寘諸畚使婦人載以過
朝釋云胹煮也畚草器也○注齊桓與蔡姬乘舟於囿正義曰案魯僖公三年
左傳云齊侯與蔡姬乘舟于囿蕩公公怒杜預曰蔡姬齊侯夫人蕩搖也囿苑
也蓋魚池在苑中耳○注書云罔水行舟若丹朱慢遊者○正義曰案書益稷
篇云無若丹朱傲惟慢遊是好傲虐是作罔晝夜頟頟罔水行舟朋淫于家用
殄厥世孔安國云丹朱堯之子傲戲而爲虐無晝夜常頟頟肆惡無休息習於
無水陸地行舟言無度羣淫於家妻妾亂用是絕其世不得。似○注羿之好田
獵無有厭極以亡其身○正義曰案書云太康尸位以逸豫滅厥德黎民咸貳
乃盤遊無度畋于有洛之表十旬弗反有窮后羿因民弗忍距于河孔注曰有
窮國名羿諸侯名距太康於河不得入遂廢之魯襄公四年左傳云事錄在梁
惠王首章賈逵曰羿之先祖世爲射官故帝嚳賜羿弓矢使司射淮南子云堯
十日並出堯使羿射九日而落之歸藏易云羿彈十日凡此其說羿爲諸侯名
皆難取信欲言帝嚳時有羿堯時亦有羿則羿是善射之號非爲人名信如是
則不知言以羿爲窮國君號爲諸侯者何也○注是殷紂以酒喪國○正義曰案

史記云殷王紂樂戲於沙丘以酒爲池以肉爲林使男女裸相逐其間爲長夜之飲百姓怨望而諸侯有畔於是有炮烙之法後爲武王所伐是也○注徵招角招樂章也○正義曰凡宮商角徵羽蓋樂之五聲也晉志云宮土音數有八十一爲聲之始屬土者以其最清者也君之象也宮亂則荒其君驕商金音三分徵益一以生其數七十二屬金者以其濁次宮臣之象也商亂則詖其官壞也角木音三分羽益一以生其數六十四屬木者以其清濁中人之象也亂則憂其人怨也徵火音三分宮去一以生其數五十四屬火者以其微清事之象也亂則哀其事隳也羽水音三分商去一以生其數四十八屬水者以其最清物之象也亂則危其財匱也凡此乃爲樂章之名也然則景公所以作角徵樂以其爲民爲事也○注文王不敢盤于遊畋也○正義曰注云此者蓋引周書無逸之篇文也孔注云文王不敢盤于遊畋者是不敢樂於遊逸田獵者也故錄此焉

齊宣王問曰人皆謂我毀明堂毀諸已乎謂泰山下明堂本周天子東巡狩朝諸侯之處也齊侵地而得有之人勸齊宣王諸侯不用明堂可毀壞故疑而問於孟子當毀之乎已止也

孟子對曰夫明堂者王者之堂也王欲行王政則勿毀之矣言王能行王道王者則可無毀也

王曰王政可得聞與王言王政當何施其法寧可得聞

對曰昔者文王之治岐也耕者九一仕者世祿關市譏而不征澤梁無禁罪人不孥言往者文王爲西伯時始行王政使岐民修井田八家耕八百畝其百畝者以爲公田及廬井故曰九一也紂時稅重文王復行古法也仕者世祿賢者子孫必有土地關以譏難非常不征稅也陂池魚梁不設禁與民共之也孥妻子也詩云樂爾妻孥罪人不孥惡惡止其身不及妻子也

老而無妻曰鰥老而無夫曰寡老而無子曰獨幼而無父曰孤此四者天下之窮民而無告者文王發政施仁必先斯四者言此四者

皆天下之窮民。而文王常恤鰥寡存孤獨也詩云哿矣富人哀此煢獨詩小雅正月之篇哿可也詩人言居今之世可矣富人但憐。憫此煢獨羸弱者耳文王行政如此也王曰善哉言乎善此王政之言曰王如善之則何爲不行孟子言王如善此王政則何爲不行也王曰寡人有疾寡人好貨王言我有疾疾於好貨故不能行對曰昔者公劉好貨詩云乃積乃倉乃裹餱糧于橐于囊思戢用光弓矢斯張干戈戚揚爰方啓行故居者有積倉行者有裹囊。也然後可以爰方啓行王如好貨與百姓同之於王何有詩大雅公劉之篇也乃種穀於倉乃裹盛乾食之糧於槖囊也思安民故用有寵光也戚斧揚鉞也又以武備。之。曰方啓。行道路孟子言公劉好貨若此王若則之於王何有不可也王曰寡人有疾寡人好色王言我有疾。疾。於好色不能行也對曰昔者太王好色愛厥妃詩云古公亶父。來朝走馬率西水滸至于岐下爰及姜女聿來胥宇當是時也內無怨女外無曠夫王如好色與百姓同之於王何有詩大雅緜之篇也亶父大王名也號稱古公來朝走馬遠避狄難去惡疾也率循也滸水涯也循西方水滸來至岐山下也姜女大王妃也於是與姜女俱來相土居也言太王亦好色非但與姜女俱行而已。普使一國男女無有怨曠王如則之與百姓同欲皆使無過時之思則於王之政何有不可乎。

疏齊宣王問至於王何有○正義曰此章言齊王好貨色孟子推以公劉大王好貨色責難於君也齊宣。問曰人皆謂我毀明堂毀諸已乎者是齊王問孟子以爲在國之人皆謂勸我毀壞其明堂今毀壞之已而勿毀壞乎魯太山下有明堂後爲齊侵其地故齊有明堂齊宣王尚疑之所以問也孟子對曰夫明堂者王之堂也王欲行王政則勿毀之矣者孟子欲使宣王行王政所以勸之勿毀耳王曰王政可得聞與者是宣王問孟子以謂王政之法寧可得而聞知之歟對曰昔者文王之治岐也耕者九一仕者世祿關市譏而不征澤梁無禁罪人不孥至必先斯四者是孟子對荅宣王爲王政之法也言往者文王爲西伯行政自岐邑耕者皆以井田之法制之一夫受私田百畝八夫家計受私田八百畝井田中百畝是爲公田以其九分抽一分爲公田以抵其賦稅也仕者不特身受其祿而至子孫之世亦與土地祿焉關市司關司市之所但譏問之不令姦人出入而不征取其稅川澤魚梁之所但與民共之而不設禁止之法罪人但誅辱止其一身而不誅辱其妻子孥妻子也老而無妻曰鰥老而無夫曰寡老而無子曰獨幼而無父曰孤凡此鰥寡孤獨四者是皆天下之民窮而無告者也文王發政施仁必先及此四者焉無告者以其鰥寡孤獨單隻上下無所告者之人也是皆孟子言文王在岐邑之時爲王政之法如此而已詩云哿矣富人哀此煢獨者哿可也蓋詩之小雅正月之篇文也其意蓋言當今之世可矣富人但先哀憫此煢獨羸弱者耳孟子所以引之謂其文王行政是如此也故援之以荅宣王王曰善哉言乎者是宣王問孟子荅之以文王行王政之法而善其言也故曰善哉言乎曰王如善之則何爲不行者孟子言王如能善此王政之言則何爲不行此也王曰寡人有疾寡人好貨者宣王言我有疾疾在於好貨財也昔者公劉好貨詩云至於王何有者孟子引公劉好貨故詩有大雅公劉之篇文而荅于宣王也言往者公劉好其貨財其詩蓋謂乃積穀于倉乃裹乾食之糧於橐囊之中其思在於輯和其民以光顯于時張其弓矢執其干戈斧鉞告其士卒曰爲女方開道路而行如此故居者有穀積于倉行者有糧裹于囊然後可以曰方開道路而行王如能好貨與民人同之亦若公劉之如此則於王也何有不可云橐囊者大曰囊小曰橐也爰曰也王曰寡人有疾寡人好色者是宣王又言我有疾疾在於好色也對曰昔者太王好色愛厥妃詩云至於何有。者是孟子又引太王好色故詩大雅緜之篇文也荅宣王也亶父太王名也古公號也言往者太王好色愛厥妃其詩蓋謂古公亶父來朝走馬而避惡且早又疾急循西水涯而至于岐山之下曰與姜女自來相土居如此故當是之時內無怨女外無曠夫皆男女嫁娶過時者謂之怨女曠夫也女生向內故云內男生向外故云外王如能好色與百姓同之亦若大王之如此則於王也又何有不可姜女大姜也是太王之妃也○注謂太山下明堂至已止也○正義曰案地理志云齊南有太山史記封禪書云舜二月東巡狩至于岱宗岱宗太山也遂觀東后又云此山黃帝之所常遊自古受命帝王未有睹符瑞見而不臻乎太山也云太山下明堂本周天子東巡狩朝諸侯之地案禮記明堂位云明堂者明諸侯之尊卑昔殷紂亂天下脯諸侯以享諸侯是以周公相武伐紂武王崩成王幼弱周公踐天子之位六年朝諸侯於明堂七年執政於成王成王封周公於曲阜令魯世世祀周公以天子之禮樂然則太山下明堂即周公朝諸侯之處蓋魯封內有太山後嘗爲齊所伐故齊南有太山文中子云如有我用我者當處於太山矣注云太山黃帝有合宮在其下可以立明堂之制焉禮器云魯人將有事於上帝必先有事於郊宮齊人將有事於太山必先有事於配林則太山在齊明矣案周制明堂云周人明堂度九尺之筵東西九筵南北七筵堂崇一筵五室凡室二筵賈釋云明堂者明政教之堂又夏度以步殷度以尋周度以筵是王者明政也周堂高九尺殷三尺以一相參之數而卑宮室則夏堂高一尺矣又上注云堂上爲五室象五行以宗廟制如明堂明堂中有五天帝五人神之座皆法五行以五行先起於東方故東北之堂爲木其實兼水矣東南火室矣兼木西南金室兼火西北水室兼金以中央太室有四堂四角之室亦皆有堂乃知義然也賈釋太史閏月下義云明堂路寢及宗廟皆有五室十二堂門是也四角之堂皆於太室外接四角爲之則五室南北止有二筵東西角二筵有六尺乃得其度若聽朔皆於時之堂不於木火等室居若閏月則闔門左扉立其中而聽朔焉○注往者文王爲西伯至妻子也○正義曰史記云古公亶父爲獯鬻戎狄所攻遂去邠踰梁山止於岐下古公少子季歷生昌有聖瑞立季歷以傳昌昌立是爲西伯西伯陰行善諸侯皆來徐廣曰文王九十七乃崩云修井田八家八百畝以爲公田者亦依孟子云方里而井井九百畝

是也小司徒佐大司徒當都鄙三等之菜地而爲井田經云九夫爲井四井爲邑四邑爲丘四丘爲甸四甸爲縣四縣爲都以任役萬民使營地事而貢軍賦出車徒又菜地之中每一井之田出一夫之稅以入於官也故曰九一也云紂時稅重者史記云紂爲人資辨捷疾聞見甚敏材力過人手格猛獸智足以拒諫言足以飾非好酒淫樂嬖於婦人愛妲己於是厚賦稅以實鹿臺之財盈鉅橋之粟是紂時稅重也關譏不征稅魚梁不設禁者周禮司關國凶札則無關門之征猶譏司市國凶荒則市無征而作布澤虞掌國澤之政令爲之厲禁川衡以時舍其守犯禁者執而罰之司厲男子入于罪隸女子入于舂藁此而推之則關市非無征也澤梁非無禁也罪人非不孥也而文王必皆無者蓋亦見文王權一時之宜不得不然耳故孟子於宣王之一時亦以此引之以救弊矣○注詩小雅正月之篇者○注云哿可也獨單也○箋云此言王政如是富人已可惸獨困也○注詩大雅公劉之篇也至不可也○正義曰注云公劉居於邰而遭夏人亂迫逐公劉公劉乃辟中國之難遂平西戎而遷其民邑於豳焉乃積乃倉言民事時和國有積倉也小曰橐大曰囊思輯用光言民相與和睦與顯於時也箋云公劉乃有積倉積委及倉也安安而能遷積而能散爲夏人迫逐己之故不忍鬬其民乃裹糧食於橐囊之中棄其餘而去思在和其人民用光其道爲今子孫之基又毛注云戚斧也揚鉞也張其弓矢秉其干戈戚揚以方開道路去之蓋諸侯之從者十有八國焉箋云干盾也戈勾矛戟也爰曰也公劉之去邰整其師設其兵器告其士卒曰爲方開道而行明己之還非爲迫逐之故乃欲全民也○注詩大雅緜之篇也至不可乎正義曰緜詩興也緜緜不絕貌也毛注云古公豳公也古言久也亶父字或因以名言質也古公處豳狄人侵之事之以皮幣不得免焉事之以犬馬不得免焉事之以珠玉不得免焉乃屬其耆老而告之曰狄之所欲者吾土地吾聞君子不以所養人者害人於踰梁山邑于岐山之下居焉率循也滸水涯也姜女大姜也胥相也宇居也箋云來朝走馬言其辟惡早且疾也循西水涯漆水側也爰於也及與也聿自也於是與其妃大姜自來相可居者著大姜之賢知也

孟子注疏解經卷第二上

孟子注疏卷二上校勘記

阮元撰盧宣旬摘錄

孟子注疏解經卷第二上 自此至不如與衆共聽之樂十行本缺今所出者據閩本

梁惠王章句下 監毛本此下有正義一段閩本無案十行本缺一頁計其篇幅當有正義閩本無者蓋李元陽所見十行本已有缺頁別據經注本補足故無僞疏也又各卷卷上篇題下並有凡幾章字閩監毛本此卷獨缺蓋經注本本無也又按此下正義是監本所補監本若別有注疏本可據不應脫漏凡幾章字然則十行本及閩本所缺之正義而監毛本有者疑是僞中之僞也

有是語不 監毛本孔本韓本足利本同考文古本不作否○按古可否字祗作不

先聖王之樂也 監毛本同宋本孔本韓本足利本無聖字

由古之樂也 監毛本韓本同石經宋本岳本咸淳衢州本孔本考文古本由作猶

問古今同樂之意 孔本韓本考文古本足利本同監毛本樂作異

寧可得聞之與 監毛本同宋本孔本韓本考文古本之與作邪廖本與作邪

與少人共聽樂 宋本廖本孔本韓本考文古本同閩監毛三本少下有之字案十行本少下空一字之字係閩本誤增監毛本仍其誤也

衆人共聽樂樂也 廖本閩監毛三本同宋本孔本韓本衆上有與字

與衆人共聽樂爲樂 閩監毛三本同宋本無爲字廖本考文古本下有也字孔本韓本爲樂作樂也

與衆人樂樂狀 閩監毛三本同宋本岳本無下樂字廖本孔本韓本考文古本下樂字作之

籥若笛短而有三孔 閩監毛三本孔本韓本同考文古本笛短作短笛足利本與古本同籥作簫

故使民愁也 閩監毛三本同宋本廖本孔本韓本考文古本作故使百姓愁

有憫民之心 閩監毛三本同宋本廖本孔本韓本憫作愍

是以民悅之也 閩監毛三本同廖本孔本韓本考文古本無之字

王之好樂也 閩監毛三本同宋本岳本廖本孔本韓本無之字

章指言人君田獵以時鐘鼓有節發政行仁民樂其事則王道之階在於此

矣故曰天時不如地利地利不如人和矣 考文古本矣作也

其國及對齊王 自此至則爲之王者矣監本脫一頁而板心數不缺蓋承刊諸人之謬也毛本據別本補足故第四頁下有又四一頁

言百姓皆欲之康強 毛本同閩本之作王

則聲音則一也 閩監毛三本無下則字

其與雅樂同也 補毛本同明監本其作不是也

文王在岐山之時閩監毛三本同岳本無之字廖本考文古本山作豐宋本孔本韓本岐山之時作岐豐時

而囿以大矣閩本同孔本韓本監毛本以作已○按以已古通用此處自作已爲長

寡人之囿爲大閩監毛三本同宋本孔本韓本無之字爲字廖本無爲字

民言其大閩監毛三本同宋本廖本孔本韓本考文古本言作苦

章指言譏王廣囿專利嚴刑陷民也

古聖王之比也閩監毛三本比作交誤宋本無也字廖本王作賢岳本孔本韓本考文古本王作賢無也字

文王事昆夷閩監毛三本同音義石經廖本孔本韓本作混夷按詩緜混夷兌矣皇矣箋患夷即混夷與此經正合作昆非也

湯先助之祀也閩監毛三本孔本足利本同韓本考文古本先作見按先字是也

故太王事獯鬻閩監毛三本同音義石經廖本孔本韓本太作大音義云後大師大王放此是經文皆作大作太者非

北狄強者考文古本同閩本孔本韓本作彊監毛本作疆按唐人彊弱字通用彊強勉強字作強宋人避所諱多作彊監毛作疆乃彊界字非也

身自官事閩監毛三本同孔本韓本考文古本官作臣

聖人樂行天道閩監毛三本同廖本孔本韓本行天作天行

在於好勇閩監毛三本同宋本廖本考文古本在作疾孔本韓本足利本在於作疾在

此一匹夫之勇閩監毛三本同宋本廖本孔本韓本考文古本無匹字足利本無之字按以一夫釋匹夫不得云一匹

無論匹夫之小勇而已閩監毛三本同宋本廖本孔本韓本考文古本無而已二字無者是

章指言聖人樂天賢者知時仁必有勇勇以討亂而不爲暴則百姓安之

而比之之文也閩監毛三本之文作湯文是也

變于西戎邑于西戎邑于豳閩監本同毛本無邑于西戎四字乃據漢書刪是也

其後三百餘戎狄攻太王亶父閩監本同毛本百餘作百有餘歲亦據漢書改

賢者亦有此之樂乎閩監毛三本同宋本亦下有能字廖本無之字孔本韓本考文古本作賢者亦能有此樂乎

人有不得其志也閩監毛三本同宋本廖本孔本韓本考文古本無其字也上有者字足利本也作者

適情從欲閩監毛三本孔本韓本足利本同考文古本從作縱音義出從欲云本亦作縱

君亦助之憂閩監毛三本同宋本孔本韓本考文古本作君助憂之廖本之憂作憂之

放於琅邪閩監毛三本同石經孔本韓本於作于

齊東境上邑也閩監毛三本同廖本孔本韓本東下有南字按疏引境作南字朱子注同是此注有脫也

可以比先王之觀遊乎 閩監毛三本同廖本孔本韓本觀遊作遊觀

先聖王也 閩監毛三本同宋本廖本孔本韓本考文古本王上有之字

補耒耜之不足 閩監毛三本同宋本岳本孔本韓本補作問

遊亦豫也 閩監毛三本同宋本岳本廖本孔本韓本考文古本無此四字○按無者是

吾何以得見勞苦 閩監毛三本同孔本韓本考文古本吾作我

睊睊胥讒 音義出睊睊云字亦作詯

行師興軍 閩監毛三本同宋本岳本廖本孔本韓本考文古本作興師行軍

而食之 閩監毛三本孔本同韓本足利本無之字

有飢不得飽食者 閩監毛三本同廖本孔本韓本無者字

在位在職者 閩監毛三本同宋本孔本韓本考文古本無在職二字

而作其慝惡也 閩監毛三本同宋本廖本孔本韓本考文古本無其字

方猶逆也 閩監毛三本同廖本孔本韓本考文古本逆作放

逆先王之命 閩監毛三本同宋本先王上有不用二字廖本逆作放棄孔本韓本考文古本作放棄不用先王之命

惟君所行也石經無行字

連引也閩監毛三本同廖本孔本韓本考文古本連下有者字

是好無水而行舟閩監毛三本同宋本廖本岳本孔本韓本無是好二字

豈不引舟於水上而行乎閩監毛三本同宋本孔本韓本考文古本上而作而上

以振貧困不足者也閩監毛三本振作賑非宋本廖本孔本韓本考文古本困作下

召太師曰石經太作大

謂之好閩監毛三本同宋本岳本孔本韓本好下有君字

導晏子景公之事者閩監毛三本同廖本孔本韓本導作道○按道導古今字古書多用道

非其矜夸雪宮宋本廖本孔本韓本考文古本同閩監毛三本夸作誇誤增言旁

而欲以苦賢者閩監毛三本韓本同廖本孔本考文古本苦作若形相涉而誤也

章指言與天下同憂者不爲慢遊之樂不循四孔本韓本作肆是也溢之行是以文王

不敢盤于遊田也

天下之民同其憂閩監毛三本天上有與字是也毛本憂誤作一

而敢慢其事閩監毛三本敢上有不字是也閩本不敢字擠是閩本增也

怒而殺人者閩本同監毛本者作之類也

用是絶其世不得似閩監毛三本似作嗣

以其最清者也明監毛本同按清當作濁今改正

其事隳也隳字模糊閩監毛三本如此

文王不敢盤于遊畋也此章指末句注無此文

人勸齊宣王閩監毛三本同宋本孔本韓本考文古本無齊字

而文王常恤鰥寡閩監毛三本同宋本廖本孔本韓本無而字

但憐憫此煢獨閩監毛三本同宋本廖本孔本韓本憫作愍

行者有裹囊也宋本孔本同石經閩監毛三本韓本囊作糧案鹽鐵論公劉好貨居者有積行者有囊與裹囊合

又以武備之曰方啓行道路閩監毛三本同宋本廖本孔本韓本考文古本曰作四無行字岳本無行字足利本無之字曰作四

我有疾疾於好色在閩監毛三本同宋本岳本疾作病無於字孔本韓本於作在

古公亶父閩監毛三本同石經宋本岳本咸淳衢州本廖本孔本韓本考文古本父作甫注同

非但與姜女俱行而已閩監毛三本同廖本孔本韓本考文古本而已下有也字

章指言夫子恂恂然善誘人誘人以進於善也齊王好貨好色孟子推以公劉大王所謂責難於君謂之恭者也

齊宣問曰閩監毛三本宣下有王字是也

詩云至於何有曰閩監本同毛本曰作者是也

如有我用我者上我字衍閩本有下空一格是亦以爲衍而剜去之也監毛本無上我字不空格

必先有事於郊宮補案明監毛本並從禮記作頖宮

注云哿可也此上脱正義曰三字閩毛本注字作陰文監本注字上加圜非也

孟子注疏卷二上校勘記

孟子注疏解經卷第二下

梁惠王章句下

趙氏注　孫奭疏

孟子謂齊宣王曰王之臣有託其妻子於其友而之楚遊者假此言以爲喻比其反也則凍餒其妻子則如之何言無友道當如之何王曰棄之言當棄之絶友道也曰士師不能治士則如之何士師獄官吏也不能治獄當如之何王曰已之已之者去之也曰四境之內不治則如之何境內之事王所當理不勝其任當如之何孟子以此動王心令戒懼也王顧左右而言他王慚而左右顧視道他事無以荅此言也

疏孟子至言他○正義曰此章言君臣上下各勤其任無墮厥職乃安其身也孟子謂齊宣王曰王之臣有託其妻子於其友而之楚遊者是孟子欲以此比喻而諷之也言王之臣下有寄託妻子於交友而往楚國遊戲者比其反也則凍餒其妻子則如之何者言寄妻子於交友而往楚國在近則反歸而妻子在交友之所皆寒凍其膚飢餒其腹則爲交友之道當如之何凍者寒之過餒者飢之過之謂也王曰棄之者是宣王荅孟子以爲交友之道既如此當棄去之而不必與爲友也曰士師不能治士則爲如之何者孟子因循又問宣王言爲之獄吏者而不能主治其士則爲士師者當如之何處之王曰已之者言當止之而不可與爲士師也曰四境之內不治則如之何者孟子因循問至於此乃欲諷諫之故問之曰自一國四境之內皆亂而不治則爲之君當如之何處之王顧左右而言他者宣王知罪在諸己乃自慚羞之而顧視左右道其他事無以荅此言也○注士師獄吏也○正義曰士師即周司寇之屬有士師。鄉士皆以士爲官鄭玄云士察也主察獄訟之事是士師爲獄官之吏者也

孟子見齊宣王曰所謂故國者非謂有喬木之

謂也有世臣之謂也（故者舊也喬高也人所謂是舊國也者非但見其有高大樹木也當有累世修德之臣常能輔其君以道乃爲舊國可法則也）王無親臣矣（今王無可親任之臣）昔者所進今日不知其亡也（言王取臣不詳審往日之所知今日爲惡當誅亡。王無以。名。也）王曰吾何以識其不才而舍之（王言我當何以先知其不才而舍之不用也）曰國君進賢如不得已將使卑踰尊疏踰戚可不慎與（言國君欲進用人當留意考擇如使忽然不精心意。而詳。審。之如不得已而取備官則將使尊卑疏。戚相踰豈可不慎。歟）左右皆曰賢未可也諸大夫皆曰賢未可也國人皆曰賢然後察之見賢焉然後用之（謂選。乃臣。隣比周之譽核。其鄉原之徒論。曰衆好之必察焉）左右皆曰不可勿聽諸大夫皆曰不可勿聽國人皆曰不可然後察之見不可焉然後去之（衆惡之必察焉惡直醜正實繁有徒防其朋黨以毀忠。正。也）左右皆曰可殺勿聽諸大夫皆曰可殺勿聽國人皆曰可殺然後察之見可殺焉然後殺之故曰國人殺之也（言當慎行大辟之罪五聽三宥古者刑人於市與衆棄之）如此然後可以爲民父母（行此三慎之聽乃可以子畜百姓也。）

【疏】孟子見至爲民父母○正義曰此章言人君進賢退惡翔而後集有世賢臣乃爲舊可法則也孟子見齊宣王曰所謂故國者非謂有喬木之謂也者是孟子見齊宣王而問之言人所謂舊國者非謂有高大木而謂之舊國也以其有世世修德之舊臣也故謂之舊國故曰有世臣之謂也故舊也喬高也世臣累世修德之舊臣也王無親臣矣昔者所進今日不知其亡也者孟子言今王無有親任用之臣矣往日所進者今日爲惡而王又不知誅亡之王曰吾何以識其不才而舍之者宣王言我何以知其臣之

不才而舍去之而不用也曰國君進賢如不得已將使卑踰尊疏踰戚可不愼歟者孟子言國君進用賢人當留意揀擇如使混然不能精心揀擇但如不得已而取備官職則將使其卑踰尊疏踰戚而殺亂之矣其如是豈可不重愼之歟左右皆曰賢未可也諸大夫皆曰賢未可也國人皆曰賢然後察之見賢焉然後用之至如此然後可以爲民父母者此皆孟子教宣王進退賢不肖之言也言於進用賢人之際雖自王之左右臣者皆曰此人賢當進用之則王未可進而用之也以至諸大夫皆曰此人之賢當進用之則王又未可進而用之也遠至一國之人皆曰此人之賢當進而用之則王然後詳察亦見其眞足爲賢人故然後進而用之矣如左右皆曰此人不賢不可進用則王莫聽之以至諸大夫皆曰此人不賢不可進用當去之則王亦當莫聽迨至一國之人皆曰此人不賢不可進用當去之則王然後審察之見其眞實不賢不可進用然後去之乃不進用也如左右皆曰此人之罪可以殺之則王又當莫聽以至諸大夫皆曰此人之罪當殺之則王又當勿聽迨至一國之人皆曰此人之罪可以殺之則王然後詳察亦見其人實有可殺之罪故然後方可殺之也無他以其一國之人皆曰可殺而殺之也夫如此則王然後可以爲民父母而子畜百姓矣〇注故舊也至可法則也〇正義曰釋云故舊也文從古故也詩伐木之篇云出自幽谷遷于喬木注云喬高也故知喬木爲高大之木郭璞云喬樹枝曲卷似烏羽也書云圖任舊人共政又周任有言曰人惟求舊是故臣之謂也〇注鄉原之徒〇正義曰語云鄉原德之賊也周氏注曰所至之鄉輒原其人情而爲意以待之是賊亂其德也何晏云一曰鄉向也古字同謂人不能剛毅而見人輒原其趣嚮容媚而合之言此所以合德也故有三說焉〇注大辟之罪五聽三宥〇正義曰孔安國傳云大辟死刑也周禮大司寇以五聲聽獄訟求民情一曰辭聽二曰色聽三曰氣聽四曰耳聽五曰目聽鄭注云辭聽者觀其出言不直則煩也色聽者觀其顏色不直則赧然也氣聽者觀其氣息不直則喘也耳聽者觀其聽聆不直則惑也目聽者觀其眸子視不直則眊然也凡此五聽是也三宥者司刺掌三宥一宥曰不識再宥曰過失三宥曰遺忘鄭司農云

不識謂愚民無所識則宥之過失若今律過失殺人不坐死鄭玄云遺亡若間帷薄忘有在焉而以兵矢投射之凡此三宥也○注云行此三愼之聽也蓋指孟子言自左右皆曰賢至國人殺之也者是爲之解也

齊宣王問曰湯放桀武王伐紂有諸有之否乎孟子對曰於傳有之於傳文有之矣曰臣弑其君可乎王問臣何以得弑其君豈可行乎曰賊仁者謂之賊賊義者謂之殘殘賊之人謂之一夫聞誅一夫紂矣未聞弑君也。言殘賊仁義之道者雖位在王公將必降爲匹夫故謂之一夫也但聞武王誅一夫紂耳不聞弑。君也書云獨夫紂此之謂也。

【疏】齊宣王問至未聞弑君也○正義曰此章言孟子云紂崇惡失其尊名不得以君臣論之欲以深寤宣王垂戒于後也齊宣王問曰湯放桀武王伐紂有諸者是宣王問孟子言商之湯王放其夏王桀於南巢之地周武王伐商王紂於鹿臺之中還是有此言也否乎孟子對曰於傳有之者孟子荅宣王以爲傳文有是言也故書云湯放桀於南巢惟十有一年武王伐紂又史記武王伐紂紂走入登鹿臺蒙衣其珠玉自燔于火而死武王以黄鉞斬紂頭懸大白之旗是也曰臣弑其君可乎者宣王問孟子如是則爲臣下者得以弑其君上豈可乎曰賊仁者謂之賊賊義者謂之殘殘賊之人謂之一夫聞誅一夫紂矣未聞弑君也者孟子荅宣王以謂賊害其仁者名謂之賊賊害其義者名謂之殘名謂殘賊者皆謂之一匹夫也我但聞誅亡其一匹夫紂矣未嘗聞知有弑君者也故尚書有云獨夫紂是其證也

孟子謂齊宣王曰爲巨室則必使工師求大木工師得大木則王喜以爲能勝其任也匠人斲而小之則王怒以爲不勝其任矣巨室大宮也爾雅曰宮謂之室工師主工匠之吏吏匠人工匠之人也將以。比喻之也夫人幼而學之壯而欲行之王曰姑舍女所學而從我則何如姑且也謂人少學先王之道壯大而仕欲施行其道而王止之曰且舍置汝所學而從我之教命此。如。何也今有璞玉於此雖萬鎰必使玉人彫琢之至於治國家則曰姑舍女所學而從我則何以異於教玉人彫琢玉哉十二兩爲。鎰彫琢治飾玉也詩云彫琢其章雖有萬鎰在此言衆多也必須玉人能治之耳至於治國家而令從我是爲教玉人治玉。也教人治玉不得其道則。玉。不得美好教人治國不以其道則何由能治乎。

疏孟子謂齊宣王至玉人彫琢玉哉○正義曰此章言任賢使能不遺其學則功成而不墮也孟子謂齊宣王曰爲巨室則必使工師求大木工師得大木則王喜以爲能勝其任也匠人斲而小之則王怒以爲不勝其任矣者是孟子謂齊宣王言爲大宮則王必遣使工匠之吏求其大木工匠之吏求得其大木則王喜以爲工匠之吏能勝其所任用矣至於匠人斲削而小之則王怒以爲匠人不勝其任矣凡此皆孟子將以比喻而言也以其欲使宣王易曉其意也巨室大宮也工師主工匠之吏也又言夫人幼而學之壯而欲行之王曰姑舍女所學而從我則何如者是孟子又言夫人既以幼少而學先王之道及壯大仕而欲施行其幼之所學之道而王乃曰且舍去汝所學之道而從我教命則如之何也今有璞玉於此雖萬鎰必使玉人彫琢之至於治國家則曰姑舍女所學而從我則何以異於教玉人彫琢玉哉者是孟子又復以此而比喻于宣王也言今假有素璞之玉於此雖有萬鎰之多然必使治玉之人彫琢而治飾之耳至於治國家則固當以先王之道治之而曰且舍去女所學而令從我教命則何以有異於教玉人治飾玉哉言其無以異也以其治國家當取學先王之道者乃能治之今乃至於治國家。以曰且舍女所學而從我教命是何以異於此哉蓋巨室則國家比也用人猶制木木則君子之道比也工師則君子比也匠人則人君比也意言治國家必用君子之道施而後治人君反小而用之未有能治國家者也不特若此又有以喻焉璞玉則亦國家比也玉人則亦君子比也意謂璞玉人之所寶也然不敢自治飾之必用使治玉人然後得成美器也若國家則人君之所寶也然人君不能自治必用君子治之然後安也今也君子不得施所學之道以治國家反使從己所教以治之此亦教玉人彫琢玉同也固不足以成美器適所以殘害之也故孟子所以有此譬之○注巨室大宮也至喻之也○正義曰字林云巨大也白虎通曰黃帝始作宮室是知巨室則大宮也周禮考工記云審曲面埶以飭五材以辨民器謂之工凡攻木之工七攻金之工六攻皮之工五設色之工五刮摩之工五搏埴之工二輪輿弓廬匠車梓凡此者是攻木之工也餘工不敢煩述所謂工師者師範也教也即掌教百工者如漢書云將作少府秦官掌理宮室者是也匠人即斲削之人也風俗通云凡是於事巫卜陶匠是也然則此言匠人者即攻木之匠也○注金二十兩爲鎰○正義曰國語云二十四兩爲鎰禮云朝一鎰米注亦謂二十四兩今注誤爲二十兩

齊人伐燕勝之宣王問曰或謂寡人勿取或謂寡人取之以萬乘之國伐萬乘之國五旬而舉之人力不至於此不取必有天殃取之何如萬乘非諸侯之號時燕國皆侵地廣大僭號稱王故曰萬乘五旬五十日也書曰朞三百有六旬言五旬未久而取之非人力乃天也天與不取懼有殃咎取之何如孟子對曰取之而燕民悅則取之古之人有行之者武王是也武王伐紂而殷民喜悅篚厥玄黃而來迎之是以取之也取之而燕民不悅則勿取古之人有行之者文王是也文王以三仁尚在樂師未奔取之懼殷民不悅故未取之也以萬乘之國伐萬乘之國簞食壺漿以迎王師豈有它哉避水火也如水益深如火益熱亦運而已矣燕人所以持簞食壺漿來迎王師者欲避水火難耳如其所患益甚則亦運行奔走而去矣今王誠能使燕民免於水火亦若武王伐紂殷民喜悅之則取之而已

疏齊人伐燕勝之至亦運而已矣○正義曰此章言征伐之道當順民心也齊人伐燕勝之宣王

問曰或謂寡人勿取或謂寡人取之至何如者言齊國之人伐燕之人必強勝
之齊宣乃問孟子以謂或謂有人教我勿取此燕國或有人又教我取之今以萬
乘之國伐萬乘之國但五十日足以興舉之非人力所能至此乃天也天與之
而勿取必有天殃而禍之今則取之何如故以此問孟子孟子對曰取之而燕
民悅則取之古之人有行之者武王是也者是孟子荅齊宣以為今伐取之燕
國而燕國之民悅樂則可以伐取之也古之人有行征伐之道如此國者若武
王伐紂是也書曰肆予東征綏厥士女惟其士女篚厥玄黄昭我周王是其武
王伐紂之事耳孟子所以引此荅齊宣蓋欲齊宣征伐順民心亦若武王也取
之而燕民不悅則勿取古之人有行之者文王是也者孟子又以此荅之齊宣
言今欲取之燕國苟燕國之民愁怨而不悅則當勿取之故古之人有欲行征
伐之道若此者如文王於紂是也孔子有云文王三分天下有其二猶服事殷
是文王於紂之事耳孟子所以又引此荅齊宣者復欲齊宣如文王順民心而
未取之耳以萬乘之國伐萬乘之國簞食壺漿以迎王師至亦運而已矣者孟
子言今且託以萬乘之國伐取萬乘之國其有以簞食壺漿而來迎王兵師者
豈有它事哉蓋欲避去水火之患難耳如若水彌深火彌熱則民亦運行而奔
走矣豈來迎王之兵師哉意謂今齊誠能使燕民得免水火之難亦若武王伐
紂殷民皆悅樂之則可以取燕也如不然則若文王之於紂故未取之耳云萬
乘者蓋六國之時為諸侯者皆僭王號故皆曰萬乘云簞笥者案曲禮曰圓曰
簞方曰笥飯器也書云衣裳在笥則笥亦盛衣云壺漿者禮圖云酒壺受一斛
口徑尺足高二寸徑尺又公羊傳云齊侯唁公于野井國子執壺漿何休云壺
禮器腹方口圓曰壺釋名曰漿水也飲也或云漿酒也○注篚厥玄黄正義曰
孔安國傳云以筐篚盛其絲帛也禮圖云篚以竹為之長三尺廣一尺深六寸
足高三寸上有蓋也○注萬乘非諸侯之號至如何○正義曰云萬乘非諸侯
之號時燕國皆侵地僭號稱王者說在上卷首章書曰朞三百有六旬者案孔
安國傳云帀四時曰朞一歲十二月月三十日正三百六十日除小月六日為
六日是為一歲有餘十二日未盈三歲足得一月則置閏焉是其解也○注武

王伐紂至取之也○正義曰書云惟十一年武王伐紂史記云武王伐紂發兵
七十萬人距紂紂師紂師倒兵以戰以闢武王武王馳之紂兵崩叛紂走反入鹿
臺蒙衣其珠玉自燔于火而死武王以黃鉞斬紂懸其頭於大白之旗是也○
注文王以三仁尚在樂師未奔者○正義曰語云殷有三仁焉蓋微子箕子比
干是也呂氏春秋仲冬紀云紂之母生微子啓與仲衍其時猶尚爲妾改而爲
妻後生紂紂之父欲立微子啓爲太子太史曰妻之有子不可立妾之子故立
紂爲後微子名啓世家曰開孔安國曰微圻內國名子爵爲紂卿士箕子者莊
子云箕子名胥鄭玄云箕亦在圻內比干者家語曰比干是紂之親則諸父知
比干乃紂之諸父也宋世家云箕子乃紂之親戚也言爲親戚又莫知其爲父
爲兄也鄭玄王肅皆以箕子爲紂之諸父杜預以爲紂之庶兄皆以意言之耳
趙云三仁尚在者蓋文王爲西伯之時三仁尚未之亡去及西伯卒武王東伐
至盟津諸侯會者八百皆曰紂可伐武王猶曰爾未知天命紂愈淫亂不止微
子諫不聽乃與大師謀遂去比干曰爲人臣者不得不以死諫迺強諫紂紂怒
曰吾聞聖人心有七竅。司比干觀其心箕子懼乃佯狂爲奴紂又因之後因武
王乃釋之耳齊人伐燕取之諸侯將謀救燕宣王曰諸侯多謀伐寡人者何以待之
宣王貪燕而取之諸侯不義其事將謀。救。燕。伐。齊宣王懼而問之孟子對曰臣聞七十里爲政於天下者湯是
也未聞以千里畏人者也成湯修德以七十里而得天下今齊地方千里何畏懼哉書曰湯一征自葛始天
下信之東面而征西夷怨南面而征北狄怨曰奚爲後我民望之若大旱之望
雲霓也歸市者不止耕者不變誅其君而弔其民若時雨降民大悅書曰徯我
后后來其蘇此二篇皆尚書逸篇之文也言湯初征自葛始誅其君恤其民天下信湯之德面者向也東向征西夷怨。王去王城四千里夷服之

國也故謂之四夷言遠國思望聖化之甚也故曰何爲後我霓虹也雨則虹見故大旱而思見之徯待也后君也待我君來則我蘇息而已今燕虐其民王往而征之民以爲將拯己於水火之中也簞食壺漿以迎王師若殺其父兄係累其子弟毀其宗廟遷其重器如之何其可也拯。所也係累猶縛結也燕民所以悅喜迎王師者謂濟救於水火之中耳今又殘之若此安可哉天下固畏齊之彊也今又倍地而不行仁政是動天下之兵也言天下諸侯素畏齊彊今復幷燕一倍之地是行暴則多所危是動天下之兵共謀齊也王速出令反其旄倪止其重器謀於燕衆置君而後去之則猶可及止也速疾也旄。老耄也倪弱小倪。倪者也孟子勸王急出令先還其老小止勿徙其寶重之器與燕民謀置所欲立君而去之歸齊天下之兵猶可及其未發而止之也。

疏齊人伐燕取之至猶可及止也。〇正義曰此章言伐惡養善無貪其富以小王大將何懼也齊人伐燕取之諸侯將謀救燕者齊國伐其燕國而取其地天下諸侯皆將謀度救燕國也宣王曰諸侯多謀伐寡人者何以待之者是齊宣見諸侯將謀度救燕國而共伐我乃曰天下多有謀度與燕共伐我者則我當如之何以待之故以此問孟子孟子對曰臣聞七十里爲政於天下者湯是也未聞以千里畏人也者孟子荅齊宣以爲臣嘗聞有地但方闊七十里而能爲王政於天下者如商湯王是也未嘗聞有地方闊千里而猶畏人者也蓋湯爲夏方伯之時但有七十里而後爲天下商王今天下方千里者有九而得其一是齊之有千里地也所以云然書曰湯一征自葛始天下信之東面而征西夷怨至民大悅者此皆尚書逸亡篇文也今據商書仲虺之誥篇則云乃葛伯仇餉初征自葛東征西夷怨南征北狄怨曰奚爲後予大抵孟子引此者蓋恐齊王爲己之臆說以引此而證之欲使齊宣信之也故言書云湯一征自葛國爲始天下皆信湯王之德後湯東向而征伐則西夷之人思望而怨不先自此而正君之罪南嚮而征伐則北狄之人又皆思望而怨以爲不先自此而正君之罪乃曰何爲後去其我而先向他國而征之故其民望湯之來皆若於大旱而望雲霓如霓不特此也又使歸市者皆不止以其皆得貨易有無也耕于郊野者又不變易其事以言其常得耕作也雖誅亡其君又弔問而存恤其民其如時之旱而雨降民皆悅樂之也書曰徯我后后來其蘇者注云自上文與此皆逸篇之文也今據仲虺之篇有云大抵孟子引此而言者又欲齊王知民如此之慕湯而則法湯也蓋謂民皆喜曰奚待我君來而蘇息我也今燕虐其民王往而征之民以爲將拯己於水火之中也至如之何其可也者是孟子又言今燕國之暴虐其民而王以兵往征伐之民皆以爲王兵之來將拯救己於水火之中如也故以簞食壺漿迎其王師之來今乃若以殺其民之父兄繫縛其民之子弟又毀壞其國中之宗廟使民不得其祀復遷徙其國中之寶器如之何可也天下固畏齊之彊也今又倍地而不行王政至可及止也者孟子又言天下之諸侯素畏齊國之彊也今王又并燕國一倍之地而且復不行其王政是所以與動天下諸侯之兵而共伐之也王今即速疾出其命令還其老耄幼小勿遷移其寶器復謀度於燕國之衆爲置立其君而後去之而歸齊則天下諸侯之兵尚可得及止之也○注云去王城四千里夷服之國至蘇也○正義曰周禮九服又案禮圖云自王畿千里至夷服凡四千里是也云霓虹也爾雅云雲出天之正氣霓出地之正氣雄謂之虹雌謂之霓則雲陽物也陰陽和而既雨則雲散而霓見矣○注旄老耄倪弱小倪倪者○正義曰釋云耄齯案爾雅云黄髮倪齒壽也然則趙注云倪弱小非止幼童之弱小亦老之有弱小爾

鄒與魯鬨穆公問曰吾有司死者三十三人而民莫之死也誅之則不可勝誅不誅則疾視其長上之死而不救如之何則可也鬨鬭聲也猶構兵而鬭也長上軍帥也鄒穆公忿其民不赴難而問其罰當謂何則可也孟子對曰凶年饑歲君之民老弱轉乎溝壑壯

者散而之四方者幾千人矣而君之倉廩實府庫充有司莫以告是上慢而殘下也言往者遭凶年之阨民困如是有司諸臣無告白於君有以賑救之是上驕慢以殘賊其下也曾子曰戒之戒之出乎爾者反乎爾者也曾子有言上所出善惡之命下終反之不可不戒也夫民今而後得反之也君無尤焉尤過也孟子言百姓乃今得反報諸臣不哀矜耳君無過責之也君行仁政斯民親其上死其長矣君行仁恩憂民困窮則民化而親其上死其長矣。

[疏]鄒與魯鬨至死其長矣○正義曰此章言上恤其下則下赴其難惡出於己則害及其身如影響也鄒與魯鬨者言鄒國與魯國相鬭也穆公問曰吾有司死者三十三人而民莫之死也誅之則不可勝誅不誅則疾視其長上之死而不救如之何則可也者是鄒穆公問孟子言我國與魯國相鬭戰而有司死者有三十三人而民皆莫之死我今欲誅亡其民不可勝誅不可勝誅者是民衆之多難以誅亡也不誅其民則我惡疾視其長上有司之死而不救之故問孟子當何則可以誅亡也孟子對曰凶年饑歲君之民老弱轉乎溝壑至是上慢而殘下也者孟子荅穆公以爲凶荒之年而民皆飢餓君之民人老羸者轉落死於溝壑之中強壯者又離散之於四方者幾近千人矣而君之倉廩盈實府庫充塞爲君之有司者皆莫以告白其上發倉廩以濟其食之不給開府庫以佐其用之不足如此則有司在民之上而以驕慢殘害其下也曾子曰戒之戒之出乎爾者反乎爾者孟子言曾子有云在戒慎之戒慎之以其凡有善惡之命苟善之出乎爾則終亦以善反歸乎爾也苟出乎爾以惡則其終反歸爾亦以惡也夫民今而後得反之也君無尤焉者孟子言夫民今所以不救長上之死者以其在凶荒饑饉之歲君之有司不以告白其君發倉廩開府庫以救賑之所以於今視其死而不救以報之也然非君之過也是有司自取之爾故曰君無尤焉君行仁政斯民親其上死其長矣者孟子言君能行仁爲政則在下之民皆親其上樂其君而輕其死以爲其長上矣

○注閧鬬聲釋云閧鬬也故曰猶搆兵而鬬也

滕文公問曰滕小國也間於齊楚事齊乎事楚乎文公言我居齊楚二國之間非其所事不能自保也孟子對曰是謀非吾所能及也無已則有一焉鑿斯池也築斯城也與民守之効死而民弗去則是可為也孟子以二大國之君皆不由禮義我不能知誰可事者也不得已則有一謀焉惟施德義以養民與之堅守城池至死使民不畔去則是可以為也

疏滕文公至可為也○正義曰此章言事無禮義國不若得民心與之守死善道也滕文公問曰滕小國也間於齊楚事齊乎事楚乎者是滕文公問孟子言我之滕國則小國也今間廁在齊楚二國之間而我今當奉事齊國乎楚國乎故以此問孟子孟子對曰是謀非吾所能及也無已則有一焉鑿斯池至是可為也者是孟子荅文公以謂若此之謀而指誰國可事非我所能及知也以其齊楚二國皆是無禮義之國孟子所以荅曰是謀非吾所能及也言不得已則有一謀計焉言但鑿此滕國之池築此滕國之城與人民堅守此滕國至死使民不畔去則是一謀可以為也其它非吾所及

○滕文公問曰齊人將築薛吾甚恐如之何則可齊人幷得薛築其城以偪於滕故文公恐也孟子對曰昔者大王居邠狄人侵之去之岐山之下居焉非擇而取之不得已也大王非好岐山之下擇而居之爲迫不得已困於強暴故避之苟爲善後世子孫必有王者矣誠能爲善雖失其地後世乃有王者若周家也君子創業垂統爲可繼也若夫成功則天也君如彼何哉強爲善而已矣君子創業垂統貴令後世可繼續而行耳又何能必有成功成功乃天助之也君如彼齊何乎但當自強爲善法以遺後世而已矣

疏滕文公至強爲善而已矣正義曰此章言君子之道正己在天強暴之來非己所招謂窮則獨善其身也滕文公問

曰齊人將築薛吾甚恐如之何則可者言齊人幷得薛地將欲築其城於此故滕文公恐其偪乃問孟子當如何則可免爲不見迫孟子對曰昔者大王居邠狄人侵之去之岐山之下居焉非擇而取之不得已也者孟子荅滕文公以謂往者太王居邠國後爲戎狄之國所侵伐遂去之岐山下爲居焉當此之時非大王擇此岐山之下爲居焉不得已而避狄所侵患故之岐山下爲居耳苟爲善後世子孫必有王者矣者孟子言滕文公誠能爲善修德而布政於民今雖失其薛地至後世子孫必有王者興作矣君子創業垂統爲可繼也若夫成功則天也君如彼何哉強爲善而已矣者孟子又言君子在上基創其業垂統法於後世蓋令後世可以繼續而承之耳若夫其有成功乃天助之也於人又不可必其成功君今豈奈彼齊之大國何但勉強自爲善以遺法於後世也

滕文公問曰滕小國也竭力以事大國則不得免焉如之何則可問免難全國於孟子

對曰昔者大王居邠狄人侵之事之以皮幣不得免焉事之以犬馬不得免焉事之以珠玉不得免焉皮狐貉之裘幣繒帛之貨也。乃屬其耆老而告之曰狄人之所欲者吾土地也吾聞之也君子不以其所以養人者害人二三子何患乎無君我將去之去邠踰梁山邑于岐山之下居焉屬會也土地生五穀所以養人也會長老告之如此而去之。矣邠人曰仁人也不可失也從之者如歸市言樂隨大王如歸趨於市若將有。得也或曰世守也非身之所能爲也效死勿去或曰土地乃先人之所受也世世守之非己身所能專爲至死不可去也欲令文公擇此二者惟所行也。君請擇於斯二者

疏滕文公問曰至擇於斯二者○正義曰此章言大王去邠權也效死守業義也滕文公問曰滕小國也竭力以事大國則不得免焉

如之何則可者是滕文公問孟子言我之滕國小國也今竭盡其力以奉事大國則不得免其侵伐當如何則可以免焉孟子對曰昔者大王居邠狄人侵之至事之以珠玉不得免焉者孟子荅文公以謂往大王所居邠國後爲戎狄所侵伐是時也大王事之以皮幣且尚不免其侵伐又事之以犬馬又不得免其侵伐復事以珠玉又且猶不免其侵伐焉乃屬耆老而告之曰至邑于岐山居焉邠人曰仁人也不可失也從之者如歸市者孟子言大王以皮幣犬馬珠玉奉事戎狄猶不免其侵伐乃會耆老而告之曰狄人所欲者在我之土地也我聞君子不以所養人之土地而殘賊其民汝二三子何憂患乎無君我將去之以讓狄也遂去邠國踰梁山而邑于岐山下居焉邠國之人遂聞大王此言乃曰仁人之君不可失去也故從之者如歸趨於市若將有所得耳或曰世守也非身之所能爲也効死勿去者孟子又言或人有云土地者乃先人之所受也非己身所能爲者也乃世世守之也當効死而不可去也故請文公擇斯二者而處之二者其一如大王去邠其二如或云効死勿去是也○注皮狐貉之裘幣繒帛之貨○正義曰蓋狐貉之皮爲裘也釋云狐貉妖獸也後人以其狐貉性多疑故以皮爲之裘也孔子曰黄衣狐裘又曰狐貉之厚以居是也周禮行人職云合六幣圭以馬璋以皮璧以帛琮以錦琥以繡璜以黼此六物以和諸侯之好鄭注云合同也六幣所以享也是幣即繒帛之貨也云屬會也釋文云會也又曰付也

魯平公將出嬖人臧倉者請曰他日君出則必命有司所之今乘輿已駕矣有司未知所之敢請平謚也嬖人愛幸小人也公曰將見孟子平公敬孟子有德不敢請召將往就見之曰何哉君所爲輕身以先於匹夫者以爲賢乎禮義由賢者出而孟子之後喪踰前喪君無見焉匹夫一夫也臧倉言君何爲輕千乘而先匹夫乎以爲孟子賢故也賢者當行禮義而孟子前喪父約後喪母奢君無見也公曰諾諾止不出樂正子入見曰君奚爲不

見孟軻也樂正姓。也子通稱孟子弟子也爲魯臣問公何爲不便見孟軻。也曰或告寡人曰孟子之後喪踰前喪是以不往見也公言以此故也曰何哉君所謂踰者前以士後以大夫前以三鼎而後以五鼎與樂正子曰君所謂踰者前。以士。後以大夫禮士祭三鼎大夫祭五鼎故也曰否。謂棺槨衣衾之美也公曰不謂鼎數也以其棺槨衣衾之美惡也曰非所謂踰也貧富不同也樂正子曰此非薄父厚母令母喪踰父也喪父時爲士喪母時爲大夫大夫祿重於士故使然貧富不同也樂正子見孟子曰克告於君君爲來見也嬖人有臧倉者沮。君君是以不果來也克樂正子名也果能也曰克告君以孟子之賢君將欲來臧倉者沮君故君不能來也曰行或使之止或尼。之行止非人所能。也吾之不遇魯侯天也臧氏之子焉能使予不遇哉尼止也孟子之意以爲魯侯欲行天使之矣及其欲止天令嬖人止之耳行止天意非人所能爲也如使吾見魯侯冀得行道天欲使濟斯民也故曰吾之不遺遇魯侯乃天所爲也臧。氏。小子何能使我不遇哉。【疏】魯平公將出至焉能使予不遇哉○正義曰此章言讒邪構賢賢者歸天不尤人也魯平公將出嬖人臧倉者請曰他日君出則必命有司所之今乘輿已駕矣有司未知所之敢請者魯平公魯國之君也謚曰平嬖人平公愛幸之人也臧嬖人姓也倉名也言魯平公將欲出見孟子有司皆未知惟臧倉爲平公愛幸之人乃請問之曰所往他日君之所出則必揮命有司同所往今君乘車已駕行矣有司之人皆未知君之所往敢請問之君何所往駕行也之往也公曰將見孟子者魯平公荅臧倉言將欲出見孟子也曰何哉君所爲輕身以先於匹夫者以爲賢乎禮義由賢者出而孟子之後喪踰前喪君無見焉者臧倉者言君今欲見孟子以其爲何往哉君今所爲自輕薄其身以先往見於一匹之。夫夫以謂之爲賢乎臧倉言此謂孟子則一四之賤夫不足謂之爲賢也故曰禮義之道皆由賢者所出而孟子乃以後喪其母之喪事奢過於前喪其父之喪事請君無更往而見焉倉謂孟子母喪用事豐備父喪用事儉約父母皆己之所親也其喪用事有厚薄者此孟子所以不知禮義也故云禮義由賢者出而孟子之後喪踰前喪君無見焉公曰諾者平公許允止而不出也樂正子入見曰君奚爲不見孟軻也者是日樂正子見平公乘輿既行而止之遂入見平公而問之曰君何爲不往見於孟子也樂正子爲平公之臣亦是孟子之弟子也姓樂正名克稱子者蓋男子之通稱也曰或告寡人曰孟子之後喪踰前喪是以不往見也者平公荅樂正子以謂或有臧倉者告我曰孟子後有母喪用事豐備過於前父之喪用事我是以見其如此遂止其駕而不往見也曰何哉君所謂踰者前以士後以大夫前以三鼎而後以五鼎與者樂正子見平公爲此而不往見孟子乃曰君不往見是爲其何哉君今所謂孟子以後喪過前喪者蓋孟子前喪父之時孟子正爲之士故以士禮用之後喪母之時孟子以爲之大夫故得以大夫禮用之爲其前爲士卽得以三鼎之禮祭之其後爲大夫遂得以五鼎之禮祭之故也曰否謂棺椁衣衾之美也者平公以謂否不爲鼎數之有不同也是爲棺椁衣衾被服之美好有前後之不同也曰非所謂踰也貧富不同也者樂正子謂非所謂孟子有過於前也爲其前後貧富之不同也非薄其父厚其母也樂正子見孟子曰克告於君君爲來見也嬖人有臧倉者沮君君是以不果來也者蓋平公先欲見孟子者以其樂正子告之也故樂正自入見平公所問君之不往意已畢乃出而見於孟子遂曰克前告其君嘗言孟子君是以欲往來見之平公愛幸之人有一姓臧名倉者沮止其君所以不能來也曰行或使之止或尼之行止非人所能也吾之不遇魯侯天也臧氏之子焉能使予不遇哉者孟子見樂正子告之以此意遂曰君所欲行天使之行也君所欲止天使之止也臧氏之子安能使我不遇魯侯哉○注平謚也嬖人愛幸小人也○正義曰謚法云法治而清省曰平春秋左傳魯隱公有云嬖人之子杜預曰嬖親幸也釋云賤而得幸曰嬖○注樂正姓也爲魯臣孟子弟子也○子

正義曰自微子之後宋戴公四世孫樂莒爲大司寇又左傳宋上卿正考甫之後是樂正皆姓也趙注樂正者爲姓案禮記有。正子春是樂正之姓有自矣云孟子弟子者蓋嘗受教於孟子者無非弟子也爲魯臣者蓋非魯平公之臣何以克告於君是以知爲魯臣明矣趙注詳其意故云爲魯臣如於他經書則未詳○注士祭三鼎大夫祭五鼎○正義曰如子路有列鼎之奉主父在漢有五鼎之食是其爵有差也蓋士則爵卑而賤大夫則爵尊而貴孟子前以士後以大夫是其爵命貴賤之不同耳○經云衣衾者蓋衾今之被也案喪大記小斂君錦衾大夫縞士緇凡衾皆。五幅鄭注云衾單被也

孟子注疏解經卷第二下

孟子注疏卷二下校勘記

阮元撰盧宣旬摘錄

章指言君臣上下各勤其任無墮其職乃安其身也

有士師鄉士 補明監本同毛本同案卿當作鄉今改正

王無以名也 閩監本同廖本孔本韓本考文古本名作知毛本王作我也作之毛本誤也

而詳審之 閩監毛三本同宋本廖本孔本韓本考文古本無此四字

疏戚相踰 閩監毛三本同廖本孔本韓本考文古本足利本疏戚作親疏

豈可不慎歟 閩監毛三本同廖本孔本韓本考文古本作豈可不重慎之

謂選乃臣隣比周之譽 十行本乃字隣字模糊閩監毛三本如此廖本孔本韓本考文古本乃作大隣作防音義出防比

核其鄉原之徒 閩監毛三本原誤愿廖本孔本韓本考文古本無其字

論曰 閩監毛三本同孔本韓本考文古本作論語曰

以毀忠正也 閩監毛三本同宋本岳本廖本孔本韓本足利本無也字考文古本作以毀忠臣

章指言人君進賢退惡翔而後集有世賢臣稱曰舊國則四方瞻仰之以爲則矣

未聞弑君也石經孔本韓本閩監毛三本同足利本君上有其字非也

不聞弑君也閩監毛三本同孔本韓本考文古本足利本君上有其字

章指言孟子云孔本韓本云作言紂以崇惡失其尊名不得以君臣論之欲以深寤

齊王垂戒於後也

主工匠之吏補此本誤重吏字明監本毛本不誤

將以比喻之也閩監毛三本同廖本孔本韓本考文古本比作此

先王之道閩監毛三本同廖本孔本韓本考文古本道作正法

此如何也閩監毛三本同廖本孔本韓本考文古本作此何如也

二十兩爲鎰按經注中鎰字皆俗字也當依儀禮喪服作溢溢之言滿也滿於十六兩爲一斤之外也鄭注二十兩爲溢趙同若國語注二十四兩爲鎰此別一說僞疏不了

是爲教玉人治玉也閩監毛三本孔本韓本同足利本無也字

則玉不得美好閩監毛三本孔本韓本同足利本玉下有人字非也

則何由能治乎閩監毛三本同廖本孔本韓本考文古本治下有者字

章指言任賢使能不違其學則功成而不墮屈人之是從己之非則人不成

道玉不成圭善惡之致孔本致下有何字是也可不七經孟子考文作不可非察哉

以曰且舍汝所學以字明監本作而毛本作則毛本是也

朝一鎰米閩本同監毛本米誤朱按儀禮鎰作溢

樂師未奔廖本孔本韓本監本同閩毛二本奔作犇下同

故未取之也閩監毛三本孔本同宋本廖本韓本考文古本無也字

奔走而去矣閩監毛三本足利本孔本同韓本考文古本無走字

殷民喜悅之則取之而已閩監毛三本同宋本悅之下有時字廖本則下有可字無而已二字孔本韓本考文古本作殷民喜悅之時則可取之

章指言征伐之道當順民心民心悅則天意得天意得考文古本疊此三字不然後乃可以取人之國也

司比干觀其心閩監毛三本司作剞按剞字是

救燕伐齊閩監毛三本同廖本孔本韓本考文古本足利本作伐齊救燕

東向征西夷怨王閩本同廖本孔本韓本監毛本王作者考文云古本怨下有者字則衍一王字矣非也

則我蘇息而已閩監毛三本足利本同宋本廖本孔本韓本考文古本而已作也

拯所也宋本廖本孔本韓本考文古本所作濟閩監毛三本所作拯○按所誤字

老耄也閩監毛三本孔本韓本同廖本耄作旄

弱小倪倪者也閩監毛三本同孔本韓本倪倪作繄倪案音義出繄字旄倪下云詳注意倪謂繄倪小兒也與今孔韓本合○按依說文釋名作繄婗禮記雜記注作鷖彌此本作倪倪者誤也

而止之也閩監毛三本孔本韓本同廖本作亡形近而譌

章指言伐惡養善無貪其富以小王大考文古本王作至足利本作以大王小夫將何懼也

至猶可及士也士止之誤閩監毛三本不誤

而望雲霓如霓補毛本如霓作似多

如之何可也閩本同監毛本何下有其字

至蘇也閩本同監毛本也改息

軍帥也音義本廖本孔本韓本閩本考文古本足利本帥作率按率帥字通監毛二本作師則誤矣

而問其罰當謂何則可也 閩監毛三本同宋本孔本韓本考文古本無則可二字足利本無則也二字

章指言上惜 孔本韓本考文古本作恤 其下下赴其難惡出乎 孔本韓本考文古本作於 己害及其身

如影響自然也

二國之間 閩監毛三本同宋本廖本孔本韓本考文古本無二國二字

皆不由禮義 閩監毛三本同廖本孔本韓本考文古本無義字

則有一謀焉 閩監毛三本同廖本孔本韓本無則字

惟施德義以養民 廖本孔本韓本考文古本同閩監毛三本惟誤雖

則是可以爲也 閩監毛三本同宋本孔本韓本考文古本作則可爲矣廖本也作矣足利本作則可以爲矣

章指言事無禮之國不若得民心與之守死善道也

擇而居之焉 閩監毛三本同廖本孔本韓本考文古本無焉字

困於強暴 閩監毛三本同廖本孔本韓本強作彊

後世乃有王者 閩監毛三本同廖本孔本韓本考文古本乃下有可字

強爲善而已矣 宋本岳本廖本孔本同石經閩監毛三本韓本強作彊

君子創業垂統闔監毛三本同宋本孔本韓本考文古本創作造

成功乃天助之也闔監毛三本孔本同韓本足利本無之字

以遺後世而已矣闔監毛三本同廖本孔本韓本考文古本而已矣作也

章指言君子之道正己任天考文古本作在天彊暴之來非己所招謂窮則獨善其身者也

繒帛之貨也闔監毛三本孔本同韓本足利本無也字

而去之矣闔監毛三本同宋本廖本孔本韓本考文古本無矣字

若將有得也闔監毛三本孔本同韓本作若將有所得也考文古本作若將有有得也複有字非

章指言大王去邠權也效死而守業義也義權不並故曰擇而處之也

非己身所能爲專也闔監毛三本專作者按注云非己身所能專爲則專字是也

樂正姓也闔監毛三本同宋本岳本廖本孔本韓本考文古本無也字

不便見孟軻也闔監毛三本同宋本廖本孔本韓本考文古本無也字

前以士後以大夫禮闔監毛三本同廖本孔本韓本作前者以士禮後者以大夫禮考文古本士下有禮字

曰否石經閩監毛三本孔本韓本同音義出曰否云本亦作不〇按古不否不同字後人一之

嬖人有臧倉者沮君石經閩監毛三本孔本韓本同音義出沮字云本亦作阻

止或尼之石經閩監毛三本孔本韓本同音義出尼之云郭璞注爾雅引孟子作此字丁本作屔云居字

非人所能也閩監毛三本孔本韓本同岳本能下有爲字

臧氏小子廖本孔本韓本足利本作臧倉小人閩監毛三本作臧氏之子考文古本作臧倉小子

章指言讒邪構賢賢者歸天不尤人也

以先往見於一匹之夫夫補案下云則一匹之賤夫此二夫字上夫字當爲賤之譌

案禮記有正子春補案正上當有樂字

凡衾皆五幅閩監二本同毛本五作三

孟子注疏卷二下校勘記

孟子注疏解經卷第三上

公孫丑章句上 凡九章

孫奭疏

趙氏注 ○公孫丑者公孫姓丑名孟子弟子也丑有政事之才問管晏之功猶論語子路問政故以題篇

疏正義曰前篇章首論梁惠王問以利國孟子荅以仁義之事故目梁惠王以爲篇題蓋謂君國當以仁義爲首也既以仁義爲首然後其政可得行之是以此篇公孫丑有政事之才而問管晏之功如論語子路問政遂以目爲篇題不亦宜乎故次梁惠王之篇所以揭公孫丑爲此篇之題也此篇凡二十有三章目趙氏分之遂爲上下卷據此上卷有九章而已一章言德流速於置郵君子得時大行其道管晏爲曾西之所羞二章言義以行勇則不動心養氣順道無効揠苗聖人量時賢者道偏孟子究言情理而歸學孔子三章言王者任德霸者兼力四章言國必修政君必行仁禍福由己不專在天當防患於未亂五章言修古之道鄰國之民以爲父母命曰天吏六章言人之行當內求諸己以演大四端充擴其道上以正君下以榮身七章言各治其術術有善惡禍福之來隨行而作恥爲人役不若居仁治術之忌勿爲矢人八章言大聖之君由取善於人九章言伯夷柳下惠古之大賢猶有所闕其餘十四章趙氏分在下卷各有分說○注公孫姓丑名孟子弟子也至題篇○正義曰自魯桓公之子慶父之後有孟孫氏叔孫氏季孫氏同出三桓子孫衞國有王孫賈出自周頃王之後王孫賈之子自以去王室久改爲賈孫氏故孫氏多焉又非特止於一族也自封公後其子孫皆以公孫爲氏春秋隱公八年無駭卒羽父請謚與族公問族於衆仲衆仲對曰天子建德因生以賜姓公命以字爲展氏杜預曰諸侯之子稱公子公子之子稱公孫公孫之子以王父字爲氏然則公孫氏皆自公子之後爲氏也今公孫丑其氏有自來矣案史記孟子列傳云孟子退而與萬章公孫丑之徒著述作七篇則公孫丑爲孟子弟子明矣經曰弟子之惑滋甚是

也論語第十三篇子路問政子曰先之勞之請益曰無倦集論語者因其問政而故以題篇若此公孫丑有政事之才而問管晏之功亦以因其人而題其篇次之梁惠王也

公孫丑問曰夫子當路於齊管仲晏子之功可復許乎夫子謂孟子許猶興也如使夫子得當仕路於齊而可以行道管夷吾晏嬰之功寧可復興乎孟子曰子誠齊人也知管仲晏子而已矣誠實也子實齊人也但知二子而已豈復知王者之佐乎或問乎曾西曰吾子與子路孰賢曾西蹵然曰吾先子之所畏也曾西曾子之孫蹵然猶蹵踖也先子曾子也子路在四友故曾子畏敬之曾西不敢比曰然則吾子與管仲孰賢曾西艴然不悅曰爾何曾比予於管仲艴然愠怒色也何曾猶何乃也管仲得君如彼其專也行乎國政如彼其久也功烈如彼其卑也爾何曾比予於是曾西答或人言管仲得遇桓公使之專國政如彼行政於國其久如彼功烈卑陋如彼謂不率齊桓公行王道而行霸道故言卑也重言何曾比我恥見比之之甚也曰管仲曾西之所不爲也而子爲我願之乎孟子心狹曾西曾西尚不欲爲管仲而子爲我願之乎非丑之言小也曰管仲以其君霸晏子以其君顯管仲晏子猶不足爲與丑曰管仲輔桓公以霸道晏子相景公以顯名二子如此尚不可以爲邪曰以齊王由反手也孟子言以齊國之大而行王道其易若反手耳故譏管晏不勉其君以王業也曰若是則弟子之惑滋甚且以文王之德百年而後崩猶未洽於天下武王周公繼之然後大行

今言王若易然則文王不足法與丑曰如是言則弟子惑益甚也文王尚不能及身而王何謂若易然也若是則文王不足以爲法邪
曰文王何可當也由湯至於武丁賢聖之君六七作天下歸殷久矣久則
難變也武丁朝諸侯有天下猶運之掌也武丁高宗也孟子言文王之時難爲功故言何可當也從湯以下聖賢之君六七興謂太甲太戊盤庚等也運之掌言其易也
紂之去武丁未久也其故家遺俗流風善政猶有存
者又有微子微仲王子比干箕子膠鬲皆賢人也相與輔相之故久而後失之
也尺地莫非其有也一民莫非其臣也然而文王猶方百里起是以難也紂得高宗餘化又多良臣故久乃亡也微仲膠鬲皆良臣也但不在三仁中耳文王當此時故難也
齊人有言曰雖有智慧不如乘勢
雖有鎡基不如待時今時則易然也齊人諺言也乘勢居富貴之勢鎡基田器耒耜之屬待時三農時也今時易以行王化者也
夏后殷周之盛地未有過千里者也而齊有其地矣雞鳴狗吠相聞而達
乎四境而齊有其民矣地不改辟矣民不改聚矣行仁政而王莫之能禦也三代之盛封畿千里耳今齊地土民以足矣不更辟土聚民也雞鳴狗吠相聞言民室屋相望而衆多也以此行仁而王誰能止之也
且王者之不
作未有疏於此時者也民之憔悴於虐政未有甚於此時者也飢者易爲食渴
者易爲飲孔子曰德之流行速於置郵而傳命言王政不興久矣民患虐政甚矣若飢者食易爲美渴者飲易

爲甘德之流行疾於置郵傳書命也當今之時萬乘之國行仁政民之悅之猶解倒懸也故事半古之人功必倍之惟此時爲然倒懸喻困苦也當今所施恩惠之事半於古人而功倍之矣言今行之易也。

疏公孫丑問曰至惟此時爲然正義曰此章言德流之速過於置郵君子得時大行其道管晏雖勤猶爲。曾西所羞也公孫丑問曰夫子當路於齊管仲晏子之功可復許乎者公孫丑問孟子言夫子得當仕路於齊國則管仲晏子佐桓景二霸之功寧可復與之乎管仲管夷吾也晏子晏嬰也夷吾佐桓公者也晏嬰佐景公者也孟子曰子誠齊人也知管仲晏子而已矣者孟子荅公孫丑以謂子實齊國之人也然但能知此二子而止矣孟子荅之以此者其意蓋謂丑豈能復知有王者之佐乎或問乎曾西曰吾子與子路孰賢曾西蹵然曰吾先子之所畏也至爾何曾比予於是者孟子又謂嘗有或人問乎曾西曾西曾子之孫也而曰吾子與子路孰賢曾西乃蹵踖而言曰我先子曾子所敬畏者也曰然則吾子與管仲孰賢曾西艴然不悅曰爾何曾比予於管仲者言或人又曰如是則吾子與管仲孰爲賢曾西乃艴然愠怒而不悅曰爾何如乃比我於管仲爲也管仲得君如彼其專也行乎國政如彼其久也功烈如彼其卑也爾何曾比予於是者曾西言管仲得齊桓立爲仲父貴寵不敢爲之妬與高國之位大臣不敢爲之惡內外政皆盡委之斷焉言如此其專也自立位相職至終四十餘年執齊國之政言其行政又如此其久也其終也不過致君爲霸者而已而其功烈只如此之卑也爾故何如乃比我於是之甚焉功烈者蓋致力以爲功成業以爲烈言管仲以力致齊桓則止於爲霸功以業成就齊桓則亦止爲霸烈故曰功烈如彼之卑也孟子所以引此或人與曾西之言者意在於王佐爲貴也不以霸者之佐爲貴也故曰管仲曾西之所不爲也而子爲我願之乎者孟子言管仲曾西之所不願爲也而子以爲我願比之乎云子者指。孫丑而云也曰管仲以其君霸晏子以其君顯管仲晏子猶不足爲與曰以齊王猶反手也者孟子言管仲以佐其君爲霸晏子以佐其君而顯名管仲晏子猶若不足爲耳言我能佐齊國之大而行王道爲王其易則若反覆手掌也故曰以齊王由反手也孟子言此蓋譏管晏二子不能致君行王道耳曰若是則弟子之惑滋甚者公孫丑不曉孟子意在譏管晏二子但爲霸者之佐故於孟子曰如此之言則弟子之蔽惑益甚也弟子者蓋公孫丑自稱爲孟子弟子也且以文王之德百年而後崩猶未洽於天下武王周公繼之然後大行今言王若易然則文王不足法與者公孫丑言今且以文王之德化觀之起自百里之微加之百年之久而後崩喪其尚不能及身而王天下浹洽其德及武王周公繼續之然後德化大行爲王於天下今言以齊王若反手之易是則文王不足以爲之法與曰文王何可當也由湯至於武丁賢聖之君六七作天下歸殷久矣久則難變也武丁朝諸侯有天下猶運之掌也至是以難也者孟子又言文王安可當也言自湯至於武丁其閒賢聖之君六七作故天下德化被民也久恩澤漸人也深而天下之民歸心於殷固以久而難變也是以武丁朝諸侯而有天下若反運手掌之易也武丁高宗也云六七作若太甲太戊祖乙盤庚等是也紂之去武丁未久也其故家遺俗流風善政猶有存者至是以難也者孟子又言自殷紂去武丁之時尚未久故其世嗣續之故家其民習尚之遺俗上之化下其流風之所被善政之所行尚有存者不特此也又有微子微仲王子比干箕子膠鬲數者皆是賢人相與同輔相其紂故紂之失亡亦至久而後失也雖一尺之地莫非紂之所有一民莫非爲紂之臣然而如此尚能自百里之地而興起爲王是以難而不若武丁之易也齊人有言曰雖有智慧不如乘勢雖有鎡基不如待時者孟子又言齊國之人有言云人雖有智慧之才亦不如乘其富貴之勢雖有田器如耒耜之屬亦不如乘三時農務之際也蓋大而知之之謂智小而察之之謂慧鎡基田器之利也言人雖有智慧之才然非乘富貴之勢則智慧之才有所不運比之齊國則今時易以行王道者也故曰今時則易然也夏后殷周之盛地未有過千里者也而齊有其地矣至莫之能禦也者孟子言自夏后殷周三代之盛治其封畿皆方千里未有過千里之地者也而齊國今有其地亦得其千里雞鳴狗吠相聞而廣達乎四境是其齊國不特有千里之地而已

其閒雖犬相聞而又有其民相望而衆多也如此土地亦以足矣故不待更廣闢其土地矣民人亦以足矣又不待聚集其民人矣卽行仁爲政而王之人莫
能禦止之也。其王者不作未有疏於此時者也飢者易爲食渴者易爲飲孔子曰德之流行速於置郵而傳命者孟子又言且王者之不與作未有如疏於此
時者也而民人憔悴困苦於暴虐之政又未有如極甚於此時者也以若飢餓者食易爲美渴者飲易爲甘矣故孔子有云其德化之流行其速疾又過於置
郵而傳書命也郵驛名云境土舍也又云官名督郵主諸縣罰負說文曰境土行書舍也當今之時萬乘之國行仁政民之悅之猶解倒懸也者孟子又言當
今齊國之時爲萬乘之國行仁政而及民則民皆喜悅之如得解其倒懸之索也云倒懸者喻其困苦之如此也故事半古之人功必倍之惟此時爲然者孟
子又言故於當此之時其施恩惠之事但半於古人其成治功亦必倍過於古人矣故曰惟此當今齊國之時爲能如是也○管夷吾晏嬰○正義曰管仲齊
之相也案左傳魯莊公八年桓公殺公子糾召忽死之管仲不死請囚鮑叔受之及堂阜而稅之歸而以告曰管夷吾治於高傒使相之可也杜注云堂阜齊
地西北有夷吾亭或曰鮑叔解夷吾縛於此又云高傒齊卿高敬仲也言管仲治理政事才多於高傒仲遂使相之晏嬰姓晏名嬰齊大夫也語云晏平仲善
與人交周注云謚爲平謚法曰法治而清省曰平案左傳文知之是晏桓子之子也相齊景公○注曾西曾子之孫及子路。正義曰曾西爲曾子之孫者經云
曾西曰吾先子之所畏也先子是曾子也以祖稱之也卽知曾西乃曾子之孫也其他經傳未詳子路孔子弟子姓仲名由字子路卞國人也案史記弟子傳
云少孔子九歲性鄙好勇力抗直冠雄雞佩豭豚陵暴孔子孔子設禮誘子路子路後儒服委質因門人請爲弟子云蹵然猶蹵踖者語云蹴踖如也馬注云
蹴踖恭敬之貌○注艴然慍怒色○正義曰釋云艴不悅也字從弗色是知卽慍怒之色也○注武丁高宗也至易也○正義曰孔安國傳云盤庚弟小乙子
名武丁德高可尊始號爲高宗云從湯以下賢聖之君六七作謂太甲太戊盤庚等是也者案史記世表云自湯之後湯太子早卒故立次弟外丙外丙卽位

二年卒立外丙弟仲壬仲壬卽位四年卒伊尹乃立太丁子太甲太甲成湯適長孫也太甲立三年不明伊尹放之桐三年悔過自責反善伊尹乃迎帝太甲授之政太甲修德諸侯咸歸百姓以寧稱爲太宗太宗崩子沃丁立丁崩弟太庚立庚崩子小甲立甲崩弟雍已立殷道衰諸侯或不至已崩弟太戊立殷道復興諸侯歸之故稱中宗中宗崩子仲丁立丁遷于囂丁崩弟外壬立壬崩弟河亶甲立殷道復衰甲崩子帝祖乙立乙立殷道復興乙崩子祖辛立辛崩弟沃甲立甲崩兄祖辛之子祖丁立丁崩弟沃甲之子南庚立庚崩祖丁之子陽甲立殷道復衰甲崩弟盤庚立殷道復興諸侯來朝庚崩弟小辛立殷道復衰辛崩弟小乙立乙崩子武丁立殷道復興故號爲高宗是也○注云鎡基田器耒耜之屬○正義曰釋名云鎡基大鋤也云農時者左傳莊公二十九年云凡土功龍見而畢務注云今九月周十一月龍星角亢晨見東方三務始畢火見而致用注云大火心星次角亢見者致築作之物水昏正而栽注云謂今十月定星昏而中於是樹板幹而興作日至而畢注云日南至微陽始動故土功畢若其門戶道橋城郭牆壍有所損壞則隨時修之僖公二十年云凡啓塞從時是也又案七月之詩云三之日于耜四之日舉趾同我婦子饁彼南畝注云三之日夏之正月也四之日周之四月民無不舉足耕矣

公孫丑問曰夫子加齊之卿相得行道焉雖由此霸王不異矣如此則動心否乎 加猶居也丑問孟子如使夫子得居齊卿相之位行其道德雖用此臣位輔君行之亦不異於古霸王之君矣如是寧動心畏難自恐不能行否耶丑以此爲大道不易人當畏懼之不敢欲行也

孟子曰否我四十不動心 孟子言禮四十強而仕我志氣已定不妄動心有所畏也

曰若是則夫子過孟賁遠矣 丑曰若此夫子志意堅勇過孟賁賁勇士也孟子勇於德

曰是不難告子先我不動心 孟子言是不難也告子之勇未四十而不動心矣

曰不動心有道乎 丑問不動心之道云何

曰有 孟子欲爲言之

北宮黝之養

勇也不膚橈不目逃思以一豪挫於人若撻之於市朝不受於褐寬博亦不受於萬乘之君視刺萬乘之君若刺褐夫無嚴諸侯惡聲至必反之北宮姓黝名也人刺其肌膚不爲橈却刺其目目不轉睛逃避之矣人拔一毛若見捶撻於市朝之中矣褐寬博獨夫被褐者嚴尊也無有尊嚴諸侯可敬者也以惡聲加己己必惡聲報之言所養育勇氣如是也孟施舍之所養勇也曰視不勝猶勝也量敵而後進慮勝而後會是畏三軍者也舍豈能爲必勝哉能無懼而已矣孟姓舍名施發音也施舍自言其名則但曰舍舍豈能爲必勝哉要不恐懼而已也以爲量敵少而進慮勝者足勝乃會若此畏三軍之衆者耳非勇者也孟施舍似曾子北宮黝似子夏夫二子之勇未知其孰賢然而孟施舍守約也孟子以爲曾子長於孝孝百行之本子夏知道雖衆不如曾子孝之大也故以舍譬曾子黝譬子夏以施舍要之以不懼爲約要也昔者曾子謂子襄曰子好勇乎吾嘗聞大勇於夫子矣自反而不縮雖褐寬博吾不惴焉自反而縮雖千萬人吾往矣孟施舍之守氣又不如曾子之守約也子襄曾子弟子也夫子謂孔子也縮義也惴懼也詩云惴惴其慄曾子謂子襄言孔子告我大勇之道人加惡於己己內自省有不義不直之心雖敵人被褐寬博一夫不當輕驚懼之也自省有義雖敵家千萬人我直往突之言義之強也施舍雖守勇氣不如曾子守義之爲約也曰敢問夫子之不動心與告子之不動心可得聞與丑曰不動心之勇其意豈可得聞與告子曰不得於言勿求於心不得於心勿求於氣不得於心勿

求於氣可不得於言勿求於心不可不得者不得人之善心善言也求者取也告子爲人勇而無慮不原其情人有不善之言加於己不復取其心有善。也直怒之矣孟子以爲不可也告子知人之有惡心雖以善辭氣來加己亦直怒之矣孟子以爲是則可言人當以心爲正也告子非純賢其不動心之事一可用一不可用也夫志氣之帥。也氣體之充也志心所念慮也氣所以充滿形體爲喜怒也志帥氣而行之度其可否也夫志至焉氣次焉志爲至要之本氣爲其次。焉故曰持其志無暴其氣暴亂也言志所嚮氣隨之當正持其志無亂其氣妄以喜怒加人也

既曰志至焉氣次焉又曰持其志無暴其氣者何也丑問暴亂其氣云何曰志壹則動氣氣壹則動志也今夫蹶者趨者是氣也而反動其心孟子言壹者志氣閉而爲壹也志閉塞則氣不行氣閉塞則志不通蹶者相動今夫行而蹶者氣閉不能自持故志氣。顛倒顛倒之間無不動心而恐矣則志氣之相動。也

敢問夫子惡乎長丑問孟子才志所長何等曰我知言我善養吾浩然之氣孟子云我聞人言能知其情所趨我能自養育我之所有浩然之大氣也

敢問何謂浩然之氣丑問浩然之氣狀如何曰難言也其爲氣也至大至剛以直養而無害則塞于天地之間言此至大至剛正直之氣也然而貫洞纖微。治於神明故言之難也養之以義不以邪事干害之則可使滋蔓塞滿天地之間布。旅德教無窮極也其爲氣也配義與道無是餒也重說是氣言此氣與道義相配偶俱行義謂仁義可以立德之本也道。無形而生。於有形舒之彌六合卷之不盈握包絡天地稟。授羣生者也言能養。道氣而行義理常以充滿五臟若其無此則腹腸飢虛若人之餒。餓也是集義所生者非義襲而取之也集雜也密聲取敵曰襲言此浩

然之氣與義雜生從內而出人生受氣所自有者行有不慊於心則餒矣慊快也自省所行仁義不備干害浩氣則心腹飢餒矣

我故曰告子未嘗知義以其外之也孟子曰仁義皆出於內而告子嘗以爲仁內義外故言其未嘗知義也必有事焉而勿正心勿忘勿助長也言人行仁義之事必有福在其中而勿正但以爲福故爲義也但心勿忘其爲福而亦勿汲汲助長其福也汲汲則似宋人也無若宋人然宋人有閔其苗之不長而揠之者芒芒然歸謂其人曰今日病矣予助苗長矣其子趨而往視之苗則槁矣揠挺拔之欲亟長也病罷也芒芒然罷倦之貌其人家人也其子揠苗者之子也趨走也槁乾枯也以喻人之情邀福者必有害若欲急長苗而反使之枯死也天下之不助苗長者寡矣以爲無益而舍之者不耘苗者也助之長者揠苗者也非徒無益而又害之天下人行善者皆欲速得其福恬然者少也以爲福祿在天求之無益舍置仁義不求爲善是由農夫任天不復耘治其苗也其邀福欲急得之者由此揠苗人也非徒無益於苗乃反害之言告子外義常恐其行義欲急得其福故爲丑言人之行當內治善不當急求其福亦若此揠苗者矣何謂知言丑問知言之意何謂曰詖辭知其所蔽淫辭知其所陷邪辭知其所離遁辭知其所窮孟子曰人有險詖之言引事以褒人若賓孟言雄雞自斷其尾之事能知其欲以譽子朝蔽子猛也有淫美不信之辭若驪姬勸晉獻公與申生之事能知欲以陷害之也有邪辟不正之辭若豎牛觀仲壬賜環之事能知其欲行譖毀以離之於叔孫也有隱遁之辭若秦客之廋辭於朝能知其欲以窮晉諸大夫也若此四者之類我聞能知其所趨也生於其心害於其政發於其政害於其事聖人復起必從

吾言矣生於其心譬若人君有好殘賊嚴酷心必妨害仁政不得行之也發於其政者若出令欲以非時田獵築作宮室必妨害民之農事使百姓有飢寒之患也吾見其端欲防而止之如使聖人復興必從我言也宰我子貢善為說辭冉牛閔子顏淵善言德行孔子兼之曰我於辭命則不能也言人各有能我於辭。言教。命則不能如二子然則夫子既聖矣乎丑見孟子但言不能辭命不言不能德行謂孟子欲自比孔子故曰夫子既已聖矣乎曰惡是何言也昔者子貢問於孔子曰夫子聖矣乎孔子曰聖則吾不能我學不厭而教不倦也子貢曰學不厭智也教不倦仁也仁且智夫子既聖矣乎。夫聖孔子不居是何言也惡者不安事之歎辭也孟子荅丑言往者子貢孔子相荅如此孔子尚不敢安居於聖我何敢自謂為聖故再言是何言也昔者竊聞之子夏子游子張皆有聖人之一體冉牛閔子顏淵則具體而微體者四肢股肱也孟子言昔日竊聞師言也丑方問欲知孟子之德故謙辭言竊聞也一體者得一肢也具體者四肢皆具微小也比聖人之體微小耳體以喻德也敢問所安丑問孟子所安比也曰姑舍是姑且也孟子曰且置是我不願比也曰伯夷伊尹何如丑曰伯夷伊尹何如孟子心可願比伯夷否曰不同道言伯夷之行不與孔子伊尹同道也非其君不事非其民不使治則進亂則退伯夷也非其君非己所好之君也非其民不以正道而得民伯夷不願使之故謂。之非其民也何事非君何使非民治亦進亂亦進伊尹也伊尹曰事非其君者何傷也使非其民者何傷也。要欲為天理物冀得行道而已。矣可以仕則仕可以止則止可以久則久可以速則速孔子也止處也久留也速疾去也皆古聖人也吾未能有行焉乃所願則學孔子也此皆古之聖人我未能有所行若此乃言我心之所庶幾則願欲學孔子所履進退無常量時爲宜也伯夷伊尹於孔子若是班乎班齊等之貌也丑嫌伯夷伊尹與孔子相比問此三人之德班然而等乎曰否自有生民以來未有孔子也孟子曰不等也從有生民以來非純聖人則未有與孔子齊德也然則有同與丑曰然則此三人有同者邪曰有得百里之地而君之皆能以朝諸侯有天下行一不義殺一不辜而得天下皆不爲也是則同孟子曰此三人君國皆能使鄰國諸侯尊敬其德而朝之不以其義得之皆不爲也是則孔子同之矣曰敢問其所以異丑問孔子與二人異謂何曰宰我子貢有若智足以知聖人汙不至阿其所好孟子曰宰我等三人之智足以識聖人汙下也言三人雖小汙不平亦不至。阿其所好以非其事阿私所愛而空譽之其言有可用者欲爲丑陳三子之道孔子也宰我曰以予觀於夫子賢於堯舜遠矣予宰我名也以爲孔子賢於堯舜以孔子但爲聖不王天下而能制作素王之道故美之如使當堯舜之。世。觀。於。制。度賢之遠矣子貢曰見其禮而知其政聞其樂而知其德由百世之後等百世之王莫之能違也自生民以來未有夫子也見其制作之禮知其政之可以致太平也聽聞其雅頌之樂而知其德之可與文武同也春秋外傳曰五聲昭德言五音之樂聲可以明德也從孔子後百世上推等其德於前百世之聖王無能違離孔子道者自從生民以來未。有能備若孔子也有若曰豈惟民哉麒麟之於走獸鳳凰之於飛鳥泰。山之於丘垤河海之於行潦類也聖人之於民亦類也出於其類拔乎其萃自生民以來未有盛於孔子也。垤蟻封也行潦道傍流潦也萃聚也有若以為萬類之中各有殊異至於人類卓絕未有盛美過於孔子者也若三子之言孔子，所以。以異於伯夷伊尹也夫聖人之道同符合契前聖後聖其揆一也不得相踰云生民以來無有者此三人皆孔子弟子緣孔子聖德高美而盛稱之也孟子知其言大過故貶謂之汙下但不以無為有。耳因事則褒辭在其中矣亦以明師徒之義得相褒揚也。

疏 公孫丑問曰夫子加齊之卿相至未有盛於孔子也○正義曰此章言義以行勇則不動心養氣順道無效宋人聖人量時賢者道偏孟子究言情理歸學於孔子也公孫丑問曰夫子加齊之卿相得行道焉雖由此霸王不異矣如此則動心否乎者是公孫丑問孟子言以夫子之才加之以齊國卿相之位以得行其道雖曰用此卿相之位而輔相其君而行之亦不異於古之霸王矣如此則夫子寧動心畏懼其不能行乎否不動心畏懼其不能行乎孟子曰否我四十不動心者孟子荅公孫丑以謂我年至四十之時內有所定故未嘗動心有所畏懼也曰若是則夫子過孟賁遠矣者公孫丑見孟子以謂四十之時已不動心言如此則夫子是有勇過於孟賁之勇士也曰是不難告子先我不動心者孟子言我之有勇過於孟賁此不難也孟子之意蓋謂己之勇勇於德孟賁之勇但勇於力必能過之也所以謂不難也以言其易過之也言告子之勇已先我於未四十之時而不動心矣曰不動心有道乎者丑問孟子謂不動心寧有道乎曰有孟子欲為公孫丑言其不動心之道故荅之曰有也北宮黝之養勇也不膚撓不目逃至孟施舍之養勇也曰視不勝猶勝也以至又不如曾子之守約也者此皆孟子荅公孫丑而言養勇者也北宮姓黝名孟施舍孟姓舍名施發言之音也曾子姓曾名參字子輿子夏姓卜名商字子夏並為孔門之徒弟也言北宮黝之養勇人刺其肌膚不為撓却人刺其目不以目轉睛而逃避思以一毫之毛而拔於人若見挫撻於市朝之中矣不受物於被褐者之獨夫亦不受賜於萬乘之君視刺

萬乘之君但若刺被褐者之獨夫無嚴畏諸侯有惡聲加己己亦以惡聲反報之此北宮黝養勇之如是也孟施舍之養勇嘗謂視敵之不勝猶勝之也若以量度其敵可以敵然後進而敵之謀慮其必能勝敵然後方會其兵此是畏三軍之士也非勇者也故自稱名曰舍豈能為必勝其敵哉但能無所畏懼而已矣此孟施舍養勇之如是也孟施舍養勇其迹近似於曾子北宮黝養勇其迹近似於子夏以其孟施舍養勇見於言而要約如曾子以孝弟事親喻為守身之本聞夫子之道則喻為一貫之要故以此比之也北宮黝養勇見於行而多方如子夏況在於紛華為己有雜於小人之儒教人以事於灑掃之末故以此比之也雖然以二子之寶固不足比於曾子子夏但以粗迹比之耳是二子之養勇皆止於一偏未如君子所養得其大全而已孟子所以言夫二子黝與舍之養勇又未知誰以為猶賢然而能無懼而已者近能知其本也故曰孟施舍守約也昔者曾子謂子襄曰子好勇乎吾嘗聞大勇於夫子矣至守約也孟子言往者曾子謂子襄曰子能好勇乎言我嘗聞夫子有大勇之義告於我以謂自反己之勇為非義則在人者有可陵之辱故雖一褐寬博之獨夫我且不以小恐惴之而且亦大恐焉自反己之勇為義則在人無可憚之威故雖千萬人之衆我且直往其中而不懼矣如此則孟施舍養勇在於守其氣勇又不如曾子以義為守而要也言此則黝不如子夏可知矣以其養勇有本末之異則言北宮黝之多方而不若孟施舍之守約以其守約有氣義之別則又言孟施舍之守其氣勇不如曾子以義為守而要也然論其不動心則同根其德則大不相侔矣曰敢問夫子之不動心與告子之不動心可得聞與者公孫丑又問孟子之不動心與告子之不動心其道可得而聞知之與告子曰不得於言勿求於心不得於心勿求於氣至勿求於心不可者孟子荅孫丑以謂告子言人有不善之言者是其不得於言者也故不復求其有善心告子意以謂人既言之不善則心中亦必不善也故云不得於言勿求於心人有不善之心者是其不得於心者也故不復求其有善辭氣告子意以謂人心既惡則所出辭氣亦必不善也故云不得於心勿求於氣孟子言之以謂人有不善之心故勿復求其有

善辭氣則如告子之言可也如人但有不善之言便更不復求其心之有善則告子之言以為不可也無他蓋以人之言雖有不善而其心未必不善也其心之不善則所出辭氣必不善故也以其告子非得其大全之道故其言此一可行一不可行也夫志氣之帥也氣體之充也者孟子言人之志心之所之之謂志所以帥氣而行之者也氣但能充滿形體者也故曰志氣之帥也氣體之充也以其人之辭氣有不善者皆心志所帥而行之矣氣者但惟志是從也所以又言志至焉氣次焉蓋以氣由志之所發志得氣而運之也然則氣爲所適善惡之。路豈此志至焉氣次焉之意乎至言無以過之以其足以制於氣不爲氣之所制次言有以先之以其從於志而又有以持於志也故曰持其志無暴其氣者孟子言氣惟志之是從但持揭其志則無暴亂其氣矣既曰志至焉氣次焉又曰持其志無暴其氣者何也者孫丑未曉孟子之言志氣故問之曰夫子既以言志至焉氣次焉而又再言持其志無暴其氣是如之何也曰志壹則動氣氣壹則動志也今夫蹶者趨者是氣也而反動其心者孟子荅孫丑言志鬱壹而不通矣是謂志壹則動氣氣鬱壹而不通矣是謂氣壹則動志也今夫志氣皆鬱壹而不通以之顛倒趨蹶者是乃反動其心焉故曰今夫蹶者趨者是氣也而反動其心蓋志則將帥譬也氣則衆卒譬也心則君譬也君任將帥將帥御衆然則志壹則動氣如將帥悖則動衆卒矣氣壹則動志如衆卒悖則動將帥其上又有以動其君矣由此論之則既持其志又不可不知無暴其氣矣敢問夫子惡乎長者公孫丑問孟子曰夫子之才志所長以何等敢請問之曰我知言我善養吾浩然之氣者孟子荅孫丑之問以謂我之所長是我能知人之言而識其人情之所嚮我又善養我所有浩然之氣也敢問何謂浩然之大氣者公孫丑之言敢問如何謂之浩然大氣曰難言也其爲氣也至大至剛以直養而無害則塞于天地之間者孟子荅公孫丑以為浩然之大氣難以言形也蓋其爲氣至大而無所不在至剛而無所不勝養之在以直道不以邪道干害之則充塞于天地之間無有窮極也其爲氣也配義與道無是餒也者孟子又重言爲氣也與道義相配偶常以充滿於人之五臟若無此氣與道義配偶則餒矣若人之飢餓也能合道義以養其氣即至大至剛之氣也蓋裁制度宜之謂義故義之用則剛萬物莫不由之謂道故道之用則大氣至充塞盈滿乎天地之間是其剛足以配義大足以配道矣此浩然大氣之意也是集義所生者非義襲而取之也者孟子又言是氣也是與義雜生所自有者也從內而出矣非義之所密取而在外入者也行有不慊於心則餒矣者孟子又言人之所行如有道義不足於心者則飢餓者矣以其有邪干害其浩然之氣者爲孟子所以云我故曰告子未嘗知義以其外之也蓋以告子以仁內義外爲言此孟子乃曰告子未嘗知義是又不知是集義所生者非義襲而取之之意也必有事焉而勿正心勿忘勿助長也者孟子又言人之所行仁義之事必有福在其中矣而不可但正心於爲福然後乃行仁義也止在其不忘於爲福不汲汲於助長其福矣以其人生之初蓋性固有不但爲之然後有也惟在常存行之耳斯亦集義所生非義襲而取之之意也故曰必有事焉而勿正心勿忘勿助長也又一說云言人之所行不可必待有事而後乃正其心而應之也惟在其常存而不忘又不在汲汲求助益之而已斯則先事而慮謂之豫豫則事優成後事而慮謂之猶猶則不立之意也以其在常存正心於事未然之前耳矣故曰必有事焉而勿正心其言勿忘勿助長則同意無若宋人然宋人有閔其苗之不長而揠之者至而又害之者此孟子引宋人揠苗而比喻之以解其助長之意也言人苟欲速得其福而助長之者則宋人揠苗者也故言無若宋人然宋人宋國之人也宋國之人有憐閔苗之不長茂而以揠拔欲亟其長者芒芒然罷倦而回歸謂其家中之人曰今日我罷倦成病矣我其爲助長其苗矣其宋人之子見父云助苗長而罷倦成病乃趨走而往視其苗還助得其長否及往至田所視之其苗則皆枯槁而死矣孟子又言今天下之人不若助苗長者少矣言當時人皆欲速其福而助長之者也以其爲善無所益而舍去之者是忘其善也是若不耘其苗者也助長者是若揠苗者也非特無益其善而又適所以殘害其善也善者即仁義是也仁義即善也苗是種之。義者以譬則人之美質也固非可以增減之耳孟子之意蓋欲人之所行當內治不當急欲求其福也此亦脩其天爵而人爵從之之意也孟子所以云我善養吾浩然之氣何謂知言者公孫丑既得孟子言浩然之氣又問孟子知言之意謂何曰詖辭知其所。陷邪辭知其所離遁辭知其所窮者此孟子又荅孫丑問知言之意也詖辭其言有偏詖不平也孟子言人自偏詖不平之言我則知其蔽於一曲而已若告子言仁內義外是也趙云若賓孟言雄雞自斷其尾之事也淫辭言過而不中也孟子言人有過而不中之言我則知其所陷而陷又無所不蔽而已如人墜於陷阱之陷以其無所不蔽也若楊墨無父無君之言是也趙云若驪姬勸晉獻公與申生之事也邪辭悖正道者也孟子言人有悖正道之言我則知其言易以離畔矣若陳賈謂周公未盡仁智而況於齊王之言是也趙云若豎牛觀仲壬賜環之事也遁辭屈其理也孟子言人有屈理之言我則知其言易以窮也若夷子與孟子相勝以辯卒以受教是也趙云若秦客之廋辭也生於其心害於其政發於其政害於其事者孟子又言此上四事皆非出於其心者即皆出於異端之學者也人君苟生此四者於心中必妨害其仁政既妨害其仁政則又妨害其事政則本上之所施而正人者也事則下之所行以治職者也故事為政之末政為事之本如孔子問冉子之退朝何晏也則謂之事故不謂之政是知政事有別矣聖人復起必從吾言矣者孟子言後之聖人有能復興起者必從事吾此言而行之矣宰我子貢善為說辭冉牛閔子顏淵善言德行孔子兼之曰我於辭命則不能也者孟子既言其詖淫邪遁之辭為非故於此言其善為說辭善言德行為是者也蓋言宰我子貢二者皆善能為說辭說辭者以辭說人者也宰我子貢皆得聖人所以言者也故云善為說辭論語四科二人所以列於言語之科也冉牛閔子顏淵三者皆善言德行善言德行者言之必可行是善言也行之必可言是德行也冉牛閔子顏淵皆得聖人所以行者也故云善言德行論語四科三者所以列於德行科也孔子兼之者孔子天縱之將聖故多能鄙事則於說辭德行兼而能焉而曰我於辭命則不能也孟子蓋以儒道遊於諸侯而諸侯賓之不敢臣又為國人所矜式故於辭命又安用之哉此所以曰我於辭命則不能也然孟子於辭命非誠不能也但不為之耳以辭命人者故謂之辭命以其末也非本也故不言不能德行以其本也非末也孟子之意蓋欲當時之人務本不務末耳然則夫子既聖矣乎者公孫丑見孟子但言不能辭命之末不言不能德行之本故謂孟子如是則夫子既已爲聖矣以其宰我子貢雖善爲說辭然尚未得聖人所以言冉牛閔子顏淵雖善言德行然尚未得聖人所以行故數子者但爲孔子之高弟惟顏淵三子於聖但具體而微者而亦未得其爲聖矣公孫丑見孟子言之辭命則不能者以知孟子之意蓋有在於此矣所以於辭命則言不能也故問之曰然則夫子既聖矣乎曰惡是何言也者孟子荅公孫丑爲不敢安居其聖故曰惡是何言也惡歎也以其不敢居聖故嘆而言之也又言昔者子貢問於孔子曰夫子聖矣乎至是何言也者孟子言昔日子貢嘗問於孔子而謂夫子聖矣乎孔子荅之曰於聖則我不能爲也我但學不厭飽教人不倦怠也子貢曰夫學道能不厭飽是有智也以其智足以有知故能學道不厭也教人能不倦怠是有仁也以其仁足以及物故能教人不倦也仁而且智是夫子既以聖矣孟子遂言夫聖於孔子尚不敢居而今丑言我既聖矣是何所言也故再言是何言也昔者竊聞之子夏子游子張皆有聖人之一體冉牛閔子顏淵則具體而微者孟子常自謙故言我往日竊聞之有子夏子游子張三人皆有聖人之一體亦未得其全才冉牛閔子顏淵則具體但而微小者也孟子言此是宜孫丑於前有夫子既聖矣乎而問之也敢問所安者丑見孟子又言此子夏子游子張冉牛閔子顏淵數者意欲知孟子於此數者之中何者爲比也曰姑舍是者孟子言且置去非我數之願比者也曰伯夷伊尹何如者丑見孟子不比數者又問之以伯夷伊尹二者可比之何如曰不同道者孟子荅之以爲伯夷之行不與伊尹孔子同道也非其君不事非其民不使治則進亂則退伯夷也者孟子。非其所好之君則不奉事之非以正道得民者不命使之天下有治道之時則進而仕之天下無道則退藏其身是伯夷之所行也何事非君何使非民治亦進亂亦進伊尹也者孟子言伊尹曰何所事之君爲非君蓋所事者即皆君也何所使之民爲非民蓋以所使皆是民也天下治亦進而行道天下亂亦進而行其道是伊尹之。如是也可以仕則仕可以止則止可以久則久可以速則速孔子也者孟子言可以進而。進。而爲仕則進而仕之可以止而不仕則止之而不仕可以久則久雖終身不仕亦不爲之久可以速則速雖接淅而行亦不爲速是孔子所行如是也皆古聖人也吾未能有行焉乃所願則學孔子也孟子言此數者皆是古之聖人也我俱未有所行若此而已乃言我之所願學則孔子是學也孟子之意蓋謂孔子所行於伯夷伊尹二子皆兼而有之也故可仕則仕而不爲伯夷之必於退可止則止而不爲伊尹之必於進無可無不可矣故於終所必歸之但願學孔子也伯夷伊尹於孔子若是班乎者公孫丑見孟子言之伯夷伊尹又言之以孔子乃曰皆古聖人也故問之以伯夷伊尹孔子如是則齊等之乎班齊等也曰否自生民以來未有孔子也者孟子荅之以爲否不齊等也自其有生民以來至今未有與孔子齊其等者也然則有同與者公孫丑又問孟子以謂如是則伯夷伊尹孔子三人有同者邪曰有得百里之地而君之至是則同者孟子荅之以謂此三人有所同也蓋得百里之土地而爲君三人皆能以朝諸侯有天下也然行一不義殺一人之無罪而得天下則三人亦皆不爲之如是則同若其他事則所行又有不同焉故曰是則同曰敢問其所以異者公孫丑又問孟子曰丑敢請問三人其所以有異者曰宰我子貢有若智足以知聖人汙不至阿其所好至未有盛於孔子也者此皆孟子爲丑言此三人其所以異者也言宰我與子貢有若三者其有智皆足以知其聖人然雖有小卑汙不平處蓋亦不至於阿私所好而空譽之其言皆有可用者也遂引宰我知聖人之事爲公孫丑言之故言宰我有曰以予觀於孔子其賢過於堯舜遠矣予宰我名也宰我之意蓋謂堯舜有位之聖人故其行道易孔子無位之聖人故其行道難故以難易爲言也又謂堯舜治天下但見其效於當時即一時之功也孔子著述五經載道於萬世以其有萬世之功故以功爲言也孟子又引子貢有曰見其孔子制作之禮而知孔子有政可以致天下之太平聞孔子雅頌之樂音而知孔子有德與文武同也從孔子之後推而等之百世之聖王者無有能違逆其孔子之道者是其自生民而來至于今未有如夫子者也凡此是子貢之知聖人有如此也孟子又引有若有曰豈獨其民有類乎哉言麒麟之於走獸鳳凰之於飛鳥太山之於丘垤河海之於行潦亦類也聖人之於民亦類也然而走獸之中以麒麟爲之長飛鳥之中以鳳凰爲之王丘垤之中以太山爲之尊行潦之間以河海爲之大人民之間以聖人爲人倫之至也聖人之於民類也物亦類也以其出乎民人之類而超拔乎衆萃之中自生民以來至于今未有盛美過於孔子者也然則孔子於此三子言之是所以異於伯夷伊尹者也故孟子所以願學則學孔子也○注四十強而仕○正義曰曲禮云人生十年曰幼學二十曰弱冠三十曰壯而有室四十曰強而仕五十曰艾服官政六十曰耆指使七十曰老而傳八十九十曰耄凡此是其禮文也○注孟賁勇士也○正義曰案帝王世說云秦武王好多力之人齊孟賁之徒並歸焉孟賁生拔牛角是爲之勇士也○注云北宮黝北宮姓黝名也又云褐寬博獨夫被褐者釋云褐編枲襪也一曰短衣北宮黝其人未詳於他經傳亦未之聞焉孟施舍亦未詳云縮義也惴懼也聞記云古之冠也縮縫今之冠也衡縫則縮者理之直也是知縮訓義也詩云惴惴其慄注云恐也傳曰小恐惴惴大恐縵縵是也○注密聲取敵曰襲○正義曰左傳云凡有鐘鼓曰伐無鐘鼓曰襲杜預注云密聲取敵曰襲是其文也○注云賓孟言雄雞自斷其尾至諸大夫也○正義曰案魯昭公二十二年左傳云王子朝賓起有寵於景王王與賓孟說之欲立劉獻公之庶子伯蚠事單穆公惡賓孟適郊見雄雞自斷其尾問之侍者曰自憚其犧也遽歸告王且曰雞其憚爲人用乎人異於是犧者實用人人犧實難已犧何害王弗應凡此是也云驪姬勸晉獻公與申生者案魯莊公二十八年云晉獻公娶于賈無子烝於齊姜生秦穆夫人及太子申生又娶二女於戎大戎狐姬生重耳小戎子生夷吾晉伐驪戎驪戎男女以驪姬歸生奚齊其娣生卓子驪姬欲立其子賂外嬖梁五與東關嬖五使言於公曰曲沃君之宗也蒲與二屈君之疆也不可以無主宗邑無主則民不威疆埸無主則啓戎心若使太子主曲沃而重耳主蒲夷吾主屈則可以威民而懼戎且旌君伐使俱曰狄之廣莫於晉爲都晉之啓土不亦宜乎晉侯悅之夏使太子申生

主曲沃重耳居蒲夷吾居屈惟二姬之子在絳二五卒與驪姬譖羣公子而立奚齊晉人謂之二五耦凡此是也云豎牛觀仲壬賜環之事案左傳昭公四年云初穆子去叔孫氏及庚宗適齊娶於國氏生孟丙仲壬夢天壓己弗勝顧而見人黑而上僂深目而猳喙號之曰牛助余乃勝之耳旦召其徒無之及後婦人獻雉婦人是穆子及庚宗之地常遇而宿者也因問其有子曰余子長矣能奉雉而從我矣召而見之則所夢也問其名曰牛遂使爲豎臣有寵長使爲政豎牛欲亂。後仲壬與公御萊書觀於公公與之環使牛入示之入不示出命佩之牛謂叔孫見仲壬而何叔孫曰何爲。而不見既自見矣公與之環而佩之矣遂逐之奔齊叔孫疾急命召仲牛許而不召有進食則止之而弗進叔孫不食乃卒立其子而相之昭公五年又曰昭子即位朝其家衆曰豎牛禍叔孫氏使亂大從殺適立庶又披其邑將以赦罪罪莫大焉必速殺之豎牛懼奔齊孟仲之子殺諸塞外投其首於寧風之棘上凡此是也云秦客廋辭者案國語晉文公時范文子暮退於朝武子曰何暮也對曰有秦客廋辭於朝大夫莫之能對吾知一二焉武子怒曰大夫非不能也讓父兄也爾童子而三掩人於朝吾不在晉國無日矣擊之以杖折委笄凡此者是也大抵廋辭云者如今呼筆爲管城子紙爲楮先生錢爲白水真人又爲阿堵物之類是也○注予宰我名也○正義曰案史記弟子傳云宰予字子我鄭玄曰魯人也○注垤蟻封行潦道傍流潦也萃聚也○正義曰釋云垤蟻冢也潦雨水盛也經云行潦是爲行道傍流潦也萃亦云集也

孟子注疏解經卷第三上

孟子注疏卷三上校勘記

阮元撰盧宣旬摘錄

公孫丑者自此至故以題篇廖本無閩監毛三本孔本韓本有

謂不率齊桓公閩監毛三本同廖本孔本韓本考文古本率作帥按音義出不帥注云音率則作帥是也

恥見比之之甚也閩監毛三本同孔本韓本不重之字

尚不可以爲邪閩監毛三本孔本同韓本考文古本無以字

何謂若易然也閩監毛三本同孔本若作王韓本考文古本謂下有王字

聖賢之君六七與閩監毛三本同岳本孔本韓本聖賢作賢聖

言其易也閩監毛三本同廖本孔本韓本考文古本無其字

相與輔相之各本同音義出輔相云丁本作押義與夾同

雖有鎡基音義出鎡基云或作兹

三豐時也補案明監本毛本並作三農是也此本作豊形近之譌

今齊地士民以足矣士當作土閩監毛三本不誤廖本考文古本民下有人字孔本韓本與廖本同以作已

章指言德流之速過於置郵君子得時大行其道是以呂望覲文王而陳王

圖管晏足利本作嬰非雖勤猶爲曾西所羞也

猶爲魯西所羞也閩監毛三本魯改曾是今據改

指孫丑而云也閩本同監毛本孫上有公字按此及下章疏稱公孫丑爲孫丑不一而足當是僞疏本文如此非脫字也監毛每加公字非

其王者不作其當作且閩監毛三本不誤

注曾西曾子之孫及子路此下脫一〇

雖用此臣位各本並同足利本臣作巨非

輔君行之閩監毛三本同岳本廖本孔本韓本考文古本上有而字

人當畏懼之孔本韓本同閩監毛三本畏作恐

夫子志意堅勇岳本廖本孔本韓本考文古本同閩監毛三本意作氣

丑問不動心之道云何閩監毛三本孔本韓本足利本同考文古本無心字

不膚橈宋九經本岳本廖本孔本韓本同閩監毛三本橈作撓按音義出橈字作撓非也

思以一豪挫於人宋九經本岳本咸淳衢州本孔本韓本同閩監毛三本豪作毫非

舍豈能爲必勝哉閩監毛三本同廖本孔本韓本考文古本無舍字

吾不惴焉音義之睡切丁本作遄音揣

詩云惴惴其慄閩監毛三本同孔本韓本考文古本慄作栗○按說文無慄字作栗是也

不復取其心有善也廖本孔本韓本考文古本同閩監毛三本也作已非

氣之帥也音義出之帥云本亦作師○按據干祿字書唐人帥字多作師乃俗字也既又譌師

氣爲其次焉閩監毛三本同廖本孔本韓本考文古本無焉字

故志氣顛倒音義出顛倒云字或作傎

則志氣之相動也閩監毛三本孔本韓本同廖本足利本無也字

治於神明閩監毛三本同廖本孔本韓本考文古本治作洽是也足利本作合

布旅德教監毛本俱作布施

道無形而生於有形閩監毛三本同廖本孔本考文古本道下有謂陰陽大道五字無於字韓本與廖本同大作天足利本亦與廖本同生有形作生於形非○按有謂陰陽大道五字無於字者是也漢人皆以陰陽五行爲天道易曰一陰一陽之謂道趙氏用此語以無形生有形者也

稟授羣生者也孔本韓本考文古本同閩監毛三本授作受○按授是

言能養道氣閩監毛三本同岳本廖本孔本韓本考文古本道上有此字

若人之餒餓也各本同足利本餓作餧

故爲義也閩監毛三本同岳本廖本孔本韓本考文古本義上有仁字

而亦勿汲汲閩監毛三本同孔本韓本足利本無而字

以喻人之情邀福者閩監毛三本同廖本者作也孔本之作助者作也韓本足利本之作助

天下人行善者閩監毛三本同廖本孔本韓本考文古本無者字

其遲福欲急得之者閩監毛三本同廖本孔本韓本考文古本遲作邀○按遲是也讀如遲客之遲

由此揠苗人也閩監毛三本同廖本孔本韓本考文古本人上有之字

乃反害之閩監毛三本同孔本韓本乃作而

常恐其行義各本同考文古本行作作

急求其福閩監毛三本同岳本孔本韓本急下有欲字

亦若此揠苗者矣閩監毛三本同孔本韓本考文古本無此七字按考文引矣作也非

丑問知言之意何謂　閩監毛三本同孔本韓本考文古本何謂作謂何

若賓孟言雄雞自斷其尾之事　閩監毛三本孔本同韓本足利本無之字又足利本孟下有子字非

若驪姬勸晉獻公與申生之事　閩監毛三本同廖本孔本考文古本驪作麗之事作政韓本驪作麗足利本事作政按音義出麗姬字則宣公所見本亦作麗

勸仲壬賜環之事　閩監本同孔本韓本考文古本壬作任毛本勸誤觀

能知其所趨也　閩監毛三本同廖本孔本韓本考文古本趨下有者字

辭言教命　閩監毛三本同孔本作言辭命教韓本作言辭教命考文古本作辭言命教

夫子既聖矣乎　各本無乎字此本有乎字非也足利本同

曰伯夷伊尹何如　盧文弨抱經堂文集云依趙注經文但云伯夷何如無伊尹二字○按此說極確趙注本憭然丑問伯夷一人孟子乃及伊尹

故謂之非其民也　閩監毛三本孔本同韓本考文古本無之字

要欲為天理物　廖本孔本韓本考文古本同閩監毛三本要誤更

冀得行道而已矣　各本同考文古本矣作也

亦不至阿其所好 各本同考文古本阿誤於

如使當堯舜之世觀於制度 閩監毛三本足利本同廖本孔本韓本考文古本世作處無觀於制度四字○按無者是

未有能備若孔子也 閩監毛三本孔本同韓本考文古本無有字

泰山之於丘垤 咸淳衢州本泰作太

未有盛於孔子也 各本同閩本也上衍者字

所以以異於伯夷伊尹也 閩本同監毛本少一以字廖本上有則字孔本韓本考文古本足利本所以以作則所以

但不以無爲有耳 閩監毛三本孔本同韓本考文古本無耳字

章指言義以行勇則不動心養氣順道無效宋人聖人量時賢者道偏 足利本作偏 是以孟子究言情理而歸之學孔子也

賢者道偏 閩監本同毛本偏作偏非

然則氣爲所適善惡之馬 閩監毛三本馬作路

苗是種之義者 閩監毛三本義作美

詖辭知其所陷 陷上脫詖淫辭知其所六字閩監毛三本不脫

孟子非其所好之君 非上脫言字閩監毛三本不脫

是伊尹之如是也 閩監毛三本之下有行字案閩本行如是三字擠則行字是閩本增也

孟子言可以進而進而爲仕 衍進而字閩監本同毛本刪去是也

案帝王世說云 閩監毛三本同案說當是紀之誤

豎牛欲亂後 閩本同監毛本後作其室按監本其室字擠是監本據左傳改也

而不見既自見矣 明監毛本同案而當曰譎豎牛語也

孟子注疏卷三上校勘記

孟子注疏解經卷第三下

公孫丑章句上　　趙氏注　　孫奭疏

孟子曰以力假仁者霸霸必有大國以德行仁者王王不待大湯以七十里文王以百里言霸者以大國之力假仁義之道然後能霸若齊桓晉文等是也以己之德行仁政於民小國則可以致王若湯文王是也以力服人者非心服也力不贍也以德服人者中心悅而誠服也如七十子之服孔子也贍。足也以己力不足而往服。就於人非心服。者也以己德不如彼而往服從之誠心服者也如顏淵子貢等之服於仲尼心服者也詩云自西自東自南自北無思不服此之謂也詩大雅文王有聲之篇言從四方來者無思不服武王之德此亦心服之謂也。

疏孟子曰至此之謂也○正義曰此章言王者任德霸者兼力力服心服優劣不同也孟子曰以力假仁者霸至文王百里者孟子言以大國之力而假以仁義之道行之者乃能為霸以把握諸侯之權也故必有其大國以德澤而行仁政者乃能為之王使天下皆歸往者也故不待有大國而為之也湯但以七十里起而為商之湯王文王但以百里而天下歸是其以德澤行仁政於天下故不待有大國而為之王此湯文二者是也以力服人者至服孔子也者孟子言但以力而服人人雖面從而服之然亦非是心服之也以德服人人則中心悅樂而誠心服也如七十子之服仲尼者也是其以誠心服之也非面從而服之者也詩云自西自東自南自北無思不服此之謂也者此蓋詩大雅文王有聲之篇文也蓋孟子引此而證其誠服之意故援之曰自南而自北自西而自東而四方皆歸之無有所思而不服是亦此之謂與○注大雅文王有聲之詩○正義曰此篇蓋言文王繼伐武王能廣文王之聲卒其伐功也箋云自由也

言武王於鎬京行辟雍之禮自四方來觀者皆感化其德而心無不服者孟子曰仁則榮不仁則辱今惡辱而居不仁是猶惡濕而居下也行仁政則國昌而民安得其榮樂行不仁則國破民殘蒙其恥辱惡辱而不行仁譬猶惡濕而居卑下近水泉之地也如惡之莫如貴德而尊士賢者在位能者在職諸侯如惡辱之來則當貴德以治身尊士以敬人使賢者居位官得其人能者居職人任其事也國家閒暇及是時明其政刑雖大國必畏之矣及無鄰國之虞以是閒暇之時明修其政教審其刑罰雖天下大國必來畏服詩云迨天之未陰雨徹彼桑土綢繆牖戶今此下民或敢侮予孔子曰爲此詩者其知道乎能治其國家誰敢侮之詩邠國鴟鴞之篇迨及徹取也桑土桑根也言此鴟鴞小鳥猶尚知及天未陰雨而取桑根之皮以纏綿牖戶人君能治國家誰敢侮之刺邠君曾不如此鳥孔子善之故謂此詩知道也今國家閒暇及是時般樂怠敖是自求禍也禍福無不自己求之者般大也孟子傷今時之君國家適有閒暇且以大作樂怠惰敖遊不脩政刑是以見侵而不能距皆自求禍者也詩云永言配命自求多福詩大雅文王之篇永長言我也長我周家之命配當善道皆內自求責故有多福也太甲曰天作孽猶可違自作孽不可活此之謂也殷王太甲言天之妖孽尚可違避譬若高宗雊雉宋景守心之變皆可以德消去也自己作孽者若帝乙慢神震死是爲不可活故若此之謂也

【疏】孟子曰至此之謂也○正義曰此章言國必修政君必行仁禍福由己不專在天當防患於未亂也孟子曰仁則榮不仁則辱今惡辱而居不仁是猶惡濕而居下也者孟子言國君行仁則國昌民安享其榮樂行不仁則國破民殘故己蒙其恥辱今之國君既能疾惡其有恥辱於己而以居處

於不仁之道是若疾惡其濕汚而以居其卑下近水泉之地也如惡之莫如貴德而尊士賢者在位能者在職者言今之國君如能疾惡其恥辱莫若之尚其有德之賢而尊敬其有道之士也既能貴德尊士則賢者居其官位能者任其官職也所貴德者爲其有德也所以尊士者爲其事道也能爲人所不能爲賢長於德行者也能爲人之所能爲能長於道藝者也得賢能在位在職則國無不治也所以謂仁則榮之意也今國家閒暇及是時明其政刑雖大國必畏之矣者言今國家閒暇無事以及此時若能修明政教刑罰雖強大之國亦必畏服矣詩云迨天之未陰雨徹彼桑土至誰敢侮之者自迨天至或敢侮予蓋詩邠國鴟鴞之篇文也言此鴟鴞小鳥尚知天未陰雨之前取彼桑根之皮土以纏綿牖戶喻人君能於閒暇之時治其國家以明其刑政則今此下民誰敢侮慢我也詩人蓋以天之未陰雨國家閒暇之譬也徹彼桑土綢繆牖戶明其政刑之譬也今此下民或敢侮予大國必畏之譬也鴟鴞所以徹彼桑土於天未陰雨之前以纏綿牖戶則風雨莫得以漂搖人君所以明政刑於閒暇之時以維持國家則鄰國莫得以侵侮此孔子所以曰作爲此詩者是能知其治道者也以其能治其國家則誰敢侮之矣是宜孔子善之以謂爲此詩者其知道乎今國家閒暇及是時般樂怠敖是自求禍也禍福無不自己求者孟子傷今之人君於國家閒暇以及於此時乃大作樂怠惰敖遊而不修明刑政是自求其禍也以其禍福無有不自於己求之矣如所謂夫人必自畏然後人畏之夫人必自侮然後人侮之是其禍福無不自己求之意也詩云永言配命自求多福者蓋詩大雅文王之篇文也永長也言我也蓋謂我長配天命而行以自求多福也太甲曰天作孽猶可違自作孽不可活此之謂也者太甲殷王之名也言太甲嘗謂上天作其災孽尚可違避如己自作其災孽不可得而生活也如高宗宋景二者修德以消去者是天作孽猶可違也帝乙慢神震死是自作孽不可活也凡此孟子所以引之者是亦證其禍福無不自己求之意也〇注詩邠國之篇〇正義曰鴟鴞之詩蓋言周公救亂也成王未知周公之志公乃爲詩以遺王名之曰鴟鴞焉毛云鴟鴞鸋鴂也迨及也徹剝也桑土桑根也綢繆猶

纏綿也箋云鴟鴞自說作巢至苦矣如是以喻諸臣之先臣亦及文武未定天下積日累功以固定此官位與土地今女我巢下之民寧有敢侮慢欲毀之者乎意欲恚怒之以喻諸臣之先臣固定此官位土地亦不欲見其絕奪矣○注詩大雅文王之篇○正義曰此詩蓋言文王受命作周之詩也箋云長猶常也王既述修祖德常言當配天命而行則福祿自求也○注殷王太甲至不可活也○正義曰案本紀云太甲成湯適長孫也太丁之子也太甲既立三年不明暴虐不遵湯法亂德於是伊尹放之於桐宮。桐宮三年悔過自責反善伊尹迺迎太甲而授之政太甲修德諸侯咸歸百姓以寧伊尹嘉之作太甲訓以褒太甲號稱太宗云高宗雊雉者案史記云武丁也武丁祭成湯明日有飛雉登鼎耳而雊武丁懼祖乙曰王勿憂先修政事武丁乃修政行德天下咸驩武丁崩祖乙嘉武丁之以祥雉爲德立其廟爲高宗遂作高宗肜日及訓是也云宋景守心之變者案史記云頭曼立二十七年熒惑守心心宋之分野也景公憂之司星子韋曰可移於相景公曰相吾之股肱曰可移於民景公曰君者待民曰可移於歲景公曰歲飢民困吾誰爲君子韋曰天高聽卑君有君人之言。三熒惑宜有動於是候之果徙三度六十四年景公卒是也云帝乙慢神震死者案史記云庚丁之子也武乙立爲帝無道爲偶人謂之天神與之搏令人爲行天神不勝乃僇辱之爲革囊盛血仰而射之命曰射天武乙獵於河渭之閒暴雷武乙震死是也

孟子曰尊賢使能俊傑在位則天下之士皆悅而願立於其朝矣俊美才出衆者也。萬人者稱傑市廛而不征法而不廛則天下之商皆悅而願藏於其市矣廛市宅也古者無征衰世征之王制曰市廛而不稅周禮。載師曰國宅無征法而不廛者當以什一之法征其地耳不當征其廛宅也關譏而不征則天下之旅皆悅而願出於其路矣言古之設關但譏禁異言識異服耳不征稅出入者也故王制曰古者關譏而不征周禮太宰曰九賦七曰關市之。征司關曰國凶扎則無關門之征猶譏王制謂文王以前

也。文治岐，關譏而不征。周禮有征者，謂周公以來。孟子欲令復古。之征，使天下行旅悅之也。耕者助而不稅，則天下之農皆悅而願耕於其野矣。助者，井田什一，助佐公家治公田，不橫稅賦，若履畝之類。廛無夫里之布，則天下之民皆悅而願為之氓矣。里，居也。布，錢也。夫，一夫也。周禮載師曰：宅不毛者有里布，田不耕者有屋粟。凡民無職事者，出夫家之征。孟子欲使寬獨夫去里布，則人皆樂為之氓矣。氓者，謂其民也。信能行此五者，則鄰國之民仰之若父母矣。率其子弟，攻其父母，自生民以來，未有能濟者也。今諸侯誠能行此五事，四鄰之民仰望而愛之如父母矣。鄰國之君欲將其民來伐之，譬若率勉人子弟使自攻其父母。自生民以來，何能以此濟成。其。欲也。如此，則無敵於天下。無敵於天下者，天吏也。然而不王者，未之有也。言諸侯所行能如此者，何敵之有？是為天吏。天吏者，天使。之也。為政當為天所使，誅伐無道，故謂之天吏也。

疏孟子曰至未之有也。○正義曰：此章言修古之道，鄰國之民以為父母；行今之政，自己之民不得而子。是故衆夫擾擾，非所常有，命曰天吏，明天所使者也。孟子曰尊賢使能，俊傑在位，則天下之士皆悅而願立於其朝矣者，孟子言今之國君能尊敬賢者，任使能者，俊傑大才在宮位，則天下為之士者皆悅樂願立其朝廷矣。市廛而不征，法而不廛，則天下之商皆悅而願藏於其市矣者，言市廛宅而不征取其稅，以什一之法征其地而不征其廛宅，則天下為商賈者皆喜悅而願藏貯於其市矣。關譏而不征，則天下之旅皆悅而願出其路矣者，言關門之所但譏察其異言異服之人，而不征稅出入者，則天下行旅之衆皆悅樂而願出於其道路矣。耕者助而不稅，則天下之農皆悅而願耕於其野矣者，言耕田者但以井田制之，使助佐公田而治，不以橫稅取之，則天下為之農者皆悅而願耕作其郊野矣。廛無夫里之布，則天下之民皆悅而願為之氓矣者，言一夫所受之宅而不出夫家之征，一廛所居之地而不取其里布則天下之民皆悅樂而願爲之氓矣信能行此五者於天下則鄰國之民仰之若父母矣率其子弟攻其父母自有生民以來未有能濟者也者言今之國君誠能信行此上五者之事則四鄰之國民仰望之如父母而親之矣鄰國雖欲勉率其民如子弟攻其父母言自有生民以來而至於今未有能濟成其欲者也言其民皆仰望之而親敬之不肯爲其所惡而賊其所好也如此則無敵於天下無敵於天下者天吏也然而不王者未之有也者言國君行此五者之事而民仰望之如此則是無敵於天下也言天下之人無與敢爲敵者也既無敵於天下者是名爲天吏者也天所使者是謂天吏也然而爲天吏而不王者必無也故曰未之有也廛者一夫所受之宅也里者一廛所居之地也野者氓者案周官制地之法六鄉以教爲主其主民有郊於內故其地爲郊而民則謂之民以其近主而有知者也六遂以耕爲主而其民有遂於外故其地爲野而民故謂之氓以其遠主而無知者也此孟子云野云氓之意也蓋孟子或云貴德而尊士賢者在位能者在職或曰尊賢使能俊傑在位者以其貴士之有德尊士之有道者爲其賢也爲其能也即其賢而授之位所以尊其賢即其能而授之職所以使其能若夫俊傑則行而敏速立而絕衆賢之豪者非可使以職也故曰在位而已○注廛市宅至廛宅也○正義曰王制云市廛而不稅者案鄭注云廛市物邸舍稅其舍不稅其物也注云周禮載師云宅無征者載師者案掌任土之法以物地事授地職而待其政令者也宅無征所以言宅無稅也○注言古之設關至旅稅之也○正義曰云王制曰古者關譏而不征禮記有王制之篇中有云。此案鄭注云譏異服識異言也云周禮太宰曰九賦七曰關市之賦。一曰邦中之賦二曰四郊之賦三曰郊甸之賦四曰家削之賦五曰邦縣之賦六曰邦都之賦七曰關市之賦八曰山澤之賦九曰幣餘之賦鄭司農云幣餘百工之餘司關曰國凶札則無關門之征猶譏鄭司農云凶謂凶年饑荒也札謂疾疫死亡也越人謂死爲札春秋傳曰札瘥夭昏無關門之征者出入關門無租稅猶苛察不得令姦人出入也注周禮載師曰宅不毛者有里布田不耕者有屋粟凡民無職事者出夫家之征鄭司農云宅不毛者謂不樹桑麻也里布者布參印書廣二寸長二尺以爲幣貿易物詩云抱布貿絲此布也或曰布泉也春秋傳曰貿之百兩一布又廛人職掌斂市之次布儳布質布罰布廛布不知言布參印書者何見舊時說也鄭玄謂宅不毛者罰以一里二十五家之泉空田者罰以三家之稅粟以共吉凶二服及喪器也民雖有閑無職事者猶出夫稅家稅也夫稅者百畝之稅家稅者出士徒車輦給繇役

孟子曰人皆有不忍人之心

言人人皆有不忍加惡於人之心也

先王有不忍人之心斯有不忍人之政矣以不忍人之心行不忍人之政治天下可運之掌上

先聖王推不忍害人之心以行不忍傷民之政以是治天下易於轉丸於掌上也

所以謂人皆有不忍人之心者今人乍見孺子將入於井皆有怵惕惻隱之心非所以內交於孺子之父母也非所以要譽於鄉黨朋友也非惡其聲而然也

乍暫也孺子未有知之小子所以言人皆有是心凡人暫見小孺子將入井賢愚皆有驚駭之情情發於中非爲人也非惡有不仁之聲名故爲之怵惕者而然也

由是觀之無惻隱之心非人也無羞惡之心非人也無辭讓之心非人也無是非之心非人也

言無此四者當若禽獸非人心耳爲人則有之矣凡人但不能演用爲行耳

惻隱之心仁之端也羞惡之心義之端也辭讓之心禮之端也是非之心智之端也

端者首也人皆有仁義禮智之首可引用之

人之有是四端也猶其有四體也有是四端而自謂不能者自賊者也

自謂不能爲善自賊害其性使不爲善也

謂其君不能者賊其君者也

謂君不能爲善而不匡正者賊其君使陷惡也

凡有四端於我者知

皆擴。而充之矣若火之始然泉之始達苟能充之足以保四海苟不充之不足以事父母

擴廓。此凡有。四端在於我者知皆廓而充大之若。火泉之始微小廣大之則無所不至以喻人之四端也人誠能充大之可保安四海之民誠不充大之內不足以事父母言無仁義禮智何以事父母也。

疏

孟子曰至不足以事父母○正義曰此章言人之行當內求諸己也孟子曰人皆有不忍人之心者孟子言人之為人皆有不忍加惡於人之心也先王有不忍人之心斯有不忍人之政至掌上者又言古先聖王有不忍加惡於人之心斯有不忍傷民之政既以不忍加惡於人之心以行其不忍傷民之政其治天下之易但若轉運走丸於掌上之易者也所以謂人皆有不忍人之心者今人乍見孺子將入井至然也者孟子又言所以謂人之為人皆有不忍加惡於人之心者且以今人乍見孺子言之孺子無知之小子也今人乍見無知之小子相將匍匐欲墜於井但見之者皆有怵惕恐懼惻隱痛忍之心所以然者非是內嘗結交於孺子之父母然後如此也又非是所以欲要求美譽於鄉黨朋友也又非所以惡有不仁之聲而然也由是觀之無惻隱之心非人也至無是非之心非人也者孟子言由此見孺子將入於井人皆有怵惕惻隱之心觀察之是無惻隱羞惡辭讓是非四者之心皆非是人也乃若禽獸之類也禽獸所以無惻隱不忍之心又無羞惡慙恥之心又無辭讓揖遜之心又無是非好惡之心者也言苟無此四者所以。皆謂之非人也乃禽獸之類也惻隱之心至智之端也者孟子言人有惻隱之心是仁之端本起於此也有羞惡之心者是義之端本起於此也有辭讓是非之心者是禮智之端本起於此者也以其仁者不過有不忍惻隱也此孟子所以言惻隱羞惡辭讓是非四者是為仁義禮智四者之端本也人之有是四端也猶其有四體也至賊其君者也者孟子又言人有是惻隱羞惡辭讓是非為仁義禮智之四端若其人之有四肢也既有此四端而自謂己之不能為善者是自賊害其善而不為善也以之事君如謂其君不能為善不匡正之者是亦賊害其君使陷於惡也無他以其人之為人皆有此四

端也但不推用而行之耳如能推此四端行之是爲仁義禮智者矣所謂仁義禮智者卽善也然則人人皆有善矣故孟子所以言之以此凡有四端於我者知皆擴而充之至不足以事父母者孟子又言凡人所以有四端在於我已者能皆廓而充大之是若火之初燃泉之始達而終極乎燎原之熾襄陵之蕩也苟能充大之雖四海之大亦足保安之也苟不能充大之雖己之父母亦不足以奉事之故曰苟能充之足以保四海苟不充之不足以事父母是亦推恩足以保四海不推恩無以保妻子之意也

孟子曰矢人豈不仁於函人哉矢人惟恐不傷人函人惟恐傷人巫匠亦然故術不可不慎也矢箭也函甲也周禮曰函人爲甲作箭之人其性非獨不仁於作甲之人也術使之然巫欲祝活人匠梓匠作棺欲其蚤售利在於人死也故治術當愼修其善者也

孔子曰里仁爲美擇不處仁焉得智里居也仁最其美者也夫簡擇不處仁爲不智夫仁天之尊爵也人之安宅也莫之禦而不仁是不智也爲仁則可以長天下故曰天所以假人尊爵也居之則安無止之者而人不能知入是仁道者又安得爲之智乎不仁不智無禮無義人役也若此爲人所役者也人役而恥爲役由弓人而恥爲弓矢人而恥爲矢也治其事而恥其業者惑也如恥之莫如爲仁如其恥爲人役而爲仁仁則不爲役也仁者如射射者正己而後發發而不中不怨勝己者反求諸己而已矣以射喻人爲仁不得其報當反責己之仁恩有所未至也不怨勝己者

疏孟子曰至反求諸己而已矣○正義曰此章言各治其術術有善惡禍福之來隨行而作恥爲人役不若居仁治術之忌勿爲矢人也孟子曰矢人豈不仁於函人哉至故術不可不愼也者孟子言作矢之人其性豈不仁過於函人哉其所以不仁於函人者以其術使之然也作矢之人其心於所作箭之時惟恐不

利不能傷害人也作函之人其心於作函之時惟恐不堅厚而有傷害於人也不特此二者如此雖作巫祝梓匠之人亦如是也以其巫人祝在於活人梓匠作棺欲其速售利在於人死也此孟子所以故云其治術人亦不可不慎擇也矢箭也函鎧也甲是也孔子曰里仁爲美擇不處仁焉得智者孟子言孔子有曰所居以仁最爲美也然而人所揀擇不處於仁里又安得謂之智也以其智足以有知故也不知擇處於仁豈謂之智哉夫仁天之尊爵也人之安宅也莫之禦而不仁是不智也者言夫仁之爲道是天之尊爵也人之安宅也謂之尊爵者蓋受之於人而彼得以賤之者非尊爵也仁則得之於天而萬物莫能使之賤是尊爵也安宅者蓋營於外而彼得以危之者非安宅也仁則立之自內而萬物莫能使之危是安宅也今夫天下之事有形格勢禁而不得有爲者爲其有以禦之也仁之爲道乃天之尊爵而得之自天者人之安宅而立之自我者但欲仁則仁矣誰其禦之而不爲哉今仁之爲道人莫禦之使不爲而自不爲仁者是亦不智者也不仁不智無禮無義人役也至莫如爲仁者言人之不仁不智者是無禮無義爲人所役者也既爲人所役而恥辱爲人所役是若作弓矢之人不知擇術而恥爲弓矢也如恥爲人所役莫若擇術而爲仁也以其爲仁則禮義隨而有之矣雖欲役之不可得已然則仁則榮不仁則辱亦此之謂也仁者如射射至反求諸己而已矣者孟子比之於仁者如射也以其射者必待先正其身已然後而發矢射之也既發矢而射之不中其的則又不怨恨其射勝於己者但反責求諸己而已矣蓋君子以仁存心其愛人則人常愛之猶之正己而後發也有人於此待我以橫逆猶之發而不中也自反而不以責諸人猶之不怨勝己者反求諸己而已矣此孟子所以比仁者如射發而不中不怨勝己者反求諸己而已矣

孟子曰子路人告之以有過則喜子路樂聞其過過而能改也尙書曰禹拜。善言禹聞善言則拜大舜有大焉善與人同舍己從人樂取於人以爲善大舜虞。舜也孔子稱曰巍巍故言大舜有大焉能舍己從人故爲大也於子路與禹同者也自耕稼陶漁以至爲帝無非取於人者取諸人以爲善是與人爲善者也故君子莫大乎與人爲善舜從耕於歷山及其陶漁皆取人之善謀而從之故曰莫大乎與人爲善。疏孟子曰至與人爲善○正義曰此章言大聖之君猶采善於人也孟子曰子路人告之以有過則喜禹聞善言則拜者孟子言子路之爲人人有告之以過事則喜樂從人之言而改其過大禹之爲人聞有善言則拜而受之也大舜有大焉善與人同舍己從人樂取於人以爲善者孟子又言大舜之爲帝也有大巍巍之功焉無宅以其善能與人同之也己之善亦猶人之善人人之善亦猶己之善是與人同善也所以能如此者亦以能舍己之所見而從人人之見又樂取諸人以爲善也自耕稼至與人爲善者此孟子自引舜之事迹而自解舜取人以爲善之言也言舜自耕稼於歷山陶於河濱漁於雷澤之時以至爲帝無非取人之善謀而從之也取諸人以爲善是亦與人爲其善者也所謂舜耕歷山歷山之人皆讓畔漁雷澤雷澤之人皆讓居陶河濱河濱器皆不苦窳是亦與人爲善之事也故君子莫大乎與人爲善者此孟子所以復言凡爲善之君子莫大乎與人爲善也○注大舜虞帝至同者也正義曰虞舜之國號也云孔子稱曰巍巍者案論語有云巍巍乎其有成功孔注云功成化隆高大巍巍也○注舜從。歷山及其陶漁。者○正義曰此皆案史記帝紀有云然也

孟子曰伯夷非其君不事非其友不友不立於惡人之朝不與惡人言立於惡人之朝與惡人言如以朝衣朝冠坐於塗炭推惡惡之心思與鄉人立其冠不正望望然去之若將浼焉伯夷孤竹君之長子讓國而隱居者也塗泥炭墨也浼汙也思念也與鄉人立見其冠不正望望。然慙愧之貌也去之恐其汙己也是故諸侯雖有善其辭命而至者不受也不受也者是亦不屑就已屑潔也詩云不我屑已伯夷不潔諸侯之行故不忍就見也殷之末

世諸侯多不義故不就之後乃歸。於西伯也柳下惠不羞汚君不卑小官進不隱賢必以其道遺佚。而不怨阨窮而不憫故曰爾爲爾我爲我雖袒裼裸裎。於我側爾焉能浼我哉柳下惠魯公族大夫也姓展名禽字季柳下是其號也進不隱己之賢才必欲行其道也憫。懣。云善己而已惡人何能汚。於我邪。故由由然與之偕而不自失焉援而止之而止援而止之而止者是亦不屑去已由由浩。浩之貌不憚與惡人同朝並立偕俱也與之儷行於朝何傷但不失己之正心而已耳援而止之謂三黜不懟去。也是柳下惠不以去爲潔也孟子曰伯夷隘。柳下惠不恭隘與不恭君子不由也伯夷隘懼人之汚來及己故無所含容言其大隘狹也柳下惠輕忽時人禽獸畜之無欲。彈正之心言其大不恭敬也聖人之道不取於此故曰君子不由也先言二人之行孟子乃。評之。耳。

疏孟子曰伯夷至君子不由也○正義曰此章言伯夷古之大賢猶有所闕也孟子曰伯夷非其君不事至是亦不屑就已者孟子言伯夷非己所好之君則不奉事之非與己同志之友則不與爲交友不立於惡人之朝是不事非其君也不與惡人言是不友非其友也謂立於惡人之朝與惡人言語如以服其朝衣朝冠而坐於塗泥炭墨之中矣以其有汚於己也推己惡惡之心乃至於與鄉人立其冠有不正且望望然慙恥而遠去之若相將有汚於己也如此故諸侯雖有善辭命而至者亦不受也以其不受之者是亦不潔而不忍就見也故以不就爲潔也屑潔也柳下惠不羞汚君之卑小官至是亦不屑去已者孟子又言柳下惠不羞恥事其汚君汚君濫惡之君也雖居小官之位而不卑辱進而仕則不隱己之賢才必以欲行其道雖遺佚於野而不怨恨雖阨之使窮困而不哀憫故曰爾爲之爾我爲之我雖袒裼裸裎襲其身體於我身側爾又安能浼瀆於我哉以其不殊於俗一於和而已如此故由由然浩浩與人偕儷而行但不失己之正心焉牽援而止之而則止

之以其援而止之而止是亦不潔而去已故以不去爲潔也孟子曰伯夷隘柳下惠不恭隘與不恭君子不由也者此孟子所以復言伯夷之行失之太清而不能含容故爲狹隘柳下惠失之太和而輕忽時人故爲不恭敬然狹隘與不恭敬是非先王所行之道故君子不由用而行之也○注伯夷孤竹君之長子讓國而隱居者也○正義曰案春秋少陽篇云伯夷姓墨名允字公信諡爲夷太史公云伯夷叔齊孤竹君之二子父欲立叔齊及父卒叔齊讓伯夷伯夷曰父命也遂逃去叔齊不肯立亦逃之國人立其中子於是伯夷叔齊聞西伯昌善養老盍往歸焉及西伯卒武王東伐紂伯夷叔齊叩馬而諫曰父死不葬爰及干戈可謂孝乎以臣弑君可謂仁乎左右欲兵之太公曰此義人也扶而去之武王平殷天下宗周伯夷叔齊恥之義不食周粟隱於首陽山采薇而食之及餓死者是矣孤竹北方之遠國也號爲孤竹案地理志云遼西有孤竹城應劭曰故伯夷國是也○柳下惠魯公族大夫姓展名禽字季柳下是其號者○正義曰案史記傳云柳下惠姓展名禽魯人也爲魯典獄之官任以直道故孔子云柳下惠爲士師三黜人曰子未可去乎曰直道而事人焉往而不三黜枉道而事人何必去父母之邦孔注云士師典獄之官鄭玄亦云然

孟子注疏解經卷第三下

孟子注疏卷三下校勘記　　阮元撰盧宣旬摘錄

足也監本足誤是

而往服就於人閩監毛三本同孔本韓本足利本就作從

非心服者也閩監毛三本同廖本孔本韓本考文古本無者字

章指言王者任德霸者兼力力服心服優劣不同故曰遠人不服修文德以懷之韓本足利本作來

譬猶惡溼而居卑下音義本廖本考文古本卑作埤閩監毛三本猶作由孔本韓本猶作若卑作埤

邠國鴟鴞之篇孔本韓本考文古本同閩監毛三本國改風非

猶尚知及天未陰雨閩監毛三本同廖本孔本韓本考文古本無猶字

人君能治國家閩監毛三本同孔本韓本考文古本治下有其字

是爲不可活故若此之謂也閩監毛三本同廖本孔本韓本考文古本無故若此之謂五字○按無者是

章指言國必修政君必行仁禍福由己不專在天言當防患於未亂也

言國宓修政宓必之誤閩監毛三本不誤今改正

詩邠國之篇閩本同監毛本改爲詩邠風鴟鴞之篇非

放之於桐宮桐宮閩本同監毛本删桐宮二字

君有君人之言云閩監毛三本云改三是也今改正

萬人者稱傑閩監毛三本孔本足利本同韓本考文古本上有勝字

皆悅而願藏於其市矣音義出願藏云或作臧音藏

周禮載師閩監毛三本足利本載誤戴孔本韓本考文古本不誤下同

七曰關市之征閩監毛三本同廖本孔本韓本考文古本征作賦是也

復古之征閩監毛三本同廖本孔本韓本考文古本之作去

不横税賦各本同考文古本賦作則非也

皆悅而願爲之氓矣音義出氓字云或作萌或作甿○按作萌最古漢人多用萌字經典内萌多改氓改甿如說文引周禮以興耡利萌是也

皆樂爲之氓矣閩監毛三本同孔本韓本考文古本氓作民

氓者謂其民也閩監毛三本同廖本孔本韓本考文古本無者謂其三字○按尋謂字則經文當本作萌

自生民以來閩監毛三本韓本同孔本考文古本自下有有字按石經此文漫漶然細審之此句是六字當亦有有字也

自生民以來閩監毛三本同孔本韓本考文古本無自字

何能以此濟成其欲也閩監毛三本同廖本孔本韓本考文古本其下有所字欲下有者字

天使之也閩監毛三本同廖本孔本韓本考文古本無之字是也

章指言修古之道鄰國之民以爲父母行今之政自己之民不得而子是故

衆夫擾擾非所常有命曰天吏明天所使也

中有云此閩本同監本剜改云此作此文毛本與監本同

七曰關市之賦一曰邦中之賦閩本同監本於關市之賦下剜增者太宰以九賦斂財賄九字毛本同監本

非所以內交於孺子之父母也音義出內交云本亦作納

未有知之小子閩監毛三本同廖本孔本韓本考文古本無之字下有也字

暫見小孺子閩監毛三本同廖本孔本韓本考文古本小下重小字

情發於中閩監毛三本同廖本孔本無情字韓本足利本情作以

非爲人也閩監毛三本同岳本廖本孔本韓本考文古本人上有其字

故爲之怵惕者而然也閩監毛三本同廖本孔本韓本考文古本無爲之者而然五字足利本同古本也上多一矣字按無五字者是

無辭讓之心石經下文讓諱作遜此處模糊亦似遜字

演用此云演用下文注云引用引卽演聲之誤也說文曰演者長流也

可引用之閩監毛三本孔本同韓本考文古本之作也

謂君不能爲善各本同考文古本君作其非

知皆擴而充之矣音義出擴云亦作彍

擴廓此閩監毛三本同廖本孔本韓本考文古本此作也是也蓋形近之譌

凡有四端閩監毛三本韓本同岳本廖本孔本無四字

若火泉之始微小閩監毛三本同廖本孔本韓本考文古本足利本火泉作水火

章指言人之行當內求諸己以演大四端充廣其道上以匡君下以榮身也

所以非謂之非人也上非字閩監毛三本作皆是今改正

矢人惟恐不傷人恐閩本誤豈

函甲也閩監毛三本同廖本孔本韓本甲作鎧下作甲同音義出鎧字

作甲之人也考文古本甲作鎧

故治術廖本孔本韓本考文古本同閩監毛三本治作凡非

又安得爲之智乎閩監毛三本同廖本孔本韓本考文古本作何得爲智乎

矢人而恥爲矢也各本同孔本上有由字按音義由反手下云下文由弓人由矢人義同是音義本此文上有由字

當反責己之仁恩有所未至也不怨勝己者閩監毛三本同廖本孔本韓本考文古本作當反責己仁恩之未至

章指言各治其術術有善惡禍福之來隨行而作恥爲人役不若居仁治術之忌足利本作忘非勿爲矢人也足利本作勿力矢也非

禹拜善言閩監毛三本同音義本廖本孔本韓本考文古本善作讜是也○按段玉裁曰今文尚書禹拜讜言古文尚書禹拜昌言

虞舜也閩監毛三本孔本韓本同廖本考文古本作虞也按當本作虞舜也淺人或刪舜或改爲帝

章指言大聖之君由采善於人故曰討及下者無遺策舉及衆者無廢功也

舜從歷山及其陶漁者閩本從下有耕字無者字監毛本同閩本

望望然閩監毛三本同廖本孔本韓本足利本作望望去之考文古本作望望伐之後作望望代之古本並非

後乃歸於西伯也閩監毛三本同廖本孔本韓本考文古本無於字

遺佚而不怨音義出遺佚云或作迭或作失皆音逸

阨窮而不憫音義出阨窮云本亦作厄

雖袒裼裸裎於我側音義裎亦作程○按儀禮注作桯

憫濔云爾己而已閩監毛三本云作也廖本孔本韓本濔下有也字考文稱古本爾己而已爾上有云字則與此本合足利本作其非

音義出濔也云本亦作滿

惡人何能污於我邪也閩監毛三本同廖本孔本韓本考文古本無於字邪作

援而止之音義云或作正之

由由浩浩之貌閩監毛三本同孔本韓本考文古本浩浩作浩然

謂三黜閩監毛三本同廖本孔本韓本黜作絀是音義出絀字

不慙去也閩監毛三本同孔本韓本考文古本無也字

伯夷隘音義或作阸或作阨

無欲彈正之心廖本孔本韓本考文古本同閩監毛三本彈誤憚按音義出彈正字

孟子乃評之耳閩監毛三本同廖本孔本韓本無耳字考文古本評作平無耳字

章指言伯夷柳下惠古之大賢猶有所闕介者必偏中和爲貴純聖能然君子所由堯舜是尊

孟子曰伯夷至君子不由也閩本同監毛本伯夷下增非其君三字

柳下惠魯公族大夫此上脫注字閩監本同毛本增是也

孟子注疏卷三下校勘記

孟子注疏解經卷第四上

公孫丑章句下 凡十四章　　趙氏注　　孫奭疏

疏正義曰此卷趙氏分上篇爲此卷也此卷凡十四章一章言民和爲貴二章言人君以尊德樂義爲賢君子以守道不回爲志三章言取與之道必得其禮於其可雖少不辭義之無處兼金不顧四章言人臣以道事君否則奉身以退五章言執職者劣藉道者優六章言道不合者不相與言七章言孝必盡心匪禮之踰八章言誅不義者必須聖賢九章言聖人親親不文其過小人順非以詔其上十章言君子立身行道道之不行命也不爲利回十一章言惟賢能安賢智能知微十二章言大德洋洋介士察察賢者志其大者不賢者志其小者十三章言聖賢興作與天消息天非人不因人非天不成十四章言祿以食功志以率事無事而食其祿君子不由也此十四章合上篇卷是公孫丑有二十三章矣

孟子曰天時不如地利地利不如人和三里之城七里之郭環而攻之而不勝夫環而攻之必有得天時者矣然而不勝者是天時不如地利也天時謂時日支干五行旺相孤虛之屬也地利險阻城池之固也人和得民心之所和樂也環城圍之必有得天時之善處者然而城有不下是不如地利城非不高也池非不深也兵革非不堅利也米粟非不多也委而去之是地利不如人和也有堅強如此而破之走者不得民心民不爲守衞懿公之民曰君其使鶴戰余焉能戰是也故曰域民不以封疆之界固國不以山谿之險威天下不以兵革之利域民居民也不以封疆之界禁之使懷德也不依險阻之固恃仁惠也不爲兵

革之威。仗。其道德。而。已。矣。得道者多助失道者寡助寡助之至親戚畔之。多助之至天下順之以天下之所順攻親戚之所畔故君子有不戰戰必勝矣得道之君何嚮不平君子之道貴不戰耳如其當戰戰則勝矣。疏孟子曰天時至戰必勝矣○正義曰此章言民和爲貴也孟子曰天時不如地利地利不如人和至是地利不如人和也者孟子言其用兵之要也謂古之用兵者莫不布策挾龜迎日計月望雲占風觀星之候氣以察吉凶以明利害必有得天時者矣然而內有三里之城外有七里之郭以爲之禦雖環轉而攻之則莫能勝焉是天時不如地利也鑿池深之使其不可踰築城高之使其不可攻又以甲兵之堅利米粟之多積是地利亦有得矣然而上下異政君民異心不能効死以守至皆委却而去之是地利又不如人和也孟子於前言天時不如地利地利不如人和乃設此文於後而解其言也故曰三里之城七里之郭環而攻之而不勝夫環而攻之必有得天時者矣然而不勝者是天時不如地利也至是地利不如人和而已矣故曰域民不以封疆之界至戰必勝矣者此又孟子復言而詳說之也故曰所居之民不在以封疆之爲界欲牢固其國又不在以山谿之爲險威震天下又不在以兵甲之爲堅利以其得道之君則人多助之失道之君則人寡助之而已孟子所以言此者蓋謂但在得其道不在於封疆山谿兵甲之爲矣故復言人有寡助之至極者則親戚離畔之親戚離畔者戰必不勝而敗績有多助之至者則天下皆順從之以天下之所順從而攻伐其親戚所離畔者故君子在有不戰戰而已如戰則必勝○注天時謂時日支干五行旺相孤虛之屬正義曰時日支干者子丑寅卯辰巳午未申酉戌亥是爲支甲乙丙丁戊己庚辛壬癸是爲干干支所以配時日而用之也云五行旺相孤虛之屬者五行金木水火土是也金旺在巳午未申酉木旺在亥子丑寅卯水旺在申酉戌亥子火旺在寅卯辰巳午土旺在申酉戌亥孤虛者蓋孤虛之法以一晝爲孤無晝爲虛二晝爲實以六十甲子日定東西南北四方然後占其孤虛實而向背之即知吉凶矣又如周武王犯歲星以伐商魏太祖以甲子日破慕容凡用師之道有太史以抱天時太師之執同律之類是也○注衛懿公之民曰君其使鶴戰○正義曰案左傳魯閔公二年云狄人伐衛衛懿公好鶴鶴有乘軒者將戰國人受甲者皆曰使鶴鶴實有祿位余焉能戰是其文也○注得乎丘民而為天子○正義曰此蓋經之文

孟子將朝王王使人來曰寡人如就見者也有寒疾不可以風朝將視朝不識可使寡人得見乎孟子雖仕齊處師賓之位以道見敬或稱以病未嘗趨朝而拜也王欲見之先朝使人往謂孟子云寡人如就見者若言就孟子之館相見也有惡寒之疾不可見風儻可來朝欲力疾臨視朝因得見孟子也不知可使寡人得相見否對曰不幸而有疾不能造朝孟子不悅王之欲使朝故稱其有疾而拒之也明日出弔於東郭氏公孫丑曰昔者辭以病今日弔或者不可乎東郭氏齊大夫家也昔者昨日也丑以為不可曰昔者疾今日愈如之何不弔孟子言我昨日病今日愈我何為不可以弔王使人問疾醫來王以孟子實病遣人將醫來且問疾也孟仲子對曰昔者有王命有采薪之憂不能造朝今病小愈趨造於朝我不識能至否乎孟仲子孟子之從昆弟從學於孟子者也權辭以對如此憂病也曲禮云有負薪之憂使數人要於路曰請必無歸而造於朝仲子使數人以告孟子君命宜敬當必造朝也不得已而之景丑氏宿焉孟子迫於仲子之言不得已而心不欲至朝因之其所知齊大夫景丑之家而宿焉具以語景丑氏耳景子曰內則父子外則君臣人之大倫也父子主恩君臣主敬丑見王之敬子也未見所以敬王也景丑責孟子不敬何義也曰惡是何言也齊人無

以仁義與王言者豈以仁義爲不美也其心曰是何足與言仁義也云爾則不敬莫大乎是曰惡者深嗟歎云景子之責我何言乎今人。皆謂王無知不足與言仁義云爾絕語之辭也人之不敬無大於是者也我非堯舜之道不敢以陳於王前故齊人莫如我敬王也孟子言我每見王常陳堯舜之道以勸勉王齊人無有如我敬王者。也景子曰否非此之謂也禮曰父召無諾君命召不俟駕固將朝也聞王命而遂不果宜與夫禮若不相似然景子曰非謂不陳堯舜之道謂爲臣固自當朝也今有王命而不果行果能也禮父召無諾。無。諾而不至也君命召輦車就牧不坐待駕而夫子若是事宜與夫禮若不相似然乎愚竊惑焉曰豈謂是與曾子曰晉楚之富不可及也彼以其富我以吾仁彼以其爵我以吾義吾何慊乎哉夫豈不義而曾子言之是或一道也孟子荅景丑云我豈謂是君臣。召。呼之間乎謂王不禮賢下士故道曾子之言自以不慊晉楚之君慊少也曾子豈。嘗言不義之事邪是或者自得道之一義欲以喻王猶晉楚我猶曾子我。臣輕於王乎天下有達尊三爵一齒一德一朝廷莫如爵鄉黨莫如齒輔世長民莫如德惡得有其一以慢其二哉三者天下之所通尊也孟子謂賢者長者有德有齒人君無德但有爵耳故云何得以一慢二乎故將大有爲之君必有所不召之臣欲有謀焉則就之其尊德樂道不如是不足以有爲也言古之大聖大君必就大賢臣而謀事不敢召也王者師臣霸者友臣也賢有所與爲之故湯之於伊尹學焉而後臣之故不勞而王桓公

之於管仲學焉而後臣之故不勞而霸言師臣者王桓公能師臣而管仲不勉之於王故孟子於上章陳其義譏其烈之卑也

今天下地醜德齊莫能相尚無他好臣其所教而不好臣其所受教醜類也言今天下之人君土地相類德教齊等不能相絕者無它但好臣其所教勑役使之才可驕者耳不能好臣大賢可從而受教者也

湯之於伊尹桓公之於管仲則不敢召管仲且猶不可召而況不為管仲者乎孟子自謂不為管仲故非齊王之召己也是以不往而朝見於齊王也

【疏】孟子將朝王至而況不為管仲者乎○正義曰此章言人君以尊德樂義為賢君子以守道不回為志者也孟子將朝王王使人來曰寡人如就見者也至得見乎者言孟子自將欲朝見王王未及行而齊王欲見之乃先使人來曰寡人如往而就孟子所館處相見以其有惡寒之疾不可見風儻可以來朝見而我將視其來朝不知可使寡人因此而得見孟子否乎此皆齊王使人而言也對曰不幸而有疾不能造朝者王之使人既已見孟子而導王之言孟子乃荅王之使人亦曰我之不幸而有其疾不能趨造而朝見王以其孟子不喜王欲使來朝故云有疾以拒之也明日出弔於東郭氏公孫丑曰昔者辭以病今日弔或者不可乎者言孟子自辭王以為疾不能造朝之明日乃出弔問於齊大夫東郭氏之家其弟子公孫丑問孟子曰昨日辭王之使以為疾不能造朝而今日以出弔問於東郭氏或者以為不可出弔曰昔者疾今日愈如之何不弔者孟子荅公孫丑以為昨日有疾今日已差愈如之何為不可弔孟子於是往弔之王使人問疾醫來者王見使人回報以謂孟子有疾乃謂實有疾遂遣人問疾醫者來問其疾孟仲子對曰昔者有王命有采薪之憂不能造朝今疾小愈趨造於朝我不識能至否乎者孟仲子孟子從昆弟學於孟子者也孟仲子時見王使人問疾醫來至而孟子已往弔於東郭氏乃權其言而荅問疾醫者曰昨日有王命來使孟子朝孟子辭之以其有采薪之憂小疾不能趨造而朝王今日病以小愈已趨造於王

朝我不知于今能至於王朝否乎以爲未嘗至乎使數人要於路曰請必無歸而造於朝者孟仲子恐孟子歸以爲失言乃使數人而來告孟子於路曰請必
無歸而趨造於王朝不得已而之景丑氏宿焉者孟子見孟仲子使數人要於路乃見迫於仲子之言遂不得已而往齊大夫景丑氏之家宿焉以其心不欲
朝王故往景丑氏家宿而已景子曰內則父子外則君臣人之大倫也父子主恩君臣主敬丑見王之敬子也未見所以敬王也者景丑見孟子不造朝而乃
止其家宿焉於是曰在閨門之內則有父子之親出而邦國之外則有君臣之義此人之大倫而不可汩也父子則存乎慈孝之恩君臣則存乎恭敬之義今
丑每見王之敬重其子也而未嘗見子之所以能尊敬於王也曰惡是何言也至莫大乎是者孟子荅景丑言乃嘆惜言是何言而責我也齊人皆無以仁義
之道與王言者豈以仁義之道爲不嘉美也其齊人心已謂是王何足與言仁義之道也言爾之不尊敬於王莫大乎此者也我非堯舜之道不敢以陳於王
前故齊人莫如我敬王也者孟子言我非是堯舜二帝之道則不敢鋪陳於王之前故齊人未有如我如此之敬王也所謂堯舜之道即仁義之道也景子曰
否非此之謂也禮曰父召無諾至若不相似然者景丑言否我不謂不陳堯舜之道也以其禮云父召而子無諾而不至君有命召不坐待駕今子固將欲自
朝於王而聞王命以遂不果行是宜與夫禮若不相似然以其有逆此禮也曰豈謂是歟曾子曰晉楚之富至是或一道也者孟子又言於景丑曰我豈謂是
君臣呼召之間乎以其曾子言晉楚二。君之富人不可及也然彼既以其富我但存吾之仁彼既有其爵而我但存吾之義我何慊不足於彼乎哉夫晉楚之
富豈爲不義然於曾子言是止於一道而言之也一於道而言之則曾子所以但言吾仁吾義而不慊於晉楚之富與其爵也蓋謂晉楚於富者以其不過有
所施而已然我之仁固足以有施矣晉楚貴於爵者以其足以有制而已然我之義固足以有制矣然則富之與爵而仁義得以并而有焉耳此曾子所以一
於仁義之道而晉楚富貴不足。爲富貴也孟子所以執此而語景子者意欲以比齊王之有富貴亦晉楚之富貴不足爲富貴也而我猶曾子但以仁義敵之

何有不足於齊王哉此所以不欲朝王之意也天下有達尊三至惡得有其一而慢其二哉者達通也孟子又言天下有達尊者有三爵一齒一德一是也自朝廷之閒莫如以爵爲之尊自鄉黨之閒莫如以齒爲之尊自輔治其世長養其民莫如以德爲之尊以其朝廷貴貴在爵故以爵爲朝廷之所尊鄉黨長長在齒故以齒爲鄉黨之所尊賢者有德故以之輔世而佐佑之則天下待之而後治以之長民則天下之民待之而後安故以德爲輔世長民之所尊今齊王但有其爵而安可止以一而慢去其齒德二者哉此孟子所以言齊王不能尊有德之士故於景子而云然也故將大有爲之君至而況不爲管仲者乎者孟子又言故將有大與爲之君必有所不可命召之臣凡欲有所謀計則就而謀以其不敢召也其尊德樂道不如此有謀則就而不召是不足有大與爲也故湯王之於伊尹乃就而師之然後方敢得而爲臣故湯王自七十里而爲天下但不待勞而爲之王者齊桓公之於管仲乃就而師之然後方敢得而爲臣故桓公亦不勞而爲諸侯之霸者今天下於齊國其地亦有類於湯桓其德又與湯桓齊等其未能有相加尚者無他事焉但湯桓好受臣其所教而齊王不好臣其所受教也夫以湯王之於伊尹齊桓之於管仲則不敢召而見之管仲霸者之佐且猶尚不可召見之而況我不爲管仲者乎此孟子所以見齊王之召己是以不往而見也○注云東郭氏齊大夫家也○正義曰東郭者齊國之東地號爲東郭也經云卒之東郭墦閒之祭者則東郭是齊國之東地也氏者未詳其人注云齊大夫家也以理測之孟子之所以弔問者必齊之賢大夫也如非大夫之等孟子亦何由而弔之○注孟仲子孟子之從昆弟而學於孟子者也○正義曰未詳以理推之則與孟子同姓必孟子從昆弟而學於孟子者也○注景丑氏齊大夫亦未詳其人也

陳臻問曰前日於齊王餽兼金一百而不受於宋餽七十鎰而受於薛餽五十鎰而受前日之不受是則今日之受非也今日之受是則前日之不受非也夫子必居一於此矣陳臻

孟子弟子兼金好金也其價兼倍於常者故謂之兼金一百百鎰也古者以一鎰爲一金一鎰是爲二十四兩也故云兼金一百百鎰也孟子曰皆是也當在宋也予將有遠行行者必以賮辭曰餽賮予何爲不受賮送行者贈賄之禮也時人謂之賮當在薛也予有戒心辭曰聞戒故爲兵餽之予何爲不受戒有戒備不虞之心也時有惡人欲害孟子孟子戒備薛君曰聞有戒此金可以鬻以作兵備故餽之我何爲不受也若於齊則未有處也無處而餽之是貨之也焉有君子而可以貨取乎我在齊時無事於義未有所處也義無所處而餽之是以貨財取我欲使我懷惠也安有君子而可以貨財見取之乎是其禮當其可也

【疏】陳臻問曰至可以貨取乎○正義曰此章言取與之道必得其禮於其可也雖少不辭義之無處兼金不顧也陳臻問曰前日於齊王餽兼金一百而不受至必居一於此矣者陳臻孟子弟子也問孟子前日於齊王之所而齊王餽賜兼金百鎰而不受於宋國但餽以七十鎰而受之於薛國餽以五十鎰而受之如爲前日在齊不受百鎰是則今日之受宋七十鎰爲非也如今日之受宋七十鎰爲是則前日在齊不受一百鎰爲非也夫子於此三者之間必居一於此矣孟子曰皆是也至而可以貨取乎者孟子荅弟子陳臻以爲此三者之間受與不受之所皆是也無有非也言我在宋之時以其我將有遠行行者必以有賮故餽之者乃爲之辭曰餽賮我何爲不受是所以受之也而不爲非也賮送行者之賄也我當在薛之時我有戒不虞之心以其時人欲害孟子也餽之者乃爲之辭曰聞孟子有戒欲以此金餽之可爲兵備之用也如此我何爲不受是所以受之也若於齊之時其以無事於我未有所處於我未有所處而餽我以金是以貨財見取於我也安有君子而可以貨取之乎是所以於齊不受百鎰亦爲是也云有處未有處者如宋以遠行乃以賮爲餽於薛有戒乃以兵爲餽是皆若有處以餽之也於齊亦無遠行亦無戒備餽之者亦無以辭處之而餽於我亦無有辭處而受之

故也〇注云陳臻孟子弟子至二十四兩〇正義曰云弟子者蓋時有所問於孟子者即知爲弟子也如非弟子又安得有問於孟子云二十四兩爲鎰案國語有云二十四兩爲鎰又鄭注之文亦然

孟子之平陸謂其大夫曰子之持戟之士一日而三失伍則去之否乎平陸齊之邑也大夫居邑大夫也持戟戰士也一日三失其行伍則去之否乎去之殺之也。以昭果毅曰不待三大夫曰一失之則行罰不及待三失伍也然則子之失伍也亦多矣凶年饑。歲子之民老羸轉於溝壑壯者散而之四方者幾千人矣轉轉尸於溝壑也此則子之失伍也曰此非距心之所得爲也距心大夫名曰此乃齊王之大政不肯賑窮非我所得專爲也曰今有受人之牛羊而爲之牧之者則必爲之求牧與芻矣求牧與芻而不得則反諸其人乎抑亦立而視其死與牧牧地以此喻距心不得自專何不致爲臣而去乎何爲立視民之死也曰此則距心之罪也距心自知以不去位爲罪。者也他日見於王曰王之爲都者臣知五人焉知其罪者惟孔距心爲王誦之王曰此則寡人之罪也孔姓也爲都治都也邑有先君之宗廟曰都誦言也爲王言。孔距心語者也王知本之在己故受其罪也。

疏孟子之平陸至寡人之罪也正義曰此章言人臣以道事君否則奉身以退也孟子之平陸謂其大夫曰子之持戟之士一日而三失伍則去之否乎者孟子往齊平陸之邑謂其邑之大夫曰子之持戟之戰士一日三次失其行伍則殺之否乎曰不待三者邑大夫荅孟子以爲不待三次失行伍也言一次失行伍則殺之也然則子之失伍也亦多矣凶年飢歲子之民老羸轉於溝壑壯者散而之四方者幾千人矣者凶年飢歲子之邑民老羸弱者皆轉乎溝壑壯健者皆散而奔往於四方者幾近於一千人矣此孟

子首以持戟之士失伍比之欲終以此諷之故也蓋軍法以五人爲伍而以下士一人爲之長則持戟之士伍長之士也所以保衛其伍者也不能保衛其伍故一日三失伍此不稱其職也如齊之平陸大夫所以保衛其邑之民不能保衛其邑之民故老弱轉溝壑壯者散四方其亦不稱職也孟子故以此喻而終歸諷之曰此非距心之所得爲也者距心言是其齊王行政故不肯發倉廩而賑救其民非我所得而專爲者也曰今有受人之牛羊而爲之牧之者則必爲之求牧與芻矣求牧與芻而不得則反諸其人乎抑亦立而視其死與者孟子又以此比喻而歸諷之也言今有受人之牛羊而爲牧養者則必於牛羊之主求其牧養之芻草矣求牧養與芻草而不得則歸反還於其主乎抑亦但立視牛羊之死而不爲求牧與芻草歟故以比喻而諷問之曰此則距心之罪也者距心因孟子以此比喻乃自知以不去位爲罪也他日見於王曰王之爲都者臣知五人焉至此則寡人之罪也者言他日距心自見於王曰王之治都之臣者臣知五人焉然於此五人之中能知其有罪者惟孔距心故爲王言誦之孔距心之姓也王亦自知治都之臣有其罪者以其本皆自於己故云此則寡人之罪也○注邑有先君之宗廟曰都至不素餐兮○正義曰周禮云都鄙鄭注云都之所居曰鄙都鄙公卿大夫之采邑王弟子所食邑周召毛聃畢原之屬在畿內者祭祀其先君社稷者也云彼君子兮不素餐兮者詩國風伐檀之篇文也箋云彼君子者斥伐檀之人仕有功者乃肯受祿毛氏云孰食曰餐箋云如魚餐之餐

孟子謂蚳鼃曰子之辭靈丘而請士師似也爲其可以言也今既數月矣未可以言與蚳鼃齊大夫靈丘齊下邑士師治獄官也周禮士師曰以五戒先後刑罰無使罪麗於民孟子見蚳鼃辭外邑大夫請爲士師知其欲近王以諫正刑罰之不中者數月而不言故曰未可以言歟以感責之也蚳鼃諫於王而不用致爲臣而去三諫不用致仕而去齊人曰所以爲蚳鼃則善矣所以自爲則吾不知也齊人論者譏孟

子爲蚳鼃。謀使之諫。不。用而去則善矣不知
自諫。不。用。而不去故曰我不見其自爲謀者公都子以告公都子孟子弟子也
以齊人語告孟子也
曰吾聞之也有官守者不得其職則去有言責者不得其言則去我無官守我
無言責也則吾進退豈不綽綽然有餘裕哉官守居官守職者言責獻言之責
諫。諍之官也孟子言人臣居官不
得守其職諫正君不見納者皆當致。仕而去今我居師賓
之位進退自由豈不綽。綽然舒緩有餘裕乎綽綽裕皆寬也。【疏】孟子謂蚳鼃曰至
綽綽然有餘裕哉
○正義曰此章言執職者劣藉道者優也孟子謂蚳鼃曰子之辭靈丘而請士
師似也至未可以言歟者孟子謂齊大夫蚳鼃曰子之辭去其靈丘之邑而請
爲王治獄之官似近王得諫其刑罰不中者今既以數月矣而不言是其未可
以言歟否故以此責而感之也蚳鼃諫於王而不用致爲臣而去者於是蚳鼃
諫於王而王不用其諫乃致其臣而去之齊人曰所以爲蚳鼃則善矣所以自
爲則吾不知也者齊國之人見孟子謂蚳鼃乃言曰孟子所以爲蚳鼃使之諫
不納用而去之則善矣其所以自爲其己之諫不見納用而不去則我不
知也以言其爲蚳鼃謀使之去而不知自去之故也公都子以告者公都子孟
子弟子也公都子見齊國之人有此言乃以此言告於孟子曰吾聞之也有官
守者不得其職則去有言責者不得其言則去我無官守我無言責則吾進退
豈不綽綽然有餘裕哉者孟子荅公都子以爲我嘗聞之有居官守職者不得
其職而守之則去之而致仕有言責諫諍之任不得其言而諫正其君則亦去
而致仕今我無官職之所守又無言責而諫諍則我進退自由豈不綽綽然舒
緩有餘裕哉綽裕皆寬裕也○注蚳鼃齊大夫靈丘齊下邑至罪麗於民○正
義曰蚳鼃於他經傳未詳其人靈丘者案地理志曰代郡有靈丘縣是也云周
禮士師曰以五戒先後刑罰毋使罪麗於民者今案其文云一曰誓用之于軍
旅二曰誥用之于會同三曰禁用諸田役四曰糾用諸國中五曰憲用諸都鄙
鄭注云先後猶左右也誓誥於書則甘誓大誥之屬禁則軍禮曰無干車無自

後射此其類也糾憲未有聞焉○注臧武仲段干木○正義曰案魯襄公二十二年左傳云臧武仲如晉雨過御叔御叔在其邑將飲酒曰焉用聖人我將飲酒而已雨行何以聖爲穆叔聞之曰不可使也杜預云御叔魯御邑大夫又武仲多知時人謂之聖云段干木偃寢而軾閭案史記魏世家云魏文侯受子貢經藝客段干木過其閭未嘗不軾也是矣

孟子爲卿於齊出弔於滕王使蓋大夫王驩爲輔行王驩朝暮見反齊滕之路未嘗與之言行事也孟子嘗爲齊卿出弔於滕君蓋齊下邑也王以治蓋之大夫王驩爲輔行輔副使也王驩齊之諂人有寵於齊後爲右師孟子不悅其爲人雖與同使而行未嘗與之言行事不願與之相比也

公孫丑曰齊卿之位不爲小矣齊滕之路不爲近矣反之而未嘗與言行事何也丑怪孟子不與驩議行事也

曰夫既或治之予何言哉既已也或有也孟子曰夫人既自謂有治行事我將復何言哉言其專知自善不知諮於人也蓋言道不合者故不相與言所以有是而言之也已

【疏】孟子爲卿於齊至予何言哉○正義曰此章言道不合者不相與言也孟子爲卿於齊出弔於滕至未嘗與言行事也者言孟子嘗爲卿相於齊時自齊國出弔於滕國之君齊王使齊之下邑大夫名曰王驩者爲之輔行輔行言其爲副使也王驩旦夕見孟子及反歸自齊滕之道路而孟子未嘗與之言行事也公孫丑問曰齊卿之位不爲小矣齊滕之路不爲近矣反之而未嘗與言行事何也者公孫丑問孟子言齊王卿相之位不爲卑小矣自齊至滕其相去之路又不爲近矣然而自滕反歸齊其於道路之中未嘗與王驩言行治之事是如之何也以其公孫丑有怪孟子不與王驩言故問之以此耳曰夫既或治之予何言哉者孟子荅公孫丑以謂夫王驩既以嘗自謂有治行事我將復何言哉以其王驩自專爲善不諮訪人故孟子所以未嘗與之言也○注王驩後爲右師○正義曰此蓋推經於離婁篇有云孟子不與右師言右師不悅是知王驩後爲右師也王驩姓王名驩字子

敎又云至於公行之喪以其禮解之者蓋亦經之文也

孟子注疏解經卷第四上

孟子注疏卷四上校勘記　阮元撰盧宣旬摘錄

旺相孤虚之屬也　閩監毛三本同音義本廖本孔本韓本考文古本旺作王

而破之走者　各本同岳本破作被

余焉能戰是也　閩監毛三本同廖本孔本韓本考文古本作若是之類也

使懷德也　閩監毛三本同廖本孔本韓本考文古本使下有民字

仗其道德而已矣　閩監毛三本同廖本孔本韓本考文古本作仗道德也

寡助之至　音義至或作主

章指言民和爲貴貴於天地故曰得乎丘民爲天子　足利本作也天下非

注得乎丘民而爲天子　按此章指文也浦鏜云今脱未知屬何節下非也

孟子雖仕齊　閩監毛三本同岳本廖本孔本韓本仕下有於字

使人往謂孟子　廖本孔本韓本考文古本同　閩監毛三本往誤來

有惡寒之疾　閩監毛三本同廖本孔本韓本考文古本疾作病

故稱其有疾而拒之也　閩監毛三本同廖本孔本韓本考文古本無其字而拒之也四字

今日弔閩監本孔本韓本同廖本毛本日作以形近之譌考文引作今以弔云今下古本有日字足利本同尤非

從學於孟子者也閩監毛三本同廖本孔本韓本考文古本無從字

當必造朝也廖本孔本韓本同閩本當必誤倒監毛本承閩本之誤

而心不欲至朝各本同考文古本心作必

具以語景丑氏耳閩監毛三本同廖本考文古本景丑作景子無氏耳二字孔本韓本作且以語景子足利本作且以語景子耳

君臣主敬石經諱敬作欽下並作欽

景丑責孟子廖本孔本韓本同閩監毛三本丑作子

今人皆謂王無知閩監毛三本孔本韓本同廖本考文古本皆作言誤

豈有如我敬王者也閩監毛三本同廖本孔本韓本考文古本也作邪足利本作耶

禮父召無諾無諾而不至也各本同考文古本無無諾二字

我豈謂是君臣召呼之間乎廖本孔本韓本同閩監毛三本召呼誤倒

曾子豈嘗言不義之事邪孔本韓本考文古本同閩監毛三本嘗誤常

我臣輕於王乎也考文古本同閩監毛三本孔本韓本足利本臣作豈按豈是

桓公之於管仲桓石經諱似作威

烈之卑也耳閩監毛三本同廖本孔本韓本考文古本上有功字足利本也作

可從而受教者也閩監毛三本同廖本孔本韓本考文古本無而字也字

故非齊王之召己也是以不往而朝見於齊王也閩監毛三本同廖本孔本韓本考文古本上也字作

己無而朝見於齊王六字足利本與古本同無上也字

章指言人君以尊德樂義爲賢君子以守道不回爲志

言晉楚二君之富閩監毛三本君作國

而晉楚富貴不足爲富貴也閩監毛三本爲上有以字

一鎰是爲二十四兩也故云兼金一百百鎰也閩監毛三本同廖本考文古本此十八字作鎰二十兩四字孔本韓本作鎰二十兩也足利本作鎰二十四兩〇按作二十兩乃與爲巨室章合

可鬻以作兵備音義出可鬻云本或作育

安有君子而可以貨財見取之乎閩監毛三本同廖本孔本韓本考文古本無可之二字

是其禮當其可也閩監毛三本同廖本孔本韓本考文古本無此七字

章指言取與之道必得其禮於其可也雖少不辭義之無處兼金不顧是則今日之受宋七十鎰爲非也如今日之受宋七十鎰爲是閩本同監毛本兩七十鎰下並有受薛五十鎰五字

平陸齊之邑也閩監毛三本同廖本孔本韓本考文古本之作下

以昭果毅閩監毛三本足利本同岳本孔本韓本以作戎與左傳合考文古本以上有戎字非

凶年饑歲閩監毛三本韓本同石經廖本孔本饑作飢

爲罪者也閩監毛三本同廖本孔本韓本考文古本無者字

爲王言孔距心語者也閩監毛三本同廖本孔本韓本考文古本言下有所與二字

故受其罪也閩監毛三本同廖本孔本韓本考文古本無也字

章指言人臣以道事君否則奉身以退詩云彼君子兮不素餐兮言不尸其祿也

他日距心自見於王補案距心自三字疑衍

邑有先君之宗廟曰都至不素餐兮閩本同監毛本删至不素餐兮五字按不素餐兮章指文也僞疏連解之

故出此文

云彼君子兮不素餐兮者詩國風伐檀之篇文也箋云彼君子者斥伐檀

之人仕有功者乃肯受祿毛氏云熟食曰餐箋云如魚餐之餐閩本同監毛本删去

無使罪麗於民閩監毛三本同岳本廖本孔本韓本無作毋音義出毋使按作無非也

孟子爲蚳鼃謀廖本閩本孔本韓本考文古本足利本同監毛本謀誤諫

不用而去閩監毛三本同廖本孔本韓本考文古本無不用二字

不用而不去閩監毛三本同廖本孔本韓本無不用二字而作又考文古本與廖本同又作亦

諫諍之呵也閩監毛三本同廖本孔本韓本諍作爭

皆當致仕而去閩監毛三本孔本韓本同廖本仕作位

豈不綽綽然舒緩有餘裕乎閩監毛三本同廖本孔本韓本作豈不綽然

章指言執職者劣藉道者優是以臧武仲兩行而不息段干木偃寢而式閭

考文古本誤問

○註臧武仲段干木○正義曰按魯襄公二十二年左傳云臧武仲如晉

兩過御叔御叔在其邑將飲酒曰焉用聖人我將飲酒而已兩行何以聖
爲穆叔聞之曰不可使也杜預云御叔魯御邑大夫又武仲多知時人謂
之聖云段干木偃寢而軾閭按史記魏世家云魏文侯受子貢經藝客段
干木過其閭未嘗不軾也是矣 此僞疏釋章指文也閩本同監毛本刪去
出弔於滕君 閩監毛三本同廖本孔本韓本考文古本無於字
有寵於齊 閩監毛三本同廖本孔本韓本考文古本齊作王
蓋言道不合者故不相與言所以有是而言之也已 閩本同監毛本孔本韓本考文古本無此二十字
章指言道不合者不相與言王驩之操與孟子殊君子處時危言遜行 孔本韓本考文古本作危行言遜 故不尤之但不與言至於公行之喪以禮爲解也

孟子注疏解經卷第四下

公孫丑章句下

趙氏注　　孫奭疏

孟子自齊葬於魯反於齊止於嬴充虞請曰前日不知虞之不肖使虞敦匠事嚴虞不敢請今願竊有請也木若以美然孟子仕於齊喪母而歸葬於魯也嬴齊南邑充虞孟子弟子敦匠厚作棺也事嚴喪事急木若以泰美然也曰古者棺椁無度中古棺七寸椁稱之自天子達於庶人非直爲觀美也然後盡於人心孟子言古者棺椁厚薄無尺寸之度中古謂周公制禮以來棺七寸椁薄於棺厚薄相稱相得也從天子至於庶人厚薄皆然但重累之數牆翣之飾有異非直爲人觀視之美好也厚者難腐朽然後盡於人心所不忍也謂一世之後孝子更去辟世是爲人盡心也過是以往變化自其理也不得不可以爲悅無財不可以爲悅得之爲有財古之人皆用之吾何爲獨不然悅者孝子之欲厚送親得之則悅也王制所禁不得用之不可以悅心也無財以供則度而用之禮喪事不外求不可稱貸而爲悅也禮得用之財足備之古人皆用之我何爲獨不然不然者言其不如是也且比化者無使土親膚於人心獨無恔乎恔快也棺椁敦厚比親體之變化且無令土親膚於人子之心獨不快然無所恨也吾聞之君子不以天下儉其親我聞君子之道不以天下人所得用之物儉約於其親言事親竭其力者也論語曰生事之以禮死喪之以禮可謂孝也已

【疏】孟子自齊葬於魯至不以天下儉其親正義曰此章言孝必盡心匪禮之踰也孟子自齊葬於魯反於齊止於嬴者言孟子仕於齊國喪其母乃歸葬於魯國既葬又反於齊

下嬴邑而止焉充虞請曰前日不知虞之不肖使虞敦匠事嚴虞不敢請今願竊有請也木若以美然者充虞孟子弟子也言孟子止於嬴邑弟子充虞請見於孟子曰前日孟子喪母之時孟子不知虞之不肖乃使虞敦匠厚作其棺以其是時喪事嚴急故虞不敢請問孟子今孟子既葬而反願竊得而請問也木若以美然此充虞請問以此也其問孟子爲棺椁之木若以泰美然也曰古者棺椁無度中古棺七寸椁稱之自天子達於庶人非直爲觀美也然後盡於人心至吾聞之君子不以天下儉其親者此皆孟子荅充虞而言也言上古之人棺椁薄厚無尺寸之度自中古以來棺厚七寸以椁相稱之自天子通於庶人皆然非謂直爲人觀美好也然後乃爲盡於人心也以其不得其厚用之則不可以爲悅於心也既得以此厚用之而財物無以供贍其度亦不可以爲悅於心如得之以此厚用又有財物以供其度古之人皆用之以厚葬其親也我何爲而獨不如是也且棺椁敦厚比親體之變化無使其土壤親其肌膚於人子之心獨無快乎恔快也以其人子之心如此得厚葬其親乃快然而弗恨也我聞之君子者不以天下所得用者而儉薄其親也○注嬴齊南邑○正義曰案魯桓公三年左傳杜預注云嬴齊邑今泰山嬴縣是也○注重累之數牆翣之飾○正義曰案禮記檀弓云周人牆置翣鄭注云牆柳衣也凡此皆後王之制又案阮氏圖云柳柳車也四輪一轅車長丈二尺高五尺案喪大記云君飾棺黼翣二黻翣二畫翣二龍翣二禮器云天子八翣大夫四翣又鄭注喪大記引漢禮翣以木爲筐廣三尺高二尺四寸方兩角高。以白布畫著紫雲氣其餘各如其象柄長五尺車行使人持之而從以障既窆樹於壙中障板也○注論語曰生事之以禮死葬之以禮○正義曰經於滕文之篇亦引爲曾子言也已說在前

沈。同以其私問曰燕可伐與孟子曰可子噲不得與人燕子之不得受燕於子噲沈同齊大臣自以私情問非王命也故曰私子噲燕王也子之燕相也孟子曰可者以子噲不以天子之命而擅以國與子之子之亦不受天子之命而私受國於子噲故曰其罪可伐有仕於此而子悅之

不告於王而私與之吾子之祿爵夫士也亦無王命而私受之於子則可乎何以異於是子謂沈同也孟子設此以譬燕王之罪齊人伐燕因沈同以孟子言可歸勸其王伐燕或問曰勸齊伐燕有諸有人問孟子勸齊王伐燕有之曰未也沈同問燕可伐與吾應之曰可彼然而伐之也孟子曰我未勸王也同問可伐乎吾曰可彼然而伐之也彼如曰孰可以伐之則將應之曰爲天吏則可以伐之彼如將問我曰誰可以伐之我將曰爲天吏則可以伐之天吏天所使謂王者得天意者也彼不復問孰可便自往伐之矣今有殺人者或問之曰人可殺與則將應之曰可彼如曰孰可以殺之則將應之曰爲士師則可以殺之今以燕伐燕何爲勸之哉今有殺人者問此人可殺否將應之曰可爲士官主獄則可以殺之矣言燕雖有罪猶當王者誅之耳譬如殺人者雖當死士師乃得殺之耳今齊國之政猶燕政也不能相踰又非天吏也我何爲勸齊國伐燕國乎疏沈同以其私問曰至何爲勸之哉○正義曰此章言誅不義者必須聖賢禮樂征伐自天子出王道之正者也沈同齊之大臣沈同以其私問曰燕可伐歟孟子曰可子噲不得與人燕子之不得受燕於子噲者子噲燕王名也子之燕相之名也言沈同非王命以其私情自問孟子曰燕王可伐之歟孟子荅之以爲可伐之也蓋以燕王不得天子之命而擅與其國於子之子之亦不得天子之命而私受燕國於子噲故其專擅如此可以伐之也有仕於此而子悅之不告於王而私與之吾子之祿爵夫士也亦無王命而私受之於子則可乎何以異於是者此皆孟子設此譬喻王之罪而可伐者也吾子謂沈同也言今有爲之仕於此齊國而子喜悅之爲人乃不告於王而私自與之吾子之祿爵夫爲之士者又無王之所命而私自受祿爵於子則可矣否乎今燕王所以爲可伐之罪何以有異於

此齊人伐燕者以其沈同問於孟子之言爲燕可伐於是歸勸齊王而伐之或
問勸齊伐燕有諸者言有人或問於孟子以爲孟子勸齊伐燕是有勸之之言
否曰未也沈同問燕可伐與吾應之曰可彼然而伐之也者孟子荅或人以爲
我未嘗勸王也以其沈同問我謂燕可伐之歟我應之曰可彼以爲是而伐之
也彼如曰孰可以伐之則將應之曰爲天吏則可以伐之者孟子又荅之或人
言彼如問我曰誰可以伐之我將應之曰爲天吏天所使者則可以伐之矣今
有殺人者或問之曰人可殺歟至何爲勸之哉者孟子又以此言而比喻齊之
伐燕也言今有殺人者或問我曰人可以殺之歟我將應之曰可以殺之彼如
復問誰可以殺之我則將應之曰爲士師主獄之官則可以殺之矣今以齊國
之政亦若燕之政是皆有燕之罪以燕伐燕我何爲勸齊王以伐燕乎以其燕
○之雖有其罪亦當王者則可以誅之耳○注子噲燕王也子之燕相也○正義
曰案史記世家云易王立十二年子燕噲立噲立齊人殺蘇秦蘇秦之在燕與
其相子之爲婚燕噲三年與楚三晉攻秦不勝而還子之相燕貴重主斷蘇代
爲齊使於燕燕王問曰齊王奚如對曰必不霸燕王曰何也對曰不信其臣於
是燕王大信子之子之遺蘇代百金乃謂燕王不如以國讓子之以謂堯
賢者讓天下於許由由不受有讓天下之名而實不失天下今王以燕國讓子
之子之之亦必不敢受是王與堯同行也燕王因屬國於子之子之大重於是南
面行王事而噲老不聽政國事皆決於子之三年國大亂百姓惘恐孟軻謂齊
王曰今伐燕此文武之時不可失也○齊王因令章子將五都之兵以伐燕燕噲
死齊大勝燕子之亡凡此此是其事也○注云禮樂征伐自天子出○正義曰此
蓋論語季氏孔子之言也言王者功成制禮治定作樂立司馬之官掌九伐
之法諸侯不得制禮作樂賜弓矢然後專征伐是禮樂征伐自天子出也

燕人畔王曰吾甚慙於孟子下人畔不肯歸齊齊王聞孟子與沈同言爲未勸王今竟不能有燕故慙之○陳賈曰王無患焉王自以爲與周公孰仁且智○王曰惡是何言也陳賈齊大夫也問王曰自視何如周公仁智乎欲爲

王解孟子意故曰王無患焉。王歎曰是何言言周公何可及也曰周公使管叔監殷管叔以殷畔知而使之是不仁也不知而使之是不智也仁智周公未之盡也而況於王乎賈請見而解之賈欲以此說孟子也見孟子問曰周公何人也賈問之也曰古聖人也孟子曰周公古之聖人也曰使管叔監殷管叔以殷畔也有諸賈問有之否乎曰然孟子曰如是也曰周公知其將畔而使之與賈問之也曰不知也孟子曰周公不知其將畔也然則聖人且有過與過謬也賈曰聖人且猶有謬誤曰周公弟也管叔兄也周公之過不亦宜乎孟子以爲周公雖知管叔不賢亦必不知其將畔周公惟管叔弟也故愛之管叔念周公兄也故望之親親之恩也周公。之此過謬不亦宜乎且古之君子過則改之今之君子過則順之古之君子其過也如日月之食民皆見之及其更也民皆仰之今之君子豈徒順之又從爲之辭古之所謂君子真聖人賢人君子也周公雖有此過乃誅三監作大誥明勑庶國是周公改之也今之所謂君子非真君子也順過飾非或爲之辭孟子言此以譏賈不能匡君而欲以辭解之。

疏燕人畔至又從爲之辭○正義曰此章言聖人親親不文其過小人順非以諂其上者也燕人畔王曰吾甚慙於孟子者言燕人皆離畔不肯歸齊王齊王聞孟子與沈同言未嘗勸王伐燕今果不能得燕乃曰我甚慙恥而見於孟子陳賈曰王無患焉王自以爲與周公孰仁且智者陳賈齊國之大夫也言於齊王以爲無用憂患慙於孟子也且王自以爲與周公孰仁且智乎賈欲以此解王故問之以此王曰惡是何言也者齊王乃歎曰此是何言也周公大聖人安可得而及之曰周公使管叔監殷管叔以殷畔知而使之是不仁也不知而使之是不智也仁智

周公未之盡也而況於王乎賈請見而解之者言陳賈謂周公使管叔爲三監於殷管叔乃背畔於殷周公知管叔有背畔之心而復使爲監是周公不仁也周公不知管叔將有背畔之心而使之爲監是周公之不智也仁與智而周公大聖人也尚未之能盡而況於齊王乎賈今請以此見孟子爲王解之見孟子問曰周公何人也賈遂見孟子果以此說問於孟子以謂周公是何等人也曰古之大聖人也孟子荅之以爲周公是古之大聖人也曰使管叔監殷管叔以殷畔也有諸賈又問孟子以謂周公使管叔爲監於殷管叔以殷而背畔之有之否乎曰然孟子荅之以是有之也曰周公知其將畔而使之與賈又問之以謂周公知管叔將欲背畔故使之爲監與曰不知也孟子荅之以爲周公不知管叔將背畔然則聖人且有過與賈又問之如是則周公爲古之大聖人尚且有過失乎曰周公弟也管叔兄也周公之過不亦宜乎孟子以爲周公雖知管叔不賢亦不能知其將有畔之心周公惟管叔弟也故愛之而使爲監管叔念是周公兄也故亦望之是則周公有是之過謬不亦宜之也以親親之故不得不然耳且古之君子過則改之至今之君子過又從爲之辭者孟子又言古之君子如周公雖有此過然而乃能誅三監作大誥以明勑庶國則周公故能改之也今之君子非真君子有過則順而不改古之君子其有過也如日月之蝕焉民皆得知而見之及其更也民皆得而仰望之今之君子豈徒順其過而不改又且從其有過復作言辭以文飾其過耳孟子所以言此者以其欲譏陳賈不能匡正齊王之過又從爲此周公管叔之辭順其王之過而文之也○注燕人畔王聞孟子與沈同言正義曰此蓋前段案史記世家言之詳矣○注誅三監作大誥明勑庶國正義曰案尚書大誥篇云武王崩三監及淮夷叛周公相成王將黜殷作大誥孔安國云三監管蔡商是也言作大誥以誥天下又案史記云周公奉成王命興師東伐作大誥遂誅管叔殺武庚放蔡叔收殷餘民。

孟子致爲臣而歸辭齊卿而歸其室也王就見孟子曰前日願見而不可得謂未來仕齊也遙聞孟子之賢而不能得見之得侍同朝甚喜來就爲卿君臣同朝得相見故

喜。之也今又棄寡人而歸今致爲臣棄寡人而歸不識可以繼此而得見乎不知可以續今日之後遂使寡人得相見否。乎對曰不敢請耳固所願也孟子對。王言不敢自請耳固心之所願也孟子意欲使王繼今當自來謀也他日王謂時子曰我欲中國而授孟子室養弟子以萬鍾使諸大夫國人皆有所矜式子盍爲我言之時子齊臣也王欲於國中。而爲孟子築室使。教。養一國君臣之子弟與之萬鍾之祿中國者使學者遠近。均也矜敬也式法也欲使諸大夫國人皆敬法其道盍何不也謂時子何不爲我言之於孟子知肯就之否時子因陳子而以告孟子陳子孟子弟子陳臻也陳子以時子之言告孟子孟子曰然夫時子惡知其不可也如使予欲富辭十萬而受萬是爲欲富乎孟子曰如是夫時子安能知其不可乎時子以我爲欲富故。以祿誘我我往者饗十萬鍾之祿以大道不行故去耳今更當受萬鍾是爲欲富乎距時子之言。所。以。有。是。云也季孫曰異哉子叔疑二子孟子弟子也季孫知孟子意不欲而心欲使孟子就之故曰異哉弟子之所闓也子叔心疑。惑。之亦以爲可就之矣使己爲政不用則亦已矣又使其子弟爲卿人亦孰不欲富貴而獨於富貴之中有私龍斷焉孟子解二子之異意疑心曰齊王使我爲政不用則亦自止矣今又欲以其子弟故使我爲卿而與我萬鍾之祿人亦誰不欲富貴乎是猶獨於富貴之中有此私登龍斷之類也我則恥之古之爲市也。以其所有易其所無者有司者治之耳有賤丈夫焉必求龍斷而登之以左右望而罔市利人皆以爲賤故從而征之征商自此賤丈夫始矣古者市置有司但治其爭訟不征稅也賤丈夫貪人可賤者也入市則求龍斷而登之龍斷謂堁斷而高者也左右占視望見市中有利罔羅而取之人皆賤其貪者也故就征取其利後世緣此遂征商人孟子言我苟貪萬鍾不恥屈道亦與此賤丈夫何異也古者謂周公以前周禮有關市之征也【疏】孟子致爲臣而歸至自此賤丈夫始矣○正義曰此章言君子正身行道道之不行命也不爲利回也孟子致爲臣而歸是孟子辭齊卿而歸處於室也王就見孟子曰前日願見而不可得至不識可以繼此而得見乎是齊王見孟子辭齊卿而歸於室乃就孟子之室而見孟子曰前日未仕齊時聞孟子之賢願見之而不能得見後得侍於我而爲之卿遂得同朝相見故甚喜之今乃又棄去寡人而歸處於室我不知可以繼今日之後而使寡人得相見否故以此問孟子孟子對曰不敢請耳固所願也孟子意欲使王繼今日之後當自來就見故云不請見固我心之所願也他日王謂時子曰我欲中國而授孟子室至盍爲我言之時子齊王之臣也言自見孟子已往他日齊王又謂其臣時子曰我今欲以中國授孟子爲築其室教養一國之子弟故賜予以萬鍾之祿使其諸大夫與一國之人皆有所敬法時子何不爲我以此言說之時子因陳子而以告孟子陳子陳臻也是孟子弟子也時子於是因陳臻而以齊王之言使陳臻告於孟子也陳子以時子之言告孟子至是爲欲富乎是陳子乃以時子所告齊王之言而告於孟子孟子乃荅之曰然如是也夫時子又安知其有不可也如使我欲富其祿於我以辭去十萬之祿而受其萬是以爲我欲其富乎云乎者是不爲欲富也孟子欲以此言距時子也季孫曰異哉子叔疑季孫子叔二子皆孟子弟子也季孫知孟子意不欲遂時子之言而心尚欲孟子就之故但言異哉弟子之所聞也子叔疑之亦以爲可就使己爲政不用則亦已矣又使其子弟爲卿至有私龍斷焉者孟子又言齊王使己爲政之道既以不得用則我亦以辭之而止於其室矣又欲以子弟之教而使我爲卿以與我萬鍾之祿人亦誰不欲其富貴乎然以此者是亦猶獨於富貴之中私登龍斷之類也以其恥之所以言然古之爲市也以其所有易其所無者至自此賤丈夫始矣者孟子又言古之所以爲市者以

其有無相貿易耳有司者但治其爭訟而不征稅也有賤丈夫則必求丘龍堁
斷之高者而登之以左右占望見市中有利罔羅而取之人皆以爲賤丈夫焉
故後世亦從而征取其市中之稅以其所以征商之稅於後世者亦自此賤丈
夫登龍斷而罔市利爲之始矣故曰故從而征之征商自此賤丈夫始矣周禮
有司關司市是有司者也○注云古者謂周公前周禮
有關市之征正義曰此蓋前篇說之詳矣此不復說　孟子去齊宿於晝有欲
爲王留行者晝齊西南近邑也孟子去齊欲歸鄒至晝地而宿也齊人之知孟子者追送見之欲爲王留孟子行坐而言不應隱
几而臥客危坐而言留孟子之言也孟子不應荅因隱倚其几而臥也客不悅曰弟子齊宿而後敢言夫子臥
而不聽請勿復敢見矣齊敬宿素也弟子素持敬心來言夫子慢我不受我言言而遂起退欲去請絕也曰坐我明語
子孟子止客曰且坐我明告語子昔者魯繆公無人乎子思之側則不能安子思泄柳申詳無
人乎繆公之側則不能安其身往者魯繆公尊禮子思子思以道不行則欲去繆公常使賢人往留之說以方且聽子爲政然
則子思復留泄柳申詳亦賢者也繆公尊之不如子思二子常有賢者在繆公之側勸以復之其身乃安矣子爲長者慮而不及子
思子絕長者乎長者絕子乎長者老者也孟子年老故自稱長者言子爲我慮不如子思時賢人也不勸王使我得行道而但勸
我留留者何爲哉此爲子絕我乎又我絕子乎何爲而慍恨也【疏】孟子去齊至絕子乎○正義曰此章言惟賢能安賢智能知微以愚喻智道之所以乖也
孟子去齊宿於晝有欲爲王留行者晝齊之近邑也言孟子去齊欲歸鄒至晝
而宿齊人見之有欲爲王留行者也坐而言不應隱几而臥言爲王留行者危
坐而說留孟子之行言孟子乃隱倚其几但臥而不應荅也客不悅曰弟子齊
宿而後敢言夫子臥而不聽請勿復敢見矣客爲王留行者也齊敬也宿素也

言客見孟子不應荅其言但隱几而臥焉遂欲退乃曰弟子素齊敬其心而後方敢言留夫子之行夫子今乃臥而不聽其言自今請絕於此後勿復更敢見夫子矣曰坐我明語子孟子遂止客且坐言我分明言告於子云自昔繆公至長者絕子乎是皆明告之言也言往日魯國繆公無人於子思之側以導達其意則不能安子思泄柳申詳無人於魯繆公之側以稱譽其賢則泄柳申詳不能安其身以其子思之於繆公師道也非求容者也故繆公無人於子思之側則不能安子思泄柳申詳之於繆公臣道也則求容者也故無人於繆公之側則不能安其身今孟子所以言此者是謂齊之士不能爲王謀安於孟子未去之前逮至出晝然後方爲留行此所以隱几臥而不荅也齊之留行之士不知以此但以爲孟子不應遂不悅而請勿復見如此是留行之士不以安子思而謀安孟子但請勿復見爲言以其自絕於孟子矣故孟子所以言子爲長者慮而不及於子思是子絕其長者乎是長者絕子矣以其不以安子思而謀安孟子於未去之前是爲孟子慮者不及子思特欲爲泄柳申詳之所爲耳故孟子所以有是言之以曉其所以隱几而臥不應之意也長者孟子以年己之老自稱爲長者也〇注晝齊西南近邑〇正義曰蓋以鄒在魯而魯又在齊之西南上孟子去齊歸鄒至晝而宿是知晝之地爲齊之西南近邑者也故云近邑

孟子去齊尹士語人曰不識王之不可以爲湯武則是不明也識其不可然且至則是干澤也千里而見王不遇故去三宿而後出晝是何濡滯也士則茲不悅尹士齊人也干求也澤祿也尹士與論者言之云孟子不知則爲求祿濡滯淹久也既去近留於晝三日怪其淹久故云士於此事則不悅也高子以告高子亦齊人孟子弟子以尹士之言告孟子也曰夫尹士惡知予哉千里而見王是予所欲也不遇故去豈予所欲哉予不得已也孟子曰夫尹士安能知我哉我不得已而去耳何汲汲而驅馳乎予三宿而

出晝於予心猶以爲速王庶幾改之王如改諸則必反予[我自謂行速疾矣冀王庶幾能反覆招還我矣]夫出晝而王不予追也予然後浩然有歸志[浩然心浩浩有遠志也]予雖然豈舍王哉王由足用爲善王如用予則豈徒齊民安天下之民舉安王庶幾改之予日望之[孟子以齊大國知其可以行善政故戀戀望王之改而反之是以安行也豈徒齊民安言君子達則兼善天下也]予豈若是小丈夫然哉諫於其君而不受則怒悻悻然見於其面去則窮日之力而後宿哉[我豈若狷狷急小丈夫恚怒其君而去極日力而宿懼其不遠者哉論曰悻悻然小人哉言己志大在於濟一世之民不爲小節也]尹士聞之曰士誠小人也[尹士聞義則服故曰士誠小人也]

疏[孟子去齊至士誠小人也○正義曰此章言大德洋洋介士察察賢者志其大者不賢者志其小者]也孟子去齊者言孟子去齊而歸鄒也尹士語人曰至士則茲不悅尹士齊人也尹士見孟子去齊而宿於晝乃語人曰不知齊王不可以爲湯武之王則是孟子蒙昧而不明鑒也知齊王不可爲湯武之王然且自鄒至齊而爲仕則是孟子干求其祿也今自千里之遠而見齊王不遇不行其道故復去而歸然而三宿而後方出晝而行是何其濡滯淹久也我則以此不悅之也高子以告高子亦齊人爲孟子弟子也高子以此尹士語人之言而告於孟子曰夫尹士惡知予哉至而後宿哉孟子荅高子以爲夫尹士者安知我之志哉我千里而見王是我欲行道也不遇於齊王不得行其道故去豈我心之所欲哉我不得已而去之矣我三宿而後出晝邑而行於我心尚以爲急速也齊王如能改之使我得行其道則必反留我回耳夫出晝邑至三宿而齊不我追而還齊國我然後浩浩然有歸志也我雖然有浩然歸之之志然而豈肯舍去王哉王猶可足用爲之善政王如用我則豈徒使齊國之民安泰天下之民亦皆安泰矣王庶

幾能改而反我我日常望之於王矣我豈若狷狷急小丈夫恚怒其君而去爲其諫於君而不受則悻悻然心有所怒而見於面容去則極日力而後方止宿哉孟子如此所以云然也尹士聞之曰士誠小人也尹士聞孟子言之以此孟故服其義而言於孟子曰士實小人也以其不能知孟子之意有如此矣

子去齊充虞路問曰夫子若不豫色然前日虞聞諸夫子曰君子不怨天不尤人路道也於路中問也充虞謂孟子去齊有恨心顏色故不悅也曰彼一時此一時也五百年必有王者興其間必有名世者由周而來七百有餘歲矣以其數則過矣以其時考之則可矣彼時前聖賢之出是其時也今此時亦是其一時也五百年王者興有興王道者也名世次聖之才物來能名正於一世者生於聖人之間也七百有餘歲謂周家王迹始興大王文王以來考驗其時則可有也夫天未欲平治天下也如欲平治天下當今之世舍我其誰也吾何爲不豫哉孟子自謂能當名世之士時又值之而不得施此乃天自未欲平治天下耳非我之愆我固不怨天何爲不悅豫乎是故知命者不憂不懼與天消息而已矣

【疏】孟子去齊充虞路問曰至吾何爲不豫哉○正義曰此章言聖賢興作與天消息天非人不因人非天不成也孟子去齊充虞路問曰至不尤人言孟子歸鄒弟子充虞於路中問孟子曰夫子若有不悅豫之顏色然前日虞聞夫子有言君子之人凡於事不怨恨於天不見過於人也曰彼一時此一時也至吾何爲不豫哉孟子荅充虞以謂彼時聖賢之所出是其時也此時今時亦是其一時也五百年之後必有王者興爲於其間亦必名世大賢者今自周興大王文王以來已有七百有餘歲矣以其年數推之則過於五百年矣以其時考之而其時亦可有也今天自未欲平治天下也如天欲使平治天下則當今之世捨我其誰哉此孟子所以歸於天命道行與不行皆未嘗有不悅之色也故曰吾何爲不豫哉蓋孟子所

以言此者以其自謂能當名世之士而時又值不得施爾

孟子去齊居休公孫丑問曰仕而不受祿古之道乎休地名丑問古人之道仕而不受祿邪怪孟子於齊不受其祿也曰非也於崇吾得見王退而有去志不欲變故不受也崇地名孟子言不受祿非古之道於崇吾始見齊王知其不能納善退出志欲去矣不欲即去若爲變詭見非太甚故且宿留心欲去故不復受其祿也繼而有師命不可以請久於齊非我志也言我本志欲速去繼見之後有師旅之命不得請去故使我久而不受祿耳久非我本志也

疏孟子去齊至非我志也○正義曰此章言祿以食功志以率事無其事而食其祿君子不由也孟子去齊居休休乃地名也言孟子去齊乃居於休之地蓋齊邑下之地也公孫丑問曰仕而不受祿古之道乎公孫丑問孟子曰夫爲仕而不受爵祿古之道誠然乎丑以其怪孟子於齊不受祿故以此問之曰非也於崇吾得見王至非我志也者孟子荅之曰我非不受祿也亦非古之道如此也然我於崇之地我始得見於齊王知王不能納善故退而有去之心又其不欲遽變爲苟去故於祿有所不受也無他以其道不行不敢無功而受祿也已既去而齊王續以賓師之命而禮貌之故由足爲善遂不敢請去是以久留於齊非我之志也但不得已而已矣

孟子注疏解經卷第四下

孟子注疏卷四下校勘記　阮元撰盧宣旬摘錄

孟子仕於齊　閩監毛三本孔本韓本同廖本仕作事案事仕宋刻書往往通用

而歸葬於魯也　閩監毛三本同廖本孔本韓本無而也二字考文古本引歸葬於魯也無而字

棺槨七寸　閩監毛三本同廖本孔本韓本考文古本足利本槨作厚是也此形近之譌

然後盡於人心　閩監毛三本同廖本孔本韓本考文古本足利本盡上有能字

不然者言其不如是也　閩監毛三本同廖本孔本韓本考文古本作然如是也

且無令土親膚　閩監毛三本同廖本孔本韓本考文古本膚上有肌字

論語曰生事之以禮死葬之以禮可謂孝也已　閩監毛三本同孔本韓本考文古本無十八字案此章指文也

章指言孝必盡心匪禮之踰論語曰生事之以禮死葬之以禮可謂孝矣

高以白布　閩本同監毛本高下有衣字案監本此處有剜改痕是監本據禮記注增也

沈同以其私問曰　音義沈或作沉誤

我何爲勸齊國伐燕國乎　閩監毛三本同廖本孔本韓本考文古本作我何爲當勸齊伐燕乎

章指言誅不義者必須聖賢禮樂征伐自天子出王（考文古本作天）道之正也

以其燕之雖有其罪（閩本同監毛本無之字）

陳賈齊大夫也問王曰自視何如周公仁智乎欲爲王解孟子意故曰王無患焉王歎曰是何言言周公何可及也（閩監毛三本同廖本孔本韓本此注分二段陳賈至患焉在經文孰仁且智下王歎至及也在經文是何言也下）

周公使管叔監殷（石經殷諱作商下同）

亦必不知其將畔（閩監毛三本同岳本廖本孔本韓本考文古本必不作不必）

周公之此過謬（閩監毛三本同廖本孔本韓本考文古本之作於）

章指言聖人親親不文其過小人順非以諂其上也

孟子致爲臣而歸（石經每章提行此獨不提行誤）

故喜之也（閩監毛三本同廖本孔本韓本考文古本無之字）

遂使寡人得相見否乎（閩監毛三本同廖本孔本韓本無乎字）

孟子對王言不敢自請耳（閩監毛三本孔本韓本同岳本廖本王作曰）

王欲於國中而爲孟子築室閩監毛三本同廖本孔本韓本考文古本而作央

使教養一國君臣之子弟閩監毛三本同廖本孔本韓本教養作養教

遠近均也閩監毛三本同廖本孔本韓本均作鈞

距時子之言所以有是云也閩監毛三本同廖本孔本韓本考文古本無所以有是云五字

子叔心疑惑之亦以爲可就之矣閩監毛三本同廖本孔本韓本考文古本無惑之二字之矣作也

古之爲市也石經閩監毛三本韓本同孔本也作者

左右占視望閩監毛三本同廖本孔本韓本考文古本無視字足利本作左右皆望

人皆賤其貪者也閩監毛三本同廖本考文古本無者字孔本韓本足利本無者也二字

有關市之征也閩監毛三本同廖本孔本韓本征作賦考文古本征作稅

章指言君子正身行道道之不行命也不爲利回創業可繼是以君子以龍

斷之人爲惡戒也

宿於晝各本同孔本韓本晝作畫注同案此當是采用舊說不必有本子也○按廣韻四十九宥晝字下云又姓晝邑大夫之後因氏焉出風俗通孟子晝字不當改爲畫字孔繼涵所引高郵老儒黄彥利之說但可存以參考

至晝地而宿也閩監毛三本同廖本孔本韓本考文古本無地字

追送見之閩監毛三本孔本韓本足利本同考文古本追作進

留孟子行閩監毛三本同廖本孔本韓本考文古本行上有之字

弟子齊宿而後敢言音義出齊宿云字亦作齋

其身乃安矣閩監毛三本同廖本孔本韓本考文古本矣作也

章指言惟賢能安賢智能知微以愚喻智道之所以乖也淹久也閩監毛三本足利本同廖本孔本作猶稽也韓本作孰稽也考文古本作熟稽也考文一本作淹留

怪其孰久韓本考文古本同廖本孔本孰作猶閩監毛三本作淹

則不悦也閩監毛三本同廖本孔本韓本無則字

夫尹士惡知予哉此及下兩予字毛本誤子

悻悻然見於其面音義出悻悻云字或作悻悻然

我豈若猾猾急小丈夫閩監毛三本同岳本廖本孔本韓本考文古本不重猾字○按不重者是

論曰閩監毛三本同廖本孔本韓本考文古本作論語曰○按趙注多稱論

故曰士誠小人也閩監毛三本同廖本孔本韓本考文古本無此七字無者是

章指言大德洋洋介士察察賢者志其大者不賢者志其小者此之謂也

夫子若不豫色然補諸本若下有有字

顏色故不悅也閩監毛三本同廖本孔本韓本考文古本無故字

彼時前聖賢之出是其時也閩監毛三本同廖本孔本韓本考文古本無時字其作有足利本無之字

五百年王者興閩監毛三本同廖本孔本韓本考文古本足利本年下有有字

正於一世者閩監毛三本同廖本孔本韓本考文古本無於字

是故知命者不憂不懼與天消息而已矣閩監毛三本同廖本孔本韓本考文古本無此文

章指言聖賢與作與天消息天非人不因人非天不成是故知命者足利本無者字

不憂不懼也

亦必名世大賢者閩本必下剜增有字監毛本同

不受其祿也閩監毛三本孔本同廖本韓本考文古本無其字

吾始見齊王閩監毛三本孔本韓本同廖本見上有得字

見非太甚閩監毛三本同廖本孔本韓本太作泰

故不復受其禄也閩監毛三本同廖本孔本韓本考文古本無其字也字

章指言禄以食功志以率事無其事而食其禄君子不由也

孟子注疏卷四下校勘記

孟子注疏解經卷第五上

滕文公章句上凡五章　孫奭疏

趙氏注滕文公者滕國名文諡也公者國人尊君之稱也是公於當時尊敬孟子問以古道猶衛靈公問陳於孔子論語因以題篇

疏正義曰前篇章首論公孫丑有政事之才問管晏之功故曰公孫丑為篇題蓋謂行政莫大乎反古之道是以此篇滕文公尊敬孟子問以古道如論語衛靈公問陳於孔子遂以目為篇題不亦宜乎故次公孫丑之篇所以揭滕文公為此篇之題也此篇凡十五章趙注分之遂成上下卷據此上卷凡五章而已一章言人當上則聖人秉仁行義二章言事莫當於奉禮孝莫大於哀慟三章言尊賢師智采人之善修學校勸禮義勑民事正經界均井田賦什一四章言神農務本教於世民許行蔽道君臣同耕陳相背師降于幽谷孟子博陳堯舜上下之敘以正之五章言聖人緣情制禮以直正枉其餘十章趙注分為下卷各有敘焉○注滕文公至題篇○正義曰案春秋魯隱公十一年滕侯薛侯來朝爭長滕侯曰我周之卜正也乃長滕侯隱公七年杜預注云滕國在沛國公丘縣東南是滕文公之國即滕侯之後也諡法曰慈惠愛民曰忠信接禮曰文論語第十五篇衛靈公問陳於孔子孔子對俎豆之事則常聞之軍旅之事未之學也遂以為之篇題故也

滕文公為世子將之楚過宋而見孟子孟子道性善言必稱堯舜文公為世子使於楚而過宋孟子時在宋與相見也滕侯周文王之後也古紀世本錄諸侯之世滕國有考公麋與文公之父定公相直其子元公弘與文公相直似後世避諱改考公為定公以元公行文德故謂之文公也孟子與世子言人生皆有善性但當充而用之耳又言堯舜之治天下不失仁義之道故勉世子世子自楚

反復見孟子從楚還復詣孟子欲重受法則也孟子曰世子疑吾言乎夫道一而已矣世子疑吾言有不盡乎天下之道一而已矣惟有行善耳復何疑邪成覸謂齊景公曰彼丈夫也我丈夫也吾何畏彼哉成覸勇果者也與景公言曰尊貴者與我同丈夫我亦能爲之何爲畏彼之哉顏淵曰舜何人也予何人也有爲者亦若是言欲有爲當若顏淵庶幾成覸不畏乃能有所成耳又以是勉世子也公明儀曰文王我師也周公豈欺我哉公明儀賢者也師文王信周公言其知所法則也今滕絕長補短將五十里也猶可以爲善國滕雖小其境界長短相補可得大五十里子男之國也尚可以行善者也書曰若藥不瞑眩厥疾不瘳書逸篇也瞑眩藥攻人疾先使瞑眩憒亂乃得瘳愈喻行仁當精熟德惠乃洽也

疏滕文公爲世子至厥疾不瘳○正義曰此章言人上當則聖人秉仁行義者也滕文公爲世子將之楚過宋而見孟子孟子道性善言必稱堯舜者世子諸侯適子之稱也言滕文公爲世子之時往楚國而在宋國過見孟子孟子乃與世子文公道其人性皆有善但當行之而已凡有言則必以堯舜爲言蓋堯舜古之受禪之帝其治國所行之事皆爲後世所法故言必堯舜之事言於世子文公以其欲勉世子文公也文公者後謚世子爲文公也世子自楚反復見孟子者是世子文公自宋而見孟子之後往至楚國又自楚國反歸復見孟子於宋國也孟子曰世子疑吾言乎夫道一而已矣者孟子見世子復見再有所問乃曰世子是疑我言有不盡故復見乎言道之在天下一而已惟當善行焉何必復疑而再欲問邪成覸謂齊景公曰彼丈夫也我丈夫也吾何畏彼哉者孟子又引往日成覸嘗謂齊景公曰彼之尊貴者即丈夫也我亦丈夫也言即一耳我何爲畏之哉是言我能爲之亦如彼之尊貴矣又何畏顏淵有曰舜何人也我何人也亦言其人即一耳但有能爲之者亦若此舜矣故曰舜何人也予何人也有爲者亦若是公明

儀曰文王我師也周公豈欺我哉者孟子又以公明儀有曰文王者我師法者也周公豈欺誣我哉言周公我亦信而師法之耳今滕絕長補短將五十里也
猶可以為善國者孟子謂世子言今之滕國之地絕長補短其廣大亦將有五十里也尚可以為行善之國也五十里者子男之國也故曰猶可以為善國書
曰若藥弗瞑眩厥疾不瘳者此蓋今之尚書說命之篇文也孟子引書云若藥之攻人人服之不以瞑眩憒亂則其疾以不愈也所以引此者蓋孟子恐云今
滕國絕長補短將有五十里猶可為善國有致世子之所嫌乃引此而喻之抑亦所謂良藥苦口忠言逆耳之意而解世子又有以勸勉焉○注文公為世子
至勉世子也○正義曰此蓋古紀世本之文也云滕有考公麋與文公之父定公相直其子元公洪與文公相直後世因避諱之故更考公為定公元公為文
公以其能安民大慮故以定為謚以其能慈惠愛民故以文為謚魯有文公定公之號周有文王定王之名其謚雖與滕君同然稱其實蓋不無異焉凡稱公
者蓋古者天子有三公稱公王者之後稱公其餘大國稱侯伯小國稱子男之君亦得稱公者非僭之也以其國人尊之故稱公而已○注云成覵勇果者也
公明儀賢者也○正義曰以意推之則成覵之勇果公明儀之賢者可知矣人亦未詳禮於檀弓有公明儀而注亦無所說亦以孟子之時事罕有所載學者
亦不必規規務求極焉○注若藥不瞑眩厥疾不瘳○正義曰商書說命篇孔氏傳云開汝心沃我心如服藥必瞑眩極其病乃除欲其出切言以自警

滕定公薨世子謂然友曰昔者孟子嘗與我言於宋於心終不忘今也不幸至於大故吾欲使子問於孟子然後行事定公文公父也然友世子之傅也大故謂大喪也然友之鄒問於孟子孟子歸在鄒也孟子曰不亦善乎親喪固所自盡也不亦者亦也問此亦其善也曾子曰生事之以禮死葬之以禮祭之以禮可謂孝矣曾子傳孔子之言孟子欲令世子如曾子之從禮也時諸侯皆不行禮故

使獨行之也諸侯之禮吾未之學也雖然吾嘗聞之矣三年之喪齋疏之服飦粥之食自天子達於庶人三代共之。孟子言我雖不學諸侯之禮嘗聞師言三代以事君臣皆行三年之喪齋。疏齋衰也飦。糜粥也然友反命定爲三年之喪父兄百官皆不欲也故曰吾宗國魯先君莫之行吾先君亦莫之行也至於子之身而反之不可父兄百官滕。文同姓異姓諸臣也皆不欲使世子行三年滕魯同姓俱出文王魯周公之後滕叔繡之後敬聖人故宗魯者也且志曰喪祭從先祖曰吾有所受之也父兄百官且復言也志記也周禮小史掌邦國之志曰喪祭之事各從其先祖之法言我轉有所受之不可於己身獨改更也一說吾有所受之世子言我受之於孟子也故曰吾有所受。謂然友曰吾他日未嘗學問好馳馬試劍今也父兄百官不我足也恐其不能盡於大事子爲我問孟子父兄百官見我他日所行謂我志行不足似恐我不能盡大事之禮故止我也爲我問孟子當何以服其心使其信我也然友復之鄒問孟子孟子曰然不可以他求者也孔子曰君薨聽於冢宰歠粥面深墨卽位而哭百官有司莫敢不哀先之也孟子言如是不可用他事求也喪尚哀惟當以哀戚感之耳國君薨委政冢宰大臣嗣君但盡哀情歠粥不食顏色深墨深甚也墨黑也卽喪位而哭百官有司莫敢不哀者以君先哀之也上有好者下必有甚焉者矣君子之德風也小人之德草也草上之風必偃是在世子上之所欲下以爲俗尚加也偃伏也以風加草莫不偃伏也是在世子以身帥之也然友反命世子曰然是誠在我世子聞之知其在身欲行之也五月居廬未有命戒百官族人可謂曰知諸侯五月而葬未葬居倚廬於中門之內也未有命戒居喪不言也異姓同姓之臣可謂曰知世子之能行禮也及至葬四方來觀之顏色之戚哭泣之哀弔者大悅四方諸侯之賓來弔會者見世子之憔悴哀戚大悅其孝行之高美也。已。

疏滕定公薨至弔者大悅○正義曰此章言事莫當於奉禮孝莫大於哀慟從善如流文公之謂也滕定公薨者滕文公之父死也世子謂然友曰昔者孟子嘗與我言於宋於心終不忘今也不幸至於大故吾欲使子問於孟子然後行事者然友世子之傅也世子謂然友言往日孟子嘗與我言於宋國之事於我心至今常存終不為忘之也今也不幸至於父喪之大故我欲使子問於孟子然後行其父喪之事然友之鄒問於孟子者孟子將以自宋歸鄒也然友乃往鄒國問孟子以世子所問之事孟子曰不亦善乎親喪固所自盡也者孟子荅然友謂不亦善然友以世子所問也曾子曰生事之以禮死葬之以禮祭之以禮可謂孝矣至三代共之者孟子以此荅然友之問言曾子謂父母在生之時當以禮奉事之如冬溫夏凊昏定晨省是其禮也父母死之時當以禮安葬之如躄踊哭泣哀以送之卜其宅兆而安厝之是其禮也及祭之禮如春秋祭祀以時思之陳其簠簋而哀戚之是也能如此則可謂之能孝者矣如問其諸侯所行之禮則我未之學也雖然為未嘗學諸侯之禮我嘗聞知之矣言嘗聞三年父母之喪以齋疏齋衰之服以饘粥之食凡此三年之喪自上至於天子下而達於庶人三代夏商周共行之矣然友反命者然友自鄒得孟子之言乃反歸命告於滕公也定為三年之喪父兄百官皆不欲也故曰吾宗國魯先君莫之行也至於子之身而反之不可者是世子因然友問孟子歸後乃定為三年之喪事其滕之同姓與異姓諸臣皆不欲為三年之喪遂曰我宗國魯先君莫之嘗行此三年喪禮我之先君亦莫之嘗行也今至於子之身而反違之以為三年之喪不可言其不可反背先君而以自為三年喪之禮也且志曰喪祭從先祖曰吾有所受之也父兄百官言之後復引記有曰喪祭

之事各從其先祖之法我但有所承受之也不可於己身獨改更爲三年喪耳滕與魯同姓俱出魯周公之後故云吾宗國魯先君志記也謂然友曰吾他日未嘗學問好馳馬試劍今也父兄百官不我足也恐其不能盡於大事子爲我問孟子者滕文公既定爲三年之喪禮而父兄百官見之不皆不欲爲乃復謂然友曰我所往他日未嘗學問但好驅馳走馬試劍事今也定爲三年之喪父兄百官見之皆謂我志不足以行此三年之喪恐其不能盡於大事之禮子復爲我之鄒問孟子以爲如何當使父兄百官服其心而信我也然友復之鄒問孟子者是然友自文公所乃因其命復往鄒國見孟子而問焉孟子曰不可以他求也孔子曰君薨聽於冢宰歠粥面深墨卽位而哭百官有司莫敢不哀先之也至是在世子者孟子荅然友爲世子之問言如此則不可更以他事求也惟當以哀戚感之耳故引孔子曰國君之薨其政事皆委冢宰大臣聽行之嗣君者但歠麋粥而不食面之顏色亦變爲甚黑之色卽喪位而哀哭之故百官有司莫敢不哀先之也是所謂上有所好者下必有甚焉者耳且君子之德如風也小人之德如草也草加之以風必偃伏而從風所趨耳是在世子但以身率之爾凡此皆孟子荅然友爲世子之問而以此復敎告之矣然友反命世子曰是誠在我者然友自問孟子之後乃以孟子之言反歸告之於世子世子於是五月居於喪廬不敢入處故未有命以令人未有戒以號人以其在外思之而不言也百官族人皆以爲知禮能行三年之喪乃曰可謂曰知以其百官族人指文公而言也及至葬四方來觀之顏色之戚哭泣之哀弔者大悅者言及至葬日四方諸侯來弔慰而觀之顏色之戚而形於容哭泣之哀而形於聲於是弔之者皆大悅以喜其有孝行也○注定公文公父也○正義曰說在前段已詳矣○注曾子傳孔子之言○正義曰案論語孟孫問孝於孔子孔子對曰生事之以禮死葬之以禮祭之以禮是曾子傳孔子之言而云孟子所以引爲曾子言矣○注滕魯國同姓俱出魯周公之後○正義曰案魯隱公十一年滕侯與薛侯爭長薛侯曰我先封滕侯曰我周之卜正也薛庶姓也我不可以後之公使羽父請於薛侯曰君與滕侯辱在寡人周諺有之曰山有木工則度之賓有

禮主則擇之周之宗盟異姓爲後寡人若朝于薛不敢與諸任齒君若辱貺寡人則願以滕君爲請薛侯許之乃長滕侯杜預云薛任姓以此推之則知滕爲魯之後與魯同姓也○注周禮小史掌邦國之志至孟子也○正義曰鄭司農云志謂記也春秋傳所謂周志國語所謂鄭。志之屬也兩說者其意皆行謂之父兄百官言亦行謂之世子亦行但不逆意則可矣○注諸侯五月而葬未葬居倚廬於中門之內也○正義曰案左傳隱公元年云天子七月而葬同軌畢至諸侯五月而葬同盟至大夫三月同位至士踰月外姻至。父。大。喪記云父母之喪居倚廬是也

滕文公問爲國孟子曰民事不可緩也問治國之道也民事不可緩之使怠惰當以政督趣教以生產之務也詩云。晝爾于茅。宵爾索綯亟其乘屋其始播百穀詩邠風七月之篇言教民晝取茅草夜索以爲綯綯絞也及爾閒暇亟而乘蓋爾野外之屋春事起爾將始播百穀矣言農民之事無休已民之爲道也有恆。產者有恆。心無恆。產者無恆。心苟無恆。心放辟。邪侈。無不爲已及陷乎罪然後從而刑之是罔。民也焉有仁人在位罔民而可爲也義與上篇同孟子既爲齊宣王言之滕文公問復爲究陳其義故各自載之也是故賢君必恭儉禮下取於民有制古之賢君身行恭儉禮下大臣賦取於民不過。十一之制也陽虎曰爲富不仁矣爲仁不富矣陽虎魯季氏家臣也富者好聚仁者好施施不得聚道相反也陽虎非賢者也言有可采不以人廢言也夏后氏五十而貢殷。人七十而助周人百畝而徹其實皆什一也徹者徹也助者藉也夏禹之世號夏后氏后君也禹受禪於君故夏稱后殷周順人心而征伐故言人也民耕五十畝貢上五畝耕七十畝者以七畝助公家耕百畝者徹取十畝以爲賦雖異名而多少同故曰皆什一也徹猶。取人徹取物也

藉者借也猶人相借力助之也龍子曰治地莫善於助莫不善於貢貢者校數歲之中以爲常
龍子古賢人也言治土地之賦無善於助者也貢者校數歲以爲常類而上之民供奉之有易有不易故謂之莫不善於貢也樂歲粒米狼戾
多取之而不爲虐則寡取之凶年糞其田而不足則必取盈焉樂歲豐年狼戾猶狼藉也粒米
粟米之粒也饒多狼藉棄捐於地是時多取於民不爲暴虐也而反以常數少取之至於凶年饑歲民人糞其田尚無所得不足以食而公家取其稅必滿其
常數焉不若從歲饑穰以爲多少與民同之也爲民父母使民盻盻然將終歲勤動不得以養其父母
又稱貸而益之使老稚轉乎溝壑惡在其爲民父母也盻盻勤苦不休息之貌動作稱舉也言民勤身
動作終歲不得以養食其父母公賦當畢有不足者又當舉貸子倍而益滿之至使老少轉尸溝壑安可以爲民之父母也夫世祿滕固行
之矣古者諸侯卿大夫士有功德則世祿賜族者也官有世功也其子雖未任居官得世食其父祿賢者子孫必有土之義也滕固知行是矣言亦當恤
民之子弟閔其勤勞者也詩云雨我公田遂及我私惟助爲有公田由此觀之雖周亦助也
詩小雅大田之篇言太平時民悅其上願欲天之先雨公田遂以次及我私田也猶殷人助者爲有公田耳此周詩也而云雨公田知雖周家之時亦有助之
之制也設爲庠序學校以教之以學習禮教化於國庠者養也校者教也序者射也夏曰校
殷曰序周曰庠學則三代共之皆所以明人倫也養者養耆老教者教以禮義射者三耦四矢以達物導氣
也學則三代同名皆謂之學學乎人倫人倫者人事也猶洪範曰彝倫攸序謂其常事有序者也人倫明於上小民親於下有

王者起必來取法是爲王者師也有行三王之道而興起者當取法於有道之國也詩云周雖舊邦其命惟新文王之謂也子力行之亦以新子之國詩大雅文王之篇言周雖后稷以來舊爲諸侯其受王命惟文王新復修治禮義以致之耳以是勸勉文公欲使庶幾新其國也使畢戰問井地畢戰滕臣也問古井田之法時諸侯各去典籍人自爲政故井田之道不明也孟子曰子之君將行仁政選擇而使子子必勉之夫仁政必自經界始經界不正井地不鈞穀祿不平子畢戰也經亦界也必先正其經界勿。慢鄰國乃可均井田平穀祿穀所以爲祿也周禮小司徒。云乃經土地而。井其田野言正其土地之界乃定受其井牧之處也是故暴君汙吏必慢其經界經界既正分田制祿可坐而定也暴君殘虐之君汙吏貪吏也慢經界不正。也必相侵陵長爭訟也分田賦廬井也制祿以庶人在官者比上農夫轉以爲差故可坐而定也夫滕壤地褊小將爲君子焉將爲野人焉無君子莫治野人無野人莫養君子褊小謂五十里也爲有也雖小國亦有君子亦有野人言足以爲善政也請野九一而助國中什一使自賦九一者井田以九頃爲數而供什一郊野之賦也助者殷家稅名也周亦用之龍子所謂莫善於助也時諸侯不行助法國中什一者周禮園廛二十而稅一時行重。法賦責之什一也而如也自從也孟子欲請使野人如助法什一而稅之國中從其本賦二十而稅一以寬之也卿以下必有圭田圭田五十畝餘夫二十五畝古者卿以下至於士皆受圭田五十畝所以供祭祀。也圭潔也。上田故謂之圭田所謂惟士無田則亦不祭言絀士無潔田也井田之民養公田者受百畝圭田半之故五十畝餘夫者一家一人受田其餘老。小倘有餘力者受二十五畝半於圭田謂之餘夫也受田者田萊多少有上中下周禮曰餘夫亦如之亦如上中下之。制也王制曰夫圭田無征謂餘夫圭田皆不。當征賦也。時無圭田餘夫孟
子欲今復古所以重祭祀利民之道也
死徙無出鄉
死謂葬死也徙謂。爰土易居。也肥磽也不出其鄉易爲功也
鄉田同井出入相友守望相助疾病相扶持則百姓親睦
同鄉之田共井之家各相營勞也出入相友相友耦也周禮大宰曰八曰友以任得民守望相助助察姦。惡也疾病相扶持扶持其羸弱救其困急皆所以教民相親睦之道。和。睦也
方里而井井九百畝其中爲公田八家皆私百畝同養公田公事畢然後敢治私事所以別野人也
方一里者九百畝之地也。地爲一井八家各私得百畝同共養其公田之苗稼公田八十畝其餘二十畝以爲廬。井宅園圃家。一畝半也先公後私遂及我私之義也則是野人之事所以別於士。伍者也
此其大略也若夫潤澤之則在君與子矣
略要也其井田之大要如是也而加慈惠潤澤之則在滕君與子共戮力撫循之也。

疏

滕文公問爲國至則在君與子矣○正義曰此章言尊賢師知采人之善修學校勸禮義敕民事正經界均井田賦十一則爲國之大本也滕文公問爲國者滕文公問孟子治國之道也孟子曰民事不可緩也者孟子荅文公言治國之道惟民事當急而不可緩也詩云晝爾于茅宵爾索綯亟其乘屋其始播百穀者此蓋詩之豳風七月之篇文也言民事於日中則取茅夜中以索綯綯絞索也晝日中也宵夜中也及爾閒暇之時則亟疾乘蓋其野外之屋春事始與以爲播百穀爲也以其民事當無休已孟子所以引此而教之文公也亦欲文公教民如此者焉民之爲道也有恆產者有恆心無恆產者無恆心苟無恆心放辟邪侈無不爲已及陷乎罪然後從而刑之是罔民也焉有仁人在位罔民而可爲也者此義同前篇此所以復言之者以其前篇孟子爲齊宣陳之也此篇蓋因文公爲治國之道故孟子復此爲荅遂兩載焉此更不說是故賢君制民必恭儉禮下取

民有制者言古之賢君必身行恭儉恭則不侮人儉則不奪人非特不侮人不奪人且又禮下接於賢人其取民之賦又有什一之制什一蓋十分則取一而已陽虎曰為富不仁矣為仁不富矣者陽虎魯季氏之家臣也孟子言陽虎有云凡為富者則常聚民之財賄為己所有故不仁凡為仁者以其常務博施濟衆故不能富矣孟子今引之而教文公者蓋欲使得其中矣夏后氏五十而貢殷人七十而助周人百畝而徹其實皆什一也徹者徹也助者藉也者言夏后氏之時民耕五十畝田其於貢上之賦但五畝而已是夏后氏五十而貢也殷人之時民耕七十畝田其助公家則七畝而已是殷人七十而助也周人之時民耕百畝其徹取之賦則十而已是周人百畝而徹也總而論之其實皆什一之賦也徹者徹也助者藉也此孟子自解之義也徹猶徹取助但借民力而耕之矣故藉借也夏后氏與殷人周人之稱不同者蓋禹之受禪以繼舜有天下故夏稱后后君也殷周以征伐順人心而有天下故云人也龍子曰治地莫善於助莫不善於貢貢者校數歲之中以為常者龍子蓋古之賢人也孟子言龍子有云治土地之賦莫善於助者也莫不善於貢也以其助則借民力而耕之其所出在歲之所熟如何耳貢者以其檢校數歲之中以為有常之例也其歲之所熟則貢之數亦然歲之荒則貢之數亦然蓋以歲荒則有損於民也故曰莫善於助莫不善於貢樂歲粒米狼戾多取之而不為虐則寡取之凶年糞其田而不足則必取盈焉者此亦孟子自解其上文之言也言豐樂之歲其粒米狼藉饒多雖多取之而不為暴虐則以寡取之凶荒之年糞其田尚不足則以取滿其常數焉是則校數歲之中以為常之意也為民父母使民盻盻然將終歲勤動不得以養其父母又稱貸而益之使老稚轉乎溝壑惡在其為民父母也孟子言人君為下民之父母使民盻盻相顧將至終歲勤苦勞動不得以贍養其父母人君在上又更稱貸而益之以滿其常數之貢致使老少羸弱飢餓而轉尸於溝壑之中如此安更可在上為下民父母也言其不足以為民父母矣以其為民父母當子養其民不當如此故也夫世祿滕固行之矣孟子言今夫滕國於世祿固已知行之矣但亦當憐憫民之老少與其勤勞者也世祿者

以其有功德之臣則世祿之賜其土地也謂其子雖未任居官得食其父之祿亦必有土地祿之也詩云雨我公田遂及我私惟助爲有公田由此觀之雖周亦助也者此詩蓋小雅大田之篇文也惟助至助也孟子又自言之因詩而解周之亦助也其詩蓋謂民樂其上願欲天之先雨及公田次及我等私田也孟子緣此而觀之遂知雖周百畝而徹取之賦其亦有助之制焉以其惟行助則爲有公田如貢徹則非有公田矣孟子於此所以復辨其周之亦有助法而取民之賦蓋謂其莫善於助之義也設爲庠序學校以教之者此孟子亦欲文公富而教之之意也言又不特止於制民之賦而已既制其祿又當開設爲之庠序學校以教之矣故曰庠者養也校者教也序者射也至是爲王者師也者此孟子欲詳說其庠序學校之意也言庠者所以養者老於此者也校者所以教禮義於此者也序者所以講射於此而行尊卑揖遜之禮者也夏之時謂之校殷之時謂之序周之時謂之庠然而爲學則三代皆共之皆所以於此而明之人倫之序大倫既備明於上小民既親之於其下如有王者興起而用之必來取法於此是爲王者之師也孟子所以區區爲滕文公言及此又欲文公由此化民成俗故也詩云周雖舊邦其命惟新文王之謂也子力行之亦以新子之國者詩云蓋詩大雅文王之篇文也其時周雖自后稷以來但爲之舊邦其受王命復脩治而維新之是文王之謂也孟子言文公但能力行如此而脩治亦新子之國矣以其欲以此勉文公使庶幾新其國也使畢戰問井地畢戰滕文公之臣也滕文公自問爲國之道孟子告之民事貢賦教禮義之意其後又使其臣畢戰問孟子以井地之制也孟子曰子之君將行仁政選擇而使子子必勉。夫仁政必自經界始經界不正井地不鈞穀祿不平者。而。以至在君與子矣皆孟子答畢戰問井地之制也孟子言子之君將欲行其仁政選擇而使子來問以井地之制子必當勉力與民同行之耳夫仁政必自經界爲始如經界不能正之則井地由此不均齊井地不均則穀祿亦不平矣穀所以爲祿故云穀祿是故暴君汙吏必慢其經界至定也者孟子言此故暴虐之君汙濫之吏必慢其經界所以告之以此者孟子欲滕君不爲暴君畢戰不爲汙吏也故如是云然經界既以正則田由此而分平祿由是而得制是其分田制祿可坐而定之也以言其易定也夫滕壤地褊小將爲君子焉將爲野人焉無君子莫治野人無野人莫養君子孟子言今夫滕國土壤之地褊小卽止於五十里然將爲之君子人焉爲之野人焉以其無君子則莫能治其野人無野人則莫能養其君子孟子所以言此者蓋以滕國亦有君子亦有野人足以爲善政也請野九一而助國中什一使自賦至若夫潤澤之則在君與子矣者此皆孟子欲滕國爲善政故以是請教之也今言請於郊野行井田之制以九一而助佐公田爲之賦國中廛園以什一之法使貢自賦之以其十中取一也古者自卿以下皆有其圭田謂之圭田者所以名其潔而供祭祀之田也言自卿以下皆受此圭田五十畝餘夫二十五畝以其一家之人受田其餘老少尚有餘力者亦受此圭田二十五畝而已死徙無出鄉以其死葬易居無出其本鄉耳鄉田同井出入相友守望相助疾病相扶持則百姓親睦以其謂同鄉之田共井之家者凡有出入皆相交友爲伴所以同其心也相助以守而此不可以威武奪相助以望而彼不得以投隙來疾病則相扶持其羸弱而救其困急則百姓於是相親和睦矣方里而井以其方一里之地爲之井田九百畝以其一井之田有九百畝其中爲公田以其九百畝於井中抽百畝爲公田之苗稼其八家皆私百畝以其八口之家皆受八百畝以爲己之私田苗稼同養公田公事畢然後敢治私事以其八口之家同共耕養其公田及至公田之事了畢然後耕治己之私田以爲之私事所以別野人也此所以爲野人之事以別於士伍者也此其大略也若夫潤澤之則在君與子矣孟子言此則井田之大要如是也若夫加之以慈惠潤澤之則有在於滕君與子矣子者稱畢戰爲子也〇注詩邠風七月之篇至無休已〇正義曰毛氏云宵夜也綯絞也乘升也箋云爾女也汝當晝日往取茅歸夜作絞索以待時用亟急也乘治也十月定星將中急當治野廬之屋其始播百穀謂期來年百穀于公社也此詩蓋陳王業之艱難〇注陽虎魯季氏家臣非賢者也〇正義曰案論語云陽貨欲見孔子孔子不見孔傳云陽貨陽虎也季氏之家臣而專魯國之政是則姓陽名虎字貨也孔子不見所以

知其非賢故也○注詩小雅大田之篇至亦助也○正義曰此蓋幽王之詩也箋云其民之心先公後私令天注雨於公田因及私田爾言民怙君德蒙其餘惠○注洪範彝倫攸敘○正義曰孔安國云彝倫常道也言常道所以次敘也洪大也範道也此箕子陳之於武王者也○注詩大雅文王之篇○正義曰此詩蓋言文王受命作周箋云大王聿來胥宇而國於周王迹起矣而。未有天命至文王而受命言新者美之也○注周禮小司徒曰乃經土地而井牧其田野○正義曰鄭注云小司徒為經之立其五溝五塗之界其制似井之字因取名焉鄭司農云井牧者春秋傳所謂井衍沃牧隰皐者也鄭玄云隰皐之地九夫為牧二牧而當一井今造都鄙授民田有不易者有一易者有再易者通率二而當一是之謂井牧昔少康在虞思有田一成有衆一旅一旅之衆而田一成則井牧之法先古然矣九夫為井者方一里九夫所治之田也此制小司徒經之匠人為之溝洫相包乃成耳○注周禮園廛二十而稅一○正義曰鄭司農云園廛亦輕之者廛無穀園少利也○注周禮曰餘夫亦如之王制曰夫圭田無征○正義曰鄭司農云戶計一夫一婦而賦之田其一戶有數口者餘夫亦受此田也夫圭田無征者鄭氏云夫猶治也征稅也治圭田者不稅所以厚賢也此則周禮之士田以在近郊之地者也○注周禮大宰曰八曰友以任得民○正義曰案大宰之職以九兩繫邦國之民一曰牧以地得民二曰長以貴得民三曰師以賢得民四曰儒以道得民。八曰友以任得民九曰藪以富得民注云兩猶耦也所以協耦萬民繫聯綴也牧州長也長諸侯也師諸侯師氏有德行教民者也儒諸侯保氏有六藝以教民者也宗繼別為大宗牧族者也鄭司農云主謂公卿大夫世世食至不絕者也吏小吏在鄉邑者友謂同井相合耦耡作者藪亦有虞掌其政令為之厲禁者使其地之民守其財物者此大宰之職有是以

掌之也

孟子注疏卷五上校勘記

阮元撰盧宣旬摘錄

旻公於當時　閩監毛三本孔本韓本作文公於當時宋本無於當時三字

猶衛靈公問陳於孔子論語因以題篇　閩監毛三本孔本韓本同宋本考文古本作若弟子之問師故以題篇

慈惠愛民曰　此下脫文字閩本同監毛本增是也

考公麋　閩監毛三本同廖本孔本韓本麋作麇音義云從禾作麇是也考文古本考公作孝公下同

似後世避諱　孔本似作以

故勉世子　閩監毛三本同廖本孔本韓本考文古本作欲勸勉世子也

天下之道一而已矣　閩監毛三本同廖本作夫天下之道一言已矣孔本韓本作夫天下之道一言而已考文古本足利本一而已矣作一言而已

復何疑邪　閩監毛三本同廖本孔本韓本考文古本邪作也

同丈夫　閩監毛三本同宋本孔本韓本考文古本下有耳字

何爲畏彼之哉　閩本同監毛本考文古本作我何爲畏之哉孔本韓本無彼字

言欲有爲　閩監毛三本同孔本韓本考文古本爲上有所字

可得大五十里廖本孔本韓本考文古本同閩監毛三本大誤夫

若藥不瞑眩音義云又作眠眴

瞑眩憒亂音義云瞑或作瞋

乃得瘳愈閩監毛三本同廖本孔本韓本考文古本下有也字

德惠乃洽也閩監毛三本同孔本韓本無也字足利本洽作治非

章指言人韓本人下有主字當上則聖人秉仁行義高山景行庶幾不倦論語曰力行近仁蓋不虛云

言人上當則聖人閩本同監毛本上作主案此約章指文上當當作當上監本剜改作主非

齎疏之服閩監毛三本孔本齎作齊韓本作齌案音義出齌疏作齌采用音義也○按作齊者經典假借字也作齌者正字也作齎者齌之誤

三代以事閩監毛三本事作前廖本孔本韓本考文古本足利本事作來

齊衰也閩監毛三本孔本韓本同考文古本衰作縗案音義出縗字云或作衰

饘粥也閩監毛三本同宋本孔本韓本饘作饍音義出饍字云字亦作饘案饍字大誤

滕文同姓異姓諸臣也閩監毛三本同宋本孔本韓本考文古本文作之

且志曰 此與左傳且諺曰匪宅是卜惟鄰是卜文法正同依趙注疑且字下奪曰字左傳亦然

言我轉有所受之 閩監毛三本同宋本孔本韓本考文古本受上有承字廖本承作丞

故曰吾有所受 閩監毛三本下有也字廖本孔本韓本考文古本無此句無者是

使其信我也 閩監毛三本同宋本岳本孔本韓本考文古本無其字

以君先哀之也 閩監毛三本同宋本孔本韓本考文古本之作故浦鏜云卒誤哀非也

草上之風 閩監毛三本同石經廖本孔本韓本上作尚

大悅其孝行之高美也已 閩監毛三本同廖本孔本韓本考文古本無已字

章指言事莫當於奉禮孝莫大於哀慟從善如流文公之謂也

鄭書之屬也 閩監毛三本書作志

父大喪記云 父又之誤閩監毛三本不誤大喪當作喪大

詩云 石經孔本韓本同閩本云誤曰監毛本承其誤

晝爾于茅 音義張云或作苗誤也○按士相見禮在野則曰草茅之臣注古文茅作苗是茅苗古通用張說非也茅山古曰苗山魏有苗茨之碑即茅茨之碑

有恆產者有恆心石經恆諱作常下同

放邪侈放下脫辟字今補正閩監毛三本不脫宋本孔本韓本僻作辟侈音義張云諸本作移誤也案作移者別是一本非誤也說見前

是罔民也音義張云罔或作司誤也案作司者卽今之伺字

不過十一之制也十字此本模糊閩監毛三本如此宋本孔本韓本考文古本十作什

殷人七十而助石經殷諱作商下同

徹猶取人徹取物也閩監毛三本同岳本宋本廖本孔本韓本考文古本無上取字無者是

故謂之莫不善於貢也閩監毛三本同廖本孔本韓本足利本無於貢二字

而反以常數少取之閩監毛三本孔本韓本同廖本考文古本足利本數作類

民人糞其田閩監毛三本同宋本孔本韓本考文古本糞下有治字

與民同之也閩監毛三本孔本同廖本韓本考文古本無之字

使民盻盻然音義丁作肹○按盻字見說文云恨視皃但趙注以勤苦不休息爲訓趙作肹不作盻也說文肹蠁布也肣振也肹肣古通用肹肹猶肸肸方言曰肸肸不安也

至使老少轉尸溝壑閩監毛三本同宋本少作小尸作乎岳本孔本韓本少作小足利本尸下有乎字

其子雖未任居官　閩監毛三本韓本同孔本考文古本任作士音義出未任音壬作任是也

得世食其父祿　閩監毛三本孔本韓本同宋本得作則

猶殷人助者　宋本孔本考文古本足利本同閩監毛三本韓本猶作惟案猶當獨字之誤閩本改爲惟非也

知雖周家之時亦有助之之制也　閩監毛三本同宋本岳本亦有助之之制也作亦助也孔本韓本足利本作知雖周家時亦助也考文古本之時之制無之字

謂其常事有序者也　閩監毛三本同宋本孔本韓本足利本作謂常事所序也考文古本無其字有作所

其命惟新　石經宋九經本岳本咸淳衢州本廖本孔本韓本同閩監毛三本惟作維

詩大雅文文王之篇　補此本誤重文字

井地不鈞　石經岳本咸淳衢州本廖本孔本韓本考文古本足利本同閩監毛三本鈞作均

勿慢鄰國　此本慢字模糊閩監毛三本如此廖本孔本韓本考文古本作侵案侵是也

小司徒云　此本云字模糊閩監毛三本如此孔本韓本考文古本作曰

而井其田野　補案井丁應有牧字

不正也　閩監毛三本同廖本孔本韓本考文古本作不正本也

時行重法賦 閩監毛三本同宋本孔本韓本考文古本無法字

所以供祭祀也 閩監毛三本同岳本孔本韓本考文古本無也字

上田 宋本考文古本同閩監毛三本孔本韓本上作土

其餘老小 廖本孔本韓本同閩監毛三本小作少

亦如上中下之制也 宋本孔本韓本同閩監毛三本制誤等

皆不當征賦也 此本當字模糊閩監毛三本如此廖本孔本韓本考文古本作出

時無圭田餘夫 時宋本作詩誤也

謂受土易居也肥磽也 上也字模糊閩監毛三本如此廖本孔本韓本受作爰上也作平考文古本上也作平○按作爰作平是爰土即國語之轅田賈侍中云轅易也爲易田之法左傳作爰田食貨志曰三歲更耕之自爰其處公羊傳注曰三年一換土易居然則爰者換也平肥磽者謂一易之地家百畝再易之地家二百畝三易之地家三百畝無偏枯不均也

助察姦惡也 閩監毛三本同廖本孔本韓本考文古本無惡字

和睦也 閩監毛三本同廖本孔本韓本考文古本作睦和也爲是

地爲一井 閩監毛三本同廖本孔本韓本考文古本無地字

以爲廬井宅園圃家一畝半也閩監毛三本同廖本孔本韓本考文古本無井字一作二○按無井字非也穀梁傳曰古者公田爲居井竈蔥韭取焉一作二是也此二畝半合城保二畝半是爲五畝之宅

別於士伍者也閩監毛三本孔本同韓本考文古本伍作位

章指言尊賢師知采人之善足利本作言非善之至也韓本脫此四字修學校勸禮義勑民

事正經界鈞孔本韓本作均井田賦什一則爲國之大本也

子必勉下脫之字閩監毛三本不脫

蓋目至在君與子矣閩監毛三本蓋目作而以今據改

而末有天命閩監毛三本末作汞

四曰儒以道得民八曰友以任得民八曰上脫五曰宗以族得民六曰主以利得民七曰吏以治得民三句閩監毛三本不脫

孟子注疏卷五上校勘記

孟子注疏解經卷第五下

滕文公章句上　　趙氏注　　孫奭疏

有爲神農之言者許行自楚之滕踵門而告文公曰遠方之人聞君行仁政願受一廛而爲氓神農三皇之君炎帝神農氏。許姓行名也治爲神農之道者踵至也廛居也自稱遠方之人願爲氓氓野人。也文公與之處其徒數十人皆衣褐捆。屨織席以爲食文公與之居處舍之宅也其徒學其業者也衣褐貧也捆猶叩。椓也織屨欲使堅故叩之也賣屨席以供。飲。食也陳良之徒陳相與其弟辛負耒耜而自宋之滕曰聞君行聖人之政是亦聖人也願爲聖人氓陳良儒者也陳相良之門徒也辛相弟聖人之政謂仁政也陳相見許行而大悅盡棄其學而學焉棄陳良之儒道更學許行神農之道也陳相見孟子道許行之言曰滕君則誠賢君也雖然未聞道也陳相言許行以爲滕君未達至道也賢者與民並耕而食饔飧而治今也滕有倉廩府庫則是厲民而以自養也惡得賢相言許子以爲古賢君當與民並耕而各自食其力饔飧熟食也朝曰饔夕曰飧當身自具其食兼治。民事耳今滕賦稅有倉廩府庫之富是爲厲病其民以自奉養安得爲賢君乎三皇之時質樸無事故道若此。者也孟子曰許子必種粟而後食乎問許子必自身種粟乃食之邪曰然相曰然許子自種之許子必織布然。後衣乎孟子曰許子自織布然後衣之乎曰否許子衣褐相曰不自織布許子衣褐以毳織之若今馬衣也。或曰褐枲衣也一曰粗布衣也許子冠乎孟子問相。冠。乎曰冠相曰冠也曰奚冠孟子問許子何冠也曰冠素相曰許子冠素曰自織之與。曰否以粟易之相言許子以粟易素曰許子奚爲不自織。孟子曰許子自織素乎曰害於耕相曰織。紡害於耕故不自織也曰許子以釜甑爨以鐵耕乎爨炊也孟子曰許子寧以釜甑炊食以鐵爲犂用之耕否邪曰然相曰用之自爲之與孟子曰許子自治鐵陶瓦器邪曰否以粟易之相曰不自作鐵瓦以粟易之也以粟易械器者不爲厲陶冶陶冶。亦以械器易粟者豈爲厲農夫哉且許子何不爲陶冶舍皆取諸其宮中而用之何爲紛紛然與百工交易何許子之不憚煩械器之總名也厲病也以粟易器不病陶冶陶冶亦何以爲病農夫乎且許子何爲不自陶冶舍者止也止不肯皆自取之其宮宅中而用之何爲反與百工交易紛紛。而爲之煩也曰百工之事固不可耕且爲也相曰百工之事固不可耕且爲故交易也然則治天下獨可耕且爲與孟子言百工各爲其事尚不可得耕且兼之人君自天子以下當治天下政事此反。可。耕且爲邪欲以窮許行之非滕君不親耕也孟子謂五帝以來有禮義上下之事。不。得復若三皇之道也言許子不知禮。者也有大人之事有小人之事且一人之身而百工之所爲備如必自爲而後用之是率天下而路也孟子言人道自有大人之事謂人君行教化也小人之事謂農工商也一人而備百工之所作作之乃得用之者是率導天下人以羸。困。之。路也。故。曰。是。率。天。下。而。路。也故曰或勞心或勞力勞心者治人勞力者治於人治於人者食人治人者食於人天下之通義也勞心君也勞力民也君施教以治理之民竭力治公田以奉養其上天下通義所常行者也當堯之時天下猶未平洪水橫流氾濫於天下草木暢茂禽獸繁殖五穀不登禽獸偪人獸蹄鳥迹之道交於中國堯獨憂之舉舜而敷治焉遭洪水故天下未平水盛故草木暢茂草木盛故禽獸繁息衆多也登升也五穀不升用也猛獸之迹當在山林而反交於中國懼害人故堯獨憂念之敷治也書曰禹敷土是言治其土也舜使益掌火益烈山澤而焚之禽獸逃匿掌主也主火之官猶古之火正也烈熾也益視山澤草木熾者而焚之故禽獸逃匿而奔走遠竄也禹疏九河瀹濟漯而注諸海決汝漢排淮泗而注之江然後中國可得而食也當是時也禹八年於外三過其門而不入雖欲耕得乎疏通也瀹治也排壅也於是水害除故中國之地可得耕而食也禹勤事於外八年之中三過其門而不入書曰辛壬癸甲啓呱呱而泣如此寧可得耕也后稷教民稼穡樹藝五穀五穀熟而民人育棄爲后稷也樹種藝殖也五穀謂稻黍稷麥菽也五穀所以養人也故言民人育也人之有道也飽食煖衣逸居而無教則近於禽獸聖人有憂之使契爲司徒教以人倫父子有親君臣有義夫婦有別長幼有敘朋友有信司徒主人教以人事父父子子君君臣臣夫夫婦婦兄兄弟弟朋友貴信是爲契之所教也放勳曰勞之來之匡之直之輔之翼之使自得之又從而振德之放勳堯號也遭水災恐其小民放僻邪侈故勞來之匡正直其曲心使自得其本善性然後又從而振其羸窮德恩惠之德也聖人之憂民如此而暇耕

乎重喻陳相堯以不得舜爲己憂舜以不得禹皐陶爲己憂夫以百畝之不易爲己憂者農夫也分人以財謂之惠教人以善謂之忠爲天下得人者謂之仁言聖人以不得賢聖之臣爲己憂農夫以百畝不易治爲己憂是故以天下與人易爲天下得人難爲天下求能治天下者難得也故言以天下傳與人尙爲易也孔子曰大哉堯之爲君惟天爲大惟堯則之蕩蕩乎民無能名焉君哉舜也巍巍乎有天下而不與焉堯舜之治天下豈無所用其心哉亦不用於耕耳天道蕩蕩乎大無私生萬物而不知其所由來堯法天故民無能名堯德者也舜得人君之道哉德盛而巍巍乎有天下之位雖貴盛不能與益舜巍巍之德言德之大大於天子位也堯舜蕩蕩巍巍如此但不用心於躬自耕也吾聞用夏變夷者未聞變於夷者也言以諸夏之禮義化變蠻夷之人耳未聞變化於夷蠻之人同其道也陳良楚產也悅周公仲尼之道北學於中國北方之學者未能或之先也彼所謂豪傑之士也子之兄弟事之數十年師死而遂倍之陳良生於楚北遊中國學者不能有先之也所謂豪傑過人之士也子之兄弟謂陳相陳辛也數十年師事陳良良死而倍之更學於許行非之也昔者孔子沒三年之外門人治任將歸入揖於子貢相嚮而哭皆失聲然後歸子貢反築室於場獨居三年然後歸任擔也失聲悲不能成聲場孔子冢上祭祀壇場也子貢獨於場左右築室復三年愼終追遠也他日子夏子張子游以有若似聖人欲以所事孔子事之

強曾子曾子曰不可江漢以濯之秋陽以暴之皜皜乎不可尚已有若之貌似孔子此三子者思孔子而不可復見故欲尊有若以作聖人朝夕奉事之禮如事孔子以慰思也曾子不肯以爲聖人之潔白如濯之江漢暴之秋陽秋陽周之秋夏之五六月盛陽也皜皜白甚也何可尚而乃欲以有若之質於聖人之坐席乎尊師道故不肯也今也南蠻鴃舌之人非先王之道子倍子之師而學之亦異於曾子矣吾聞出於幽谷遷于喬木者未聞下喬木而入于幽谷者今此許行乃南楚蠻夷其舌之惡如鴃鳥耳鴃博勞鳥也詩云七月鳴鴃應陰而後動者也許子託於太古非先聖王堯舜之之道不務仁義而欲使君臣並耕傷害道德惡如鴃舌與曾子之心亦異遠也人當出深谷止喬木今子反下喬木入於幽谷魯頌曰戎狄是膺荊舒是懲周公方且膺之子是之學亦爲不善變矣詩魯頌閟宮之篇也膺擊也懲艾也周家時擊戎狄之不善者懲止荊舒之人使不敢侵陵也周公常欲擊之言南蠻之人難用而子反悅是人而學其道亦爲不善變更矣孟子究陳此者所以責陳相也從許子之道則市賈不貳國中無僞雖使五尺之童適市莫之或欺布帛長短同則賈相若麻縷絲絮輕重同則賈相若五穀多寡同則賈相若屨大小同則賈相若陳相復爲孟子言此如使從許子淳樸之道可使市無二價不相僞詐不相欺愚小大長短謂丈尺輕重謂斤兩多寡謂斗石大小謂尺寸皆言同價故曰市無二價者也曰夫物之不齊物之情也或相倍蓰或相什百或相千萬子比而同之是亂天下也巨屨小屨同賈人豈爲之哉從許子之道相率而爲僞

者也惡能治國家也孟子曰夫萬物好醜異賈精粗異功其不齊同乃物之情性也蓰五倍也什十倍也至於千萬相倍譬若和氏之璧雖與凡玉之璧尺寸厚薄適等其價豈可同哉子欲以大小相比而同之則使天下有爭亂之道也巨粗屨也小細屨也如使同價而賣之人豈肯作其細哉時許子教人僞者耳安能治。其國家者也。【疏】有爲神農之言至惡能治國家○正義曰此章言神農務本教以凡民許行敝道同之君臣陳相倍師降於幽谷不理物情謂之淳樸者有爲神農者許行至願受一廛而爲氓者神農炎帝氏也許行南蠻之人也姓許名行也自楚蠻之地往滕國至門而言告於文公曰我是遠方楚蠻之人聞滕君行仁政於此我今所以來至心願受一廛居之以爲之氓也氓野人之稱己說在。孫丑篇文公。之處其徒數十人皆衣褐捆屨織席以爲食言文公乃與許行之居而處之其許行之徒弟有數十人皆衣短褐叩椓織屨席以供其飲食也陳良之徒陳相與其弟辛至願爲聖人氓陳良儒者也陳相與其陳辛二人皆陳良徒弟也言陳良徒弟陳相與其弟辛背負其耒耜而從宋國往滕國而向滕君曰我聞知君行聖人之政事是爲聖人者也今願爲聖人之氓陳相見許行而大悅盡棄其學而學焉言陳相至滕乃見許行而大悅樂之遂盡棄去陳良之儒學而就學於許行之道陳相見孟子道許行之言曰至惡得。其賢言陳相後見孟子乃道許行之言曰滕君則誠爲賢君者也雖然未聞至道也古之賢君乃與民同耕而食饔飧而兼治政事朝食曰饔夕曰飧今也滕君乃取財稅而有倉廩府庫之富則是厲病其民以自奉養也安得謂之賢君乎倉廩釋名曰倉藏也藏穀物也廩倉有屋曰廩孟子問許子必種粟而後食乎曰然陳相荅之以爲許行是自種而後食也許子必織布然後衣乎孟子又問許子必自織布然後衣着乎曰許子。子衣褐陳相荅之許子不自紡織其布爲衣以其即著枲布也許子冠乎孟子問許子戴冠乎曰冠陳相荅之許子戴冠也曰奚冠孟子又問許子戴何冠曰冠素陳相荅之許子冠以素爲之爾素爲也曰自織之歟孟子又問許子以素爲冠其自織之歟曰否以粟易之陳相荅之許子不自織爲冠以粟更易之而已曰許子奚爲不自織孟子又問許子何爲而不自織爲之乎曰害於耕陳相荅之以謂許子不自織爲之也以其自織者斯害於耕也曰許子以釜甑爨以鐵耕乎孟子又問許子寧以釜甑炊食以鐵爲犂用之耕否乎曰然陳相荅之以爲許子用之也自爲之歟孟子又問許子是自爲釜甑炊食鐵犂耕乎曰否以粟易之陳相荅以爲許子之不自爲也以粟更易之而已以粟易械器者不爲厲陶冶至何許子之不憚煩孟子又復問以許子將粟更易械器者不以厲病於陶冶陶冶亦以器更易之以粟豈爲病厲其農夫哉陶作瓦器之匠也冶鑄金之匠也且許子何不自爲之陶冶止皆取其宮室之中而用之乎何爲更紛紛然交易於百工歟何許子之不長其煩故以此欲排之陳相也曰百工之事固不可耕且爲也陳相又荅之以謂百工之事固不可耕且爲之也所以用交易而用之耳然則治天下獨可耕且爲之歟孟子又排之如是則爲國君治天下獨可自耕且又爲政事以治天下歟陳相及此以應荅故孟子一向自言而排之乃曰有大人之事大人之事則國君行教化也有小人之事卽農工商也且以一人之身而用百工之所作爲備具如必皆用自爲然後方行用之也此則驅率天下之人以羸困之路也又一說云如此是驅率天下之人如道路之人但泛視而不知上下貴賤耳以其許行陳相皆欲君民並耕不知有上下貴賤相待故以此說據下文意義相通堪以此。說爲尚所。及。亡。羸困之路者但趙注之說耳詳而推之羸困之路不若此說故曰或勞心或勞力至天下之通義也者此。下文之如此也言天下之人有但或勞其力但或勞其心者勞其心所以制政教而治天下之人耳勞其力所以見治於上人而已見治於上之人者竭力治公田以奉養上之人也治天下之人者以其爵祿皆出民之賦稅故食於人而已言此是天下通義人所常行者也上之人君爲言也下之人民爲言也以此推之則上下貴賤有所相待耳當堯之時天下猶未平至。舉。舜而敷治焉孟子又言當古之唐堯盛帝之時天下猶尚未平是。以其大水橫流逆其勢汎汎濫濁偏於天下草木由是暢茂敷實禽獸又由此而繁息而生殖焉五穀黍稷稻麥菽於是不豐登禽獸亦偪害於人猛獸之迹交。馳於中國之道堯帝乃。獨自憂懼之以其有傷害於人民故舉用虞舜而廣治之廣治其水土也舜使益掌火至禹疏九河后稷教民稼穡又至使契爲司徒止於亦不用於耕耳言舜因堯帝舉用乃使伯益爲掌火之官益視山澤草木煩盛乃烈山澤而焚燒之禽獸於是懼而逃匿遠竄而不敢出又使禹疏通九河又瀹治濟漯之水而流注歸海又開決汝漢之水而斟壅淮泗二水而同流注歸之江九河在東北案爾雅云九河一曰徒駭二曰太史三曰馬頰四曰覆釜五曰湖蘇六曰簡七曰潔八曰鉤盤九曰鬲津是也江九江也案潯陽。端記有云一曰烏江二曰蚌江三曰烏白江四曰嘉。匪江五曰箘江六曰提江七曰廩江八曰源江九曰畎江是也然後中國之地人方可耕藝而食也當此之時大禹八年在外治水土經三次過其家門而不得入其家雖欲於時耕作之其可得乎又使后稷棄教天下民稼穡種。樹藝殖五穀五穀既豐熟而天下人民於是得養育其生稼穡者說文云種曰稼斂。曰穡也人之於是有養生之道飽食而煖衣逸樂居處而無以教之則近類於禽獸以其不知高下也聖人有憂懼其民如此舜又使契爲司徒之官教以人倫使天下之人知父子有親親慈孝君臣有尊卑之義夫婦有交別長幼有等敘朋友有忠信又言放勳有曰勞之來之匡之直之輔之翼之使自得之又從而振德之民之有勤勞於事者有以賞其勞故曰勞之因其民之來歸者有以償其來故曰來之民之既能直其心故以正其直爲之正故曰匡之民之或曲其心故以正其曲爲之直故曰直之輔之如車輔使民有所安於業故曰輔之翼之如羽翼使民有所進於道故曰翼之勞之來之匡之直之輔之翼之所以欲使其自得悅樂之而已矣民既自得而悅樂之於是又從加之恩惠而振德之振德即恩惠耳言聖人之憂於天下之民如此尚何暇以耕爲乎又言堯以不得舜而舉用使敷治焉則爲民之憂舜既得堯舉而用之如舜復不得皋陶禹爲輔則亦爲己之憂今夫以百畝之難耕恐爲己所憂者農夫也分人以財謂之惠教人以善謂之忠爲天下得人謂之仁以言其以己之財物布與人者是謂忠惠也以己之有善而以教諸人謂其心之忠也中心之謂忠爲天下求得其人而治天下者是謂其仁者也愛人之謂仁所以爲天下求得其人不過愛天下之人故如是也是故以天下與人易爲天下得人難孟子言如此故以天下傳與其人尚以爲易也爲天下得其人而治天下得者猶以爲難孔子曰大哉堯之爲君惟天爲大惟堯則之蕩蕩乎民無能名焉至亦不用於耕耳孟子又引孔子有云大哉堯帝之爲君也惟上天之爲大而不可尚惟堯帝又能則法上天而行之故蕩蕩然其德之大而民無有能指名之者亦若上天之蕩蕩其覆。載之德人亦不能指名而窮極之故也德於堯如此其大故孔子所以曰大哉堯之爲君君哉舜也巍巍乎其功德之大如此而天下之事未嘗自與及焉無他以其急於得人而輔之耳所以但無爲而享之故不必自與及焉自然則堯帝舜帝之治天下豈爲無所用其心哉以其但急用心於得。賢亦且不用於躬耕耳孟子所以言至於此者蓋欲排許子於陳相欲以滕君與民並耕而食故演之以此也是所以謂之云耳吾聞用夏變夷者未聞變於夷者也至亦。爲。不。言。變矣者此蓋孟子又欲以此而譏陳相學於許行者也言其聞用中夏之禮義而變化於蠻夷之人未聞以蠻夷之道而變化於中夏也且陳良自楚國而生也悅樂其周公仲尼之大道乃自楚之南而往北求學於中國蓋中國以楚地觀之則中國在北之地故也北方之學者未能有人或先之陳良彼陳良所謂豪傑過人之士者也子之兄弟以師之事數十年矣至師死而遂背去其所學而學於許行故以此而譏之之言往日孔子喪沒至於三年之外其門人有治擔任而將歸室者乃至子貢之所入揖於子貢相向面而哭乃至悲不成聲然後歸之室復感發子貢追思孔子又反至築室於孔子冢上之壇獨居又至三年然後方辭冢室而歸處又及他日子夏子張子游三人以有若之貌狀似孔子聖人三人遂欲以往日所事孔子之禮旦夕奉事有子至勉強曾子同以此事之曾子乃曰不可言江漢以濯之則至清而不可汚秋陽以曝之則至明而不可掩其孔子如此江漢秋陽皜皜然清潔明白不可得而尚耳故不可以有若比之而以事孔子之禮事之也孟子所以言之以此者蓋謂孔子之死至三年之久而門人尚歸與子貢相向而哭乃至悲而不成聲又感子貢復築室於冢上而追思之以至子張子游子夏欲慰其心思乃強曾子同以往日事孔子之禮而事之有若曾子尚不忍以有若加於孔子而今子之兄弟但自師死之未久遂便以背去之而欲以許行爲師而就學之何忍之如是邪故以此非之然前又所謂用夏變夷即陳良北學中國以周公仲尼之道爲悅是又孟子明言之也豈見如許行陳相兄弟用蠻夷之事而欲變於滕國也今也南蠻鴃舌之人非先王之道子倍子之師而學之至爲不善變矣孟子言今也許行乃南蠻鴃舌之惡如於鳥者也所行皆非先王之正道而子之兄弟皆背去其己之師陳良而以學許行是亦有異於曾子不忍以有若加孔子矣我聞出自幽谷之內而遷登于高大之木者未聞有下高大之木而遷入于幽谷之內者也又魯頌閟宮之篇有曰戎狄之人不善周公於是膺擊之荊舒之人亦不善周公於是懲誡之然則戎狄之人周公方且膺擊之今以南蠻之人反悅其道而以學之亦爲不善變更者矣蓋戎狄荊舒皆南蠻之地也然周公一則膺擊之一則但懲誡之不是何邪夫以戎狄之地遠荊舒之地近以遠者有所膺擊則近者自然從而治也故戎狄是膺荊舒是懲矣此孟子所以又執此而非之陳相兄弟學于許行爲不善更變其師者焉從許子之道則市價相若者此乃陳相之言從許行之道爲美之意於孟子也言今從許行之道而行之則市中物價貴賤則一而不二也國中亦無姦僞欺詐雖使五尺之童子往市中亦莫有人或敢欺瞞之也以其布與絹帛長短則同其價例則相若不異麻縷絲絮四者輕重又同而價例亦相若而更無高低五穀斗量多寡亦則同而價例亦相若脚屨大小亦同而價則相若凡此是皆市無二價也故以此言於孟子曰夫物之不齊物之情也至惡能治國家此孟子又從而排之也言夫萬物之不齊等是物有貴賤好惡之情也然或相倍蓰或相什伯或相千萬其不同之有如此而子今以爲上皆同之而無二價是使天下交爭而亂之也大屨與小屨同其價則人必爲之小屨而賣之而大屨豈爲之哉言此屨之大小則其他物之貴賤不言而可知矣今從許行之道者是相驅率而作詐僞者也又安能治國家焉此孟子至終而闢之以此也○注神農三皇之君炎帝神農氏也○正義曰案皇甫謐曰易稱包羲氏沒神農氏作是爲炎帝班固云教民耕農故號

曰神農○注褐馬衣至粗布衣也○正義曰案說文云編枲襪也一曰短衣也又曰袍也馬被衣也注古火正○正義曰案左傳昭公二十九年有五行之官
木正曰勾芒火正曰祝融金正曰蓐收水正曰玄冥土正曰后土顓頊氏之子曰犂爲祝融是爲火正故也○注書曰辛壬癸甲啓呱呱而泣○正義曰案孔
傳云辛日娶妻至于甲日復往治水啓禹之子禹治水過門不入聞啓泣聲不暇子名之以大治度水土之功故也○注放勳堯名也○正義曰案徐廣云放
勳號陶唐也孔安國云堯能放上世之功化也○注場孔子冢上祭祀壇場○正義曰案史記云孔子葬魯城北泗上皇覽曰孔子冢去城一里冢塋百畝南
北廣十步東西十三步高一丈二尺冢前以瓴甓爲祠壇方六尺與地平之無祠堂冢塋中樹以百數皆異種魯人世世無能名其樹者民傳言孔子弟子異
國人各持其方樹來種之其樹柞枌雒離女貞五味毚檀之樹塋中不生荊棘及刺人草○注魯頌閟宮之篇○正義曰此詩頌僖公能復周公之宇也箋云
懲艾也僖公與齊桓舉義兵北當戎狄南艾荊舒是其解也　墨者夷之因徐辟而求見孟子夷子治墨家之道者徐辟
孟子弟子也求見孟子欲以辯道也　孟子曰吾固願見今吾尚病病愈我且往見我常願見之今值我病不能見
也病愈將自往見以辭卻之　夷子不來他日又求見孟子是日夷子聞孟子病故不來他日復往求見。之　孟子曰吾
今則可以見矣不直則道不見我且直之告徐子曰今我可以見夷之矣不直言。之則儒家聖道不見我且欲直攻
之也　吾聞夷子墨者墨之治喪也以薄爲其道也夷子思以易天下豈以爲非是
而不貴也然而夷子葬其親厚則是以所賤事親也我聞夷子爲墨道者墨。者治喪貴薄而賤厚夷子。欲
以此道易天下之化使從己豈肯以薄爲非是而不貴之也加使夷子葬其父母厚也是以所賤之道。事其親也如其薄也下言上世不葬者又可鄙足。以爲

戒也吾欲以此攻之者也徐子以告夷子夷子曰儒者之道古之人若保赤子此言何謂也之則以爲愛無差等施由親始之夷子名也蓋儒家者曰古之治即若愛赤子此何謂乎之以爲當同其恩愛無有差次等級親踈也但施愛之事先從己親屬始耳若此何爲獨非墨道也徐子以告孟子孟子曰夫夷子信以爲人之親其兄之子爲若親其鄰之赤子乎彼有取爾也赤子匍匐將入井非赤子之罪也親愛也夫夷子以爲人愛兄子與愛鄰人之子等耶彼取赤子將入井雖他人子亦愛救之故謂之愛同也但以赤子無知故救之耳夷子必以此況之未盡達人情者也故曰赤子匍匐將入井非赤子之罪也且天之生物也使之一本而夷子二本故也天生萬物各由一本而出今夷子以他人之親與己親等是爲二本故欲同其愛也蓋上世嘗有不葬其親者其親死則舉而委之於壑上世未制禮之時壑路傍坑壑也其父母終舉而委之棄於壑也他日過之狐狸食之蠅蚋姑嘬之其顙有泚睨而不視夫泚也非爲人泚中心達於面目蓋歸反虆梩而掩之掩之誠是也則孝子仁人之掩其親亦必有道矣嘬相共食之也顙額也泚汗出泚泚然也見其親爲獸蟲所食形體毀敗中心慙故汗泚泚然出於額非爲他人而慙也自出其心聖人緣人心而制禮也虆梩籠臿之屬可以取土者也而掩之實是其道則孝子仁人掩其親亦有道矣徐子以告夷子夷子憮然爲間曰命之矣孟子言是以爲墨家薄葬不合道也徐子復以告夷子夷子憮然者猶悵然也爲間者有頃之間也命之猶言受命教矣【疏】墨者夷之至命之矣○正義曰此章言聖人緣情制禮奉終墨子互同質而違中以直正

枉憮然改容而受命也墨者夷之因徐辟而見孟子夷之治墨家之道者姓名也徐辟孟子弟子也言治墨家之道者夷之因孟子弟子徐辟而見孟子也孟子曰吾固願見今吾尚病病且待病之瘥愈我以往而見之也夷子不來他日又求見孟子夷子聞孟子以爲尚病故不來見至於他日復往求見孟子孟子曰吾今則可以見矣不直則道不見我且直之孟子見夷子復來求見遂不得已先言於徐子曰我今則可以見矣欲不見則不得直己之道而正之儒家先王之正道則泯而不見我且見而直己之道而正彼也吾聞夷子墨者墨之治喪也以薄爲其道也至是以所賤事親也此孟子以此告徐子是其直己之道而正夷子也以其夷子既以厚葬其親而尚治其墨家之道故不知以此厚其親是儒家之正道而已孟子所以反覆直而正之乃因徐子而告之曰我聞夷子治墨家之道者也夫墨者治喪不厚但以薄之是爲其道也夷子思以墨道以變易天下之化豈以薄其喪而不貴之者也然而夷子葬其父母以厚爲之則是以墨家所賤者而事父母之親喪也以其墨家賤厚而貴薄也徐子以告夷子徐子因孟子此言以告之夷子也夷子曰儒者之道古之人若保赤子至施由親始此又夷子以言於徐子而以墨道爲是也乃曰儒者之道有云古之人治民若保安赤子者是言何謂之乎是則以爲恩愛之道無有差等之異也但施行恩愛之道當自父母之親爲始耳我所以厚葬其親何爲獨非以墨道也之夷子自稱己之名也徐子又以夷子此言告於孟子孟子曰夫夷子信以爲人之親其兄之子至亦必有道矣孟子又言今夷子以爲愛無差等是夷子信以爲人親愛其兄之子爲若親愛其鄰家之赤子乎然彼夷子蓋亦有所取而云耳故亦不足怪也彼夷子必謂孺子有將入井人皆有怵惕惻隱之心故云愛無差等又以古之人若保赤子爲言也蓋其赤子匍匐將入於井非赤子之罪惡也但以赤子未有知人故不忍見焉故救之耳今夷子必以此況之而遂以爲愛無差等如親其兄之子爲若親其鄰之赤子同是則親兄之子必亦得將入井然後救之矣是夷子未達人情者也且天之生萬物也皆使其由一本而出矣今夷子以他人之親與己之親同是爲有二本也又安知先王制禮

而稱人之情以爲之厚薄施於父子者不以同於兄弟行於同宗者不以行於鄰族也蓋上世於太古未制禮之時常有不葬其親者其親之死則擧而委棄於路傍坑壑之中他日子過之於此見其狐狸野獸食之蠅蚋飛蟲且共嘬食其子之顙泚泚然出汗故睨睨而不敢詳視夫子所以有泚泚然之汗於顙而出者非爲他人而慙也故如是而泚泚泚然而出於顙也以其中心有所不忍其親之如是故自中心之所痛恨故發之於面目所以有泚泚然之汗出於顙也蓋不忍之如是乃歸取虆梩籠臿取土而遮掩之誠是其不忍其親之道也是則孝子仁人之心而掩其親亦必有道耳孟子所以言是者蓋非墨家薄葬爲非而以厚葬爲是故以直其正道矣夫以謂太古未制禮之時子有不忍其親爲獸蟲所食尚知掩之之道況今之世先王所制定其禮而可蔽之墨家道而薄葬爲是而以厚葬爲非邪夷子既以能厚其親而尚不知以墨家之所薄爲非所以執此而直之使正耳徐子以告夷子至命之矣者徐子又因孟子此言而告於夷子夷子乃憮然而覺悟其己之罪故憮然爲間曰我今受孟子之教命而不敢逆矣

孟子注疏解經卷第五下

孟子注疏卷五下校勘記　阮元撰盧宣旬摘錄

炎帝神農氏　閩監毛三本同廖本孔本韓本考文古本下有也字

野人也　閩監毛三本同廖本孔本韓本考文古本作野人之稱

捆屨　音義云張作綑

猶叩椓也　椓从木各本从手誤

以供飲食也　閩監毛三本同廖本孔本韓本飲食作食飲

當與民並耕　廖本當作常

兼治民事耳　此本民字模糊閩監毛三本孔本韓本如此廖本考文古本作政

故道若此者也　閩監毛三本同廖本孔本韓本考文古本無者字

許子必織布然後衣乎　石經廖本孔本閩本同監毛本韓本然誤而

若今馬衣也　閩監毛三本同廖本孔本韓本考文古本也上有者字

孟子問相冠乎　閩監毛三本同廖本孔本韓本考文古本無冠乎二字

曰自織之與　廖本孔本韓本此下有孟子曰許子自織素與注文九字此本及閩監毛三本並脫

孟子曰許子自織素乎閩監毛三本同廖本孔本韓本考文古本自上有何爲不三字○按有者是也

織紡害於耕閩監毛三本孔本韓本同廖本紡作妨

陶冶亦以械器易粟者諸本同一本冶誤治

紛紛而爲之煩也閩監毛三本同廖本孔本韓本考文古本無而字之字

此反可耕且爲邪閩監毛三本同廖本孔本韓本可下有得字

不得復若三皇之道也考文古本同閩監毛三本孔本韓本得作可

言許子不知禮者也閩監毛三本同岳本孔本韓本考文古本無者字

有小人之事閩監毛三本孔本韓本同石經考文古本人作民

以羸困之路也案音義出羸路云字亦作羸案此則宣公所見本無困之二字○按路與露古通用露羸見於古書者多矣大雅串夷載路鄭箋以瘠釋路俗人乃改瘠爲羸此添困之二字其繆同也

故曰是率天下而路也閩監毛三本同宋本廖本孔本韓本考文古本無此九字無者是

勞心君也勞力民也閩監毛三本同廖本孔本韓本考文古本心力下並有者字

所常行者也閩監毛三本同廖本孔本韓本考文古本無者字

是言治其土也閩監毛三本同岳本宋本廖本孔本韓本考文古本作治土也

猶古之火正也閩監毛三本同孔本韓本考文古本無之字

烈熾閩監毛三本同廖本孔本韓本考文古本下有也字

熾者而焚之閩監毛三本同廖本孔本韓本考文古本作熾盛者而焚燒之○按熾盛是也熾盛謂草木不謂火

而奔走遠竄也閩監毛三本同廖本孔本韓本考文古本無奔走二字

瀹濟漯音義丁云下他合切作濕誤也案說文濕爲漯之正字乾溼字作溼作濕者乃正字非誤也丁說非詳音義校勘記

三過其門而不入閩監毛本同廖本門上有家字孔本韓本考文古本作三過其家門而不得入

如此寧可得耕也閩監毛三本同岳本也作乎廖本韓本無可字也作乎孔本與廖本同上有予弗子三字考文古本無可字

樹藝五穀石經樹埶作植

長幼有敘石經廖本孔本韓本同閩監毛三本敘作序

司徒主人考文古本主作得

是爲契之所教也閩監毛三本同廖本孔本韓本考文古本作契之教也

放勳曰石經閩監毛三本韓本同孔本曰作日音義出日云丁音馹或作曰誤

匡之直之石經匡諱作正

堯號也閩監毛三本孔本韓本同廖本考文古本號作名案考文引堯之號也各注疏本皆無之字蓋誤衍

遭水災恐其小民放僻邪侈廖本孔本韓本考文古本同岳本亦作恐宋本恐作慫閩監毛三本災恐作逆行

然後又從而振其羸窮閩監毛三本同岳本廖本孔本韓本考文古本又下有復字

德恩惠之德也閩監毛三本同廖本孔本韓本考文古本作加德惠也

不易治爲己憂閩監毛三本孔本韓本同岳本考文古本易治作治易

德感乎巍巍乎宋本孔本考文古本同閩監毛三本韓本上乎作而

當以諸夏之禮義化變蠻夷之人耳廖本孔本韓本考文古本蠻夷作夷蠻閩監毛三本當誤言

同其道也閩監毛三本同廖本孔本韓本考文古本同作則

不能有先之也閩監毛三本同廖本孔本韓本考文古本也上有者字

可謂豪傑過人之士也廖本孔本韓本同閩監毛三本可作所

故欲尊有若以作聖人朝夕奉事之禮如事孔子以慰思也閩監毛三本同宋本廖本孔本韓本無禮字考文古本以作似無禮字

夏之五六月 閩監毛三本同岳本考文古本五下有月字孔本韓本作夏五六月案注疏本並有之字考文引作夏五六月當是誤脫也

白甚也 閩監毛三本同廖本孔本韓本考文古本作甚白也

於聖人之坐席乎 閩監毛三本同廖本孔本韓本考文古本於作放案音義出貿放○按放是也放者今之倣字

故不肯也 閩監毛三本同廖本孔本韓本考文古本無也字

鴃舌 依注則當作鵙鵙者伯勞也見說文

未聞下喬木而入于幽谷者 閩監毛三本同廖本孔本韓本于作於

博勞鳥也 閩監毛三本同廖本孔本韓本考文古本無鳥字

而後勸者也 閩監毛三本勸作勤廖本孔本韓本考文古本後勸作殺物是也詩正義引陳思王惡鳥論云伯勞蓋賊害之鳥

止喬木 閩監毛三本同廖本孔本韓本考文古本止作上

入於幽谷 閩監毛三本同廖本孔本韓本考文古本作入深谷

戎狄是膺 音義出膺擊云丁本作應案丁本注既作應則此經必亦作應也

言南蠻之人 閩監毛三本同廖本孔本韓本考文古本蠻作夷

可使市無二價 閩監毛三本同廖本孔本韓本價作賈下同

不相爲詐閩監毛三本爲作僞孔本韓本考文古本詐作誕

不相欺愚小大閩監毛三本同廖本作不欺愚小大也孔本韓本作不欺愚小民也考文古本作不相欺愚小也○按愚小謂五尺之童也考文古本得之

謂丈尺岳本作謂尺丈

皆言同價故曰市無二賈者也閩監毛三本同廖本孔本韓本考文古本言下有其字無市字足利本無也字

或相什百孔本同石經相什字漫漶餘同閩監毛三本韓本百作伯

豈肯作其細哉閩監毛三本同廖本孔本韓本考文古本哉上有者字

安能治其國家者也閩監毛三本同廖本孔本韓本考文古本無其字

章指言神農務本教於凡民許子蔽道同之君臣陳相倍師降於幽谷不理萬考文古本作万足利本作物韓本同情謂之敦考文引足利本敦作淳樸是以孟子博陳堯舜上下之敘以匡之也

說在孫丑篇閩本同監本孫上剜增公字非也毛本同監本

文公之處補公下當有與字監毛本亦脫

惡得其賢閩監本同毛本去其字

許子子衣褐補誤重子字監毛本不誤

皆欲君民並耕並下墨丁閩監毛三本如此今據補

此說爲尙此下墨丁閩監毛三本如此今據補

所以亡贏困之路者此本以作及下一字墨丁閩本如此監毛本贏作羸

此下文之如此也此下墨丁閩監毛三本如此今據補

至舉舜而敷治焉舉下墨丁閩監毛三本如此今據補

是以其大水橫流以上墨丁閩監毛三本如此今據補

交馳於中國之道交下二字墨丁閩監毛三本如此今據補

乃獨自憂懼之乃下墨丁閩監毛三本如此今據補

案潯陽端記有云端地之誤閩監毛三本不誤

稼穡種樹種下墨丁閩監毛三本如此今據補

斂曰穡也曰上墨丁閩監毛三本如此今據補

四曰嘉匪江　補案匪監毛本並作靡

其覆載之德　覆下墨丁閩監毛三本如此今據補

其功德之大　其下墨丁閩監毛三本如此今據補

急於得人而輔之耳　於下墨丁閩監毛三本如此今據補

但急用心於得賢　得下墨丁閩監毛三本如此今據補

至亦爲不善變矣　閩監毛三本如此十行本作至亦不爲言矣言下矣上一字墨丁

復往求見之　閩監毛三本同廖本孔本韓本考文古本無之字

不直言之　閩監毛三本同廖本孔本韓本考文古本言下有攻字

我聞夷子爲墨道者　閩監毛三本同廖本孔本韓本考文古本無者字

欲以此道　閩監毛三本同廖本孔本韓本考文古本上有思字

事其親也　事字模糊閩監毛三本如此廖本孔本韓本考文古本事作奉

足以爲戒也吾欲以此攻之者也　閩監毛三本同廖本孔本韓本考文古本無上以字者字

蓋儒家者曰古之治卽若愛赤子　蓋字卽若愛三字俱模糊閩監毛三本如此廖本孔本韓本考文古本蓋作言無者

字卽作民愛作安

親踈也親踈字糢糊閩監毛三本如此廖本孔本韓本考文古本作相殊也

但施厚之事宋本廖本孔本韓本考文古本同閩監毛三本厚作愛

亦愛救之亦愛字糢糊閩監毛三本如此廖本孔本韓本考文古本愛作驚

故謂之愛同也閩監毛三本同孔本韓本考文古本無故字

但以赤子無知閩監毛三本同廖本考文古本上有此字下有非其罪惡四字孔本韓本同廖本無此字

故曰赤子匍匐將入井非赤子之罪也閩監毛三本同岳本廖本孔本韓本考文古本無此十五字

舉而委之棄於壑也閩監毛三本同廖本孔本韓本考文古本作舉而委棄之壑中也

狐狸食之石經狸作貍案詩取彼狐狸釋文唐石經皆作貍

蠅蚋姑嘬之音義蚋作蜹張云諸本或作蠓誤也○按姑蓋謂螻蛄隋王劭說方言螻蛄字作姑見列子釋文

蓋歸反虆梩而掩之虆音義云或作蔂

相共食之也閩監毛三本同岳本孔本韓本相作攢攢字是

亦有道矣閩監毛三本同廖本孔本韓本足利本作有以也考文古本無亦字以字

章指言聖人緣情制禮奉終墨子元同質而違中以直正枉憮然改容蓋其理也

孟子注疏卷五下校勘記

孟子注疏解經卷第六上

滕文公章句下 凡十章　　趙氏注　　孫奭疏

疏正義曰此卷趙注分上卷爲之者也此卷凡有十章一章言修禮守正非招不往枉道富貴君子不許二章言以道正君非禮不運稱大丈夫阿意用謀善戰務勝事雖有剛心歸柔順三章言君子務仕思播其道達義行仁待禮而動苟容干祿踰牆之女人之所賤四章言百工食力以祿養賢修仁尚義國之所尊移風易俗其功可珍雖食諸侯不爲素餐五章言德修無小暴慢無強六章言白沙在泥不染自黑蓬生麻中不扶自直言輔之者衆也七章言道異不謀迫斯強之段泄已甚闢之得宜正己直行不納於邪八章言從善改非坐以待旦知而爲之罪重於故九章言憂世饑亂勤以濟之義以正之十章言聖人之道親親尚和志士之操取介守持凡此十章合上卷五章是滕文公一篇十有五章也

陳代曰不見諸侯宜若小然今一見之大則以王小則以霸且志曰枉尺而直尋宜若可爲也陳代孟子弟子也代見諸侯有來聘請。見孟子孟子有所不見以爲孟子欲以是爲介故言此介得無爲狹小乎如一見之儻得行道可以輔致霸王乎志記也枉尺直尋欲使孟子屈己信道故言宜若可爲也孟子曰昔齊景公田招虞人以旌不至將殺之虞人守苑囿之吏也招之當以皮冠而以旌故。招之。而不至也志士不忘在溝壑勇士不忘喪其元孔子奚取焉取非其招不往也如不待其招而往何哉志士守義者也君子固窮故常念死無棺椁沒溝壑而不恨也勇士義勇者也元首也以義則喪首不顧也孔子奚取取守死善道非禮招己則不往言虞人不得其招尚不往如何君子而不待其招直事

妄見諸侯者何爲也。已且夫枉尺而直尋者以利言也如以利則枉尋直尺而利亦可爲
與尺小尋。者。尚可任大就小而以要。其利也昔者趙簡子使王良與嬖奚乘終日而不獲一禽嬖奚
反命曰天下之賤工也趙簡子晉卿也王良善御者也嬖奚簡子幸臣。也以不能得一禽故反命於簡子謂王良天下鄙賤之工師也
或以告王良良曰請復之聞嬖奚賤之故請復與乘強而後可強嬖奚乃肯行一朝而獲十禽嬖奚
反命曰天下之良工也以一朝得十禽故謂之良工簡子曰我使掌與女乘掌主也使王良主與女乘謂
王良良不可王良不肯曰吾爲之範。我。馳驅終日不獲一爲之詭遇一朝而獲十範法
也王良曰我爲之法度之御應禮之射正殺之禽不能得一橫而射之曰詭遇非禮之射則能獲十言嬖奚小人也不習於禮。也詩云不失其
馳舍矢如破我不貫與小人乘請辭詩小雅車攻之篇也言御者不失其馳驅之法則射者必中之順毛而入順毛而出
一發貫。臧應矢而死者如破矣此君子之射也貫習也我不習與小人乘不願掌與嬖奚同乘故請辭御者且羞與射者比比而
得禽獸雖若丘陵弗爲也如枉道而從彼何也孟子引此以喻陳代云御者尚知。羞。恥此射者不欲與比子如
何欲使我枉正道而從彼驕慢諸侯而見之。乎且子過矣枉己者未有能直人者也謂陳代之言過謬也人當以直矯枉
耳己自枉曲何能正人。疏陳代曰至未有能直人者也○正義曰此章言修禮守正非招不往枉道富貴君子不許也陳代曰不見諸侯宜若小然今一
見之大則以王小則以霸且志曰枉尺而直尋宜若可爲也者陳代孟子弟子也問孟子以謂今不見諸侯是宜若小其身然今一往見諸侯大則行道可以

輔佐君為王小則得行道而佐君為之霸且記云枉一尺而直其一尋宜若可以為之也尺十寸為尺尋十丈為尋也陳代欲孟子往見諸侯故以此言問之孟子曰昔齊景公田至何哉者孟子言往日齊國景公田獵招聘其虞人以旌施招聘之如有虞人不至者則將殺戮之虞人掌山澤苑囿之吏也然而志士守其義者常念雖死無棺槨但沒在於溝壑之中而不恨也勇義之士念雖喪去其首而且不顧也孔子於此何取焉蓋孔子以取非其所招而能不往者也如此則虞人不得其所招之禮尚且守義雖死而且不往應其招如何為之君子且以不待所招聘而往見諸侯是何為哉蓋先王制招聘之禮旌所以招其大夫者虞人之招但以皮冠而已今齊景公以旌招虞人虞人守其職分所以雖死而不往也孟子引此意以謂今之諸侯所以聞有能招己者又非招己之所招而待之也故我何往見之哉所以不往見之也且夫枉尺而直尋者至亦可為與孟子又言且夫子今以謂枉其尺而直其尋以利言之而已如以利為之雖枉其尋而但直其尺而利亦可得而為之耳孟子所以言之以此者蓋謂我苟志於利雖枉尋而直尺而我亦為之況子為以謂枉尺而直尋乎本其我志於分義不肯枉道以徇利所以不欲屈己而求見於諸侯也以其見之諸侯但為之徇利者矣故雖枉尺而直尋不為也昔者趙簡子使王良與嬖奚乘終日而不獲一禽嬖奚反命曰天下之賤工也孟子又引昔者晉卿趙簡子嘗使善御人王良與幸人奚乘而田終日而不能得一禽奚乃反命報於簡子曰王良天下之賤工師也或以告王良良曰能復之或有人以嬖奚報簡子之言為王良之賤遂告王良王良聞之故請復與嬖奚乘而田強而後可王良強勉嬖奚乃肯行一朝而獲十禽反命曰天下之良工也言一日遂得十禽嬖奚乃反命報於簡子曰王良乃天下之良善工師也非賤者也簡子曰我使掌與女乘謂王良良不可至我不貫與小人乘請辭趙簡子言於嬖奚曰我使王良與女乘於是簡子謂王良而使之良乃不肯遂言於簡子曰我為之法度之御我與嬖奚馳驅而田終一日而不能獲其一禽後為之詭而橫射之止一朝而以能獲者十禽且詩小雅車攻之篇有云不失其馳驅之法而所中者應矢而死如破矣

此君子之所射也我今不貫習與嬖奚小人同乘而敗也故請辭之不與掌乘御者且羞與射者比至未有能直人者也孟子引至此乃自爲之言曰夫王良但爲之御者且尚能羞恥與嬖奚之射者比並雖使王良與嬖奚比之如得禽獸若丘陵之多亦必不爲之比矣今子欲使我枉正道而從彼驕傲之諸侯而往見之是何如哉且子言此者已失之過謬也如枉己之正道者未有能直其人者也必自正己之道然後可以直人矣是亦楊子所謂詘道而伸身雖天下不可爲也同意○注招虞人以當皮冠○○正義曰經於萬章篇云萬章問孟子招虞人何以孟子曰以皮冠是其文也○注趙簡子晉卿至工師也正義曰案史記世家云趙景公卒趙鞅是爲簡子爲晉卿晉出公十七年卒張華云簡子家在臨水界冢上氣成樓閣○注詩小雅車攻之篇○正義曰此篇蓋言宣王復古也箋云不失其馳舍矢如破謂御者之良得舒疾之中射者之二矢發則中如錐破物也○注伯夷亦不屑就也○正義曰此乃公孫丑篇末之文也

景春曰公孫衍張儀豈不誠大丈夫哉一怒而諸侯懼安居而天下熄［景春孟子時人爲縱橫之術者公孫衍魏人也號爲犀首嘗佩五國相印爲從長秦王之孫故曰公孫張儀合從者也一怒則構諸侯使強陵弱故言懼也安居不用辭說則天下兵革熄也］孟子曰是焉得爲大丈夫乎子未學禮乎丈夫之冠也父命之女子之嫁也母命之往送之門戒之曰往之女家必敬必戒無違夫子以順爲正者妾婦之道也［孟子以禮言之男子之道當以義正君女子則當婉順從人耳男子之冠則命曰就爾成德今此二子從君順指行權合從無輔弼之義安得爲大丈夫也］居天下之廣居立天下之正位行天下之大道得志與民由之不得志獨行其道富貴不能淫貧賤不能移威武不能屈此之謂大丈夫［廣居謂天下也正位

謂男子純乾正陽之位也大道仁義之道也得志行正與民共之不得志隱居獨善其身守道不回也淫亂其心也移易其行也屈挫其志也三者不得惑乃可以。爲。之。大丈夫。矣。

疏景春曰至此之謂大丈夫○正義曰此章言以道匡君非禮不運故妾婦以況儀衍者也景春曰公孫衍張儀豈不誠大丈夫哉一怒而諸侯懼安居而天下熄景春問孟子曰公孫衍張儀二者豈不誠爲大丈夫之人哉夫二人一怒則諸侯懼之以其能使強陵弱故也安居處而不用大辭說則天下兵革於是乎熄滅景春故以此遂謂二人實爲大丈夫孟子曰是焉得爲大丈夫乎子未學禮乎至妾婦之道孟子荅之景春曰二人如此安得爲之大丈夫乎子未嘗學禮也夫禮言丈夫之冠也父則命之女子之嫁也母則命之蓋以冠者爲丈夫之事故父命之以責其成人之道嫁者女子之事故母命之以責其爲婦之道也以女子之臨嫁母則送之於門而戒之女子曰雖往女之家必當敬其舅姑亦必當戒慎以貞潔其己無違逆敬夫子以其夫在則得順其夫夫没則從其子以順從無違爲正而已固妾婦之道如此也乃若夫之與子在所制義固不可以從婦矣苟爲從婦以順爲正是焉得爲大丈夫乎孟子所以引此妾婦而言者蓋欲以此妾婦比之公孫衍張儀也以其二人非大丈夫耳蓋以二人爲六國之亂期合六國之君希意導言靡所不至而當出之君讒毀稱譽言無不聽喜怒可否勢無不行雖一怒而諸侯懼安居而天下熄未免夫從人以順爲正者也是則妾婦之道如此也豈足爲大丈夫乎居天下之廣居立天下之正位行天下之大道至此之謂大丈夫孟子言能居仁而道以爲天下廣大之居立禮以爲天下之正位行義以爲天下之大路得志達而爲仕則與民共行乎此不得志則退隱獨行此道而不回雖使富貴亦不足以淫其心雖貧賤亦不足以移易其行雖威武而加之亦不足屈挫其志夫是乃得謂之大丈夫也今且以公孫衍張儀但能從人而不知以此正其己是則妾婦以順爲正之道固不足以爲大丈夫者焉○注景春至革熄也○正義曰云景春孟子時人經傳未詳公孫衍魏人也號爲犀首爲秦王之孫故曰公孫案史記云犀首者魏之陰晉人也名衍姓公孫氏與張儀不善張儀之魏魏王相

張儀犀首弗利故令人謂韓公叔曰張儀已合秦魏矣魏王所以欲貴張儀者但欲得韓地且韓之南陽已舉矣子何不少委焉以爲衍功則魏必圖秦而棄儀後相衍張儀去復相秦卒犀首入相秦嘗佩五國之相印爲從長司馬彪曰犀首者魏之官名若今虎牙將軍是也張儀者案史家本傳云張儀魏人也常事鬼谷先生後相魏而卒凡此是皆公孫衍張儀之事矣

周霄問曰古之君子仕乎周霄魏人也問君子之道當仕否孟子曰仕傳曰孔子三月無君則皇皇如也出疆必載質質臣所執以見君者也三月一時也物變而不佐君化故皇皇如有所求而不得。爾公明儀曰古之人三月無君則弔公明儀賢者也。言古人三月無君則弔明當仕也三月無君則弔不以急乎周霄怪乃弔於三月無君何其急也曰士之失位也猶諸侯之失國家也禮曰諸侯耕助以供粢盛夫人蠶繅以爲衣服犧牲不成粢盛不絜衣服不備不敢以祭惟士無田則亦不祭牲殺器皿衣服不備不敢以祭則不敢以宴亦不足弔乎請侯耕助者躬耕勸率其民收其藉助以供粢盛粢稷盛稻也夫人親執蠶繅之事以率女功衣服祭服不成不實肥腯也惟辭也言惟詘祿之士無圭田者不祭牲必特殺故曰殺皿所以覆器者也不祭則不宴猶喪人。曰不亦可弔乎出疆必載質何也周霄問出疆何爲復載質曰士之仕也猶農夫之耕也農夫豈爲出疆舍其耒耜哉孟子言仕之爲急若農夫不可不耕曰晉國亦仕國也未嘗聞仕如此其急仕如此其急也君子之難仕何也魏本晉也。周霄曰我晉人也亦仕而不知其急若此。君子何爲難仕君子謂孟子何爲不急仕也曰丈夫生而願爲之有室女子生而願爲之有家父母之心人皆有之不待父母之命媒妁之言鑽穴隙相窺踰牆相從則父母國人皆賤之言人不可觸情從欲須禮而行古之人未嘗不欲仕也又惡不由其道不由其道而往者與鑽穴隙之類也。言古之人雖欲仕如不由其道。亦與鑽穴隙者。無異。

疏周霄曰至鑽穴隙之類也正義曰此章言君子務仕思播其道達義行仁待禮而動也周霄問曰古之君子仕乎周霄問孟子曰古之君子欲爲仕乎否孟子曰仕傳曰三月無君則皇皇如也出疆必載質者此孟子荅之以爲古之君子欲爲仕也傳文有云孔子三月不得佐其君則心皇皇如有所求而不得也出其疆土必載贄而行贄者如所謂三帛二生一死之贄也臣所以執此而見君也公明儀曰古之人三月無君則弔又引公明儀亦云古之人三月天時之一變如不得佐其君乃弔問之明其欲仕也三月無君則弔不以急乎周霄怪此言復問之曰三月無君則弔問之不以失之大急乎曰士之失位也猶諸侯之失國家也至亦不足弔乎孟子又荅之曰夫仕者欲行其道若失其職位則如諸侯之失其國家也如此三月無君則弔豈足謂之急歟且禮有云諸侯躬耕藉田勸率其民收其藉助以供給其粢盛稷稻夫人乃親養蠶繅絲以爲之祭服如犧牲不成肥腯稷稻無以致絜衣服又無以致備則不敢以祭社稷宗廟惟士之失位無有田祿者則亦不祭無他以其牲殺器皿衣服不備不敢以祭也非特不敢祭又且不敢以宴樂也如此是亦不足爲弔之急矣若公子重耳失其晉國而且稱喪人孔子失魯司寇之位亦謂之喪以至士大夫之去國必爲壇位鄉國而哭素衣素裳素冠徹緣三月而復蓋亦此意也然則士之三月無君則弔尙何以爲急乎牲殺器皿牲必殺故曰殺器皿所以覆器者也出疆必載質何也周霄又問孟子士之出疆必載其質是如之何曰士之仕也猶農夫之耕也農夫豈爲出疆舍其耒耜哉孟子荅之曰士之進於爲仕也若農夫之於耕也夫農夫豈爲出疆而耕乃以舍去其耒耜哉此士之爲仕所以出疆亦必執其贄也

曰晉國亦仕國也未嘗聞仕如此之急仕如此之急也君子之難仕何也周霄又問孟子曰今之晉國亦可爲仕之國也然而未嘗聞有仕者如此之急又以仕既如此之急然而君子之難進於仕是如之何故以併問之曰丈夫生而願爲之有室女子生而願爲之有家父母之心人皆有之至鑽穴隙之類也孟子又荅之曰夫丈夫之生乃願爲之有室婦女子之生乃願爲之有家而事之其於欲慕爲人子之父母心人皆有之矣然而欲爲父母其爲室家乃不待父母之命媒妁而言之遂私鑽穴隙而相窺踰牆而擅自相從終雖得爲父母其於國中之衆人亦且皆賤之而不美矣夫古之人未嘗不欲爲之仕也然而又惡其不由其道而爲之仕所以君子難仕也如不由其道而往爲之仕者是與此鑽穴隙相窺而慕爲人子之父母之類也孟子所以終荅之周霄以此者以其士之仕猶男女之相求亦必待父母之命媒妁之言也〇注質臣所執以見君至不得爾〇正義曰蓋質之爲言至也自五玉三帛二生一死皆所以爲質以見其君與自相質同也

彭更問曰後車數十乘從者數百人以傳食於諸侯不以泰乎泰甚也彭更孟子弟子怪孟子徒衆多而傳食於諸侯之國得無爲甚奢泰者也

孟子曰非其道則一簞食不可受於人如其道則舜受堯之天下不以爲泰子以爲泰乎簞笥也非其道一笥之食不可受也子以舜受堯之天下爲泰乎

曰否士無事而食不可也彭更曰不以舜爲泰也謂仕無功而虛食人者不可也

曰子不通功易事以羨補不足則農有餘粟女有餘布子如通之則梓匠輪輿皆得食於子孟子言凡人當通功易事乃可各以奉其用梓匠木工也輪人輿人作車者也交易則得食於子之所有矣周禮攻木之工七梓匠輪輿是其四餘羨者也於此有人焉入則孝出則悌守先王之道以待後之學者而不得食於子子何尊梓

匠輪輿而輕爲仁義者哉入則事親孝出則敬長悌悌順也守先王之道上德之士可以化俗者若此不得食子之祿子何尊彼而賤此也曰梓匠輪輿其志將以求食也君子之爲道也其志亦將以求食與彭更以爲彼志食於此亦但志食也曰子何以其志爲哉其有功於子可食而食之矣且子食志乎食功乎孟子言祿以食功子何食乎曰食志彭更以爲當食志也曰有人於此毀瓦畫墁其志將以求食也則子食之乎孟子言人但破碎瓦畫地則復墁滅之此無用之爲也然而其志反欲求食則可食乎曰否彭更曰不食也曰然則子非食志也食功也孟子曰如是則子果食功也非食其志也

疏彭更問曰至食功也○正義曰此章言百工食力以祿養賢修仁尚義國之所尊移風易俗其功可珍雖食諸侯不爲素餐也彭更問曰後車數十乘從者數百人以傳食於諸侯不以泰乎彭更孟子弟子問孟子以謂車有數十乘之多從徒又有數百人之衆皆以傳食於諸侯不以爲泰甚乎傳食蓋以孟子食於諸侯車徒又食於孟子要之所食之祿皆出於諸侯之所供耳故云傳食諸侯孟子曰非其道則一簞食不可受於人如其道則若舜受堯之天下不以爲泰子今以車徒傳食於諸侯爲之泰以其不足爲泰也曰否士無事而食不可也彭更又曰否不以舜爲泰而言也蓋以士之無功事於諸侯固不可虛食於諸侯也曰子不通功易事以羨補不足至皆食於子孟子又荅之曰今且以子言之如子不通功易事而相濟以有餘而補其不足則農夫有餘粟而人有受其飢女有餘布而人有受其寒子如通功易事乃可以各奉其事業則梓人成其器械以利用匠人營其宮室以安居輪人作車輪以運行輿人作車輿以利載是皆得食於子矣事與功者蓋所作未成則謂之事之成則謂之功孟子所以言之者蓋謂梓匠輪輿皆小人之功也如得以通功易事而皆得食於子況有君子之功功於道者而乃不得傳食之於諸侯乎故以下

文言之於此有人焉入則孝出則悌守先王之道以待後之學者而不得食於子子何尊梓匠輪輿而輕爲仁義者哉孟子又言今有人焉入於閨門之內則以孝爲仁出於鄉黨邦國之間以悌爲義是守先王仁義之道以待覺於後之學者是有功於道者也而乃不得食於子是則子何獨尊於梓匠輪輿小人之功而以輕爲仁義有功於道者哉曰梓匠輪輿其志將以求食君子之爲道也其志亦將以求食歟彭更又以此言於孟子曰彼梓匠輪輿者是其有志將以此業而求食者也今以君子之爲於道其志亦將以爲道而求食歟彭更之意以謂士志於道不志於食故以此疑乃問孟子也曰子何以志爲哉其有功於子可食而食之矣然以子言之則子今有食於人者是則食其有志於爲食者乎是則食其有功者乎曰食志彭更又荅之以爲有食則食其有志於求食者矣曰有人於此毀瓦畫墁其志將以求食也則子食之乎孟子又欲排之故以此喻之言今有人於此但以毀破碎之瓦而畫地又復墁滅之是其志將以此求其食也則子食之乎曰否彭更以爲如此者不食之也曰然則子非食志也食功也孟子乃言之曰如是則子非食其有志於求食者也是則食其有功者也以其毀瓦畫墁但有志而無功者而彭更不食之是則知彭更是亦食於有功者矣然則孟子志非欲傳食於諸侯而諸侯所以食之者亦以孟子有功而已矣○注周禮攻木之工○正義曰此蓋梁惠王下卷說之矣

萬章問曰宋小國也今將行王政齊楚惡而伐之則如之何問宋當如齊楚何也孟子曰湯居亳與葛爲鄰葛伯放而不祀湯使人問之曰何爲不祀曰無以供犧牲也湯使遺之牛羊葛伯食之又不以祀葛夏諸侯嬴姓之國放縱無道不祀先祖湯又使人問之曰何爲不祀曰無以供粢盛也湯使亳衆往爲之耕老弱饋食葛伯率其民要其有酒食黍稻者奪之不授者殺之有童子以黍肉

餉殺而奪之書曰葛伯仇餉此之謂也童子未成人殺之尤無狀尚書逸篇。文仇怨也言湯。伐。葛伯怨其害此餉也
爲其殺是童子而征之四海之內皆曰非富天下也爲匹夫匹婦復讎也四海之民皆曰湯不貪天下富也爲。一夫。仇。報也
湯始征自葛載十一征而無敵於天下東面而征西夷怨南面而征北狄怨曰奚爲後我民之望之若大旱之望雨也歸市者弗止芸者不變誅其君弔其民如時雨降民大悅書曰徯我后后來其無罰載始也言湯初征。自葛始也十一征而服天下一說言當作再字再十一征。而。言湯再。征十一國再十一凡征二十二國也書逸篇也民曰待我君。來我則無罰矣歸市不止不以有軍來征故市者止不行也不使芸者變休也
有攸不惟臣東征綏厥士女匪厥玄黃紹我周王見休惟臣附于大邑周其君子實玄黃于匪以迎其君子其小人簞食壺漿以迎其小人救民於水火之中取其殘而已矣從有攸以下道周武王伐紂時也皆尚書逸篇之文。也攸所也言武王東征安天下士女小人各有所執往無不惟念執臣子之節匪厥玄黃謂諸侯執玄三纁二之帛願見周王望見休善使我得附就大邑周家也其君子小人各有所執以成其類也言武王之師救殷。民於水火之中討其殘賊也
太誓曰我武惟揚侵于之疆則取于殘殺伐用張于湯有光太誓古尚書百二十篇之時泰誓也我武王用武之時惟鷹揚也。侵紂之疆界則取于殘賊者以張。殺。伐之功也民有簞食壺漿之歡比於湯伐桀爲有光寵美武王德優前代也今之尚書泰誓篇後得以充學故不與古太誓同諸傳記引泰誓皆古泰誓。也
不行王政云爾苟

行王政四海之內皆舉首而望之欲以爲君齊楚雖大何畏焉萬章憂宋迫於齊楚不得行政故孟子爲陳殷湯周武之事以喻之誠能行之天下思以爲君何畏齊楚。之。國焉。

疏萬章問曰至齊楚雖大何畏焉○正義曰此章言修德無小暴慢無強也萬章問曰宋小國也今將行王政齊楚惡而伐之則如之何萬章問孟子言宋國小國也今將欲行王者之政齊楚大國惡其行之而欲伐之則宋國當如之何而處之孟子曰湯居亳與葛爲鄰葛伯放而不祀湯使人問之曰何爲不祀至此之謂也孟子荅之曰湯王居亳地與葛國爲鄰葛國之伯放縱無道而不祀先祖湯王使人問之葛伯何爲而不祀先祖乃荅之曰無以供其犧牲也牲之色純無雜色謂之犧牲湯乃使人遺賜之牛羊葛伯既受之牛羊又自食之而不祀先祖湯又使人問葛伯何爲而又不祀葛伯又曰又無以供其粢盛也湯復使亳之衆往爲葛伯耕作以助其粢盛有老弱者饋耕者之食葛伯又率己之民於路要其有酒食黍稻者奪而食之有不授與之者乃殺之有童子以黍肉飯餉其耕者葛伯率民殺其子而奪其黍肉故書有云葛伯仇怨其有所餉者故害之是此之謂也爲其殺是童子而征之四海之內皆曰非富天下也爲匹夫匹婦復讎也孟子又言爲其葛伯殺此童子而湯乃往而征伐之四海之內人皆曰湯王非貪富於天下而征葛也是爲天下一匹之夫一匹之婦復報其讎也湯始征自葛載至后來其無罰者言湯王初征自葛國始也湯之十一征而天下無敵者故東面而征其君則西夷之國怨之以爲不先征於其我君之罪南面而征其君則北夷之國怨之以爲不征其我君之罪而先於彼故怨云何爲而後去其我民之望其湯之來若大旱之時人望其雲霓而雨之降也遂使歸市者得奔趨而貿易芸苗者亦得芸而不爲之休亦以湯即誅其君之有罪者而又能弔問存恤其人民故如時雨之降民皆大喜悅之書云民徯待我君之來言我君之來則我無誅罰矣一說云十一征當作再字再十一征者言湯再征十一國再十一凡征二十二國也有攸不惟臣至取其殘而已矣此皆逸書之文也言殷之民有所征之則無不惟念臣服之節故武王東

征而綏撫其士女則爲之士女皆以箱篚盛其玄黃之帛以昭明我之周王見
休美惟臣皆得就附于大邑周家也故其君子。實。則玄黃之帛以迎其君子小
人簞食壺漿以迎其小人是各從其類也武王之師衆中有君子有小人故商
民有君子有小人迎之者也言武王所拯救殷民於水火之中獨取伐其殘賊
其民者也今據書乃曰昭我周王而此乃曰紹我周王蓋紹者繼也民皆以玄
黃之帛盛於篚而隨武王之師後而繼送之也蓋周王者卽武王也然必以玄
黃於篚者蓋天謂之玄地謂之黃武王能革殷之否而泰之是能如天地以覆
載以養民者也必言士女者以其武王所綏不特匹夫匹婦而已雖未冠之士
未笄之女亦且綏之故曰綏厥士女太誓曰我武惟揚侵于之疆則取于殘殺
伐用張于湯有光此古之太誓篇之文也言太誓有云我武王用武之時惟鷹
揚也侵于紂之疆界則取于殘賊者於是殺伐之功用張行之故比于湯王伐
桀之時又有以光于前代也不行王政云爾苟行王政至齊楚雖大何畏焉孟
子於此乃曰今宋國不行王者之政故云齊楚惡而伐之爾如宋國苟能行其
王者之政則四海之內人皆舉首引領而望之欲以爲之君也齊楚二國雖大
然何畏之有○注葛夏諸侯嬴姓之國○正義曰案地理志云葛今梁國寧陵
有葛鄉裴駰亦引之而證史記亳都亦在梁國故云爲鄰書曰湯征諸侯葛伯
不祀湯始征之孔安國云葛國伯爵也廢其土地山川及宗廟神祇皆不祀湯
始伐之言伐始於葛也書於是乎作湯征今尚書仲虺之誥曰乃葛伯仇餉初
征自葛東征西夷怨南征北狄怨曰奚獨後予孔傳云葛伯遊行見農民之餉
於田者殺其人奪其餉故謂之仇餉仇怨也湯爲是以不祀之罪伐之從此後
遂征無道西夷北狄舉遠以言則近者著矣曰奚獨後予者蓋怨者之辭也○
注從有攸下至殘賊也○正義曰云篚厥玄黃謂諸侯執玄三纁二之帛者禮
云諸侯世子執纁公之孤執玄附庸之君執黃是帛也鄭
司農云三染謂之纁此亦周禮鍾氏有三入爲纁故也

孟子謂戴不勝曰子欲子之王之善與我明告子不勝宋臣有楚大夫於此欲其子之齊語也則使齊人

傳諸使楚人傳諸孟子假喻有楚大夫在此欲變其子使學齊言當使齊人傳之。使楚人自傳相之邪曰使齊人傳之不勝曰使齊人曰一齊人傳之衆楚人咻之雖日撻而求其齊也不可得矣引而置之莊嶽之閒數年雖日撻而求其楚亦不可得矣言使一齊人傳相。衆楚人咻之咻之者。讙也如此雖日撻之欲使齊言不可得矣言寡不勝衆也莊嶽齊街里名也多人處之數年而自齊也子謂薛居州善士也使之居於王所在於王所者長幼卑尊皆薛居州也王誰與爲不善孟子曰不勝常言居州宋之善士也欲使居於王所。如使在王所者小大皆如居州則王誰與爲不善。者也在王所者長幼卑尊皆非薛居州也王誰與爲善一薛居州獨如宋王何如使在王左右者皆非居州之疇王當誰與爲善乎一薛居州獨如宋王何而能化之也周之末世列國皆僭號自稱王故曰宋王也。

疏孟子謂戴不勝至如宋王何○正義曰此章言自非聖人在所變化故諺曰白沙在泥不染自黑蓬生麻中不扶自直之類也孟子謂戴不勝曰至亦不可得矣不勝宋王之臣也姓戴名不勝孟子謂之曰子今欲子之宋王爲善歟我今明言而告子且假喻今有楚國之大夫於此欲使其子學齊人之言則當使齊人傳諸使楚人傳諸曰使齊人傳之不勝荅之以爲當使齊人傳相之孟子又言如使一齊人傳相其子之言而衆楚人皆咻讙之雖日加鞭撻其子而求爲齊言也不可得已如引其子置之閭巷之閒數年之久雖日加鞭撻而求其子爲楚言亦不可得已子謂薛居州善士也至如宋王何孟子又言今不勝謂薛居州善士者也使之居於宋王之所如在宋王之所者長幼卑尊皆如薛居州善士者也則宋王誰與爲不善也如在宋王之左右長幼卑尊皆非薛居州之善者也則宋王誰能與爲善今以一薛居州獨佐於宋王爲善其能如宋王何無他以其一人之寡不能勝其衆也故孟子所以齊人楚

人而比喻之也薛居州宋國之善士者也

孟子注疏解經卷第六上

孟子注疏卷六上校勘記　阮元撰盧宣旬摘錄

請見孟子　閩監毛三本足利本同廖本孔本韓本考文古本無見字

故招之而不至也　閩監毛三本同廖本孔本韓本考文古本作故不至也

何爲也已　閩監毛三本同廖本孔本韓本考文古本無已字

尺小尋者尚可枉大就小而以要其利也　閩監毛三本同廖本孔本韓本考文古本者尚作大不無其字案音義出要利則無其字是也

簡子幸臣也　閩監毛三本同廖本孔本韓本考文古本無也字

吾爲之範我馳驅　音義範我或作范氏案後漢書班固傳注引孟子正作范氏文選注同今亦誤改爲範我○按范氏見左傳劉累學擾龍事孔甲賜氏曰御龍晉范氏其後也李善引括地圖即此事但孔甲譌爲禹耳孟子作范氏爲長範我乃淺人所改

不習於禮也　閩監毛三本同廖本孔本韓本考文古本無也字

一發貫臧　足利本臧作機音義出貫臧作機非○按臧即今五臟字徂浪切一發貫臧應矢而死所謂貫心死疾爲上殺也孫宣公云臧如字非也

尚知羞恥此射者　閩監毛三本同岳本孔本韓本羞恥作恥羞

而見之乎閩監毛三本孔本足利本同廖本韓本考文古本無乎字

章指言修禮守正非招不往枉道富貴君子不許是以諸侯雖有善其辭命

伯夷亦不屑就也

招虞人以當皮冠以當誤倒閩監毛三本不誤

當以義正君閩監毛三本同廖本孔本韓本考文古本正作匡

乃可以爲之大丈夫矣閩監毛三本同廖本孔本韓本考文古本作乃可謂大丈夫案爲字無理

章指言以道匡君非禮不運稱大丈夫阿意用考文古本作相謀善戰務勝事雖有

剛心歸柔順故云妾婦以況儀衍

而不得爾閩監毛三本同廖本孔本韓本考文古本無爾字

言古人閩監毛三本同廖本孔本韓本考文古本上有而字

猶喪人曰閩監毛三本同廖本孔本韓本考文古本曰作也案也是

周霄曰我晉人也考文古本上有故字

君子何爲難仕閩監毛三本同廖本孔本韓本考文古本上重若此二字重者是

如不由其道亦與鑽穴隙者無異閩監毛三本同廖本孔本韓本考文古本道上有正字亦作是無作何

章指言君子務仕思播其道達義行仁待禮而動苟容干考文古本作求祿踰牆之

女人之所賤故弗爲也

爲甚奢泰者也閩監毛三本同廖本韓本無者字孔本者也作乎

非其道閩監毛三本同廖本孔本韓本考文古本作非以其道

子以舜受堯之天下閩監毛三本同廖本孔本韓本無之字

謂仕無功閩監毛三本同宋本亦作仕廖本仕作士孔本韓本同下有事字考文古本亦有事字

是其四餘羨者也閩監毛三本同岳本四下有者字廖本孔本韓本考文古本作是其四者羨餘也案閩監毛三本誤

悌悌順也閩監毛三本同廖本孔本韓本考文古本上悌作順也二字

彭更以爲彼志食於閩監毛三本同廖本孔本韓本考文古本食扵作扵食案三本誤

畫墁音義云張武安切與謾同○按謾必誤字謾者欺也扵此文理不順依注云墁滅則當云與槾同集韻鏝槾墁三字同也墁乃槾之俗

然而其意廖本孔本韓本考文古本同閩監毛三本意作志

則可食乎閩監毛三本同廖本孔本韓本可作子

則子果食功也非食其志也閩監毛三本同廖本孔本無非食其志也五字韓本考文古本與廖本同無則字

章指言百工食力以祿養賢修仁尚義國之所尊移風易俗其功可珍雖食

諸侯不爲素餐

尚書逸篇文閩監毛三本同廖本孔本韓本考文古本作書尚書逸篇也

言湯伐葛伯伯閩監毛三本同廖本孔本韓本考文古本作言湯所以伐殺葛

爲一夫報仇也閩監本廖本孔本韓本足利本同毛本誤作匹夫執仇也考文古本與毛本同匹作一

北狄怨廖本狄作夷

自葛始也閩監毛三本韓本同岳本廖本孔本自作從

再十一征而言湯再征十一國閩監毛三本同岳本下再下有出字廖本韓本考文古本作再十一者湯再出征十一國孔本與廖本同無出字

民曰待我君來閩監毛三本同孔本韓本考文古本重君字

有攸不惟臣按各舊本經注及各本注疏皆作惟疏云惟念臣服之節固不誤也朱子集注本譌作爲臣不可不正

篚厥玄黃閩監毛三本同廖本孔本韓本篚作匪案音義出匪厥丁云義當作篚此作匪古字借用則作匪是也下同○按據說文匚部匪似竹篋

引周書實玄黃于匪非借用乃正字也竹部篚訓車笭也

救民於水火之中　音義救字或作捄

皆尚書逸篇之文也　閩監毛三本同廖本孔本韓本無也字

以成其類也　閩監毛三本同廖本孔本韓本考文古本成作迹

太誓曰　閩監毛三本同廖本孔本韓本太作大注太泰同

侵紂之疆界　閩監毛三本同廖本孔本韓本考文古本上有侵于之疆四字

以張殺伐之功也　閩監毛三本同廖本孔本韓本考文古本殺伐作伐殺

皆古泰誓也　孔本脱也字

何畏齊楚之國焉　閩監毛三本同廖本孔本韓本考文古本無之國二字

章指言修德無小暴慢無強是故夏商之末民思湯武雖欲不王末由也已

實則玄黃之帛　則實誤倒閩監毛本不誤

當使齊人傅之　閩監毛三本同廖本孔本韓本考文古本下有邪字

衆楚人咻之　閩監毛三本孔本同韓本考文古本衆楚作楚衆

嚾也閩監毛三本同廖本孔本韓本作讙也案音義出嚾也丁云字讙譁同則作讙非也

如使在王所者廖本孔本韓本考文古本同閩監毛三本如誤卽

則王誰與爲不善者也閩監毛三本同岳本廖本孔本韓本考文古本無者字

章指言自非聖人在所變化故諺曰白沙在涅不染自黑蓬生麻中不扶自直言輔之者衆也

孟子注疏卷六上校勘記

孟子注疏解經卷第六下

滕文公章句下　　趙氏注　　孫奭疏

公孫丑問曰不見諸侯何義丑怪孟子不肯每輒應諸侯之聘不見之於義謂何也孟子曰古者不爲臣不見古者不爲臣不肯見不義而富且貴者也段干木踰垣而辟之泄柳閉門而不納。是皆已甚迫斯可以見矣孟子言魏文侯魯繆公有好。善之心而此二人距之太甚迫窄則可以見之陽貨欲見孔子而惡無禮大夫有賜於士不得受於其家則往拜其門陽貨魯大夫也孔子士也陽貨矙。孔子之亡也而饋孔子蒸豚孔子亦矙其亡也而往拜之當是時陽貨先豈得不見矙視也陽貨視孔子亡而饋之者欲使孔子來答恐其便答拜使人也孔子矙其亡者心不欲見陽貨也論語曰饋孔子豚孟子曰蒸豚豚非大牲故用熟饋也是時陽貨先加禮豈得不往拜見之哉曾子曰脅肩諂笑病于夏畦脅肩竦體也諂笑強笑也病極也言其意苦勞極甚於仲夏之月治畦灌園之勤也子路曰未同而言觀其色赧赧然非由之所知也未同志未合也不可與言而與之言謂之失言也觀其色赧赧然面赤心不正之貌也由子路名子路剛直故曰非由所知也由是觀之則君子之所養可知已矣孟子言由是觀曾子子路之言以觀君子之所養志可知矣謂君子養正氣不以入邪也。

疏公孫丑問曰至可知已矣○正義曰此章言道異不謀迫斯強之段泄已甚矙亡得其宜正己直行不納於邪赧然不接傷若夏畦也公孫。問曰不見諸侯何義丑怪孟子不見諸侯故問之曰不見諸侯其義謂何也孟子曰古者不為臣不見至可知已矣孟子荅之公孫丑言古之不為臣者不肯見不義而饗富貴者也如段干木踰垣牆而避魏文侯於外泄柳閉門而拒魯繆公於內然皆不見之者是皆文侯繆公而就見已甚迫切斯可以見矣然干木泄柳且不見之耳陽貨欲願見於孔子而畏孔子惡己之無禮而不見之意已謂己為大夫而有遺賜孔子但為之士彼不得受其遺賜於其家則必往謝己門故陽貨視孔子不在遂饋送孔子蒸豚之禮然而孔子至後亦以視陽貨不在乃往其門而拜謝之故當是之時陽貨豈先不得見孔子以其不合視孔子不在乃饋蒸豚孔子所以不欲見亦復其亡而往謝之也蒸豚熟豚也曾子又有云脅肩諂笑埵縮其身強容而笑者其勞苦有甚於夏之五六月而灌園也治畦曰灌園也子路有云未合其志而與之言觀其色赧赧然面赤而心不正者非我之所知也由子路自稱名也孟子曰由此數者觀之則君子之所養以義可得而知矣蓋就此數者論之孟子必荅。孫丑以此者則孟子不見諸侯是亦分也義也。孫丑乃不知之奈之何哉今且以孟子不見諸侯必以段干泄柳為言者蓋謂魏文魯繆二君欲見此二子如此之迫切而二子尚不見之而況己為往見諸侯哉必以陽貨為言者蓋謂孔子不見陽貨者乃陽貨自取之爾今己之不見諸侯者亦以諸侯為不禮於我矣必以曾子所謂而言者蓋謂己如往見諸侯亦是脅肩諂笑者也必以子路所謂而言者蓋謂己如就見諸侯亦是未同而觀其色赧赧然之人也此孟子所以執此而喻其意於公孫丑也說文云畦菜畦也是知即園也○注論語曰饋孔子豚○正義曰案孔安國傳云陽貨使孔子往謝故遺孔子豚陽貨陽虎也名虎字貨為季氏家臣而專魯國之政欲欲見孔子將使之仕也豚家之小者故論語於陽貨篇云陽貨欲見孔子孔子不見歸孔子豚孔子時其亡也而往拜之遇諸塗謂孔子曰來予與爾言曰懷寶而迷邦可謂仁乎好從事而亟失時可謂知乎曰不可日月逝矣歲不我與孔子曰諾吾將仕矣凡此是其事也○注子路剛直正義曰案孔子弟子列傳云子路性鄙好勇力志伉直是為剛直也後死於衛

戴盈之曰什一去關市之征今茲未能請輕之以待

來年然後已何如戴盈之宋大夫問孟子欲使君去關市征稅復古行什一之賦今年未能盡去且使輕之待來年然後復古何如孟子曰今有人日攘其鄰之雞者或告之曰是非君子之道曰請損之月攘一雞以待來年然後已如知其非義斯速已矣何待來年攘取也取自來之物也孟子以此爲喻知攘之惡當即止何可損少月取一雞待來年乃止乎謂盈之之言若此類者也。

疏戴盈之曰至何待來年○正義曰此章言從善改非坐而待旦知而爲之罪重於故譬猶攘雞多少同盜變惡速然後可也戴盈之曰什一去關市之征今茲未能請輕之以待來年戴盈之即戴不勝字盈之也爲宋國之大夫問於孟子曰欲使宋君去關市之征稅今年未能盡去且使輕取之以待來年然後盡去之如之何孟子曰今有人日攘其鄰之雞至何待來年孟子以此比喻之以荅盈之之言非也言今有人日日攘取其鄰家之雞者或有人告之曰此攘雞乃小人盜賊之道非君子大公至正之道也乃曰請損之但月攘一雞以待來年然後止而勿攘今子如知宋君取關市之稅爲非義若此攘雞之非道斯可速而止之耳何可待來年然後已乎此孟子所以告之是耳

公都子曰外人皆稱夫子好辯敢問何也公都子孟子弟子。外人他人論議者也好辯言。孟子好與楊墨之徒辯爭孟子曰予豈好辯哉予不得已也曰我不得已耳欲救正道懼爲邪說所亂故辯之也天下之生久矣一治一亂當堯之時水逆行氾濫於中國蛇龍居之民無所定下者爲巢上者爲營窟天下之生生。民以來也迭有。治。亂非一世水生蛇龍水盛則蛇龍居民之地也民患水避之故無定居。埤下者於樹上爲巢猶鳥之巢也上者高原之上也鑿岸而營度之以爲窟穴而處之書曰洚水警余洚水者洪水也尚書逸篇。之。水逆行洚洞無涯故。曰洚水。也洪大也使禹治之禹掘地而注之海驅蛇龍而放之菹水由地中行江淮河漢是也險阻既遠鳥獸之害人者消然後人得平土而居之（堯使禹治洪水通九州故曰掘地而注之海也菹澤生草者也今青州謂澤有草爲菹水流行於地而去。之民人下高就平土故遠險阻也水去故鳥獸害人者消盡也）堯舜既沒聖人之道衰暴君代作壞宮室以爲汙池民無所安息棄田以爲園囿使民不得衣食邪說暴行又作園囿汙池沛澤多而禽獸至（暴亂也亂君更與殘壞民室屋以其處爲汙池棄五穀之田以爲園囿長逸遊而棄本業使民不得衣食有飢寒並至之厄其小人則放辟邪侈故作。邪僞之說爲姦寇之行沛草木之所生也澤水也至衆也田疇不墾故禽獸衆多謂羿桀之時也）及紂之身天下又大亂周公相武王誅紂伐奄三年討其君驅飛廉於海隅而戮之滅國者五十驅虎豹犀象而遠之天下大悅（奄東方無道國武王伐紂至于孟津還歸二年復伐前後三年也飛廉紂諛臣驅之海隅而戮之猶舜放四罪也滅與紂共爲亂政者五十國也奄大國故特伐之尚書多方曰王來自奄）書曰丕顯哉文王謨丕承哉武王烈佑啓我後人咸以正無缺也（書尚書逸篇也丕大顯明承纘烈光言文王大顯明王道武王大纘承天光烈佑開後人謂成康皆行。正道無虧。缺也此周公輔相以撥亂之功也）世衰道微邪說暴行有作臣弑其君者有之子弑其父者有之孔子懼作春秋春秋天子之事也是故孔子曰知我者其惟春秋乎罪我者其惟春秋乎（世衰道微周衰之時也孔子懼。正道遂滅故作春秋因魯史記設素王之法謂天子之事也知我者謂我正。綱。紀也罪我者謂時人見彈貶者言孔子以春秋撥亂也聖王不作諸侯放恣處士橫議楊朱墨翟之言盈天下天下之言不歸楊則歸墨楊氏爲我是無君也墨氏兼愛是無父也無父無君是禽獸也言孔子之後聖王之道不興戰國縱橫布衣處士游說以干諸侯若楊墨之徒無尊。異君父。之義而以。攢議於世也公明儀曰庖有肥肉廄有肥馬民有飢色野有餓莩。此率獸而食人也。公明儀魯賢人言人君但崇庖廚養犬馬不恤民是爲率禽獸而食人也楊墨之道不息孔子之道不著是邪說誣民充塞仁義也仁義充塞則率獸食人人將相食言仁義塞則邪說行獸食人則人相食此亂之甚也吾爲此懼閑先聖之道距楊墨放淫辭邪說者不得作閑習也淫放也孟子言我懼聖人之道不著爲邪說所乘故習聖人之道以距之作於其心害於其事作於其事害於其政聖人復起不易吾言矣說與上篇同昔者禹抑洪水而天下平周公兼夷狄驅猛獸而百姓寧孔子成春秋而亂臣賊子懼抑治也周公兼懷夷狄之人驅害人之猛獸也言亂臣賊子懼春秋之貶責也詩云戎狄是膺荊舒是懲則莫我敢承此詩已見上篇說無父無君是周公所膺也是周公所欲伐擊也我亦欲正人心息邪說距詖行放淫辭以承三聖者豈好辯哉予不得已也孟子言我亦欲正人心距詖。行以奉禹周公孔子也不得已而與人辯耳豈好之哉能言距楊墨者聖人之徒也孟子自謂能距楊墨也徒黨也可以繼聖人之道謂

名世者也故曰聖人之徒也

疏孟子曰予豈好辯哉至聖人之徒也○正義曰此章言憂世撥亂勸以濟之義以匡之也公都子問孟子曰外人皆稱夫子好與楊墨之徒爭辯敢問是何如孟子曰予豈好辯哉予不得已也孟子荅之曰我豈好與彼爭辯之哉但欲正人心不得已而用辯之也天下之生久矣一治一亂至上者爲營窟孟子言天下之生民以來至于今以久矣其間一治一亂甚多當堯之時水逆勢而流行氾濫濁於中國蛇龍由是居處於其間民亦無所安其居處以至居於埤下者乃於樹上爲巢如鳥之居於巢也居於高原之上者乃鑿爲穴窟而處之書曰洚水警余洚水洪水也使禹治之禹掘地而注之海至然後人得平土而居之言尚書逸篇之文云洚水警懼我此蓋舜言故稱余余我也孟子引之故自解之洚水言洚水則洪大之水也故舜使禹治其洪水禹乃掘地因其勢順而流注之海又驅蛇龍而放之菹菹澤生草之所也於是水從地中流行故不氾逆所謂導江導淮導河導入漢之水是禹之治也危險艱阻既以遠去而無氾濫之患鳥獸之害於人者遂消滅然後人皆得平坦之地而居之所謂水逆行氾濫於中國蛇龍居之爲巢營窟之難於是免矣堯舜既沒聖人之道衰至及紂之身又至咸以正無缺者孟子言自堯舜既沒之後聖人所行之道衰微暴虐之君更興乃毀壞民之宮室以爲之汙池而民皆無所安居休息又棄五穀之田以爲之園囿而恣遊傲乃使民不得衣食於是民有飢寒其小人皆放辟邪侈作邪僞之說爲姦宼之行又作園囿汙池於是草木沛澤茂盛而禽獸至衆及紂之世又爲大亂周公乃輔相武王誅伐其紂又伐奄國終始三年討戮殘賊之君乃驅逐飛廉諛臣於海隅之地而戮殺之遂滅與紂共爲亂之國者有五十國然後驅遣其虎豹犀象之野獸而遠去之天下之人已皆大悅而歸武王書所謂丕顯哉文王謨丕承哉武王烈佑啓我後人咸以正無缺是斯之謂歟蓋言大明文王創始之謀謨大纘集武王之功烈佑開後人皆以正道行之故無虧缺也後人是謂成王康王在後者也世衰道微邪說暴行至其惟春秋乎孟子又言至周世之道衰於是微滅邪說暴行之人又有起作於是臣弒其君者有之子弒其父者有之惟孔子於

此時乃恐懼正道遂滅而害人正心故因魯史記而作春秋之經蓋春秋者乃設素王之道皆天子之事迹也孔子云知我正王綱者其惟以春秋知我矣罪我以謂迷亂天下者其亦惟以春秋罪我矣聖王不作諸侯放恣至是禽獸也孟子又言自孔子之後聖王無有興作於其間諸侯乃放恣爲亂布衣之處士乃横議而遊說於諸侯於是楊朱墨翟偏蔽之言盈滿於天下天下之言者不歸從楊朱之爲己則歸從墨翟之兼愛以其爲己之言行是使天下無其君也兼愛之言行是使天下無其父也無父無君是禽獸之類也非人也公明儀曰至率獸而食人也孟子又引昔公明儀有云君之庖廚乃多有其肥肉棧廄之中多養其肥馬而下民以有飢餓之顏色郊野之間以有餓死之莩者如此是國君率獸而食人也楊墨之道不息孔子之道不著至吾爲此懼又至吾言矣孟子又言楊墨自爲兼愛之道不熄滅則孔子之正道不著明是邪說欺誣其民而充塞掩其仁義之道也仁義既以邪說充塞而掩之則不特率獸食人而人亦將自相食也孟子故言我爲此恐懼乃欲防閑衞其先聖之正道而排斥拒其楊墨放逐其淫辭使邪說者不得興作於其間所謂作於其心害於其事作於其事害於其政聖人復起必從吾言矣此蓋說在上篇此更不說昔者禹抑洪水而天下平周公兼夷狄驅猛獸而百姓寧孔子作春秋而亂臣賊子懼此皆孟子言至於此又復自堯至於孔子再詳總說之也言往者自舜使禹抑治其水而天下於是乎得平安至周公相武王兼征夷狄驅逐暴獸而人民於是乎得寧靜以至孔子作成春秋而襃貶著而亂臣賊子於是乎恐懼之詩云戎狄是膺荆舒是懲則莫我敢承說在上篇詳矣孟子言如是則無父無君者是周公所欲膺擊而伐之也我今亦欲正其人心息滅其邪說距止其險詖之行放逐其淫辭以奉承禹周公孔子三聖者豈我好與楊墨之辯哉是我不得已故當與之爭辯也然而能言距止楊墨之道者是亦爲聖人之徒黨也故曰我亦欲正人。息邪說距詖行放淫辭以承三聖者豈好辯哉予不得已也能言距楊墨者聖人之徒也〇注堯使禹治洪水通九州至消盡也正義曰禹通九州者蓋始自堯所都冀州而起遂從東南通于兖州兖州既達又東南通於青州青州既達又從南通於徐州徐州既達又南通於楊州楊州既達又西通於荊州荊州既達又從荊而北通於豫州豫州既達又從豫而西通於梁州梁州既達又從梁而北通於雍州雍州既達於是又通乎冀州冀州乃帝都也凡此是皆禹通之耳○注奄東方無道國至王來自奄正義曰案鄭玄云奄國在淮夷之北婁駰亦引而證史記云伐奄者孔安國云周公歸政之明年淮夷奄國又叛成王東伐淮夷遂滅奄而徙其君五月自奄還至。鎬京是王自奄也云飛廉紂諛臣案史記云飛廉乃顓頊之苗裔也飛廉善走其子惡來惡來有力父子俱以材力事殷紂周武王伐紂并殺之是矣舜放四罪所謂流共工于幽州放驩兜于崇山竄三苗于三危殛鯀于羽山四罪而天下咸服凡此是也○注禹稷胼胝周公仰思仲尼皇皇正義曰經云禹稷手足胼胝周公仰而思之夜以繼日揚雄云仲尼皇皇是也凡此蓋言皆能勤於爲生民耳

匡章曰陳仲子豈不誠廉士哉居於陵三日不食耳無聞目無見也井上有李螬食實者過半矣匍匐往將食之三咽然後耳有聞目有見（匡章齊人也陳仲子齊一介之士窮不苟求者是以絕糧而餒也螬蟲也李實有蟲食之過半言仲子目不能擇也）

孟子曰於齊國之士吾必以仲子爲巨擘焉雖然仲子惡能廉充仲子之操則蚓而後可者也夫蚓上食槁壤下飲黄泉（巨擘大指也比於齊國之士吾必以仲子爲指中大者耳非大器也蚓蚯蚓之蟲也充滿其操行似蚓而可行者也蚓食土飲泉極廉矣然無心無識仲子不知仁義苟守一介亦猶蚓也）仲子所居之室伯夷之所築與抑亦盜跖之所築與所食之粟伯夷之所樹與抑亦盜跖之所樹與是未可知也（孟子問匡章仲子豈能必使伯夷之徒築室樹粟乃居食之邪抑亦得盜跖之徒使作也是殆未可知也）

曰是何傷哉彼身織

屨妻辟纑以易之也匡章曰惡人作之何傷哉彼仲子身自織屨妻緝纑以易食宅耳緝績其麻曰辟練其麻曰纑故云辟纑曰仲子齊之世家也兄戴蓋祿萬鍾以兄之祿爲不義之祿而不食也以兄之室爲不義之室而不居也避兄離母處於於陵孟子言仲子齊之世卿大夫之家兄名戴爲齊卿食采於蓋祿萬鍾仲子以爲事非其君行非其道以居富貴故不義之竄於於陵也他日歸則有饋其兄生鵝者己頻顣曰惡用是鶂鶂者爲哉他日異日也歸省其母見兄受人之鵝而非之己仲子也頻顣不悅曰安用是鶂鶂者爲乎鶂鶂鵝鳴聲他日其母殺是鵝也與之食之其兄自外至曰是鶂鶂之肉也出而哇之以母則不食以妻則食之以兄之室則弗居以於陵則居之是尚爲能充其類也乎若仲子者蚓而後充其操者也異日母食以鵝不知是前所頻顣者也兄疾之告曰是鶂鶂之肉也仲子出門而哇吐之孟子非其不食於母而食妻所作屨纑易食也不居兄室而居於於陵人所築室也是尚能充人類乎如蚓之性然後可以充其操也是以孟子喻以蚯蚓而比諸巨擘而已

疏匡章曰至而後充其操者也○正義曰此章言聖人之道親親尚和志士之操耿介特立可以激濁不可常法者也匡章曰陳仲子豈不誠廉士哉至目有見者匡章齊國之人也仲子齊國一介之士也匡章謂孟子曰陳仲子之爲人豈不誠爲廉士者哉言仲子居處於於陵之地三日無食故不求食以至飢餓使耳聾而無聞目盲而無見井里之上有李果爲螬蟲所食者其實已過半矣但匍匐往而取食之食至三吞然後耳方有所聞而不聾目方有所見而不盲言仲子之至如此之甚尚不肯苟求於人是所謂豈不誠廉潔之士哉孟子曰於齊國之士至下飲黃泉孟子荅之以謂於齊國之衆士中吾必以陳仲子但如指中之大

者耳雖然大指又安能爲廉潔之士哉如充滿其仲子之操守則必似蚯蚓而後可行也故蚓但上食其槁壤之土下飲其黃泉之水是謂極廉矣今仲子所居處之屋且以爲伯夷之所築而居之歟抑亦卽盜跖爲利者之所築而居歟仲子所食之粟米且以伯夷之所種而食歟抑亦卽爲盜跖者之所種而食歟故孟子以此問之匡章乃曰仲子所居之室伯夷之所築歟抑亦盜跖之所築歟所食之粟伯夷之所樹歟抑亦盜跖之所樹歟然孟子必以伯夷言之又必以盜跖言之者蓋謂伯夷之淸最爲潔者盜跖最爲貪利者而仲子必不能使伯夷之徒築室樹粟乃居食之也但亦盜跖所築樹而居食之也豈足謂之廉士哉故曰是未可知也以其但亦盜跖所築樹也殆未可得而知也曰是何傷哉彼身織屨妻辟纑以易之也匡章又言於孟子曰此何傷於仲子爲廉哉言雖盜跖之徒而築樹之而仲子所居食之亦不足傷害仲子爲廉潔之士矣以其彼仲子親織其草屨妻緝績其麻以更易室與粟而居食之也曰仲子齊之世家也兄戴蓋祿萬鍾以兄之祿爲不義之祿至蚓而後可充其操者也孟子又言仲子者乃齊國世卿大夫之家也其仲子之兄名戴者食采於蓋之邑祿受萬鍾之秩仲子乃以兄之祿爲不義之祿而不食以兄所居之室爲不義之室而不居遂逃避其兄離去其母而自處於於陵於陵齊之別邑也異日歸省其母見有饋遺其兄之生鵝者乃頻顣不悅而言曰安用是鶂鶂者爲饋哉又至異日其仲子之母乃殺此鵝與仲子而食之其仲子之兄自外而歸至見仲子食此鵝肉乃疾告之曰此是前日所饋我鶂鶂者之肉也仲子覺爲鵝肉出門外哇而吐之以其母所殺之食而且不食乃食於妻子所辟纑而易所食而食之以兄所居之屋而且不居乃以於陵之人所居之屋而居之如此尚何能充爲人之類乎若仲子者但如蚓之性然後可充其所操也孟子意謂仲子之廉以此是不足爲廉者矣人安可得而法之邪匡章子所以言仲子爲廉士者以其欲則法之宜孟子以是言而比喻巨擘蚯蚓之類而排拒之也巨擘大指也○注緝績其麻曰辟練麻曰纑○正義曰釋名云辟分辟也纑布纑也是知爲緝績練麻也○注食采於蓋○正義曰蓋齊之下邑也公孫丑之篇亦有說

焉

孟子注疏解經卷第六下

孟子注疏卷六下校勘記

阮元撰盧宣旬摘錄

閉門而不納閩監毛三本同廖本孔本韓本納作內案音義出不內作內是也

有好善之心閩監毛三本同宋本廖本孔本韓本善作義

陽貨矙孔子之亡也音義矙或作瞰○按依說文則闞是正字

章指言道異不謀迫斯強之段泄已甚矙亡得宜正己直行不納於邪赧然

不接傷若夏畦也足利本無赧然以下九字

公孫問曰閩本同監毛二本孫下有丑字

孟子必荅孫丑以此者閩本同監毛二本孫上有公字下孫丑乃不知之同

章指言從善改非坐而待旦知而為之罪重於故譬猶攘雞多少同盜變惡

自新孔本新作心非速然後可也

孟子弟子閩監毛三本同廖本孔本韓本考文古本下有也字

言孟子閩監毛三本韓本同廖本孔本無孟字

生民以來也孔本脫民字

迭有治亂 閩監毛三本同廖本韓本治亂作亂治
埤下者 毛本埤作卑案音義出埤作卑非也
尙書逸篇之水逆行 閩本之作文監毛本之水作水之廖本孔本韓本考文古本之作也
故曰洚水也洪大也 閩監毛三本同宋本作故洚水洪水也岳本廖本孔本韓本無上也字
謂澤有草爲菹 閩監毛三本同岳本孔本韓本考文古本草下有者字
水流行於地而去之也 閩監毛三本足利本同廖本孔本韓本考文古本之作也
故作邪僞之說 閩監毛三本孔本韓本同廖本邪作詐
誅紂伐奄 考文古本誅作討
大纘承天光烈 廖本孔本韓本考文古本同閩監毛三本天誤夫
皆行正道無虧鈌也 岳本正作王鈌諸本作缺
懼正道遂滅 閩監毛三本同廖本孔本韓本考文古本正作王
謂我正綱紀也 閩監毛三本同廖本孔本韓本考文古本綱紀作王綱
無尊異君父之義 廖本異作卑足利本同廖本無之字

而以攢議於世也作縱橫閩監毛三本同廖本孔本韓本考文古本攢作橫足利本

野有餓莩音義莩或作芆或作殍孔本作芆蓋采用或本莩殍已見於廣韻

此率獸而食人也廖本考文古本獸上有禽字

距詖行閩監毛三本同廖本孔本韓本考文古本作距險詖之行

故曰聖人之徒也閩監毛三本同廖本孔本韓本考文古本無此七字

章指言夫憂世撥亂勤以濟之義以匡之是故禹稷駢蹟周公仰思仲尼皇皇墨突不及汙聖賢若此孔本韓本考文古本作是豈得不辯也

我亦欲正人下脫心字閩監毛三本不脫

還至縞京閩本同監毛本縞作鎬

練其麻曰纑故云辟纑閩監毛三本同廖本孔本韓本無其字故云辟纑四字考文古本引故云辟纑云無此四字○按練其麻當作練麻縷說文曰纑布縷也

竄於於陵也閩監毛三本同廖本孔本韓本考文古本無也字

已頻顣曰音義頻亦作嚬案文選注引孟子曰嚬蹙而言正作嚬字

鶃鳴聲　閩監毛三本同廖本孔本韓本考文古本聲上有之字○按丁氏五歷切與鶃鳴聲不相似蓋孟子書本作兒如今人之讀小兒與鶃聲略相近也俗人加鳥作鶃則爲說文六鶃字

是以孟子喻以丘蚓而比諸巨擘而已　閩監毛三本同廖本孔本韓本考文古本無此注

章指言聖人之道親親尚和志士之操耿介特立可以激濁不可以　孔本韓本考文引古本皆無以字

常法是以孟子喻以丘蚓比諸巨擘也

至自有見者　自目之誤閩監毛三本不誤今據改

孟子注疏卷六下校勘記

孟子注疏解經卷第七上

離婁章句上凡二十八章

孫奭疏

趙氏注 離婁者，古之明目者，蓋以爲黄帝之時人也。黄帝亡其玄珠，使離朱索之。離朱即離婁也，能視於百步之外，見秋毫之末。然必須規矩乃成方圓。猶論語述而不作信而好古，故以名篇。

疏正義曰前章首論滕文公問以古道故以滕文公爲篇題次於公孫丑問政謂其爲政莫大於反古也然則此篇孟子首言離婁之明故以目爲篇題次於滕文公問以古道是亦反古道者莫大乎明也遂次滕文公之篇所以揭離婁爲此篇之題此篇凡六十章趙氏分之以爲上下卷此卷只有二十八章而已一章言雖有巧智猶須法度二章言法則堯舜鑒戒桀紂三章言安仁在於爲仁惡弗去則患及其身四章言行有不得於人反求諸身責己之道也五章言天下國家本正則立本傾則踣六章言巨室不罪咸以爲表德之流行可充四海七章言遭衰逢亂屈服强大據國行仁天下無敵八章言人之安危皆由於己九章言水性趨下民樂歸仁十章言曠仁舍禮自暴棄之道也十一章言親親敬長近取諸己十二章言事上得君乃可臨民信友悅親本在於身十三章言養老尊賢國之上務十四章言聚斂富民棄於孔子重人命之至者十五章言知人之道十六章言人君恭儉率下移風人臣恭儉明其廉忠十七章言權時之義嫂溺援手十八章言父子至親相責離恩易子而教相成以仁十九章言上孝養志下孝養體二十章言小人爲政不足間非君正國定下不邪後二十一章言不虞獲譽不可爲戒求全受毀未足懲咎二十二章言言出於身不惟其責則易之矣二十三章言人患在爲師二十四章言尊師重道二十五章言餔啜沈浮君子不與二十六章言無後不可二十七章言仁義之本在孝悌二十八章言天下之富貴不若得意於親其餘三十二章分在下卷不無敘

焉○注離婁至題篇○正義曰莊子天地篇云黄帝遊乎赤水之北登乎崐崙之山南望而歸遺其玄珠使知索之不得使離朱索之蓋其人也離朱卽離婁也論語第七篇首云述而不作信而好古竊比於我老彭是其旨也

孟子曰離婁之明公輸子之巧不以規矩不能成方員公輸子魯班魯之巧人也或以爲魯昭公之子雖天下至巧亦猶須規矩也師曠之聰不以六律不能正五音師曠晉平公之樂太師也其聽至聰不用六律不能正五音六律陽律大蔟姑洗蕤賓夷則無射黄鍾也五音宮商角徵羽也堯舜之道不以仁政不能平治天下當行仁恩之政天下乃可平也今有仁心仁聞而民不被其澤不可法於後世者不行先王之道也仁心性仁也仁聞仁聲遠聞也雖然猶須行先王之道使百姓被澤乃可爲後世之法也故曰徒善不足以爲政徒法不能以自行但有善心而不行之不足以爲政但有善法度而不施之法度亦不能獨自行也詩云不愆不忘率由舊章遵先王之法而過者未之有也詩大雅假樂之篇愆過也所行不過差矣不可忘者以其循用舊故文章遵用先王之法度未聞有過者也聖人既竭目力焉繼之以規矩準繩以爲方員平直不可勝用也盡己目力續以其四者方員平直可得而審知故用之不可勝極也既竭耳力焉繼之以六律正五音不可勝用也音須律而正也既竭心思焉繼之以不忍人之政而仁覆天下矣盡心欲行恩繼以不忍加惡於人之政則天下被覆衣之仁也故曰爲高必因丘陵爲下必因川澤爲政不因先王之道可謂智乎言因自然則用

力少而成功多矣

是以惟仁者宜在高位不仁而在高位是播其惡於衆也仁者能由先王之道不仁逆道則自播揚其惡於衆人也

上無道揆也下無法守也朝不信道工不信度君子犯義小人犯刑國之所存者幸也言君無道術可以揆度天意臣無法度可以守職奉命朝廷之士不信道德百工之作不信度量君子觸義之所禁謂學士當行君子之道也小人觸刑愚人罹於密網也此亡國之政然而國存者僥倖耳非其道也

故曰城郭不完兵甲不多非國之災也田野不辟貨財不聚非國之害也上無禮下無學賊民興喪無日矣言君不知禮臣不學法度無以相檢制則賊民興亡在朝夕無復有期日言國無禮義必亡

詩曰天之方蹶無然泄泄泄泄猶沓沓也事君無義進退無禮言則非先王之道者猶沓沓也詩大雅板之篇天謂王者蹶動也言天方動汝無然沓沓但為非義非禮背先王之道而不相匡正也

故曰責難於君謂之恭陳善閉邪謂之敬吾君不能謂之賊人臣之道當進君於善責難為之事使君為敬謂行堯舜之仁是為恭臣陳善法以禁閉君之邪心是勉之君言吾君不肖不能行善因不諫正此為賊其君也故有恭敬賊三者之善

疏孟子曰離婁之明至吾君不能謂之賊○正義曰此章言雖有巧智猶須法度固由先王禮義為要不仁在位播越其惡誣君不諫謂之賊明上下相須而道化行也孟子曰離婁之明公輸子之巧不以規矩不能成方員者公輸子魯班魯之巧匠也孟子謂離婁明雖足以察秋毫之末公輸子其性雖巧然不以規矩之度不能成其方員之器規所以員也言物之員者皆由規之所出也矩所以方也言物之方者皆由矩之所出也師曠之聰不以六律不能正五音者師曠樂官名也孟子又謂師曠其耳雖聰善能聽音然不得六律以和之固不能

正其五音也六律五音大蔟姑洗㽔賓夷則無射黃鍾是六律也宮商角徵羽是五音也堯舜之道不以仁政不能平治天下者堯舜二帝唐虞之盛者也然而不以仁政而施之於天下故不能平治天下而享無爲之功矣以其天下平治由仁政之施也如物之方員必自規矩之所出五音之正由六律以和之者也今有仁心仁聞而民不被其澤不可法於後世者不行先王之道也者孟子言今之人君雖有仁人不忍之心又有仁聲而遠聞四方然而民皆不得霑被其恩澤不可爲後世之所法者以其不行古先王之道而治之也無他蓋以先王之道有恩澤足以被之民其法可爲後世取象故也苟不行先王之道雖有仁心仁聞亦若離婁之明師曠之聰堯舜之道不得以規矩六律仁政爲之亦無如之何也已矣故曰徒善不足以爲政徒法不能以自行者此孟子言至於此所以復言之者也徒善不足以爲政蓋謂雖有先王之道而爲之善然而人不能用而行之是徒善不足以爲政也徒法不能以自行蓋謂雖有規矩六律之法然而人不能因而用之是徒法不能以自行也以其規矩六律之法不能自行之必待人而用之然後能成其方員正其五音也堯舜之道自不足以爲之政必待人而行之然後能平治天下而爲法於後世也詩云不愆不忘率由舊章遵先王之道而過者未之有也者孟子引大雅假樂之篇文而云也蓋謂不愆違不忘去其故舊典章皆循而用之未有過失者也故復言之曰遵先王之法而過者未之有也典章者即先王之法也聖人既竭目力焉繼之以規矩準繩以爲方員平直不可勝用也者孟子又言聖人既竭己目力而視續以規矩準繩而爲方員平直故其用之不可勝極也蓋規所以能員矩所以能方準所以能平繩所以能直故也既竭耳力焉繼之以六律正五音不可勝用也者孟子又言聖人既已盡其耳力而聽之又續以六律而正五音故其用亦不可勝極也蓋六律所以正五音也既竭心思焉繼之以不忍人之政而仁覆天下矣者孟子又言聖人既已能盡心之所思慮續以施其不忍人之政則仁恩德澤足以覆蓋於天下矣無他以其仁恩廣大矣故云覆天下故曰爲高必因丘陵爲下必因川澤爲政不因先王之道可謂智乎者孟子言至於此又所以復言

之者也蓋譬言人之欲爲高者必因其丘陵而爲之也爲下者必因其川澤而
爲之耳無他以其丘陵之山其本高矣川澤之地其本下矣言爲政於天下者
而不因先王之道爲之豈足謂之智者乎言不可謂之智矣以其先王之道是
爲之所本焉故智足以有知苟爲政而不知以先王之道爲本豈謂之智乎大
抵孟子言規矩準繩六律者皆譬爲政而言也抑亦知孟子長於譬喻者歟是
以惟仁者宜在高位不仁而在高位是播其惡於衆也者孟子於此畢其譬喻
乃曰是以惟仁者之君宜其處高位爲尊也不仁之君而處高位是其處高位
而播揚其惡於人民之衆矣上無道揆也下無法守也朝不信道工不信度君
子犯義小人犯刑國之所存者幸也者孟子言上之爲君無道術以表率其下
下之爲臣無法度以守其職朝廷之士皆不信其道德百工之作皆不信其度
量君子之人以之觸義之所。其小人之人以之犯冒其刑憲然而如此而國尚
存而不亡者以其僥倖得存焉必云幸也蓋少有存者也故曰城郭不完兵甲
不多非國之災也田野不辟貨財不聚非國之害也上無禮下無學賊民興喪
無日矣者孟子言至此所以復言之也故云城郭頽壞而不完兵甲之器少此
非爲國之災害也田野荒蕪而不開辟貨財竭盡而無貯聚此非爲國之害也
然而上之爲君無禮法以檢制下之爲人臣不學法度以守職賊民相殺戮以
之興起是則國之喪亡俱在朝夕無復有日矣詩云天之方蹶無然泄泄泄泄
猶沓沓也事君無義進退無禮言則非先王之道者猶沓沓也者自然天之方蹶
至泄泄猶沓沓也是詩大雅板之篇詩也自事君至沓沓也是孟子自解上云
沓沓之義也其詩蓋言王者方動而爲非爲之臣者無更沓沓但復爲非禮義
以事其王者也故曰天之方蹶無然泄泄泄泄猶沓沓也蹶動也天謂王者也
泄泄則沓沓是也孟子復自解之言事君以無義之事事之其進退無禮節其
言則非先王之道而爲言者是若沓沓者也以其當匡正其君不可復長君之
惡耳故曰責難於君謂之恭陳善閉邪謂之敬吾君不能謂之賊者孟子言至
於此所以又復言之者也故云君之有難惡當責之以善能責君難惡以爲之
善是爲恭臣恭其君也陳之以善事而閉其君之邪心是謂敬其君者也如不

責君之難不陳善而閉君之邪而乃曰我君不能行善因不諫正之者是謂殘賊其君者也故曰責難於君謂之恭陳善閉邪謂之敬吾君不能謂之賊○注公輸子至規矩也正義曰案淮南子云楚欲攻宋墨子聞而悼之見楚王曰臣見大王之必傷義而不得宋王曰公輸天下之巧工作爲雲梯之械設以攻宋曷爲弗取墨子曰令公輸設攻臣請守之於是公輸設攻宋之械墨子設守宋之備九攻而墨子九卻之弗能入乃偃兵不攻是公輸即魯般也或云是魯昭公之子也○注師曠晉平公之樂太師至羽也正義曰案呂氏春秋云晉平公鑄鐘使工聽之皆以爲調師曠曰不調請更鑄之平公曰工皆以爲調矣師曠曰後世有知音者將知不調臣竊爲恥之至師涓果知鐘之不調是師曠善聽爲晉平公之樂師也云六律陽律大蔟姑洗蕤賓夷則無射黃鐘案律曆志云呂不韋春秋言黃鐘之宮律之本也下生林鍾林鍾上生大蔟大蔟下生南呂南呂上生姑洗姑洗下生應鐘應鐘上生蕤賓蕤賓下生大呂大呂下生夷則夷則上生夾鐘夾鐘下生無射無射上生中呂淮南王安延致儒生博士亦爲律呂云黃鐘之律九寸而宮音調因而九之九九八十一故黃鐘之數立位在子大蔟其數七十二姑洗之數六十四蕤賓之數五十七夷則之數五十一無射之數四十五以黃鐘大蔟爲商姑洗爲角角生應鐘不比正音故爲和應鐘生蕤賓不比正音故爲繆日冬至音比林鐘浸以濁日夏至音比黃鐘浸以清以十二律應二十四時之變甲子大呂之徵也丙子夾鐘之羽也戊子黃鐘之宮也庚子無射之商也壬子夷則之角也其爲音一律而生五音十二律爲六十音因而六之六六三十六故三百六十五日以當一歲之日故律之數天地之道也凡此則以律正五音之謂也○注詩大雅假樂之篇○正義曰箋云愆過也率循也言成王之令德不過誤不遺失循用舊典之文章舊典謂周公之禮法也○注云詩大雅板之篇○正義曰箋注云蹶動也泄泄猶沓沓也箋云天斥王也。主方欲艱難天下之民又方更變先王之道無沓沓然爲之制法度達其意以成其意

孟子曰規矩方員之至也聖人人倫之至也至極也人事之善者莫大取法於聖人猶方員

須規矩也欲爲君盡君道欲爲臣盡臣道二者皆法堯舜而已矣堯舜之爲君臣道備不以舜之所以事堯事君不敬其君者也不以堯之所以治民治民賊其民者也言舜之事堯敬之至也堯之治民愛之盡也孔子曰道二仁與不仁而已矣暴其民甚則身弒國亡不甚則身危國削名之曰幽厲雖孝子慈孫百世不能改也仁則國安不仁則國危亡甚謂桀紂不甚謂幽厲厲王流于彘幽王滅於戲可謂身危國削矣名之謂謚之也謚以幽厲以章其惡百世傳之孝子慈孫何能改也詩云殷鑒不遠在夏后之世此之謂也詩大雅蕩之篇也殷之所鑒視近在夏后之世矣以前代善惡爲明鏡也欲使周亦鑒於殷之所以亡也

疏孟子曰規矩至此之謂也○正義曰此章言法則堯舜鑒戒桀紂也孟子曰規矩方員之至也聖人人倫之至也者孟子言規矩之度其爲方員之至者也謂之至者以其至矣盡矣不可以有加矣聖人是爲人倫之至者亦然人倫君臣父子夫婦兄弟朋友是也欲爲君盡君道欲爲臣盡臣道二者皆法堯舜而已矣者孟子言凡欲爲人君者當盡其爲君之道也凡欲爲人臣者當盡其爲臣之道也此二者在皆則法堯舜而已矣以堯舜所爲君臣之道備矣不以舜之所以事堯事君不敬其君者也不以堯之所以治民治民賊其民者也言爲人臣者如不以舜之所以事堯者事君是不尊敬其君者也爲人臣者如不以堯之所以治民者治民是殘賊其民者也舜所以事堯者盡其義之道也堯之所以治民者盡其仁之道也義所以敬其君者也仁所以愛其民者也孔子曰道二以仁與不仁而已矣暴其民甚則身弒國亡不甚則身危國削名之曰幽厲雖孝子慈孫百世不能改也者孟子言孔子有曰道有二是仁與不仁爲二而已暴虐其民以至於甚極則身必爲下之所殺而國必喪亡矣不至於極甚則身必危難而國必滅削謚之曰幽厲之君既謚爲幽厲以章惡於後世雖有孝子慈孫所

出亦不能改此謚也厲王但止於流彘幽王滅於戲是謂身危國削矣如身弒國亡而孟子不止歸於人名者以其被所殺戮國已喪亡足以章其惡固不待爲謚而彰之矣如桀紂者也詩云殷鑒不遠在夏后之世此之謂也者蓋詩大雅蕩之篇文也其詩已謂殷之世所以鑒視在近而不遠者以其卽在夏后之世是也以其前代善惡足以爲明鏡而可鑒也孟子所以云此之謂也者蓋欲使周之時亦鑒於殷之所以亡也○注堯舜之爲君臣道備○正義曰書云堯克明俊德以親九族平章百姓協和萬邦黎民於變時雍蓋爲君之道盡於此矣是君道之備也舜自元德升聞以之事堯而愼徽五典百揆時敘賓于四門四門穆穆其後坐常見堯於牆食常見堯於羹蓋爲臣道盡於此矣是臣之道備也○注桀紂幽厲○正義案史記本紀云桀爲虐政淫荒湯伐之於是桀敗於有娀之墟湯王乃改正朔易服色是爲湯王爲殷之始王又云紂資辨捷知足以拒諫言足以飾非好酒淫樂醢九侯脯鄂侯武王東伐至于盟津伐紂紂兵敗走入登鹿臺衣其寶玉赴火而死武王遂斬紂頭懸之白旗殷民大悅武王於是爲天子以爲天子以爲周之王又云厲王行暴虐侈傲國人謗之於是相與畔襲厲王厲王出奔於彘韋昭曰彘晉地也漢爲縣屬河東今曰永安是也厲王終死于彘於是太子靜卽位是爲宣王宣王崩子幽王宮涅立幽王以褒姒不好笑幽王欲其笑乃爲燧火大鼓有寇至則舉燧火諸侯悉至至而無寇褒姒乃大笑幽王悅之爲數舉烽燧其後不信諸侯益不至幽王以虢石父爲卿用事國人皆怨申侯怒與繒西夷犬戎攻幽王幽王舉烽火徵兵兵不至遂殺幽王驪山下汲冢紀年曰湯滅夏以至于紂二十九王凡四百九十六年自武滅紂以至幽王凡二百五十七年○注詩大雅蕩之篇○正義曰箋云此言殷之明鏡不遠近在夏后之世謂湯誅桀也後武王誅紂今之王何以不用爲之戒孟子於此所以引之以戒其時之君臣也

孟子曰三代之得天下也以仁其失天下也以不仁國之所以廢興存亡者亦然三代夏商周國謂公侯之國存亡在仁與不仁而已天子不仁不保四海諸

侯不仁不保社稷卿大夫不仁不保宗廟士庶人不仁不保四體今惡死亡而樂不仁是由惡醉而強酒保安也四體身之四肢強酒則必醉也。喻。惡。亡。而。樂。不。仁。也。【疏】孟子曰三代至強酒○正義曰此章言人所以安莫若為仁惡而弗去患必及身自上達下而其道一也孟子曰三代之得天下也以仁其失天下也以不仁國之所以廢興存亡者亦然者孟子言夏商周三代之王其所以得天下也以其皆以仁存心為政於天下而得之也三代之中其有以失天下者以其不仁故失之也以至公侯之國所以有廢而不興有興而而不廢者亦如三代之得天下也以仁失天下也以不仁也以其皆在於仁道而已天子不仁不保四海諸侯不仁不保社稷卿大夫不仁不保宗廟士庶人不仁不保四體今惡死亡而樂不仁是猶惡醉而強酒者孟子言為天子者不為仁則不能安其四海諸侯不仁則不能安其社稷卿大夫不為仁則不能安其宗廟士庶人不為仁則不能安其四體四體身之四肢也天子守四海諸侯守社稷卿大夫守宗廟士庶人守其身故各因其所守而言也今天下之人皆知疾惡其死亡而以樂為不仁是若惡其醉酒而以強飲其酒耳亦論語孔子謂惡濕而居下之意也

孟子曰愛人不親反其仁治人不治反其智禮人不荅反其敬行有不得者皆反求諸己其身正而。天下歸之反其仁已仁。獨未至邪反其智已智。猶未足邪反其敬已敬。獨未恭邪反求諸身身已正則天下歸就之服其德也詩云永言配命自求多福此詩已見上篇其義同。【疏】孟子曰至自求多福○正義曰此章言行有不得於人反求於身是為責己之道也孟子曰愛人不親反其仁治人不治反其智至而天下歸之者孟子言愛人而人不親之必吾仁有所未至也故當反己責之治其人而人不治者必吾之智有所未盡也故當反己而責之也禮接於人而人不以禮報荅之必吾之敬有所未至也故當反己而責之也凡所行有不得於人者皆當反求諸己而已以其身之所

有未至也故當自反而責之蓋以身先自治而正之則天下之人皆歸之而服其德也如顏淵克己而天下歸仁焉是也詩云永言配命自求多福已說於上篇此固不說

孟子曰人有恆言皆曰天下國家恆常也人之常語也天下謂天子之所主國謂諸侯之國家謂卿大夫家。

天下之本在國國之本在家家之本在身治天下者不得良諸侯無以為本治其國者不得良卿大夫無以為本治其家者不得良身無以為本也是則本正則立本傾則踣固在所敬慎而已。

疏孟子曰至本在身○正義曰此章言天下國家各依其本本正則立本傾則踣也孟子曰人有恆言皆曰天下國家者孟子言人之所常言皆曰天下國家也天子有天下公侯有國大夫有家天下之本在國國之本在家家之本在身者言天下之根本獨在於公侯為之根本也公侯之根本又在卿大夫為之根本也卿大夫之根本抑又在於私身為之根本也如大學有云欲明明德於天下必先治其國欲治其國必先齊其家欲齊其家必先修其身此其意也云天下國家者天子有天下謂之天下諸侯有國謂之國然有國者不可以稱天下有天下者或可以稱國故諸侯謂之邦國天子謂之王國國家文從或又從國為其或之也故國之也至於家則自天子達於庶人未嘗不通稱之矣

孟子曰為政不難不得罪於巨室巨室大家也謂賢卿大夫之家人所則效者言不難者但不使巨室罪之則善也

巨室之所慕一國慕之一國之所慕天下慕之故沛然德教溢乎四海慕思也賢卿大夫一國思隨其所善惡一國思其善政則天下思以為君矣沛然大。治德教可以滿溢於四海之內也。

疏孟子曰至溢乎四海○正義曰此章言天下傾心思慕向善巨室不罪咸以為表德之流行可以充四海也孟子曰為政不難不得罪於巨室者巨室喻卿大夫之家也孟子言為政於天下易而不難也但不得罪於卿大夫之家也以其卿大夫之家以上則近君而君所待以輔弼以道則近民而民待以視效故君之言動其是非可得而刺也國之政令其得失可得而議

也道合則從不合則去君民之從違而係之也故爲君不得罪於卿大夫則爲政可以行天下矣巨室之所慕一國慕之一國之所慕天下慕之故沛然德教溢乎四海者言卿大夫之所思慕也一國亦隨而思慕之一國所思慕則天下亦隨而思慕之故沛然大洽其上之德教可以充溢乎四海如東注之水沛然流溢乎四海也此言四海猶中國則謂之天下夷狄則謂之四海耳孟子之意蓋欲當時國君爲政直其道正其心使卿大夫慕之而不去則遠近雖異方莫不均慕之此德教所以溢乎四海亦如傳云大夫者近者視而傚之遠者望而傚之蓋其意也

孟子曰天下有道小德役大德小賢役大賢天下無道小役大弱役強斯二者天也順天者存逆天者亡有道之世小德小賢樂爲大德大賢役服於賢德也無道之時小國弱國畏懼而役於大國強國也此二者天時所遭也當順從之不當逆也

齊景公曰既不能令又不受命是絕物也涕出而女於吳齊景公齊侯景謚也言諸侯既不能令告鄰國使之進退又不能事大國往受教命是所以自絕於物物事也大國不與之通朝聘之事也吳蠻夷也時爲強國故齊侯畏而恥之泣涕而與爲婚

今也小國師大國而恥受命焉是猶弟子而恥受命於先師也今小國以大國爲師學法度焉而恥受命教不從其進退譬猶弟子不從師也

如恥之莫若師文王師文王大國五年小國七年必爲政於天下矣文王行仁政以移殷民之心使皆就之今師效文王大國不過五年小國七年必得政於天下矣文王時難故百年乃洽今之時易文王由百里起今大國乃踰千里過之十倍有餘故五年足以爲政小國美之故七年

詩云商之孫子其麗不億上帝既命侯于周服侯服于周天命靡常殷士膚敏祼將于京詩大雅文王之篇麗億數也言殷帝之子孫其數雖不但億萬人天既命之惟

服於周殷之美士執祼。鬯之禮將事於京師若微子者膚大敏達也此天命之無常也孔子曰仁不可爲衆也夫國君好仁天下無敵孔子云行仁者天下之衆不能當也諸侯有好仁者天下無敢與之爲敵今也欲無敵於天下而不以仁是猶執熱而不以濯也詩云誰能執熱逝不以濯詩大雅桑柔之篇誰能持熱而不以水濯其手喻。其爲國誰能違仁而無敵。於。天。下。也。

疏孟子曰天下有道至逝不以濯正義曰此章言遭衰逢亂屈伏強大據國行仁天下莫敵雖有億衆無德不親執熱須濯明不可違仁也孟子曰天下有道小德役大德小賢役大賢天下無道小役大弱役強斯二者天也順天者存逆天者亡者孟子言天下有治道之時小德樂爲大德小賢樂爲大賢故小德役服大德小賢役服大賢以其德之得於己者有多少故有大德小德以其賢之賢於人也有遠近故有大賢小賢天下有道則論德而定位故小德役大德小賢役大賢天下無道而亂則小國弱國畏懼而役於大國強國以其力有小大勢有強弱故有小有大有弱有強天下無道則力勝德勢勝賢故小役大弱役強言二者皆天使然也順其天者故存逆其天者故亡以其所遭之時然也故當順而不當逆齊景公曰既不能令又不受命是絕物也涕出而女於吳者孟子引齊景公謂諸侯既不能以令制鄰國又不能受命以制於鄰國是自絕於交通朝聘之事也於是景公泣涕以女事於吳是時吳爲強大也故女於吳此乃小役大弱役強者也今也小國師大國而恥受命焉是猶弟子而恥受命於先師也者言今也爲之小國者既以師其大國而恥羞受大國之命焉如此是若爲之弟子者以羞恥受教命於先師也如恥之莫若師文王師文王大國五年小國七年必爲政於天下矣者言如恥受命於大國莫若師法文王也如師法文王則大國不過五年小國不過七年必能爲政行於天下矣以言其時之易也詩云商之孫子其麗不億上帝既命侯于周服侯服于周天命靡常殷士膚敏祼將于京者此蓋詩大雅文王之篇文也孟子所以引此者蓋言其天命靡常惟德是親之意也其詩言商王之

子孫雖相附麗而不足以爲強雖數至億而不足以爲衆至文王膺受上天之駿命而商之孫子乃爲君侯於周之九服中然爲君處服于周是天命靡常惟德是親也不特商之子孫如此其爲殷之侯者爲壯美之士亦莫不執祼鬯之禮而皆助祭於周之京師也孔子曰仁不可爲衆也夫國君好仁天下無敵者言孔子有曰爲仁者不可爲衆而當之也夫國君能好仁則天下無敢與之敵也今也欲無敵於天下而不以仁是猶執熱而不以濯也者言今也欲爲無敵於天下而不以仁爲之是若持其熱物而不以濯也濯者以水濯其手也詩云誰能執熱逝不以濯蓋詩之大雅桑柔之篇文也孟子於此所以引之蓋謂詩有云言誰能持其熱物往而不以水濯手也以其執熱須濯手於水也如欲無敵於天下必須爲仁也○注齊景公齊侯景謚也至爲婚○正義曰云景謚也者案史記云靈王十六年齊莊公毋弟杵臼立是爲景公在位五十八年卒謚曰景地近荊蠻故注云蠻夷也注詩大雅至無當也正義曰箋云麗數也于於也言商之子孫其數不徒億多言之也至天已命文王之後乃爲君於周之九服中言衆之不如德也九服案周禮九服云侯甸男采衞蠻夷鎮蕃人也毛注云殷士殷侯也膚美也敏疾也祼灌鬯也將行也鄭云祼謂以圭瓚酌鬱鬯以獻尸也瓚如槃大五升口徑八寸深二寸其柄用圭是也注詩大雅桑柔之篇正義曰箋云當如手持熱物之用濯亦猶治國之道當用其賢人者也

孟子曰不仁者可與言哉安其危而利其菑樂其所以亡者不仁而可與言則何亡國敗家之有言不仁之人以其所以爲危者反以爲安必以惡見亡而樂行其惡如使其能從諫從善可與言議則天下何有亡國敗家也

有孺子歌曰滄浪之水清兮可以濯我纓滄浪之水濁兮可以濯我足孔子曰小子聽之清斯濯纓濁斯濯足矣自取之也孺子童子也小子孔子弟子也清濁所用尊卑若此自取之喻人善惡見尊賤乃如此

夫人必自侮然後人侮之家

必自毁而後人毁之國必自伐而後人伐之人先自爲可侮慢之行故見侮慢也家先自爲可毁壞之道故見毁也國先自爲可誅伐之政故見伐也太甲曰天作孽猶可違自作孽不可活此之謂也。以見上篇說同。

【疏】孟子曰至此之謂也正義曰此章言人之安危皆由於己也孟子曰不仁可與言哉安其危而利其菑樂其所以亡者不仁而可與言則何亡國敗家之有者孟子言不仁之人可與言哉言不可與之言也以其不仁之人以危爲之安以菑爲之利樂行其所以亡者也如不仁而可以與言議以其能從諫從善也如此則何有亡國敗家者哉言不能亡國敗家也有孺子歌曰滄浪之水清兮可以濯我纓滄浪之水濁兮可以濯我足者子曰至自取之也者孟子言有孺子歌詠曰滄浪之水清兮則可以洗濯我之纓滄浪之水渾濁兮則可以洗濯我之足以其纓在上人之所貴水清而濯纓則清者人之所貴也足在下人之所賤水濁而濯足則濁者人之所賤也孔子曰小子當聽之清斯濯其纓濁斯濯其足貴賤人所自取之也孺子童稚也小子則孔子稱弟子也清斯喻仁濁斯喻不仁言仁與不仁見貴賤亦如此也夫人必自侮然後人侮之家必自毁而後人毁之國必自伐而後人伐之者孟子言夫人苟自爲可侮之事然後人從其事而侮慢之家自爲可毁譭之事而後人從而毁譭之國必自爲可誅戮之事而人然後從而誅戮之斯亦自取之謂也太甲曰天作孽猶可違自作孽不可活此之謂也者已說在上篇○注云如臨深淵戰戰恐懼也○正義曰此蓋詩之小雅小旻之篇文也注云戰戰恐懼也趙氏放之而已

孟子注疏卷七上校勘記　阮元撰盧宣旬摘錄

離婁者　閩監毛三本同宋本者作乃孔本韓本無者字

蓋以爲黃帝之時人也　閩監毛三本同宋本無之字孔本韓本作黃帝時人也

乃成方圓　閩監毛三本韓本同孔本考文古本圓作員

故以名篇　閩監毛三本同宋本孔本韓本考文古本名作題

大蔟孔本同閩監毛三本韓本作大簇誤

黃鍾也　閩監毛三本同孔本韓本考文古本無也字

乃可爲後世之法也　閩監毛三本同廖本無之字孔本考文古本無世之二字韓本足利本無之字也字

假樂之篇　閩監毛三本同宋本孔本韓本假作嘉音義出嘉樂

未聞有過者也　閩監毛三本同廖本孔本韓本考文古本無者字

續以其四者　閩監毛三本同廖本孔本韓本考文古本無其字

可得而審知　閩監毛三本同廖本孔本韓本審知作知審

罹於密網也　閩監毛三本同孔本韓本考文古本網作罔

兵甲不多 音義出甲兵云甲或作鉀案據音義則此經兵甲舊作甲兵

言天方動汝無然沓沓 廖本汝作女閩監毛三本然作敢孔本韓本汝作女然作敢音義出動女

背先王之道 閩監毛三本同廖本孔本韓本考文古本背下有棄字

使君爲敬 閩監毛三本同廖本孔本韓本考文古本爲敬作勉之是也

是勉之 閩監毛三本同廖本孔本韓本考文古本勉之作爲敬是也案爲敬勉之四字十行本並在行末前後行互換因而致誤

故有恭敬賊三者之善 閩監毛三本善作義廖本孔本韓本考文古本無此九字

章指言雖有巧智猶須法度國由先王禮義爲要不仁在位播越其惡誣君不諫故謂之賊明上下相須而道化行也

觸義之所其 補案其字監毛本並作具

主方欲艱難天下之民 補案主當依監本作王毛本作五更謬

近在夏后之世矣 閩監毛三本同廖本孔本韓本考文古本矣作耳

亦鑒于殷 閩監毛三本同廖本孔本韓本考文古本于作於

章指言法則堯舜以爲規矩鑒戒桀紂避遠危殆名謚一定千載而不可改

也

正義案史記本紀云義下脫曰字閩監毛三本不脫

以爲天子也閩監毛三本同案此四字衍文毛本加圍蓋意欲刊去此文是

夏商周閩監毛三本同孔本韓本考文古本商作殷

在仁與不仁而已閩監毛三本同岳本廖本孔本韓本考文古本而已作也

喻惡亡而樂不仁也閩監毛三本同廖本孔本韓本考文古本無此注

章指言人所以考文古本無此字安莫若爲仁惡而弗孔本作勿去患必在考文古本作及韓本同

身自上達下其道一焉

諸侯不仁不下脫爲字閩監毛三本不脫

而天下歸之毛本而誤則

獨未至邪閩監毛三本同宋本孔本韓本足利本獨作猶下同

猶未足邪考文古本猶作獨

章指言行有不得於人一求諸身責己之道也改行飭躬福則至矣

家謂卿大夫家閩監毛三本同孔本韓本下家作也考文古本下有也字

是則本正則立本傾則踣固在所敬愼而已閩監毛三本同廖本孔本韓本考文古本無此注文

章指言天下國家各依其本本正則立本傾則踣雖曰常言必須敬愼也

沛然大治閩監毛三本同宋本孔本韓本考文古本治作洽

四海之內也閩監毛三本同廖本孔本韓本考文古本無也字

章指言天下傾心思慕向孔本韓本考文引古本作嚮按向今鄉字嚮俗善巨室不罪咸以爲表德之流行以充四海也

令告鄰國閩本孔本韓本同監毛本鄰誤大

而恥受命教宋本孔本韓本同閩監毛三本命教誤倒

故百年乃治閩監毛三本同廖本孔本韓本考文古本治作洽

小國美之閩監毛三本同廖本孔本韓本考文古本美作差

執裸鬯之禮閩監毛三本同廖本孔本韓本鬯作暢音義出暢字案古鬯暢通用

喻其爲國上二字此本糢糊閩監毛三本如此宋本孔本韓本考文古本無其字

而無敵於天下也閩監毛三本同廖本孔本韓本考文古本無於天下三字

章指言遭衰逢亂屈服強大據國行仁天下莫敵雖有億衆無德不親執熱

須濯明其孔本韓本考文古本無此字不可違仁也足利本無也字

者案史記云案自此至下章疏則清者人之所貴也足止十行本缺一頁而板心數不缺誤也閩本仍十行本之舊亦未補監本毛本不缺未詳據何本補足

以見上篇說同毛本同孔本韓本足利本以作已下有也字考文古本以作已

章指言人之安危皆由於己先自毀伐人乃攻討甚於天孽敬慎而已如臨深淵戰戰恐懼孔本韓本考文引古本作栗也

孟子注疏卷七上校勘記

孟子注疏解經卷第七下

離婁章句上　　趙氏注　　孫奭疏

孟子曰桀紂之失天下也失其民也失其民者失其心也失其民之心則天下畔之簞食壺漿以迎武王之師是也得天下有道得其民斯得天下矣得其民有道得其心斯得民矣得其心有道所欲與之聚之所惡勿施爾也欲得民心聚其所欲而與之爾近也勿施行其所惡使民近則民心可得矣民之歸仁也猶水之就下獸之走壙也故為淵敺魚者獺也為叢敺爵者鸇也為湯武敺民者桀與紂也今天下之君有好仁者則諸侯皆為之敺矣雖欲無王不可得已民之思明君猶水樂。卑下獸樂。廣野敺之則歸其所樂獺獱也鸇土鸇也故云諸侯好為仁者敺民若此也湯武行之矣如有則之者雖欲不王不可得也今之欲王者猶七年之病求三年之艾也苟為不畜終身不得苟不志於仁終身憂辱以陷於死亡今之諸侯欲行王道而不積其德如至七年病而卻求三年時艾當畜之乃可得以三年時不畜藏之至七年。欲卒求之何可得乎艾可以為。灸人病乾久益善故以為喻志仁者亦久行之不行之則憂辱以陷死亡桀紂是也詩云其何能淑載胥及溺此之謂也詩大雅桑柔之篇淑善也載辭也胥相也刺時君臣何能為善乎但相與為沈溺之道也。

疏孟子曰桀紂至此之謂也○正義曰此章言水性趨下民樂歸仁桀紂敺使就其君三年之艾畜而可得一時欲仁猶將沈溺所以明鑒戒也孟子曰桀紂之失天下也

至心也者孟子言桀紂失亡天下是失其民失其民乃是失其民之心也得天下有道至勿施爾也者言人君所以得天下有其道也得其民斯爲得天下矣所以得其民有道者得其民之心斯爲得民矣所以得其心有道在民所欲而與之聚之民之所惡而勿施於民則近得其民心矣民之歸仁也至不可得已者言民之歸親於仁人之君如水之歸就於下獸之樂趨於廣野矣故爲淵而敺聚其魚而歸之淵者是獺爲之敺矣爲叢木而敺聚其爵而歸之叢者是鸇鸇爲之敺也爲湯王武王而敺聚其民而歸之湯武者是桀與紂也今夫天下爲之君者有能好行其仁政則天下之諸侯皆爲敺聚其民而歸之亦如獺爲淵敺魚鸇爲叢敺爵者而歸之矣如此雖欲不爲王不可得而不爲耳今之欲王者猶七年之病至於死亡者言今之國君欲爲王者如七年之病欲卒而求討三年之艾草也苟爲已前不積雖終身而死亦不得此三年之艾也若苟不志仁於久雖終一身憂辱亦以陷於死亡之地矣詩云其何能淑載胥及溺此之謂也蓋詩之大雅桑柔之篇文也蓋言何能爲之善乎但相與及其沉溺於患難也孟子所以言此者欲時君在於久行其仁不但欲爲之然後乃行之耳○注獺獱也鸇土鸇也○正義曰案釋名云獺形如猫居水食魚者也獱獺之屬也鸇鷂之屬也能食鳥雀○詩大雅桑柔之篇○正義曰此詩蓋芮伯刺厲王之詩也

孟子曰自暴者不可與有言也自棄者不可與有爲也言非禮義謂之自暴也吾身不能居仁由義謂之自棄也言人尙自暴自棄何可與有言有爲仁人之安宅也義人之正路也曠安宅而弗居舍正路而不由哀哉曠空舍縱哀傷也弗由居是者是可哀傷也。

疏孟子曰至哀哉正義曰此章言曠仁舍禮自暴棄之道也孟子曰自暴者不可與有言自棄者不可與有爲也者孟子言人之有爲自暴者不可與之言議也有爲自棄者不可與之有所爲也言非禮義謂之自暴也吾身不能居仁由義謂之自棄也者此蓋孟子自解自暴自棄之言也仁人之安宅也至哀哉者孟子言

仁道乃人之所安之宅舍也義乃爲人之正路也今有空曠其此宅而不安居之捨去此正路而不行之者是可得而哀傷之者也此孟子所以有是而言於當世也

孟子曰道在邇而求諸遠事在易而求諸難人人親其親長其長而天下平。邇近也道在近而患人求之遠也事在易而患人求之難也謂不親其親。以事其長故其事遠而難也。疏正義曰此章言親親敬長近取諸己則邇而易者也孟子曰至天下平者孟子言道在近而人乃求。遠事在易而人乃求之於難但人人親愛其所親敬長其所長則天下即太平大治矣親親即仁也長長即義也

孟子曰居下位而不獲於上民不可得而治也獲於上有道不信於友弗獲於上矣信於友有道事親弗悅弗信於友矣悅親有道反身不誠不悅於親矣誠身有道不明乎善不誠其身矣言人求上之意先從己始本之於心心不正而得人意者未之有也是故誠者天之道也思誠者人之道也至誠而不動者未之有也不誠未有能動者也授人誠善之性者天也。思行其誠以奉天者人也。至誠則動金石不誠則鳥獸不可親狎故曰。不。誠未有能動者。也。疏孟子曰至未有能動者也正義曰此章言事上得君乃可臨民信友悅親本在於身也孟子曰居下位而不獲於上民不可得而治也者孟子言居下位而爲君上之臣者而不見獲於上則民故不可得而治之也以其上之所以得民者乃治也獲於上有道至不誠其身者言獲於上者有其道如不信於友則弗獲於上矣以其君之所以願乎臣者忠也如臣弗信於友則其忠不足稱矣此所以弗獲於上矣信於友有其道如事其親而弗悅其親則亦弗信於友矣以其友之所以資於己者仁也如事親弗悅則其仁不足稱矣此所以弗信於友矣悅親有其道如反己而不誠則弗悅於親矣以其親之所望於己者孝也如反身不誠則其孝不足稱矣此所

以不悅於親誠身有其道如不能明乎善則不誠其身矣以其所謂誠者亦明乎在我之善而已如不明其善則在我之善有所未明又安知所謂誠故不明乎善則不誠其身矣由此推之則信於友是獲於上之道也悅親是信於友之道也誠身是悅親之道也而明乎善者是又誠身之道也是故誠者天道也思誠者人道也至誠而不動者未之有也不誠未有能動者也者孟子言此故誠者是天授人誠善之性者也是為天之道也思行其誠以奉天是為人之道也然而至誠而有不感動者必無也故曰未之有也不至誠而能感動之者亦必無也故曰未有能動者也注曾子三省大雅矜矜正義曰論語云曾子曰吾日三省吾身為人謀而不忠乎與朋友交而不信乎傳不習乎是曾子三省之事也大雅矜矜此蓋荀卿之言然

孟子曰伯夷辟紂居北海之濱聞文王作興曰盍歸乎來吾聞西伯善養老者伯夷讓國遭紂之世辟之隱遁北海之濱聞文王起興王道盍歸乎來歸周也太公辟紂居東海之濱聞文王作興曰盍歸乎來吾聞西伯善養老者太公呂望也亦辟紂世隱居東海曰聞西伯養老二人皆老矣往歸文王也二老者天下之大老也而歸之是天下之父歸之也天下之父歸之其子焉往此二老猶天下之父也其餘皆天下之子。耳子當隨父二父往矣子將安如言皆。歸往也諸侯有行文王之政者七年之內必為政於天下矣今之諸侯如有能行文王之政者七年之間必足以為政矣天以七紀故云七年文王時難故久衰周時易故速也上章言大國五年者大國地廣人衆易以行善故五年足以治。也

疏孟子曰至必為政於天下矣○正義曰此章言養老尊賢國之上務七年為政以勉諸侯者也孟子曰伯夷辟紂至養老者孟子言伯夷辟紂之世乃辟紂而逃遁居於北海之畔後聞文王作興而起王道乃曰盍歸乎來歸周也我聞之西伯善養其耆老者也太公辟紂至養老者孟子又言太公辟紂之亂而

辟居於東海之畔後聞文王興起乃曰盍歸乎來歸周也我聞西伯善養其耆老者也二老者天下之大老也至其子焉往者言伯夷太公二老乃天下之大老也猶父也而皆歸之是天下之父歸之天下之父既歸之其爲天下之子又焉往是必皆歸之也○注伯夷讓國至歸周也○正義曰案太史公云其傳曰伯夷叔齊孤竹君之二子也父欲立叔齊及父卒叔齊讓伯夷伯夷曰父命也遂逃去叔齊亦不肯立而逃之國人立其中子於是伯夷叔齊聞西伯昌善養老盍往歸焉後因叩馬諫武王武平殷亂二人恥食周粟隱於首陽山且餓死焉孔子云伯夷叔齊餓於首陽山之下是也又云太公望東海之上人也或云處士隱海濱周西伯招呂尚呂尚亦曰吾聞西伯賢又善養老盍往焉○注云天以七紀故云七年○正義曰書云五紀曰歲月日星辰曆數今云七紀者案魯昭公十年左傳云天以七紀杜注云二十八宿四七是其旨也

孟子曰求也爲季氏宰無能改於其德而賦粟倍他日孔子曰求非我徒也小子鳴鼓而攻之可也求孔子弟子冉求季氏魯卿季康子宰家臣小子弟子也孔子以冉求不能改季氏使從善爲之多斂賦粟故欲使弟子鳴鼓以聲其罪而攻伐責讓之曰求非我徒疾之也由此觀之君不行仁政而富之皆棄於孔子者也況於爲之強戰爭地以戰殺人盈野爭城以戰殺人盈城此所謂率土地而食人肉罪不容於死孔子棄富不仁之君者況於爭城爭地而殺人滿之乎此若率土地使食人肉也言其罪大死刑不足以容之故善戰者服上刑連諸侯者次之辟草萊任土地者次之孟子言天道重生戰者殺人故使善戰者服上刑上刑重刑也連諸侯合從者也罪次善戰者。辟草。萊任。土地不務脩德而富國者罪次合從連橫之人。也。

疏孟子曰求也至次之○正義曰此章言聚斂富民棄於孔子重人命之至也孟子曰求也爲季氏宰至攻之可也者孟子言冉求爲季氏

之家臣不能佐君改於其德以爲治國而乃聚斂其粟倍過於他日孔子責之曰求非我之徒弟也乃令弟子鳴鼓以聲其罪而攻之可也由此觀之君不行仁政至罪不容於死者孟子言由此冉求賦斂觀之以孔子所攻則今之國君不行仁政而富之是皆棄之於孔子者也又況爲之強戰爭地以戰而殺人至於盈滿其野爭城以戰而殺人至於盈滿其城此所謂率土地而食人之肉也其罪必不容於死以其罪大雖死刑不足以容之也故善戰者服上刑至任土地者次之者孟子又言故善能爲陳而戰者服於上刑上刑重刑也合縱連橫之諸侯罪次之以其罪次於善戰之上刑也務廣開闢草萊而任土地不務脩德者又次之以其又次連橫合縱之諸侯者刑也○注求孔子弟子至疾之也○正義曰案史記弟子傳云冉求字子有鄭氏曰魯國人又案論語云季氏富於周公而求也爲之聚斂而附益之子曰非吾徒也小子鳴鼓而攻之可也孔安國云冉求爲季氏宰爲之急賦稅鄭注云小子門人也云季氏魯卿季康子者案左傳云季康子魯卿季孫肥諡曰康諡法曰安樂撫民曰康

孟子曰存乎人者莫良於眸子眸子不能掩其惡眸子瞳子也存人存在人之善心也胸中正則眸子瞭焉胸中不正則眸子眊焉瞭明也眊者蒙蒙目不明之貌聽其言也觀其眸子人焉廋哉廋匿也聽言察目言正視端人情可見安可匿之哉

疏孟子曰存乎人者至人焉廋哉○正義曰此章言目爲神候精之所在存而察之善惡不隱也孟子曰存乎人者莫良於眸子眸子不能掩其惡者孟子言存在於人者莫貴乎眸子眸子目瞳子也眸子不能蓋掩人之惡也胸中正則眸子瞭焉胸中不正則眸子眊焉者言人胸中正而不邪則眸子於是乎明瞭明也胸中不正則眸子矇矇而不明眊不明也聽其言也觀其眸子人焉廋哉者言知人之道但聽其言觀其眸子明與不明則人可見又安可廋匿之哉此孟子言知人之道但觀人之眸子耳○注眸瞳子瞭明眊不明之貌○正義曰是皆矇釋文而言之也

孟子曰恭者不侮人儉者不奪人侮奪人

之君惟恐不順焉惡得爲恭儉
爲恭敬者不侮慢人爲廉儉者不奪取人有好侮奪人之君有貪陵之性恐人不順從其所欲安得爲恭儉之行也

恭儉豈可以聲音笑貌爲哉
恭儉之人儼然無欲自取其名豈可以和聲音笑貌強爲之哉

疏孟子曰恭者至爲哉○正義曰此章言人君恭儉率下人臣恭儉明其廉忠也孟子曰恭者不侮人至豈可以聲音笑貌爲哉者孟子言爲之恭儉者則不侮慢於人亦不能僭奪於人蓋以恭敬則不侮儉約則不奢故也如有侮奪人之君惟恐其民不順己之所欲安得爲恭儉者焉爲之恭儉又豈可以聲音笑貌爲之恭儉哉言人爲恭儉在心之所存不在於聲音與其笑貌爲之矣

淳于髡曰男女授受不親禮與
淳于髡齊人也問禮男女不相親授

孟子曰禮也
禮不親授

曰嫂溺則援之以手乎
髡曰見嫂溺水則當以手牽援之否邪

曰嫂溺不援是豺狼也
孟子曰人見嫂溺不援出是爲豺狼之心也

男女授受不親禮也嫂溺援之以手者權也
孟子告髡曰此權權者反經而善也

曰今天下溺矣夫子之不援何也
髡曰天下之道溺矣夫子何不援之乎

曰天下溺援之以道嫂溺援之以手子欲手援天下乎
孟子曰當以道援天下而道不得行子欲使我以手援天下乎

疏淳于髡曰至子欲手援天下乎○正義曰此章言權時之義者也淳于髡曰男女授受不親禮與者淳于髡齊國之人也問孟子曰男女授受之際不相親授是禮然與否孟子曰禮也孟子荅之以爲是禮然也曰嫂溺則援之以手乎者髡又問孟子如是則嫂之沈溺於水當以牽援以手乎曰嫂溺不援是豺狼也孟子言如嫂之沈溺於水而不牽援之者是有豺狼之心者也以其豺狼之爲獸其心常有害物之暴故以喻之也男女授受不親禮也嫂溺援之以手者權也者孟子又告淳于髡以謂男女授受不親是禮當然也嫂之沈溺援之以手者是權道也夫權之爲道所以濟變事也有時乎然有時乎不

然反經而善是謂權道也故權云為量或輕或重隨物而變者也曰今天下溺矣夫子之不援之何也髡復問孟子言今天下之道以沈溺之也夫子之不拯援之是如之何曰天下溺援之以道嫂溺援之以手子欲手援天下乎孟子言天下之沈溺當以道拯援之嫂溺則當以手援之今子之言是欲使我以手援天下乎此言不可以手援天下當以道援之矣斯亦明淳于髡之蔽也

公孫丑曰君子之不教子何也問父子不親教何也

孟子曰勢不行也教者必以正以正不行繼之以怒繼之以怒則反夷矣夫子教我以正夫子未出於正也則是父子相夷也父子相夷則惡矣父親教子其勢不行教以正道而不能行則責怒之夷傷也父子相責怒則傷義矣一說。云父子反。自相非若夷狄也子之心責。於父云夫子教我以正道而夫子之身未必自行正道也執此意則為反夷矣故曰惡也

古者易子而教之父子之間不責善責善則離離則不祥莫大焉易子而教不欲自。相責以善也父子主恩離則不祥莫大焉。

【疏】公孫丑曰至不祥莫大焉○正義曰此章言父子至親相責則離易子而教相成以仁教之善者也公孫丑曰君子之不教子何也公孫丑問孟子言君子以不自教誨其子是如之何孟子曰勢不行也至父子相夷則惡矣者孟子荅公孫丑以謂君子所以不教子者是其勢之不行所以不自教也教之者必以正道而教之以正道而教之而子不行則續之以憤怒既續之以憤怒則反傷其為父子之恩矣夷傷也父子之恩則父慈子孝是為父子之恩也今繼之以怒是非父子之慈也且以子比之夫子既教我以正道而子之身自未能出行其正道也如父子之間子以是言而反父是則父子相傷矣父子既以相傷其恩則父子必相疾惡也故云則惡矣古者易子而教之父子之間不責善責善則離離則不祥莫大焉者孟子又言古之時人皆更易其子而教之者以其父子之間不相責讓其善也如父子自相責讓則父子之恩必離之矣父子恩離則不祥

之大者也所謂易子而教者如己之子與他人教他人之子與己而教之是易子而教也所謂不祥之大者則禍之大者矣〇注夷有二說一說則以夷訓傷
一說以夷爲夷狄其義皆通。矣孟子曰事孰爲大事親爲大守孰爲大守身爲大不失其身而
能事其親者吾聞之矣失其身而能事其親者吾未之聞也事親養親也守身使不陷於不義也
失不義則何能事父母乎孰不爲事事親事之本也孰不爲守守身守之本也先本後末事守乃立也
曾子養曾晳必有酒肉將徹必請所與問有餘必曰有曾晳死曾元養曾子必
有酒肉將徹不請所與問有餘曰亡矣將以復進也此所謂養口體者也若曾
子則可謂養志也事親若曾子者可也將徹請所與問曾晳所欲與子孫所愛者也必曰有恐違親意也故曰養志曾
元曰無欲以復進曾子也不求親意故曰養口體也事親之道當如曾子之法乃爲至孝。疏孟子曰事孰爲大至可也〇正義曰此章言上孝養志下孝養
口體者也孟子曰事孰爲大事親爲大守孰爲大守身爲大至吾未之聞也者孟子言人之所事者何事爲大大以其事父母之親爲大。者也人之所守者何守
爲大以其守己之身爲大也不失其身而爲能事其父母之親則我嘗聞之矣如失其身而能事父母之親則我未之聞也蓋以己身尚不能守之況能事其
父母乎孰不爲事事親事之本也孰不爲守守身守之本也者言人誰不爲所事凡有所事於彼者是皆爲所事也然而事父母之親是所事之本也。己人誰
不爲所守凡有所守於我者是皆爲所守也然而守身是所守之本也所謂身安而國家可保事親孝故忠可移於君此之謂也豈非事親守身爲事爲守之
本者歟曾子養曾晳至事親若曾子可也者孟子又言昔日曾子奉養其父曾晳必有酒肉將欲徹去曾子必請所欲與者如曾晳問復有餘剩曾子必應曰

有餘剩曾晳已死曾元奉養其曾子曾元曾子之子也必有酒肉將欲徹去曾元不請所欲與者如曾子復問有餘剩曾元乃應之曰無矣遂將以酒食復進曾子也如此是謂養其父之口體而已必若曾子之養父乃可謂養其父之志也如事其親若曾子之事親則可矣蓋曾子知父欲有餘者與之所愛之子孫故徇而請其所與問有餘故復應之曰有是其遂其親之志意而不違者也故曰養志也曾元反此蓋有違逆其親之志意但為養口體者也非養志者也故孟子所以言事親若曾子則可以為之孝子

孟子曰人不足與適也政不足與閒也。惟大人為能格君心之非。適過也詩云室人交徧。適我閒非格正也時皆小人居位不足過責也政教不足復非。說獨得大人為輔臣乃能正君。也非法度也君仁莫不仁君義莫不義君正莫不正一正君而國定矣正君之身一國定矣欲使大人正之

疏孟子曰至一正君而國定矣○正義曰此章言小人為政不足閒非賢臣正君使握道機君正國定下不邪僻將何閒者也孟子曰人不足與適也至為能格君心之非者孟子言小人在位不能事君不足適責之也所行政教亦不足閒。非也惟大人之為臣而事其君故能格正君心之非也○注詩云室人交徧讁我○正義曰蓋詩國風北門之篇文也云我入自外室人交徧讁我箋云我從外入在室之人更迭徧來責我使己去也言室人亦不知己志也

孟子曰有不虞之譽有求全之毀虞度也言人之行有不。虞度其。時有名譽而得者若尾生本與婦人期於梁下不度水之卒至遂至沒溺而獲守信之譽求全之毀。者陳不。瞻將赴君難聞金鼓之聲失氣而死可謂欲求全其節而反有怯弱之毀者也。

疏正義曰此章言不虞獲譽求全受毀者也孟子言人有不虞度其功而終獲其名譽又有欲求全其行而終反受其人之毀者以言其君子之人於毀譽不容心於其間但務為善之實而不期人之譽務去其不善之實而不慍人之毀是皆行義以俟命而已矣○注尾生孟與陳不瞻之事○正義曰此皆據史記之文而言之也其事煩故不重述耳

子曰：人之易其言也，無責耳矣。人之輕易其言不得失言之咎責也一說人之輕易不肯諫正君者以其不在言責之位者也

孟子曰：人之患在好爲人師。人之所患患於不知己未有可師而好爲人師者。乃惑也。疏正義曰此章言君子之患在好爲人師也孟子曰人之患在好爲人師者孟子言人之有患非他特在其好爲人之師也蓋在人患在於不知己未有可師耳如務在好爲人師則惑也

樂正子從於子敖之齊。魯人樂正克孟子弟子也從於齊之右師子敖子敖使而之魯樂正子隨之來之齊也孟子在齊樂正子見之也樂正子見孟子。孟子曰：子亦來見我乎？孟子見其來見遲故云亦來也曰：先生何爲出此言也？樂正子曰先生何爲非克而出此言。也曰：子來幾日矣？孟子問子來幾日乎曰：昔者。克曰昔者來至昔者往也謂數日之間也曰：昔者，則我出此言也，不亦宜乎？孟子曰昔者來至而今乃來我出此言亦其宜也孟子重愛樂正子欲亟見之。深。思望重也曰：舍館未定。克曰所止舍館未定故不卽來。也館客舍曰：子聞之也，舍館定，然後求見長者乎？孟子曰子聞見長者之禮當須舍館定乃見之乎曰：克有罪。樂正子謝過服罪也。

疏樂正子至克有罪〇正義曰此章言尊師重道敬賢事長人之大綱樂正子好善孟子譏之責賢者備也樂正子從子敖之齊樂正子從子敖往齊而見孟子孟子曰子亦來見我乎孟子見樂正子來遲故曰子亦來見我乎曰先生何爲出此言也樂正子問孟子何爲於我而出此言也曰子來幾日矣孟子又問樂正子從子敖到齊以幾日乎曰昔者樂正子曰往日來至若數日之間也曰昔者則我出此言也不亦宜乎孟子又言子到數日而今乃來見我則我出此言是其宜也曰舍館未定樂正子又曰爲客館所止未定故不能卽來也曰子聞之也舍館定然後求見長者乎孟子又言子曾聞見長者之禮必待舍館定然後乃見長者乎曰克有罪樂正子於是無所荅乃對孟子曰是克有罪也

以其待舍館定然後見非尊師
重道者也宜孟子以。此。責之
孟子謂樂正子曰子之從於子敖來徒餔啜也我不意子學古之道而以餔啜也
子敖齊之貴人右師王驩。者也學而不行其
道徒食飲而已謂之餔啜也樂正子本學古
聖人之道而今隨從貴人無所
匡正故言不意子但餔啜也。
疏孟子謂樂正子曰至而以餔啜○正義曰此
章言學優則仕仕以行道否則隱逸餔啜沉
浮君子不與是以孟子咨嗟樂正子者也孟子謂樂正子曰子之從於子敖來
徒餔啜也我不意子學古之道而以餔啜也者孟子謂樂克曰子隨右師來至
齊是徒以食飲而已我不意有如子本學古聖人之道而且今隨右師之遊而
以徒為其飲食也孟子所以言此蓋謂子敖我未嘗與之學古者而今子乃隨
之遊是詘道以從人之謂也○注云子敖齊之貴人右師王驩者○正義曰此
蓋以經文推而為解也公孫丑篇云孟子為卿於齊出弔於滕王使蓋大夫王
驩為輔行王驩朝暮見反齊滕之路未嘗與之言行事也下卷言公行有子之
喪右師往弔入門有進而與右師言者有就右師之位而與右師言者孟子不
與右師言。右師不悅曰諸君子皆與驩言孟子獨不與驩言是簡驩也孟子
聞之曰禮也子敖以我為簡不亦異乎是知為齊之貴人右師王驩者也
孟子曰不孝有三無後為大
於禮有不孝者三事謂阿意曲從陷親不義一不孝
也家。窮親老不為祿仕二不孝也不娶無子絕先祖
祀三不孝也三者
之中無後為大
舜不告而娶為無後也君子以為猶告也
舜懼無後故不告
而娶君子知舜告
焉不得而娶娶而告父母禮也舜
不以告權也故曰猶告與告同也。
疏孟子曰至君子以為猶告也○正義曰此
章言量其輕重無後為不孝之大者也孟
子曰不孝有三無後為大者言不孝於禮有三惟先祖無以承後世無以繼為
不孝之大者而阿意曲從陷親於不義家貧親老不為祿仕特不孝之小而已
舜以不告而娶為無後也君子以為猶告也故孟子乃言此以謂舜受堯之二
女所以不告父母而娶是為其無後也告之則不得娶故也君子於舜不告而

娶是亦言舜猶告而娶之也以其反禮而合義故君子以爲不告猶告也注堯二女○正義曰案古史云舜有二妃一曰娥皇二曰女英並堯之女

○孟子曰仁之實事親是也義之實從兄是也智之實知斯二者弗去是也事皆有實事親從兄仁義之實也知仁義所用而不去之則智之實也禮之實節文斯二者是也樂之實樂斯二者禮。義之實節文事親從兄使不失其節而文其禮敬之容故中心樂之也樂則生矣生則惡可已也惡可已。則不知足之蹈之手之舞之。樂此事親從兄出於中心則樂生其中矣樂生之至安可已也豈能自覺足蹈節手舞曲哉

疏孟子曰至足之蹈之手之舞之也正義曰此章言仁義之本在孝悌蓋有諸中而形於外也孟子曰仁之實事親是也至知斯二者弗去是也者孟子言仁道之本實在事親是也義之本實在從兄是也以其事親孝也從兄悌也能孝悌是爲仁義矣智之本實在知事親之孝從兄之弟而弗去之者是也禮之實節文斯二者是也樂之實樂斯二者言禮之本實使事親從兄者是也由此言之則事親之孝爲仁之實凡移之於事君者則爲仁之華也從兄之悌爲義之實則知凡移於從長者是爲義之華也知。義爲智之實則知前識者是爲智之華也禮之實在仁義則威儀爲禮之華也樂之實在仁義則節奏爲樂之華也凡此是皆從而可知矣樂則生矣生則惡可已也惡可已則不知足之蹈之手之舞之言由仁義之實充之至於樂則流通而不鬱日進而不已是其樂則生生則爲可已爲可已則得之於心而形之於四體故不知手舞足蹈之所以者也蓋當時有夷子不知一本告子以義爲外故孟子宜以是言之而救當時之弊者也

孟子曰天下大悅而將歸己視天下悅而歸己猶草芥也惟舜爲然舜不以天下將歸己爲樂號泣于天不得乎親不可以爲人不順乎親不可以爲子舜盡事親之道而瞽瞍厎。豫瞽瞍

厎豫而天下化瞽瞍厎豫而天下之爲父子者定此之謂大孝舜以不順親意爲非人子厎致也豫樂也瞽瞍頑父也盡其孝道而頑父致樂使天下化之爲父子之道者定也。疏孟子曰至此之謂大孝○正義曰此章言以天下富貴爲不若得意於親也孟子曰天下大悅而將歸己視天下悅而歸己猶草芥也惟舜爲然者孟子言天下之人皆大悅樂而將歸嚮己視天下悅而歸己但若一草芥不以爲意者惟大舜爲能如此也不得乎親不可以爲人不順乎親不可以爲子至此之謂大孝者孟子又言人若不得事親之道則不可以爲人若得事親之道而不能順事親之志故不可以爲人之子惟舜能盡其事父母之道而瞽瞍頑嚚且亦致樂瞽瞍既以致樂而先天下而天下亦從而化之瞽瞍致樂故天下父子者親親之道定此所以爲舜之大孝矣故曰此之謂大孝○注瞽瞍頑父也○正義曰瞽瞍者案孔安國尚書傳云無目曰瞽舜父有目不能分別好惡故時人謂之瞽配字曰瞍瞍無目之稱頑者左傳云心不則德義之經爲頑

孟子注疏解經卷第七下

孟子注疏卷七下校勘記

阮元撰盧宣旬摘録

水樂卑下　閩監毛三本同廖本孔本韓本卑作埤音義出埤字

獸樂廣野　閩監毛三本同廖本孔本韓本廣作壙

欲卒求之　閩監毛三本同廖本孔本韓本欲上有而字

艾可以爲灸人病　灸音久亦音究孫氏不爲音俗譌作灸

章指言水性趨下民樂歸仁桀紂之敺使就其君三年之艾畜而可得一時欲仁猶將沉　孔本韓本考文引古本作沈按依說文當作湛沈假借字沉俗字　溺所以明鑒戒也是可哀傷也　閩監毛三本同廖本孔本韓本考文古本也作哉

章指言曠仁舍義自暴棄之道也

道在邇　考文古本邇作爾注同

以事其長　閩監毛三本同廖本孔本韓本考文古本以作不

章指言親親敬長近取諸己則邇　考文古本邇作爾　而易也而人乃求遠　閩本同監毛本作而人乃求之於遠當是據下文例增

天也閩監毛三本同廖本孔本韓本考文古本下有故曰天道四字

人也閩監毛三本同廖本孔本韓本考文古本作人道也

故曰不誠未有能動者也閩監毛三本同廖本孔本考文古本無不誠二字韓本作故曰未有能動者足利本無也字

章指言事上得君乃可臨民信友悅親本在於身是以曾子三省大雅矜矜以誠爲貴也

皆天下之子耳宋本耳作有

言皆歸往也閩監毛三本韓本足利本同廖本孔本考文古本歸作將

章指言養老尊賢國之上務文王勤考文古本作務之二老遠至父來子從天之順道七年爲政以勉諸侯欲使庶幾於行善也

辟草萊任土地閩監毛三本同廖本作辟草任土孔本韓本作辟草任地案音義出任土則作任地非也

章指言聚斂富君孔本韓本作民棄於孔子冉求行之同孔本韓本足利本作固聞鳴鼓以戰殺人孔本韓本考文古本作民土食人肉罪不容死以爲大戮重人命之至也

曈子也閩監毛三本同廖本孔本韓本考文古本上有目字案童正字曈俗字

安可匿之哉閩監毛三本同廖本孔本韓本考文古本無之字

章指言目爲神候精之所在存而察之善惡不隱知人之道斯爲審矣

豈可以和聲音笑貌強爲之哉閩監毛三本同廖本孔本韓本考文古本音作諂笑下有之字足利本笑上有諂字

章指言人君恭儉率下移風人臣恭儉明其廉忠侮奪之惡何由干之而錯其心

此權此閩監毛三本同廖本孔本韓本考文古本下此作也案作也是

天下之道閩監毛三本同廖本孔本韓本上有今字

何不援之乎閩監毛三本同廖本孔本韓本考文古本無乎字

章指言權時之義嫂溺援手君子大行拯世以道道之指也案道字恐誤重

一說云閩監毛三本同廖本孔本韓本考文古本云作曰

父子反自相非宋本廖本孔本韓本考文古本同閩監毛三本自誤目

責於父云閩監毛三本同廖本孔本韓本考文古本於作其

不欲自相責以善也閩監毛三本同廖本孔本韓本足利本無相字

章指言父子至親相責離恩易子而教相成以仁教之義也

皆通矣 閩本同監毛二本删矣字

失不義 閩監毛三本同廖本孔本考文古本作失仁義韓本足利本作夫不義○按失不義是

乃爲至孝 閩監毛三本同廖本孔本韓本考文古本下有也字

章指言上孝養志下孝養體曾參事親可謂至矣孟子言之欲令後人則曾子也

父母之親爲大者也 閩本同監本毛本無者字

己人誰不爲所守 〔補〕監毛本己作夫是也

政不足與閒也 閩監毛三本同岳本孔本韓本無與字音義出足閒

室人交徧適我 廖本適作讁

政教不足復非說 閩監毛三本同廖本孔本韓本考文古本說作訛案音義出非訛作說非也蓋形相近而譌

乃能正君也非法度也 閩本同廖本監毛二本孔本韓本上也作之是

章指言小人爲政不足閒非賢臣正君使握道機君正國定下 韓本考文古本作上不

邪後將何間也

亦不足間非也 閩本同監毛二本非下有之字

有不虞度其時有名譽而得者 閩監毛三本同廖本孔本韓本足利本無虞字時作將

者陳不瞻 閩本監本毛本瞻誤贍廖本孔本韓本考文古本者作若

章指言不虞獲譽不可爲戒求全受毀未足懲咎君子正行不由斯二者也

章指言言出於身駟不及舌不惟其責則易之矣 此章疏文全脫

乃惑也 閩監毛三本同廖本孔本韓本考文古本無乃字

章指言君子好謀而成臨事而懼時然後言畏失言也故曰師哉師哉 孔本韓本哉作乎按哉字是也否則與楊子法言不合

桐子之命不慎則有患矣

而出此言也 閩監毛三本同廖本孔本韓本考文古本無也字

深思望重也 閩監毛三本同廖本孔本韓本考文古本深思作思深

故不即來也 閩監毛三本同孔本韓本無也字

章指言尊師重道敬賢事長人之大綱樂正子好善故孟子譏之責賢者備

也

宜孟子以備貴之閩監二本貴作責是也毛本備貴作此責

王驩者也閩監毛三本同廖本孔本韓本考文古本無者字

章指言學優則仕仕以行道否則隱逸免置窮處餔啜沉孔本韓本考文引古本作沈是也

浮君子不與是以孟子咨嗟樂正子也

孟子不與右師言此下空三字當是有衍字而剜去之也○今不空三字俱提上寫故下章孟子曰頂格寫

家窮親老閩監毛三本同廖本孔本韓本窮作貧

章指言量其輕重無後不可是以大舜受堯二女夫三不孝蔽者所闇至於

大聖卓然匪疑所以垂法也

禮義之實閩監毛三本同孔本韓本考文古本義作樂

惡可已閩監毛三本孔本韓本同廖本考文古本下有也字

手之舞之也閩本同監毛二本孔本韓本無也字

章指言仁義之本在於孝弟孝弟孔本脫孝弟二字之至通於神明況於歌舞不考文

古本作而能自知蓋有諸中形於外也

知義爲智之實閩本義上衍增仁字監毛本同閩本

而瞽瞍底豫閩監毛三本同孔本韓本底作厎案音義之爾切是用厎字○案經典內凡曰厎致也皆之爾切與底部禮切不同經典內用厎字不多而俗刻多厎譌爲底

章指言以天下之貴富爲不若得意於親故能懷協頑嚚底豫而欣天下化之父子加親故稱盛德者必百世祀無與比崇孔本韓本考文古本下有也字

孟子注疏卷七下校勘記

孟子注疏解經卷第八上

離婁章句下 凡三十。二章　趙氏注　孫奭疏

疏正義曰此卷即趙注分上卷爲此卷也此卷凡三十有二章一章言聖人殊世而合其道二章言重民之道平政爲首三章言君臣之道以義爲表以恩爲裏舊君之服蓋有所興諷喻宣王勸以仁也四章言君子見幾而作五章言上爲下傚六章言大人不爲非禮非義七章言父兄已賢子弟既頑教而不改乃歸自然八章言好言人惡殆非君子九章言疾之已甚亂也十章言大人所求合義十一章言視民如子則民懷矣十二章言養生竭力人情所勉哀死送終謂之大事十三章言學必根源如性自得十四章言廣尋道意詳說其事要約至義還反於朴十五章言五伯服人三王服心十六章言進賢受賞蔽賢蒙戮十七章言有本不竭無本則涸十八章言禽獸俱含天氣衆人皆然聖人超絶識仁義之主於己也十九章言周公能思三王之道以輔成王二十章言詩書與春秋二十一章言五世一體上下通流二十二章言廉惠勇三者二十三章言求交取友必得其人二十四章言貌好行惡當修飾之惟義爲常二十五章言能修性守故天道可知二十六章言循理而動不合時人二十七章言君子責己小人不改蹈仁行禮不患其患二十八章言顏子之心有同禹稷二十九章言匡章得罪出妻屏子三十章言曾子子思處義非謬者也三十一章言人以道殊賢愚體別三十二章言小人苟得妻妾猶羞凡此三十二章合前卷二十八章是離婁一篇有六十。章矣

孟子曰舜生於諸馮遷於負夏卒於鳴條東夷之人也生始卒終記終始也諸馮負夏鳴條皆地名。也負。海也在東方夷服之地故曰東夷之人也文王生於岐周卒於畢郢西夷之人也岐周畢郢地名也岐山下周之

舊邑近畎夷畎夷在西故曰西夷之人也書曰大子發上祭于畢下至于盟津畢文王墓近於酆鎬之地地之相去也千有餘里世之相後也千有餘歲得志行乎中國若合符節先聖後聖其揆一也土地相去千有餘里千里以外也舜至文王千二百歲得志行政於中國蓋謂王也如合符節節王節也周禮有六節揆度也言聖人之度量同也

疏孟子曰至其揆一也○正義曰此章言聖人殊世而合其道也孟子曰舜生於諸馮遷於負夏卒於鳴條東夷之人也者孟子言舜帝其始生於諸馮之地其後遷居於負夏之地其卒死於鳴條之野是東夷之人也以其地在東方故曰東夷之人文王生於岐周卒於畢郢西夷之人也者孟子又言文王其始生岐山之下其終卒於畢郢之地是西夷之人也以其地在西故曰西夷之人岐山本是周邑故曰岐周地之相去也千有餘里世之相後也千有餘歲得志行乎中國若合符節先聖後聖其揆一也者孟子言自舜帝所居終始之地與文王所居終始之地有千里以外之遠自舜所生之世文王所生之世相後有千二百歲之久其皆得志行政於中國以致治如合其符節有同而無異一爲先聖於前一爲後聖在後其所揆度則一而無二也以其同也揆度也○注生始至東夷之人也○正義曰案史記云舜冀州之人也耕於歷山漁雷澤陶河濱作什器於壽丘就時於負夏年二十以孝聞三十堯娶以二女遂舉用之五十攝行天子事五十八堯崩六十一代堯踐帝位踐帝位三十九年南巡狩崩於蒼梧之野葬於江南九嶷山是爲零陵今云舜生於諸馮則諸馮在冀州之分鄭玄云負夏衛地案地理志云衛地營室東壁之分野今之東郡是也其本顓頊之墟推之則衛地與冀州之地相近是負夏之爲地名也一云負夏鳴條者書云湯與桀戰于鳴條之野孔傳云地在安邑之西鄭玄云地在南夷云東夷之人者案史記云帝舜爲有虞皇甫謐云舜嬪于虞今河東大陽是也○注岐周畢郢至酆鎬也○正義曰案本紀云古公亶父去邠踰梁山止於岐下徐廣曰岐山在扶風美陽西北其南有周原裴駰案皇甫謐曰邑於周地故始改曰周古公有少子季歷生昌有

聖瑞後立爲西伯移徙都酆徐廣曰酆在京兆鄠縣東有靈臺鎬在上林昆明北有鎬池去酆有二十五里皆在長安南數十里徐廣云文王九十七崩謚爲文王謚法曰慈惠愛民曰文忠信接禮曰文武王即位九年上祭于畢馬融曰畢文王墓地名也南越志云郢故楚都在南郡則知畢在郢之地故曰畢郢○曰注舜至文王千二百歲周禮有六節○正義曰案史記世表推之是自舜至文王有千二百歲矣其文煩更不錄周禮六節案周禮云守邦國者用玉節守都鄙者用角節凡邦國之使節山國用虎節土國用人節澤國用龍節皆金也以英蕩輔之鄭注云以金爲節鑄象也必自以其國所多者所以相別爲信明也今漢有銅虎符杜子春云蕩當爲帑謂以函器盛此節或曰英蕩或曰函關門用符節貨賄用璽節道路用旌節注云符節如今宮中諸官詔符也璽節者今之印章也旌節今使者所擁節是也將送者執此節以送行者也凡此是周禮有六節之別爾

子產聽鄭國之政以其乘輿濟人於溱洧子產鄭卿爲政聽訟也溱洧水名見人有冬涉者仁心不忍以其乘車度之也孟子曰惠而不知爲政歲十一月徒杠成十二月輿梁成民未病涉也以爲子產有惠民之心而不知爲政當以時修橋梁民何由病苦涉水乎周十一月夏九月可以成涉度之功周十二月夏十月可以成輿梁也君子平其政行辟人可也焉得人人而濟之君子爲國家平治政事刑法使無違失其道辟除人使卑辟尊可爲也安得人人濟故爲政者每人而悅之日亦不足矣渡於水乎每人而悅之欲自加恩以成其意則日力不足以足之也

疏子產聽鄭國之政至亦不足矣○正義曰此章言重民之道平政爲首也子產聽鄭國之政以其乘輿濟人於溱洧者子產鄭大夫公孫僑也溱洧鄭國水名也言子產爲政聽訟於鄭國於冬寒之月見人涉溱洧之水乃不忍遂以所乘之車輿濟渡人於溱洧孟子曰惠而不知爲政至日亦不足矣孟子言子產雖有恩惠及人而以陸地乘輿而濟人於溱洧然而不知行其不忍人之政而濟人矣

所謂歲十一月徒杠成十二月輿梁成是其政也言歲中以十一月雨畢乾晴之時乃以政命成其徒杠徒杠者說文云石矼石橋也俗作杠從木所以整其徒步之石十。月成津梁則梁爲在津之橋梁也今云輿梁者蓋橋上橫架之板若車輿者故謂之輿梁如此民皆得濟所以未有憂病其涉者也君子之爲但平其政事使無違失行法於人而使尊之其若此則可也又安得人人而濟渡之乎如人人濟之則人望我者無窮而我應者有不足焉故爲國之政者如每以人人而使之悅雖日力之窮亦不足以濟之矣但平其政事使徒杠成於十一月輿梁成於十。月則病涉之民無不濟矣子產不知爲政之道在此而徒知以乘輿濟人爲之惠故宜孟子言之於當時以激勸而譏諷之也○注子產鄭卿爲政聽訟溱洧水名○正義曰案左傳云子產穆公之孫公子發之子也又魯襄三十年執鄭國之政故云鄭卿爲政聽訟也云溱洧水名者蓋鄭國之水名案地理志云溱洧水在河南又說文云水在鄭國南入于洧則知溱洧水名在鄭國也○又於注周十一月即夏十月十月即夏九月已說上篇叔向云十月而津梁成是其旨也

孟子告齊宣王曰君之視臣如手足則臣視君如腹心君之視臣如犬馬則臣視君如國人君之視臣如土芥則臣視君如寇讎芥草芥也臣緣君恩以爲差等其心所執若是也王曰禮爲舊君有服何如斯可爲服矣宣王問禮舊臣爲舊君服喪服問君恩何如則可以爲服曰諫行言聽膏澤下於民有故而去則使人導之出疆又先於其所往去三年不反然後收其田里此之謂三有禮焉如此則爲之服矣爲臣之時謀行言從惠澤加民若有他故不得不行譬如華元奔晉隨會奔秦是也古之賢君遭此則使人導之出境又先至其所到之國言其賢良三年不反乃收其田里田。業。也里居也此三者有禮則爲之服矣今也爲臣諫則不行言則不聽

膏澤不下於民有故而去則君搏執之又極之於其所往去之日遂收其田里此之謂寇讎寇讎何服之有搏執其族親也極者惡而困之也遇臣若寇讎何服之有乎。

疏孟子告齊至之有〇正義曰此章言君臣之道以義爲表以恩爲裏相應猶若影響舊君之服蓋有所興諷諭宣王勸以仁也孟子告齊宣王曰至如寇讎者孟子告諭齊宣王謂君之視其臣如己之手足則臣亦視君如己之腹心君之視其臣如畜之犬馬則臣亦視其君但以國人遇之也君之視其臣如土芥之賤而棄之則臣視其君亦如寇讎惡而絶之也凡此君臣施報一相待以爲用矣蓋無爲於其內者腹心也有爲於其外者手足也君臣相須猶一體也此言相待施報均於厚也若以君視臣如犬馬之畜而臣視君如國人而弗親此言不相待施報均於薄也以君視臣如土芥之賤而臣視君如寇讎而惡之此言不相待施報均於賤也然則君臣施報亦隨之而已王曰禮爲舊君有服何如斯可爲服矣宣王問孟子於禮爲舊君有喪服何如斯可爲之服言舊君所去之國君也曰諫行言聽至則爲之服矣孟子荅之謂臣之於君君有過謬而諫之則行事有可爲而言之則聽而膏潤之恩澤施之又下浹於民此得行其道也然不幸遭其事故而去之則國君使人導之以達其情至出國之疆界又先去其所往之邦以稱譽之去三年之久而不反歸然後國君乃收其田業里居此三者是謂三有禮焉如此三有禮則可爲之喪服矣今也爲臣諫則不行言則不聽至何服之有孟子又言今之爲臣於國君君有過謬及其諫也則拒之而弗得行言則違之而弗聽而膏澤又不得以下浹此不得行其道也及其所遭事故而去之君乃不使人導之且搏執其親族而戮之又困極而惡之於其所往之邦即自離去之日遂便收其田業里居此是謂遇其臣如寇讎之惡既以寇讎遇其臣則臣尚何有喪服爲哉〇注舊臣爲舊君服喪服〇正義曰如儀禮言以道去君而未絶者服齊衰三月禮記云臣之去國君不掃其宗廟則爲之服是爲舊臣服喪服之謂也〇注如華元奔晉隨會奔秦〇正義曰案左傳成十五年華元爲右師華元曰

我爲右師君臣之訓師所司也今公室卑而不能正吾罪大矣不能治官敢賴寵乎乃出奔晉魚石爲左師自止華元於河上後及奔晉得五月日乃反書曰宋華元出奔晉宋華元自晉歸于宋是也云隨會奔秦者案文公七年先蔑奔秦隨會從之至十三年晉人患秦之用士會也晉侯乃使魏壽餘僞以魏叛者以誘士會士會既濟魏人譟而還杜注云喜得士會也是矣

孟子曰無罪而殺士則大夫可以去無罪而戮民則士可以從惡傷其類視其下等懼次及也語曰鳶鵲蒙害仁鳥增逝此之謂也疏孟子至可以從○正義曰此章言君子見幾而作也孟子謂國君無罪而殺戮其士則爲之大夫者可以奔去無他蓋大夫雖於士爲尊不可命以爲士然亦未離乎士之類也是其惡傷其類耳國君無罪而誅戮其民則爲之士者可以從而避之無他蓋士於民雖以爲尊不可命以爲民然亦未離乎民之類也是亦惡傷其類耳於士言殺於民言戮者總而言之皆然也別而言之則戮又輕於殺矣案周禮司稽掌巡市云凡有罪者撻戮而罰之是知戮不過撻而辱之耳而殺乃至於亡命故也史記趙殺鳴犢孔子臨河而不濟乃嘆曰刳胎殺夭則麒麟不至郊竭澤涸魚則蛟龍不會覆巢毀卵則鳳凰不翔君子諱傷其類也今注云語曰鳶鵲蒙害仁鳥增逝是亦史記之文趙注引之

孟子曰君仁莫不仁君義莫不義君者一國所瞻仰以爲法政必從之是上爲下則也疏正義曰此章言國君率衆仁義是上爲下效者也孟子謂國君在上能以仁義先率於一國則一國之人莫不從而化之亦以仁義爲也○注云上爲下效者○正義曰如所謂君子之德風小人之德草草上之風必偃也又荀卿所謂表正則影正盤圓則水圓孟方則水方是其旨也

孟子曰非禮之禮非義之義大人弗爲若禮而非禮陳質娶婦而長拜之也若義而非義藉交報讎是也此皆大人之所不爲也疏正義曰此章言禮義人之所以折中履其正者乃可爲中是以大人弗行之也孟子謂有所爲禮有所爲非禮有所爲義有所爲非義如非禮非義惟大夫能弗爲之也○注陳質娶婦藉交報讎

者○正義曰此蓋史傳之文而云然孟子曰中也養不中才也養不才故人樂有賢父兄也中者履中和之氣所生謂之賢才者。是謂人之有俊才者有此賢者當以養育教誨不能進之以善故樂父兄之賢以養己也如中也棄不中才也棄不才則賢不肖之相去其間不能以寸如使賢者棄愚不養其所。以當養則賢亦近愚矣如此賢不肖相覺。何能分寸明不可不相訓導也。疏孟子至不能以寸○正義曰此章言父兄之賢而子弟既頑教而不改乃歸自然也孟子言君子以性德而教養滅其性德者以性之能而教養滅其性之才能者故人所以樂得其賢父兄而教養也如君子有養父兄之道而不推己之性德以教養人之不中不推己之才性而教養人之不才是棄去其不中不才之人也如此則賢不肖惡能相去以寸哉是不足以相賢矣蓋中者性之德也才性之能也賢父兄者所以對弟子而言之也如孟子所謂曾子居武城而謂之為師也父兄也是其意也○注中者履中和之氣至養己也○正義曰中和之氣者蓋人受天地之中而生稟陰陽之秀氣莫非所謂中和也中庸云喜怒哀樂未發謂之中發而皆中節謂之和賢以德言云俊才者俊智過千人曰俊則知才能有過於千人之才能是為俊才也一云俊敏也疾也孟子曰人有不為也而後可以有為人不為苟得乃能有讓千乘之志。也。疏正義曰此章言貴賤廉恥乃有不為不為非義義乃可由也孟子言人之有不為非義之事然後可以有為其義矣又所謂人皆有所不為達之於其所為義也亦是意也以此推之則仁也禮也智也皆待是而裁成之矣孟子曰言人之不善當如後患何人之有惡惡人言之言之當如。後。有患難及己乎。疏正義曰此章言好言人之惡殆非君子者也孟子謂人有好談人之不善者必有患難及之矣故曰言人之不善當如後患何如莊子云留人者人必反留之論語云不忮不求何用不臧亦與此同意孟子曰仲尼不為已甚者仲尼彈邪以正正斯可矣。故不欲。為已甚泰過也。孟子。所以譏踰墻距門者也【疏】正義曰此章言疾之已甚亂者也孟子言孔子凡所爲不爲已甚泰過者也如論語云疾之已甚亂也同意○注云孟子所以譏踰墻距門者蓋謂如段干木踰垣而避文侯泄柳閉門而拒繆公是爲已甚者

孟子曰大人者言不必信行不必果惟義所在果能也大人仗義義有不得必信其言子爲父隱也有不能得果行其所欲行者若親在不得以其身許友也義或重於信故曰惟義所在也

【疏】正義曰此章言大人之行行其重者不信不果求合義也孟子言大人者其於言不以必信所行不以必果惟義之所在可以信則信可以行則行耳如言必信行必果則所謂硜硜然小人哉矣豈大人肯如是邪蓋孔子與蒲人盟不適衛而終適衛是言不必信也佛肸召子欲往而終不往是行不必果也○注子爲父隱以其身許友也正義曰此案論語禮記云也○

孟子曰大人者不失其赤子之心者也大人謂君國君視民當如赤子不失其民心之謂也一說曰赤子嬰兒也少小之子專一未變化人能不失其赤子時心則爲貞正大人也○

【疏】正義曰此章言人之所愛莫過赤子所謂視民如子則民懷之者也孟子言世之所謂爲之大人者是其能不失去其嬰兒之時心也故謂之大人如老子所謂常德不離復歸於嬰兒之意同

孟子曰養生者不足以當大事惟送死可以當大事孝子事親致養未足以爲大事送終如禮則爲能奉大事也

【疏】正義曰此章言養生竭力人情所勉哀死送終謂之大事也孟子言人奉養父母於其生日雖昬定晨省冬溫夏凊然以此之孝亦不足以當其大事也惟父母終能擗踊哭泣哀以送之卜其宅兆而安厝之斯可以當之也

孟子曰君子深造之以道欲其自得之也造致也言君子學問之法欲深致極竟之以知道意欲使已得其原本如性自有之然也故曰欲其自得之而已

自得之則居之安居之安則資之深資之深則取之左右逢其原故君子欲其自得之也

居之安若己所自有也資取也取之深則得其根也左右取之在所逢遇皆知其原本也故使君子欲其自得之也疏孟子至得之也○正義曰此章言學必根源如性自得者也孟子曰君子深造之以道至君子欲其自得之也者此孟子教人學道之法也言君子所以深造至其道奧之妙者是欲其如己之所自有之也己之所自有則居之安居之安者是使權利不能移羣衆不能傾天下不能蕩是也居之安則資質以深則自本自根取之不殫酌之不竭是也資之既深則取之左右逢其原左右逢其原者則理與萬物得性與萬物明取之左則左取之右則右無非自本自根也故云取之左右逢其原如此故君子所以學道欲其自得之也如莊生所謂黃帝遺其元珠使智索之不得使離朱索之不得使契詬索之不得乃使象罔得之蓋元珠譬則道也智有待於思言思之亦不能得其道也離朱有待於明言以明求之亦不能得道也契詬有待於言以言求之亦不能得其道也象罔則無所待矣唯無所待故能得其道是其所謂自得也

孟子曰博學而詳說之將以反說約也

博廣詳悉也廣學悉其微言而說之者將以約說其要意不盡知則不能要言之也是謂廣尋道意還反於樸說之美者也疏正義曰此章言廣尋道意詳說其事要約至義還反於樸者也孟子言人之學道當先廣博而學之又當詳悉其微言而辯說之其相將又當以還反說其至要者也以得其至要之義而說之者如非廣博尋學詳悉辯說之則是非可否未能決斷故未有能反其要也是必將先有以博學詳說然後斯可以反說其約而已

孟子曰以善服人者未有能服人者也以善養人然後能服天下天下不心服而王者未之有也

以善服人之道治世謂以威力服人者也故人不心服以善養人養之以仁恩然後心服矣若文王治於岐邑是也天下不心服何由而王也疏孟子曰至未之有也○正義曰此章言五霸服人三王服心其服則一功則不同也孟子曰以善服人者未有能服人者也至未之有也者孟子言人君之治天下如以善政而屈服人者未有能屈服其人也以

善教而養人者然後故能屈服其天下然以善教養天下天下不以心服而歸往爲之王未之有也以其能如此則必爲之王者使天下心服而歸往之矣蓋所謂善政民畏之善教民愛之之意也又云善教得民心是矣若文王作辟雍是能以善養人者也故自西自東自南自北無思不服此之謂也

孟子曰言無實不祥不祥之實蔽賢者當之凡言皆有實孝子之實養親是也善之實仁義是也祥善當直也不善之實何等也蔽賢之人直於不善之實也。

疏正義曰此章言進賢受上賞蔽賢蒙顯戮者也孟子曰至蔽賢者當之者孟子謂人之言無其實本者乃虛妄之言也以虛妄之言言之則或掩人之善或飾人之惡爲人所惡者也故其爲不祥莫大焉不祥則禍是矣不祥之實者乃蔽賢直之也所謂蔽賢則掩人之善是矣如臧文仲知柳下惠而不舉虞丘知叔敖之賢而不進凡此之類是謂蔽賢者也

徐子曰仲尼亟稱於水曰水哉水哉何取於水也徐子徐辟也問仲尼何取於水而稱之也孟子曰源。泉混混不舍晝夜盈科而後進放乎四海有本者如是是之取爾言水不舍晝夜而進盈滿科坎放至也至於四海者有原本也以況於事有本者皆如是是之取也苟爲無本七八月之間雨集溝澮皆盈其涸也可立而待也苟誠也誠令無本若周七八月夏五六月天之大雨潦水卒集大溝小澮皆滿然其涸。也可立待。之者以其無本。故也故聲聞過情君子恥之人無本行暴得善聲令聞過其情若潦水不能久也故君子恥之。

疏徐子至君子恥之〇正義曰此章言有本不竭無本則涸也徐子曰仲尼亟稱於水曰水哉水哉何取於水也者徐子即徐辟者也徐辟問孟子以謂孔子數數稱道於水乃復自而嘆之曰水哉水哉云水之爲水哉水哉何仲尼獨數數稱於水也孟子曰源泉混混不舍晝夜至是之取爾孟子荅之曰孔子所以數數稱於水者以其有本源之泉水混混滾勢而流不捨晝夜是流之不竭至有坎科則必待盈滿而後流

進以至乎四海之中以其道大有本亦如是是孔子所以亟稱而必取之爾苟爲無本至君子恥之者孟子又言苟爲無本之水是若周之七八月夏之五六月間天之大雨驟降其雨之水卒然聚集乎大溝小澮皆盈盈然而滿溢則其乾涸但可立而守之也以無本源故如是之速乾耳孟子復於此言如聲譽名聞有或過於情實而君子所以羞恥之亦無本之水矣然則孟子荅徐辟以此者非特言原泉混混不捨晝夜盈科而後進放乎四海而已矣蓋有爲而言之也以其源泉混混則譬君子之德性不舍晝夜則譬君子之學問盈科而後進則譬君子之成章放乎四海則譬君子於是造乎道也○注云徐子徐辟○正義曰經於滕文公篇云墨者夷之因徐辟而見孟子又曰徐子以告夷子是知徐子即徐辟也○注大溝小澮○正義曰案周禮遂人掌邦之野凡治野夫間有遂遂上有徑十夫有溝溝上有畛百夫有洫洫上有涂千夫有澮澮上有道鄭注云十夫二鄰之田百夫一酇之田千夫二鄙之田遂溝洫澮皆所以通水於川也遂廣深各二尺溝倍之是廣深各四尺也洫又倍之是洫廣深各八尺也澮廣二尋深二尋然則注云大溝小澮又非以常制言之爾論語云子在川上曰逝者如斯夫不舍晝夜是仲尼常稱於水者也

孟子曰人之所以異於禽獸者幾希庶民去之君子存之幾希無幾也知義與不知義之間耳衆民去義君子存義也

舜明於庶物察於人倫由仁義行非行仁義也倫序察識也舜明庶物之情識人事之序仁義生於內由其中而行非強力行仁義也故道性善言必稱於堯舜但君子存之庶民去之而不由爾

疏孟子曰至行仁義也○正義曰此章言禽獸俱含天氣衆人皆然聖人超絕識仁義之生於已者也孟子曰人之所以異於禽獸者幾希至非行仁義也者孟子言世之人所以有別異於禽獸畜者無幾也以其皆含天地之氣而生耳皆能辟去其害而就其利矣但小人去其異於禽獸之心所以爲小人也君子知存其異於禽獸之心所以爲君子也所謂異於禽獸之心者即仁義是也禽獸俱不知仁義所以爲禽獸今夫舜之爲帝在深山之中與木石居與鹿豕

遊雖與禽獸雜居其間然能聞一善言見一善行莫不從之若決江河。也而。無滯。之。耳如此是舜能明於庶物之無知而存乎異於禽獸之心詳察人倫之類而由仁義之道而行之矣然舜既由其仁義而行之非所謂行仁義而得之人也是由仁義而行以得之天性也孟子以此言之其有以異於禽獸者皆舜之徒也曰舜亦人也我亦人也有爲者亦若是但當存其異於禽獸之心耳如揚雄由於禮義入自仁門由於情慾入自禽門斯其旨歟

孟子曰禹惡旨酒而好善言旨酒美酒也儀狄作酒禹飲而甘之遂疏儀狄而絕旨酒書曰禹拜。昌言湯執中立賢無方執中正之道惟賢速立之不問其從何方來舉伊尹以爲相也文王視民如傷望道而未之見視民如傷者雍容不動擾也望道而未至殷。錄未盡尚有賢臣道未得至故望而不。致誅於紂也武王不泄邇不忘遠泄狎邇近也不泄狎近賢不遺忘遠善近謂朝臣遠謂諸侯也。周公思兼三王以施四事其有不合者仰而思之夜以繼日幸而得之坐以待旦三王三代之王也四事禹湯文武所行。之事也不合己行有不合。世仰而思之參諸天也坐。以待旦言欲急施之也。

疏孟子曰至坐以待旦○正義曰此章言周公能思三王之道以輔成王也孟子言禹王惡疾其美酒而樂好人之善言以其酒甘而易溺常情之所嗜者也故禹王所以惡之蓋儀狄造酒禹王飲而甘之遂疏儀狄是也善言談而難入常情之所厭者也故禹王所以好之耳蓋聞皋陶昌言禹受而拜之是也湯執中立賢無方孟子言湯王執大中至正之道使其賢者智者得以俯而就而不爲狂者愚者不肖者得以跂而及而不爲狷者矣未嘗立驕伉崖異絕俗之道而使人不可得而至也所謂中道而立能者從之是其旨歟尚書云湯懋昭大德建中于民是其事矣立其賢則不以一方任之但隨其才而用之以其人之材固有長短小大不可概以取之矣書云佑賢輔德顯忠遂良是其事矣總以湯言之則所謂常善救人故無棄人常善用人故無遺賢是其旨歟文王視民

如傷望道而未之見孟子言文王常有恤民之心故視下民常若有所傷而不敢以橫役而擾動之也尚書曰文王不敢侮鰥寡又曰懷保小民是其事矣蓋以望商之有賢道未得至故不敢誅於紂也故曰未之見也武王不泄邇不忘遠者孟子言武王於在邇之臣則常欽之而不泄狎在遠之臣則常愛之而不忘遺忘是所謂不泄邇不忘遠也非特臣也雖遠邇之民亦如是尚書云武王不寶遠物則遠人格所寶惟賢則邇人安又曰華夏蠻貊罔不率俾是其事矣周公思兼三王以施四事至坐以待旦者孟子言周公輔相成王常思念兼此三王而施行此四事以為功業矣三王即禹湯文武之三代王也然以孟子則曰三王者蓋文武明父子也言其父則子不待言而在其中故但云三王四事者即惡旨酒好善言湯執中立賢無方與視民如傷望道而未之見不泄邇不忘遠是四事也然以孟子於事則云四蓋父子所為有不同所以別言之也言周公施為其有不合於此三王四事則常仰望而思索之必夜以繼日而未嘗敢忘去之也及幸而思索得合於此三王之四事則雖鳴而起坐以守待其旦明而施行之耳是其急於有行如恐失之謂也○注三王三代之王也○正義曰禹夏之代始王也湯殷之代始王也文武周之代始王也是為三代之王也

孟子曰王者之迹熄而詩亡詩亡然後春秋作王者謂聖王也太平道衰王迹止熄頌聲不作故詩亡春秋撥亂作於衰世也晉之乘楚之檮杌魯之春秋一也其事則齊桓晉文其文則史孔子曰其義則丘竊取之矣此三大國史記之異名乘者興於田賦乘馬之事因以為名檮杌者嚚凶之類興於記惡之戒因以為名春秋以二始舉四時記萬事之名其事則五霸所理也桓文五霸之盛者故舉之其文史記之文也孔子自謂竊取之以為素王也孔子人臣不受君命私作之故言竊亦聖人之謙辭爾

【疏】孟子曰至竊取之矣○正義曰此章言時無所詠春秋乃興假史記之文孔子正之以匡邪也孟子曰王者之迹熄至丘竊取之矣者孟子言自周之王者風化之迹熄滅而詩亡歌詠於是乎衰亡歌詠既以衰

亡然後春秋褒貶之書於是乎作春秋其名有三自晉國所記言之則謂之乘以其所載以田賦乘馬之事故以因名爲乘也自楚國所記而言之則謂之檮杌以其所載以記嚚凶之惡故以因名爲檮杌也魯以編年舉四時記爲事之名故以因名爲春秋也凡此雖曰異其名然究其實則一也蓋王者迹熄則所存者但霸者之迹而已言其霸則齊桓晉文爲五霸之盛者故其所載之文則魯史之文而孔子自言之曰其春秋之義則丘私竊取之矣蓋春秋以義斷之則賞罰之意於是乎在是天子之事也故曰其義則丘竊取之矣竊取之者不敢顯述也故以賞罰之意寓之褒貶而褒貶之意則寓於一言耳○注云乘爲乘馬之事檮杌爲嚚凶之類○正義曰乘馬之事已詳故不再述云檮杌嚚凶者案文公十八年左傳所謂渾敦窮奇檮杌饕餮四凶其言檮杌乃曰顓頊氏有不才子不可教訓告之則頑舍之則嚚天下之民謂之檮杌杜預云檮杌嚚凶無疇匹之貌也

孟子曰君子之澤五世而斬小人之澤五世而斬予未得爲孔子徒也予私淑諸人也○澤者滋潤之澤大德大凶流及後世自高祖至玄孫善惡之氣乃斷故曰五世而斬予我也我未得爲孔子門徒也淑善也我私善之於賢人耳蓋恨其不得學於大聖人也○疏孟子至諸人也○正義曰此章言五世一體上下通流君子小人斬各有時孟子恨以不及仲尼也孟子曰君子之澤至予私淑諸人也者孟子言君子小人雖有賢不肖之異然自禮服而推之則餘澤之所及但皆五世而斷耳以其親屬替之者焉惟孔子有道德之澤流於無窮雖萬世亦莫不尊親者矣孟子所言我未得爲孔子徒黨者矣我但私有所善於己未有善諸人人也蓋孟子學孔子者也然必於此乃言予未得爲孔子徒者蓋亦公孫丑問夫子既聖矣乎則曰夫聖孔子不居之意也孟子之志又可知矣斬斷也淑善也○注云自高祖至於玄孫○正義曰自高祖至玄孫者凡有九等高祖曾祖祖父己身子孫曾孫玄孫是也今注乃以此證五世而斬者據己身而推之則上自高祖至玄孫是爲無服者也

孟子注疏解經卷第八上

孟子注疏卷八上校勘記

阮元撰盧宣旬摘錄

凡三十二章　音義閩監毛三本同按此當作三十三章僞疏不數人有不爲也一章故較少一章音義本亦作三十二當是後人据注疏本改

是離婁一篇有六十章矣　按題辭正義云離婁凡六十一章與此不合

皆地名也負海也　閩監毛三本同廖本孔本韓本考文古本無上也字負下重負字

近於酆鎬之地　閩監毛三本同廖本孔本韓本考文古本之地作也足利本無之字

千里以外也　廖本孔本韓本考文古本同閩監毛三本以誤之

蓋謂王也　閩監毛三本孔本同岳本廖本韓本無蓋字足利本無也字

王節也　閩本足利本同監本毛本孔本韓本作玉節也是也

章指言聖人殊世而合其道地雖不比由通一軌故可以爲百王法也

周十月夏九月　閩監毛三本同廖本孔本韓本作周十一月○按爾雅釋宮注引孟子曰歲十一月徒杠成邢疏云郭注作十月推求文義趙注本作周十月夏八月周十一月夏九月而經文本作歲十月徒杠成十一月輿梁成也後人亂之而閩監毛本尚存舊迹廖孔韓本則似是而實非矣周禮之例凡夏正皆曰歲凡曰歲終曰正歲曰歲十有二月皆謂夏時也凡言正月之吉不曰歲謂周正也說詳戴震文集孟子言歲十月十一月

謂夏正兩言七八月之間則謂周正正與周禮同例趙注未解其例今本則經注又皆舛誤矣夏令曰十月成梁孟子與國語合

可以成涉度之功　閩監毛三本同廖本孔本韓本涉作步考文古本度作渡

周十一月夏十月　閩監毛三本同廖本孔本韓本考文古本一作二按詳上

每人而悅之　閩監毛三本同非也廖本考文古本而悅之作輒孔本韓本悅之作輒

章指言重民之道平政爲首人君由天天不家撫是以子產渡人孟子不取也

十月成津梁　閩本同監毛本十下有二字

輿梁成於十月　閩本同監毛本十下有二字

則使人導之出疆　閩監毛三本孔本韓本則下有君字

乃收其田里田業也里居也　閩監毛三本同廖本韓本作乃收其田菜及里居也孔本考文古本作乃收其田萊及里居也足利本作乃收其田里田萊及里居○按音義亦出田菜菜當作采大夫采地字古書多或作菜菜誤爲萊作業則更誤矣足利本誤衍尤非

章指言君臣之道以義爲表以恩爲裏表裏相應猶若影響舊君之服蓋有所與風諭宣王勸以仁也

仁爲增逝閩監毛三本同廖本孔本韓本增作曾考文古本增逝作曾遊○按作曾是曾者高也

章指言君子見幾而作故趙殺鳴犢孔子臨河而不濟也是上爲下則也閩監毛三本同廖本孔本韓本考文古本注文無此六字

章指言君以仁義率衆孰不順焉上爲下效也

陳質娶婦而長拜之音義陳質本亦作賈○按孫志祖曰長讀長幼之長長字句絕春秋繁露五行相勝篇云愛人者有子不食其力尊老者妻長而夫拜之陳質事當同此

藉交報讎閩監毛三本同廖本孔本韓本讎作仇

此皆大人之所不爲也閩監毛三本同廖本孔本韓本考文古本無之字

章指言禮義人之所以折中履其正者乃可爲中是以大人不行疑懼孔本韓本考文引古本並作禮是也

是謂人之有俊才者閩監毛三本同廖本孔本韓本考文古本無是字

不養其所以當養廖本無以字

賢不肖相覺孔本覺作較非按音義出相覺丁云義當作校蓋覺即校之假借字古書往往用覺字

章指言父兄已賢子弟旣頑教而不改乃歸自然

乃能有讓千乘之志也閩監毛三本同廖本孔本韓本考文古本無也字

章指言貴賤廉恥乃有不爲不爲非義義乃可申

當如後有患難及己乎閩監毛三本孔本韓本同廖本後有作有後

章指言好言人惡殆非君子故曰不忮不求何用不臧

故不欲爲已甚泰過也閩監毛三本同廖本考文古本無故字爲作其孔本韓本無故字足利本故字同毛本

孟子所以譏踰牆距門者也閩監毛三本同廖本孔本韓本考文古本無此注文

章指言論考文引足利本作語字亦非韓本作論語曰曰疾之已甚亂也故孟子所以孔本韓本考文引古本無所以二字譏踰牆距門者也

大人仗義閩監毛三本韓本同廖本孔本仗作杖○按杖正仗俗

故曰惟義所在也閩監毛三本同廖本孔本韓本考文古本無也字

章指言大人之行其重者不信不果所求合義也

少小之子閩監毛三本同廖本孔本韓本考文古本子作心

章指言人之所愛莫過赤子視民則然民懷之矣大人之行不過是也

章指言養生竭力人情所勉哀死送終行之高者事不違禮可謂難矣故謂之大事

言君子學問之法 閩監毛三本同孔本韓本足利本學問作問學

如性自有之然也 閩監毛三本足利本同廖本孔本韓本考文古本無然字

故曰欲其自得之而已 閩監毛三本同廖本孔本韓本考文古本無此九字

皆知其原本也 閩監毛三本同孔本韓本足利本無也字

欲其自得之也 閩監毛三本同廖本孔本韓本考文古本無其字

章指言學必根原孔本作源如性自得物來能名事來不惑君子好之朝益暮習道所以臻也

至其道奧之如者 閩監毛三本如作妙

是謂廣尋道意還反於樸說之美者也 閩監毛三本同廖本孔本韓本考文古本無此注

章指言廣尋道意詳說其事要約至義還反於樸說之美者也

若文王治於岐邑是也閩監毛三本同廖本孔本韓本作文王治岐是也考文古本無若字於字足利本亦無也字

章指言五霸服人三王服心其服一也功則不同上論堯舜其是違乎

章指言進賢受上賞蔽賢蒙顯戮故謂之不祥也

源泉混混閩監毛三本同宋九經本岳本咸淳衢州本廖本孔本韓本源作原○按原正字源俗字上文取之左右逢其原不从水可以證从水之誤矣

然其涸也閩監毛三本同岳本廖本孔本韓本考文古本也作乾

可立待之者閩監毛三本同廖本孔本韓本無之字

以其無本故也閩監毛三本足利本同廖本孔本韓本考文古本作無本之故也

章指言有本不竭無本則涸虛聲過實君子恥諸是以仲尼在川上曰逝者如斯考文古本衍斯字

非強力行仁義也宋本作非強仁力行義也

言必稱於堯舜閩監毛三本同廖本孔本韓本考文古本無於字

但君子存之庶民去之而不由爾閩監毛三本同廖本孔本韓本考文古本無此注

章指言人與禽獸俱含天氣就利避孔本韓本考文引古本避作辟按古書多假辟作避害其閑不希

衆人皆然君子則否聖人超絕識仁義之生於己也

若決江河也而無滯之耳閩本同監本無也之耳三字毛本同監本無作不

禹拜昌言閩監毛三本足利本同廖本孔本韓本考文古本昌作讜○按作讜者今文尚書也音義出讜言

殷錄未盡廖本考文古本同閩監毛三本孔本韓本錄誤祿

故望而不致誅於紂也廖本孔本韓本考文古本同閩監毛三本足利本致誤敢

謂諸侯也宋本也作者

所行之事也閩監毛三本同廖本孔本韓本無之字

己行有不合世岳本廖本孔本考文古本同閩監毛三本世作者韓本作也按韓本是也

坐以待旦廖本以作而

章指言周公能思三王之道以輔成王大平之隆禮樂之備蓋由此也

則遠人安閩監毛三本遠改邇

湯殷之代始王也文武周之代始王也閩本同監毛二本脫此十五字

此三大國史記之異名閩監毛三本同宋本孔本韓本考文古本異名作名異

則五霸所理也閩監毛三本同廖本孔本韓本考文古本霸作伯下同

亦聖人之謙辭爾閩監毛三本同廖本孔本韓本考文古本無爾字

章指言詩可以言頌詠大平時無所詠春秋乃與假史記之文孔子正之以

匡邪也

澤者滋潤之澤按宋本注分兩段自此至故曰五世而斬在經文五世而斬下

淑善也足利本無也字

蓋恨其不得學於大聖人也閩監毛三本同廖本韓本考文古本無蓋其人三字孔本足利本無人字

章指言五世一體上下通流君子小人斬各有時企以高山跌以陷汙是以

君子恨不及乎仲尼也

孟子注疏解經卷第八下

離婁章句下　趙氏注　孫奭疏

孟子曰：可以取可以無取取傷廉可以與可以無與與傷惠可以死可以無死死傷勇三者皆謂事可出入不至違義但傷此名亦不陷於惡也。疏正義曰此章言廉勇惠三者人之高行也孟子曰至死傷勇者蓋言凡於所取之道可以取之則取之故無傷害於爲廉可以無取而乃取之是爲傷害於廉也又言凡所與之道可以與之則與之而不爲傷其惠可以無與而乃與之是爲傷害於惠也又言凡於所死之道可以死之則死不爲傷害其勇可以無死而乃死之是爲傷害其勇也如孟子受薛七十鎰是可以取則取之也求也爲聚斂而附益之是可以無取而乃取之者也孔子與原思之粟是可以與則與之者也冉子與子華之粟五秉是可以無與而乃與之者也比干諫而死是可以死則死也苟息不能格君心之非而終遽以死許是可以無死而乃死之也。

逢蒙學射於羿盡羿之道思天下惟羿爲愈己於是殺羿羿有窮后羿逢蒙羿之家衆也春秋傳曰羿將歸自田家衆殺之孟子曰是亦羿有罪焉罪羿不擇人也故以下事喻之公明儀曰宜若無罪焉曰薄乎云爾惡得無罪鄭人使子濯孺子侵衛衛使庾公之斯追之子濯孺子曰今日我疾作不可以執弓吾死矣夫孺子鄭大夫庾公衛大夫疾作瘧疾問其僕曰追我者誰也其僕曰庾公之斯也曰吾生矣僕御也孺子曰吾必生矣其僕曰庾公之斯衛之善射者也夫子曰吾生何謂也曰庾公之斯學射

於尹公之他尹公之他學射於我夫尹公之他端人也其取友必端矣端人用心不邪辟知我是其道本所出必不害我也庾公之斯至曰夫子何爲不執弓曰今日我疾作不可以執弓曰小人學射於尹公之他尹公之他學射於夫子我不忍以夫子之道反害夫子雖然今日之事君事也我不敢廢抽矢叩輪去其金發乘矢而後反庾公之斯至竟如孺子之所言而曰我不敢廢君事故叩輪去鏃使不害人乃以射孺子禮射四發而去乘四也詩云四矢反兮孟子言是以明羿之罪假使如子濯孺子之得尹公之他而教之何由有逢蒙之禍乎

疏

逢蒙學射至乘矢而後反○正義曰此章言求交取友必得其人也逢蒙學射於羿盡羿之道思天下惟羿爲愈己於是殺羿言逢蒙學射於后羿既學盡后羿所射之道乃思天下惟后羿爲所射有強於己於是反妒之而殺其后羿孟子曰是亦羿有罪焉孟子復言逢蒙所以殺其后羿是后羿亦有可罪之道者焉公明儀曰宜若無罪焉孟子引公明儀於往日嘗曰逢蒙殺羿宜若羿無罪而見殺焉又鄙之公明儀之言曰薄乎此言爾安得謂之無罪焉昔鄭國之君使子濯孺子爲大夫以侵伐其衛國衛君乃使大夫庾公之斯追捉其子濯子濯乃曰今日我瘧疾發作不可以執弓而敵之我必死矣遂問其御僕曰衛之追趕我者是誰也其御僕乃告之曰衛大夫庾公之斯者也子濯卽曰我得生矣不能死我也其御僕乃問庾公之斯是衛國之最善射者也而夫子乃曰吾生矣是何之謂也子濯乃與之御僕曰庾公之斯學射於尹公之他尹公之他學射於我夫尹公之他端正之人也其所友亦必端正之人然後教其射矣庾公之斯遂追至子濯之所見子濯不執弓矢乃問曰夫子何爲不執弓以拒之子濯告之曰今日我瘧疾發作不可以執弓矣庾公之斯乃自稱己爲小人言小人學射於尹公之他尹公之他學射於夫子今不忍以夫子之道而反歸害其夫子矣雖然不忍害夫子

奈以今日所追之事乃君命之事也我亦不敢廢背其君命耳遂不免抽取其矢而敲之於車輪之上乃去其鏃利而發射子濯至發其四矢然後乃反歸而不追之蓋去鏃利所以無害於子濯耳云乘矢者乘四矢也蓋四馬爲一乘是亦取其意也○注羿有窮至殺之○正義曰羿有窮后羿者說在梁王首篇詳矣云逢蒙羿之家衆至殺之者案襄公四年左傳云將歸自田家衆殺之而烹之以食其子子不忍食諸死于窮門杜注云子羿之子也不忍食又殺之國門○注孺子鄭大夫庾公衞大夫○正義曰襄公十四年左傳云尹公佗學射於庾公差庾公差學射於公孫丁二子追衞獻公公孫丁御公子曰射爲背師不射爲戮射爲禮乎射兩鉤而還尹公佗曰子爲師我則遠矣乃反之公孫丁授公轡而射之貫臂杜預曰子魚庾公差然則孟子之言與此不同是二說必有一取焉

孟子曰西子蒙不潔則人皆掩鼻而過之西子古之好女西施也蒙不潔以不潔汙巾帽而蒙其頭。面面雖好以蒙不潔人過之者皆。自掩鼻懼聞其臭也雖有惡人齋戒沐浴則可以祀上帝惡人醜類者也面雖醜而齋戒沐浴自治。潔淨可以待上帝之祀言人當自治以仁義乃爲善也。

疏孟子至上帝○正義曰此章言貌好行惡西子冒臭醜人潔服供事上帝明當修飾惟義爲常也孟子言西施之女其貌雖好然加之不潔巾帽而蒙其頭則人見之亦必遮掩鼻而過之更不顧也如惡人雖曰至醜然能齋戒沐浴自潔淨其身則亦可以供事上帝矣孟子之意蓋人能修絜其己雖神猶享而況於人乎然知人修治其己不可以己也○注西子西施○正義曰案史記云西施越之美女越王勾踐以獻之吳王夫差大幸之每入市人願見者先輸金錢一文是西施也

孟子曰天下之言性也則故而已矣故者以利爲本今天下之言性則以故而已矣以言其故者以利爲本耳若杞柳爲桮棬非杞柳之性也所惡於智者爲其鑿也惡人欲用智而妄穿鑿不順物之性而改道以養之如智者若禹之行水也則無惡於智矣禹之

行水也行其所無事也禹之用智決江疏河因水之性因地之宜引之就下行其空虛無事之處如智者亦行其所無事則智亦大矣如用智者不妄改作。但循理若禹。之行水於無事。則爲大智也天之高也星辰之遠也苟求其故千歲之日至可坐而致也天雖高星辰雖遠誠能推求其故常。千歲日至之日可坐。而。致也星辰日月之會致至也知其日至在何日也。

【疏】孟子曰至可坐而致也○正義曰此章言能修性守故天道可知也孟子曰天下之言性也則故而已矣故者以利爲本至可坐而致也者孟子言今夫天下之人有言其性也者非性之謂也則事而已矣蓋故者事也如所謂故舊無大故之故同意以其人生之初萬理已具於性矣但由性而行本乎自然固不待於有爲則可也是則爲性矣今天下之人皆以待於有爲爲性是行其性也非本乎自然而爲性者耳是則爲事矣事者必以利爲本是人所行事必擇其利然後行之矣是謂故者以利爲本矣我之所以有惡於智者非謂其智也爲其不本性之自然之爲智但穿鑿逆其自然之性而爲智者矣故曰所惡於智者爲其鑿也孟子言此又恐後人因是遂以爲故與智爲不美所以復爲明言之故言如爲智者若禹之治水則我無惡於爲智矣以其大禹之治行其水也但因水自然之性引而通之是行其所無事者也非逆其水性而行之也若今之人爲智但因性之自然而爲智是亦行其無事耳而其爲智亦大智者矣此孟子於此以爲智之美又非所謂惡之者也且天之最高者也星辰最遠者也然而誠能但推求其故常雖千歲之後其日至之日亦可坐而計之也孟子於此以故爲美所以又執是而言之耳以其恐人不知己前所謂則故而已矣爲事之故遂引天與星辰而言故常之故於此爲美也謂人之言性者但本乎故常自然之性而爲性不以妄自穿鑿改作則身之修亦若天與星辰之故常而千歲日至之日但可坐而致也此所以明其前所謂故爲事故之故終於此云故乃故常之故蓋故義亦訓常所謂必循其故之故同○注以杞柳爲桮棬○正義曰經之告子篇文也○注星辰日月之會○案孔安國

尚書傳云星辰日月所會也書云辰弗集于房是也公行子有子之喪右師往弔入門有進而與右師言者有就右師之位而與右師言者公行子齊大夫也右師齊。之貴臣王驩字子敖。者公行之喪齊卿大夫以君命會各有位次故下云朝廷也與言者皆諂於貴人也孟子不與右師言右師不悅曰諸君子皆與驩言孟子獨不與驩言是簡驩也右師謂孟子簡其無德故不與言是以不悅也孟子聞之曰禮朝廷不歷位而相與言不踰階而相揖也我欲行禮子敖以我為簡不亦異乎孟子聞子敖之言曰我欲行禮故不歷位而言反以我為簡。異也云以禮者心惡子敖而外順其辭也。

【疏】公行子至不亦異乎○正義曰此章言循理而動不合時人也公行子有子之喪右師往弔入門有進而與右師言者有就右師之位而與右師言者公行子齊國之大夫喪其子故有子之喪王驩字子敖者公行子家而弔慰入公行之門其閒有進揖而與右師王驩言者又有就右師王驩之位所而與言者孟子不與右師言至不亦異乎者言孟子獨不與右師言右師見孟子不與言之言乃不說而有憤憤之色曰諸君子之衆賢皆與我言獨孟子不與我言是孟子簡略不禮於我也孟子聞王驩此言乃告之曰不與右師言者乃是禮然也於禮則朝廷之間不歷位所而相與言又不踰越階而相揖我欲行其禮故如是不與之言也子敖今以我為簡略而為不禮是其言不亦乖異於禮乎○注右師齊之貴臣○正義曰古者天子之卿尊者謂之太師卑者謂之少師諸侯之卿尊者謂之左師卑者謂之右師故也

孟子曰君子所以異於人者以其存心也君子以仁存心以禮存心仁者愛人有禮者敬人愛人者人常愛之敬人者人常敬之存在也君子之在心者仁與禮也愛敬施行於人人。亦必反。報。之。於己也有人於此其待

我以橫逆則君子必自反也我必不仁也必無禮也此物奚宜至哉橫逆者以暴虐之道

來加我也君子反自思省謂己仁禮不至也物事也推此人何爲以此事來加於我也其自反而仁矣自反而有禮矣其

橫逆由是也君子必自反也我必不忠君子自謂我必不忠自反而忠矣其橫逆由是也

君子曰此亦妄人也已矣如此則與禽獸奚擇哉於禽獸又何難焉妄人妄作之人無知

者與禽獸何擇異也無異於禽獸又何足難矣是故君子有終身之憂無一朝之患也乃若所憂則有

之舜人也我亦人也舜爲法於天下可傳於後世我由未免爲鄉人也是則可

憂也君子之憂憂不如堯舜也憂之如何如舜而已矣憂之當如何乎如舜而後可故終身憂也若夫君子所患

則亡矣非仁無爲也非禮無行也如有一朝之患則君子不患矣君子之行本自不致患常

行仁禮如有一朝橫來之患非己愆也故君子歸天不以爲患也【疏】孟子曰至君子不患矣○正義曰此章言君子責己小人不改比之禽獸故不足難

也蹈仁行禮不患其患也孟子曰君子所以異於人者至人常敬之者孟子言君子之人所以有別於衆人者以其存心與衆人別也君子之人常以仁道存

乎心又以禮存乎心以仁存乎心者是愛人者也有禮存乎心者是敬人者也愛人者人亦常愛之敬人者人亦常敬之蓋人所以亦常愛敬之者抑以施報

自然之道也有人於此至又何難焉孟子又託言今有人在此其待我者皆以橫逆暴虐之道而待我則爲君子者必自反責於己也以其是我必不仁又無

禮也此所以待我橫逆故曰此物奚宜至哉言此人何爲以此橫逆加我哉是必於我有不仁之心有無禮之行此人所以如是而加我矣其自反而仁矣自

反而有禮矣其橫逆加我又由此者君子之人又必自反責其己以爲是我必有不忠之心矣自反既以有忠其橫逆加我者又由此君子之人乃曰此人以橫逆暴虐之道加我是必妄人矣如此爲妄人矣則與禽獸奚擇有異哉既爲禽獸於我又何足責難焉此君子之人又自歸己而不譴彼之罪矣是故君子有終身之憂至君子不患矣者孟子言如此是故君子有終身之憂慮而無一朝之患難乃若君子有所憂慮是亦不爲無焉然而有憂者但憂慮而爲舜帝亦一人也我亦一人也舜帝既爲法於天下可傳之於後世以爲人所取則而我猶尚未免爲鄉俗之人此則君子可憂也既以憂之是如之何憂言憂但慕如舜爲法可傳於後世而止矣然則一君子其於有所患則無矣非仁之事既以無爲非禮之事既以不行然而如有一朝之患則君子亦不爲之患矣無他以其非己之有愆過而招之也其所以有患者亦彼之患不足爲我之患也前所謂橫逆待我是必妄人也已於禽獸又何足難焉正此之謂也孟子言之是亦欲人以仁禮存心其有橫逆加己又當反己故無患及耳

禹稷當平世三過其門而不入孔子賢之顏子當亂世居於陋巷一簞食一瓢飲人不堪其憂顏子不改其樂孔子賢之孟子曰禹稷顏回同道禹思天下有溺者由己溺之也稷思天下有飢者由己飢之也是以如是其急也禹稷顏子易地則皆然當平世三過其門者身爲公卿憂民者也當亂世安陋巷者不用於世窮而樂道者也孟子以爲憂民之道同用與不用之宜若是也故孔子俱賢之禹稷急民之難若是顏子與之易地其心皆然不在其位故勞佚異

今有同室之人鬭者救之雖被髮纓冠而救之可也鄉鄰有鬭者被髮纓冠而往救之則惑也雖閉戶可也纓冠者以冠纓貫頭也鄉鄰同鄉也同室相救是其理也喻禹稷走赴鄉鄰非其事顏子所以閉戶而高枕也

疏禹稷當平世至可也○正義曰此章言顏子之心有同禹稷者也禹稷當平世至易地則皆然者孟子言大禹與后稷皆當平治之世急於爲民三過家門而不入其室孔子皆以爲賢故尊賢之顏淵當危亂之世不得其用居處於隘陋之巷但以一簞盛其食一瓢盛其飲而飲食之時人皆不堪忍此之憂顏淵獨樂於道而不改此憂孔子亦以爲賢孟子乃至於此乃自曰禹稷顏回三人其道則同耳以其大禹於是時思念天下有因洪水而沉溺也后稷於是時思念天下有因水土未平而被飢餓之者亦如己被其飢餓也是以三過家門而不入其室而爲民如是之急也禹稷與顏子更易其地則皆能如是謂顏子在禹稷之世亦能如禹稷如是爲民之急禹稷在顏子之世亦能不改其樂是則爲同道者也若其有異但時之一平一亂矣今有同室之人至可也者孟子又以此言比喻之謂禹稷爲民如是之急若今有同室之人有鬭爭之者救勸之者雖被髮而纓冠於頭而救勸之可也無它以其人情於同居是爲親者也如有爭鬭而不救勸之是疏其親也禹稷當平世既達而在上亦急於爲民也如不急於民是在上位而不恤民者也孟子固以同室之人救鬭爲喻顏子在陋巷而不改其樂若今有同鄉之人有爭鬭者如被散其髮而纓冠於頭而救勸之則爲惑者矣雖閉戶而勿救之可也無它以其鄉鄰於己爲疏非親也如往救之是親其疏矣顏子當危亂之世既窮而不得用亦宜處陋巷而不改其樂耳如改其樂是媚於世而非賢者也孟子故以鄉鄰之入不救爲喻由此推之則孟子。爲禹稷顏回同道是其不誣於後世也孔子曰賢哉回也是孔子賢顏回之謂也又曰禹吾無間然矣是孔子賢禹之謂也南宮适曰禹稷躬稼而有天下子曰君子哉若人尚德哉若人以此觀之孔子美南宮适云及此二人者如此是知孔子有賢於禹稷也抑亦是孔子賢稷之謂也然而三過其門則主乎禹今孟子則兼稷言之何也曰孔子言躬稼其亦主於稷而乃兼禹言之以禹之治水非暨稷之播殖則無以奏艱食非得禹之平水土則無以爲躬稼是二者未常不相待爲用耳孔孟交言之是亦一道也蓋躬稼而有天下雖出乎南宮适之言然孔子美之者亦孔子之言也故云孔子言也

公都子

曰匡章通國皆稱不孝焉夫子與之遊又從而禮貌之敢問何也匡章齊人也一國皆稱不孝問孟子何爲與之遊又禮之以顏色喜悅之貌也孟子曰世俗所謂不孝者五惰其四支不顧父母之養一不孝也博弈好飲酒不顧父母之養二不孝也好貨財私妻子不顧父母之養三不孝也從耳目之欲以爲父母戮四不孝也好勇鬬很以危父母五不孝也章子有一於是乎惰。懈不作極耳目之欲以陷罪戮及父母凡此五者人所謂不孝之行章子豈有一事於此五不孝中也夫章子子父責善而不相遇也責善朋友之道也父子責善賊恩之大者遇得也章子子父親教相責以善不能相得父逐之也朋友切磋乃當責善耳父子相責以善賊恩之大。者也夫章子豈不欲有夫妻子母之屬哉爲得罪於父不得近出妻屏子終身不養焉夫章子豈不欲身有夫妻之配子有子。母之屬哉但以身得罪於父不得近父故出去其妻屏遠其子終身不爲妻子所養也其設心以爲不若是是則罪之大者是則章子已矣章子張設其心執持此屏。妻子之意以爲。得罪於父而不若是以自責。罰是則罪益大矣。

疏公都子曰至則章子而已矣○正義曰此章言匡章得罪出妻屏子上不得養下以責己衆人以爲不孝孟子以爲禮貌之者也公都子曰匡章通國皆稱不孝焉至敢問何也者公都子謂孟子曰匡章子徧國。人皆稱爲不孝者焉夫子乃與之遊又從而敬悅之敢問夫子是如之何孟子曰世俗所謂不孝者五至於是乎孟子荅公都子曰世俗之人所謂爲不孝之行有五怠惰其四支不作事業而不顧父母之所養爲一不孝也博弈好飲酒而不顧父母之所養爲二不孝也好貨財私愛妻子而不顧父母之所養爲三不孝也縱其耳目之所慾陷於其罪以辱及父母是四不孝也好勇暴好爭鬬好頑很以驚危父母是五不孝也章子豈有一事於此五不孝乎夫章子子父責善而不相遇也責善朋友之道也父子責善賊恩之大者孟子言章子但失於父子責善不相遇也不遇者是不相得也其所以相責於善乃朋友切磋琢磨之道也如父子相責善是賊害其父子之恩大者矣夫章子豈不欲有夫妻子母之屬哉至是則章子而已矣孟子又言夫章子與父子不相遇而離之豈以章子不欲有夫妻子母之爲親屬哉爲其得罪於父不得近焉故用出去其妻屏逐其子終身不爲妻子所養也其章子如或開設於心爲不若是離之父故出妻屏子是陷父於不義之罪者矣是則罪之莫大者矣是則章子之行以此而已我何可絕而不與之邪以此論之則章子之過過於厚者矣宜孟子與之遊又從而禮貌之也蓋謂不顧父母之養者是有逆於父母而不順父母之意耳孝經云父有爭。而則身不陷於不義禮云與其得罪於州閭鄉黨寧熟諫然則父有不義雖熟諫以爭之可也又安可以朋友責善施於父子之間哉故章子所以離之遂用出妻屏子爲其父有不義而不可言耳

曾子居武城有越寇或曰寇至盍去諸盍何不也曾子居武城有越寇將來人曰寇方至何不去之曰無寓人於我室毀傷其薪木寇退則曰脩我牆屋我將反寓寄也曾子欲去戒其守人曰無寄人於我室恐其傷我薪草樹木也寇退則曰治牆屋之壞者我將來反寇退曾子反左右曰待先生如此其忠且敬也寇至則先去以爲民望寇退則反殆於不可左右相與非議曾子者言武城邑大夫敬曾子武城人爲曾子忠謀勸使避寇君臣忠敬如此而先生寇至則先去使百姓瞻望而効之寇退安寧則復來還殆不可如是怪曾子何以行之也沈猶行曰是非汝所知也昔沈猶有負芻之禍從先生者七十人未有與焉沈猶行曾子弟子也行謂左右之人曰先生之行非

汝所能知也先生曾子也往者先生嘗從門徒七十人舍吾沈猶氏時有作亂者曰負芻來攻沈猶氏先生率弟子去之不與其難言。賓。師不與臣同。耳子思居於衛有齊寇或曰寇至盍去諸子思曰如伋去君誰與守伋子思名也子思欲助衛君赴難

孟子曰曾子子思同道曾子師也父兄也子思臣也微也曾子子思易地則皆然孟子以爲二人同道曾子爲武城人作師則其父兄故去留無毁子思微少也又爲臣委質爲臣當死難故不去也子思與曾子易。地。皆然。

疏曾子居武城至易地則皆然○正義曰此章言曾子子思處義非謬者也曾子居武城有越寇至或曰寇至盍去諸者孟子言曾子嘗居於武城之邑有南越寇賊與或人告之曰寇賊來何不去之曰無寓人於我室毁傷其薪木寇退則曰修我牆屋我將反者言曾子欲去乃戒其所守之人曰無寓人於我此室而毁傷我薪木寇賊既退則曰修我牆屋我將反居此寇退曾子反左右曰待先生如此其忠且敬也至殆於不可者言寇賊已退曾子於是乎反居此也左右之大夫皆曰待先生如此其忠而不敢慢也寇賊至則先去以使民瞻望而效之寇退平靜則反其居殆不可如是也。猶行曰至未有與焉者言沈猶行荅左右之人曰先生之去非汝所能知者也往日沈猶有寇賊自負其芻草來攻我室隨從先生者有七十人言曾子率弟子而去之故未有與及此難也故得免其禍焉先生曾子也子思居於衛有齊寇至君誰與守者孟子又言子思居於衛邑有齊國之寇賊與或人告之曰寇賊來何不去之子思乃自稱名荅或人曰如使伋見其寇賊至則去之衛君則誰與爲守護伋子思名也孟子曰曾子子思同道至易地則皆然孟子引至於此乃曰曾子子思二人其道則同也以其曾子居於武城則師之道也如人之父兄也則去留人不可毁無宅其以無所拘也子思居於衛則臣之道也其勢則微小也當赴君之難不可去也無宅以其有所拘也雖然二人如更易其地則皆能如是也謂子思居於曾子之所而爲之師亦未必不能如曾子去留無所拘也曾子居於子思之所而爲之臣

亦未必不能如子思赴君之難而不去也故曰曾子子思同道案史記弟子傳曾子名參字子輿武城人少孔子四十六歲孔子以爲能通孝道故授之業作孝經死於魯國○注伋子思名也○正義曰案世家云子思名伋字子思伯魚之子孔子之孫也六十二嘗困於宋子思作中庸沒於衞

儲子曰王使人瞯夫子果有以異於人乎儲子齊人也瞯視也果能也謂孟子曰王言賢者身貌必當有異故使人視夫子能有異於衆人之容乎

孟子曰何以異於人哉堯舜與人同耳人生同受法於天地之形我當何以異於人哉且堯舜之貌與凡人同耳其所以異乃以仁義之道在於內也。

疏儲子至同耳○正義曰此章言人以道殊賢愚體別也儲子謂孟子曰齊王使人視夫子能有以異別於衆人乎以其齊王必謂孟子之賢貌狀須有異於人也孟子荅之曰我何以有別異於衆人哉雖堯舜之盛帝亦與人同其貌狀耳但其所以有異於衆人者特以仁義之道與人異耳孟子言此則知齊王是爲不達者也蓋古之人善觀人者不索人於形骸之外而索之於形骸之內今齊王乃索孟子於形骸之外宜其過也○注儲子齊人也○正義曰蓋亦因經而爲言之也故孟子仕於齊今此乃曰王使人來者是知爲齊人

齊人有一妻一妾而處室者其良人出則必饜酒肉而後反其妻問所與飲食者則盡富貴也良人夫也盡富貴者夫詐言其姓名也

其妻告其妾曰良人出則必饜酒肉而後反問其與飲食者盡富貴也而未嘗有顯者來吾將瞯良人之所之也妻疑其詐故欲視其所之

蚤起施從良人之所之徧國中無與立談者卒之東郭墦間之祭者乞其餘不足又顧而之他此其爲饜足之道也施者邪施而行不欲使良人覺也墦間郭外冢間也乞其祭者所餘酒肉也

其妻歸告其妾曰良

人者所仰望而終身也今若此與其妾訕其良人而相泣於中庭妻妾於中庭悲傷其良人相對涕泣而謗毀之而良人未之知也施施從外來驕其妻妾施施猶扁扁喜悅之貌。以驕妻妾不知如故驕之也

由君子觀之則人之所以求富貴利達者其妻妾不羞也而不相泣者幾希矣由用也用君子之道觀。之今求富貴者皆以枉曲之道昏夜乞哀而求之以驕人於白日。此良人爲妻妾所羞。而泣傷也幾希者言今苟求富貴妻妾雖不羞泣者與此良人妻妾何異也。

疏齊人至幾希矣○正義曰此章言小人苟得妻妾猶羞也齊人有一妻一妾至幾希矣者孟子託此以譏時人苟貪富貴而驕人者也言齊國中人有一妻一妾者而居處於室其良人出外則必饜飽酒肉而後歸其妻問所與飲食酒肉者良人則盡以爲富貴者與之也其妻遂告其妾曰良人出門則必饜飽酒肉而後歸問其所與者良人皆以爲富貴者與之也而未嘗見有富貴顯達者來家中我將視其良人所往妻疑之故欲視其所往也明日蚤起乃邪施其身微從良人之所往徧盡一國之中無有與良人立談話者終往齊國東郭之處有冢間之祭者良人乃就乞其餘祭之酒肉不飽饜又顧視而求之於他人以此遂爲饜足之道其妻乃先歸告其妾曰良人者所仰望而終身者也今乃若此而乞之祭者爲饜足遂與其妾共訕良人而相對涕泣於中庭之間而良人未之知其妻妾非訕其己又施施然喜悅從外來歸復驕泰其妻妾孟子引至此乃曰由此齊人觀之則今之人所以諂求富貴利達者其妻與妾而不羞恥不相對涕泣於中庭者幾希矣言其少也皆若此齊人耳蓋孟子之言每每及此者所以救時之弊不得不如己矣

孟子注疏解經卷第八下

孟子注疏卷八下校勘記　阮元撰盧宣旬摘錄

章指言廉惠勇人之高行也喪此三名則韓本考文古本作列士病諸故設斯科以進

能者也

逢蒙按逢字从夆逢蒙逢伯陵逢丑父逢公皆薄紅反東轉爲江乃薄江反德公士元非有二字也宋人廣韻改字作逢薄江切殊謬孟子音義同謬不可不正逢蒙古書作蠭蒙則其字不當从夆可知矣

有窮后羿閩監毛三本韓本足利本同孔本考文古本窮作竆

曰小人學射於尹公之他考文古本他下有曰字

假使如子濯孺子之得尹公之他閩本廖本孔本韓本同監毛本脫上之字

何由有逢蒙之禍乎閩監毛三本同廖本孔本韓本考文古本無乎字

章指言求交取友必得其人得善以全考文古本作金養足利本無此字凶獲患是故子濯

濟難夷羿以殘可以鑒也

殺之而烹之補案殺之之字衍

子曰射爲背師閩監本同毛本子下增魚字

而蒙其頭面閩監毛三本同廖本孔本韓本考文古本面作也

皆自掩鼻閩監毛三本同廖本孔本韓本考文古本無自字

自治絜淨凡絜作潔者俗也古書祗用絜

章指言貌好行惡西子蒙臭孔本考文引古本蒙作冒韓本同臭作鼻非也醜人絜服供事上帝明

當修飾惟義爲常也

今天下之言性則以故而已矣以言其故者以利爲本耳閩監毛三本同廖本孔本韓本考文古本作言天下萬物之情性當順其故則利之也改戾其性則失其利矣

若杞柳爲桮棬閩監毛三本同廖本孔本韓本考文古本杞上有以字

但循理若禹之行水於無事閩監毛三本同廖本孔本韓本考文古本作作事循理若禹行水於無事之處

誠能推求其故常閩監毛三本同廖本孔本韓本考文古本下有之行二字

可坐而致也閩監毛三本同廖本孔本韓本考文古本作可坐知也

章指言能修性守故天道可知妄智改常必與道乖性命之指也

齊之貴臣閩監毛三本同宋本孔本韓本考文古本無之字

字子敎者閩監毛三本同廖本孔本韓本考文古本無者字

反以我爲僻異也閩監毛三本同宋本孔本韓本異作易按易是也

章指言循理孔本考文引古本作禮而動不合時人阿意事貴脅肩所尊俗之情也是以萬物皆流而金石獨止

人常愛之補諸本常皆作恆下常敬同

人亦必反報之於己也閩監毛三本同宋本作人亦必反之己也孔本韓本考文古本作人必反之己也足利本無之字

來加於我也閩監毛三本同廖本孔本韓本考文古本作來加我

無知者閩監毛三本孔本同韓本上有謂字足利本上有爲字

又何足難矣閩監毛三本同廖本孔本韓本考文古本矣作也

憂之當如何乎閩監毛三本同廖本孔本韓本考文古本如下有之字

常行仁禮閩監毛三本同廖本孔本韓本考文古本禮上有行字

章指言君子責己小人不改比之禽獸孔本韓本衍故字不足難矣蹈仁行禮不患其患惟不若舜可以憂也

當平世三過其門者 按此段注宋本廖本孔本韓本俱分兩段自此至故孔子俱賢之在經文禹稷顏回同道下

憂民者也 閩監毛三本同宋本孔本韓本考文古本者作急

窮而樂道者也 閩監毛三本同宋本孔本韓本考文古本無者字

其心皆然 閩監毛三本同宋本孔本韓本考文古本皆作亦

故勞佚異 閩監毛三本同宋本無故字廖本下有矣字孔本韓本考文古本作勞佚異矣

雖被髮纓冠而救之 考文古本而下有往字

走赴鄉鄰 閩監毛三本同宋本孔本韓本考文古本鄰作人

顏子所以閉戶 閩監毛三本同廖本孔本韓本考文古本閉作闔

章指言上賢之士得聖一概顏子之心有同禹稷時行則行時止則止失其節則惑矣

則孟子爲禹稷顏回同道 〔補〕案爲字監毛本並作謂是也

惰懈不作 閩監毛三本同廖本孔本韓本懈作解按音義出惰解案懈正字解假借字

豈有一事於此 閩監毛三本同廖本孔本韓本此作是

賊恩之大者也閩監毛三本同宋本孔本韓本考文古本無者字

子有子母之屬哉閩監毛三本同孔本韓本考文古本子母作母子

執持此屏妻子之意閩監毛三本同廖本孔本韓本考文古本屏下有出字

以爲得罪於父閩監毛三本同廖本孔本韓本考文古本得上有人字

而不若是以自責罰宋本罰作罾

是則罪益大矣閩監毛三本同廖本孔本韓本考文古本下有是章子之行已矣何爲不可與言十三字○按有者是

章指言匡章得罪出妻屏子上不得養下以責己衆曰不孝其實則否是以

孟子禮貌之也

偏國人皆稱爲不孝者焉人字缺閩監毛三本如此

父有爭而閩監毛三本而改子是也

猶行曰䦨案猶上當有沈字

言賓師不與臣同耳閩監毛三本同廖本無耳字宋本孔本韓本考文古本作言師賓不與臣同

易地皆然閩監毛三本同宋本孔本韓本考文古本地皆作處同廖本皆作同

章指言臣當營君師有餘裕二人處義非殊者也是故孟子紀之謂得其同足利本作宜

王使人瞯夫子宋九經本岳本咸淳衢州本孔本韓本考文古本同監毛二本瞯作矙閩本注作矙此經作瞯門字中缺蓋初刻作瞯欲改作矙剜去而未修板也○按音義出瞯夫作瞯蓋此正與滕文公篇陽貨矙孔子同字音勘譌爲瞯而以古莧切之非也下章同

與凡人同耳閩監毛三本岳本孔本韓本同宋本考文古本無人字

章指言人以道殊賢愚體別頭員足方善惡如一儲子之足利本無此字言齊王之不達也

以爲妻妾不知閩監毛三本孔本韓本同宋本考文古本以作也山井鼎云屬上

用君子之道觀之閩監毛三本同宋本孔本韓本考文古本無下之字

此良人爲妻妾所羞而泣傷也閩監毛三本同廖本孔本韓本考文古本上有由字而字作爲所二字

章指言小人苟得謂不見知君子觀之與正道乖妻妾猶羞況於國人著以爲戒恥之甚焉

孟子注疏解經卷第九上

萬章章句上 凡九章

孫奭疏

趙氏注 萬章者萬姓章名孟子弟子也萬章問舜孝猶論語顏淵問仁因以題。其篇。也

疏 正義曰前篇論離婁之明此篇論萬章問孝蓋以明者當明其行而行莫大於為孝今萬章問孝故以萬章為此篇之題以次於前篇矣此篇凡十八章趙氏分為上下卷據此上卷凡有九章而已一章言孝為百行之本無物以先之雖富有天下而不能取悅其父母也二章言仁聖所存者大舍小從大達權之義不告而娶守正道也三章言仁人之心四章言孝莫大於嚴父行莫大於蒸蒸五章言德合於天則天爵歸之行歸於仁則天下與之六章言義行於人則四海宅心守正不足則聖位莫保者也七章言賢達之理世務推政以濟時物守己直行不枉道以取容八章言君子大居正位以禮進退屈伸達節不違貞信九章言君子時行則行時舍則舍故能顯君明道不為苟合其餘九章分在下卷各有說焉○注萬章至篇也○正義曰萬章孟子弟子已說在敘段云論語顏淵問仁者蓋論語第十二篇首顏淵問為仁孔子曰克己復禮為仁因以顏淵目其篇蓋其文也孟子於此則而象之爾

萬章問曰舜往于田號泣于旻天何為其號泣也問舜往至于田何為號泣也謂耕。于歷山之時。然。也孟子曰怨慕也言舜自怨遭父母見惡之厄而思慕也萬章曰父母愛之喜而不忘父母惡之勞而不怨然則舜怨乎言孝法當不怨如是舜何故怨曰長息問於公明高曰舜往于田則吾既得聞命矣號泣于旻天于父母則吾不知也公明高曰是非爾所知也長息公明高弟子公明

明高曾子弟子旻天秋天也幽陰氣也故訴于旻天高非息之問不得其義故曰非爾所知也已夫公明高以孝子之心爲不若是恝恝無愁之貌孟子以萬章之問難自距之故爲言高息之問對如此夫公明高以爲孝子不得意於父母自當怨悲豈可恝恝然無憂哉因以萬章具陳其意耳我竭力耕田共爲子職而已矣父母之不我愛於我何哉我共人子之事而父母不我愛於我之身獨有何罪哉自求責於己而悲感焉帝使其子九男二女百官牛羊倉廩備以事舜於畎畝之中帝堯也堯使九子事舜以爲師以二女妻舜百官致牛羊倉廩致粟米之饒備具饋禮以奉事舜於畎畝之中由是遂賜舜以倉廩牛羊使得自有之堯典曰釐降二女不見九男孟子時尚書凡百二十篇逸書有舜典之敘亡失其文孟子諸所言舜事皆堯典及逸書所載獨丹朱以胤嗣之子臣下以距堯求禪其餘八庶無事故不見於堯典猶晉獻公之子九人五人以事見於春秋其餘四子亦不復見於經天下之士多就之者帝將胥天下而遷之焉爲不順於父母如窮人無所歸天下之善士多就舜而悅之胥須也堯須天下悉治將遷位而禪之順愛也爲不愛於父母其爲憂愁若困窮之人無所歸往也天下之士悅之人之所欲也欲貪也而不足以解憂好色人之所欲妻帝之二女而不足以解憂富人之所欲富有天下而不足以解憂貴人之所欲貴爲天子而不足以解憂人悅之好色富貴無足以解憂者惟順於父母可以解憂言爲人所悅將見禪爲天子皆不足以解憂獨見愛於父母爲可以解己之憂人少則慕父母知好色則慕少艾有妻子則慕妻子仕則慕君不得於君則熱

中慕思慕也人少年少也艾美好也不得於君失意於君也熱中心熱恐懼也是乃人之情

大孝終身慕父母五十而慕者予於大舜見之矣大孝之人終身慕父母若老萊子七十而慕衣五綵之衣爲嬰兒匍匐於父母前也我於大舜見五十而尚慕父母書曰舜生三十徵庸。三十在位在位時尚慕故言五十也。

疏萬章問舜往于田至予於大舜見之矣○正義曰此章言大孝百行之本無物以先之雖富有天下而不能取悅於父母也萬章問曰舜往于田號泣于旻天何爲其號泣也者萬章問孟子謂舜往耕于田乃號泣于旻天是何爲其號泣於此也旻天秋天之號也以其情主乎憫也爾雅曰秋曰旻天是也孟子曰怨慕也孟子荅之曰舜所以號泣于田者自怨遭父母之惡而思慕之也萬章曰父母愛之至怨乎萬章又曰父母以慈愛愛息其子子則當喜悅而不敢忘其父母之所愛父母惡之其子亦當勤勞奉事之而不可怨恨父母今舜若是則舜誠有怨恨父母乎曰長息問於公明高至是非爾所知也孟子難以自爲言拒之乃託以長息問公明高之言而荅也言長息嘗問公明高曰舜往于田則我既以得聞教命矣號泣于旻天則我不能知也故問之公明高乃荅之曰此非爾所能知者也以其所問不得其義故荅之此也夫公明高以孝子之心爲不若是恝至於我何哉者孟子又言夫公明高以謂孝子之心有不得意於父母爲不若此恝恝然而無憂也以其有不得父母意故有是怨也其舜必謂我竭盡其力而耕作田業以供爲子之事以奉養父母而父母今反不我愛恤誠於我有何罪哉故自求責於己而號泣怨慕也帝使其子九男二女至予於大舜見之矣孟子至此乃繼其言而荅萬章言。舜堯帝使其子九男與二女兼百官及牛羊倉廩皆備具以事舜於畎畝之中天下之善士多就歸舜而悅之者堯帝又將。須以天下而遷位讓之其舜尚以有不得愛於父母其亦憂愁若窮困苦極之人無所歸告者矣且天下之善士悅而就之是人之所皆欲也而尚不足以解舜之憂好色之女是人之所皆欲者也妻以堯帝之二女而尚亦不足以解舜之憂富是人之所皆欲者也而堯以百官牛羊倉廩備以事之而尚亦不足以解舜之憂貴是人之所皆欲者也而堯將以天下遷而讓之而爲天子尚亦。更不足以解其憂凡以人悅之好色富貴此數者皆無足以解舜之憂惟得於父母然後可以解其憂夫人少小之時則知思慕父母及長知好其女色則思慕其少艾有妻子則思慕其妻子至於爲仕則思慕其君如不得遇於君則熱中心而恐懼之也是則人之常情如此如爲大孝者則終身思慕父母而不忘也然則孟子言至於五十之歲者而思慕父母而不敢忘者我於大舜見之矣故歷以此荅其萬章之問〇注耕于歷山〇正義曰上卷首章已說詳矣〇注堯典至不復見〇正義曰云堯典曰釐降二女不見九男惟丹朱胤嗣之子臣下以距堯求禪其餘八庶無事故不見二女即娥皇女英是也案尚書堯典放齊曰胤子朱啓明帝曰吁嚚訟可乎孔安國云胤國名子爵朱胤子之名也益稷云無若丹朱傲孔注云丹朱堯之子是堯九子但見丹朱一人矣其餘八子亦未詳以其經傳無見爲云如晉獻公九人以事見於春秋餘四子亦。不所見者按魯莊公二十八年左傳云晉獻公娶于賈無子烝於齊姜生秦穆夫人及大子申生又娶二女於戎大戎生重耳小戎子生夷吾晉伐驪戎驪戎男女以驪姬歸生奚齊其娣生卓子凡此九人但見其此即此五人是也云獻公有九人按史記世家云獻公有子九人而太子申生重耳夷吾皆有賢行以此則知獻公有子九人而已其餘四者亦以經傳無見焉〇注慕思慕至人之情正義曰云少年少也艾美好也者蓋世之傳孟子者以少女爲少艾也按說文云艾老也長也又按禮記云五十曰艾是則艾誠老長之稱也謂之少艾安可乎是則云艾美好也者又不知何據爲之誤也殆亦未可知〇注老萊子七十而慕至書曰舜生三十徵庸三十在位正義曰云老萊子者按高士傳云老萊子楚人少以孝行養親極甘脆年七十父母猶存萊子服荆蘭之衣爲嬰兒戲親前言不稱老爲親取食上堂足跌而偃因爲嬰兒啼誠至發中楚室方亂乃隱耕於蒙山之陽著書號萊子莫知所終又云老萊著五綵五色。斑。斕之衣出列女傳文今不載

萬章問曰詩云娶妻如之何必告父母信斯言也宜莫如舜舜之不告而娶何

也詩齊風南山之篇言娶妻之禮必告父母舜合信此詩之言何爲違禮不告而娶也孟子曰告則不得娶男女居室人之大倫也如告則廢人之大倫以懟父母是以不告也舜父頑母嚚常欲害舜告則不聽其娶是廢人之大倫以怨懟於父母也

萬章曰舜之不告而娶則吾既得聞命矣帝之妻舜而不告何也禮娶須五禮父母先荅以辭是相告也帝謂堯何不告舜父母曰帝亦知告焉則不得妻也帝堯知舜大孝父母止之舜不敢違則不得妻之故亦不告也

萬章曰父母使舜完廩捐階瞽瞍焚廩使浚井出從而揜之完治廩倉階梯也使舜登廩屋而捐去其階焚燒其廩也一說捐階舜即旋從階下瞽瞍不知其已下故焚廩也使舜浚井舜入而即出瞽瞍不知其已出從而蓋揜其井以爲舜死矣象曰謨蓋都君咸我績象舜異母弟也謨謀蓋覆也都於也君舜也舜有牛羊倉廩之奉故謂之君咸皆績功也象言謀覆於君而殺之者皆我之功欲與父母分舜之有取其善者故引爲己之功也牛羊父母倉廩父母欲以牛羊倉廩與其父母干戈朕琴朕弤朕二嫂使治朕棲干楯戈戟也琴舜所彈五絃琴也弤彫弓也天子曰彫弓堯禪舜天下故賜之彫弓也棲牀也二嫂娥皇女英使治牀欲以爲妻也象往入舜宮舜在牀琴象曰鬱陶思君爾忸怩象見舜生在牀鼓琴愕然反辭曰我鬱陶思君故來爾辭也忸怩而慚是其情也舜曰唯茲臣庶汝其于予治茲此也象素憎舜不至其宮也故舜見來而喜曰惟念此臣衆汝故助我治事不識舜不知象之將殺己與萬章言我不知舜不知象之將殺己與何爲好言順辭以荅象也曰奚而不知也象憂亦憂象喜亦喜奚何也孟子曰舜何爲不知象惡己也仁人愛其弟憂喜隨之象方言思君故

以順辭荅之曰然則舜僞喜者與詐僞也萬章言如是則爲舜行至誠而詐喜以悅人矣曰否昔者有饋生魚

於鄭子產子產使校人畜之池校人烹之反命曰始舍之圉圉焉少則洋洋焉

攸然而逝子產曰得其所哉得其所哉孟子言否云舜不詐喜也因爲說子產以喻之子產鄭子國之子公孫僑大賢

人也校人主池沼小吏也圉圉魚在水羸。劣之貌洋洋舒緩搖尾之貌攸然迅走。水。趣深處也故曰得其所哉重言之。者。嘉得魚之志也校人出曰

孰謂子產智予既烹而食之曰得其所哉得其所哉故君子可欺以其方難罔

以非其道彼以愛兄之道來故誠信而喜之奚僞焉方類也君子可以事類欺故子產不知校人之食其

魚象以其愛。兄之道來。問舜是亦其類也故誠信之而喜何爲僞喜也。【疏】萬章問曰至奚僞焉○正義曰此章言仁聖所存者大舍小從大達權之義不

告而娶守正道也萬章問曰至何也者萬章問孟子言齊風南山之詩有云娶妻如之何必告父母如信此詩之言宜莫如舜信之今舜乃不告父母而娶是

如之何也孟子曰至是以不告也孟子荅之曰舜如告父母則不得娶之也男女居室是人之大倫者也如告之則舜必不得娶也不得娶是廢人之大倫以

致懟於父母也是以舜爲此所以不告父母而娶也萬章曰至何也者萬章又問孟子言舜之不告而娶則我既已得聞教命矣然堯帝而以二女妻於舜

而不告舜父母是如之何也故以此問之妻者以女嫁人謂之妻也曰帝亦知告焉則不得妻也孟子又荅之曰帝堯亦知告舜父母則舜父母止之則不得

以妻之也萬章曰至不知象之將殺己與萬章又問孟子言舜之父母使舜完治倉廩舜既登倉廩即捐梯而下瞽瞍不知已下乃焚廩欲因此以燒殺其舜

又使舜深浚其井舜既浚井即反出之瞽瞍不知已出又欲從而掩之以溺殺其舜其舜有弟名象乃曰謀揜蓋而殺都君者皆我之功也都君即象稱舜也

然謂之都君者蓋以舜在側微之時漁雷澤一年所居成聚二年成邑三年成都故以此遂因爲之都君矣注曰都於也其說亦通又曰牛羊與父母倉廪與
父母干戈留我琴亦留我弤亦留我二嫂使治我之牀以爲我妻欲與父母分此故先設言爲謨蓋都君者咸我績耳於是象遂往入舜之宮遇舜又在牀而
鼓五絃之琴愕然反其辭曰我氣閉積思意君故來此遂忸怩其顏而乃慚恥形於面容也以其恐舜知己謀其二嫂故也舜曰惟茲臣庶汝其于予治是舜
見象素不來至其宮遂見至宮乃曰念此臣之衆汝其來助我治耳如此故萬章乃問孟子言舜帝不知其弟象之將欲殺其己與故以此好言而荅其象也
曰奚而不知也象憂亦憂象喜亦喜孟子又言舜何爲而不知象謀殺己也以其仁人愛其弟故象憂亦憂象喜亦喜故以好言荅之也曰然則舜僞爲喜以
悅人者與曰否至奚僞焉孟子又荅之曰舜非僞喜以悅人者矣又引以子產有餽生魚事而證之言往者有人餽賜生魚於鄭之子產子產受之乃使主池
沼之吏曰校人者畜養於池校人烹煑而食之遂反歸命告於子產曰我始初放之於池則魚尚羸之圉圉然於水而未遊少頃則洋洋然舒緩搖尾而走趣
於深處子產信之以爲然乃曰此魚是得其所養哉故重言之乃嘆魚之得志於水甚快然也其校人乃出而與人曰誰謂子產爲智者有知於人予既烹煑
而食其魚子產乃曰得其所哉得其所哉如此孟子故於此言故君子者可欺僞以其方類難誣罔全以其非其道也彼象謂以鬱陶思君是以愛兄之道來至
於宮是以但欺以其方類也故舜遂必以誠深信之而喜其來故以好辭荅之矣何爲以舜爲僞喜者焉言舜不僞也亦若校人欺子產之謂故子產亦必曰
得其所哉得其所哉耳所謂方類者以其在疑似之間故也○注完治至爲死矣○正義曰云捐去其階焚舜之說不若旋階之說通也按史記云瞽瞍欲殺
舜使舜上塗廩瞽瞍從下縱火焚廩舜乃以兩笠自扞而下去得不死後瞽瞍又使舜穿井爲匿空旁出舜既入深瞽瞍與象共下土實井舜從匿空旁出去
瞽瞍與象喜以爲舜死矣象曰本謀者象之謀也象於是與父母分於是曰舜妻堯二女與琴象取之牛羊倉廪事父母象乃止舜宮居鼓其琴舜往見之象

愕不懌曰我思舜正鬱陶舜曰然爾其庶舜復事瞽瞍愛弟彌謹凡此亦其事
也以史記觀之則捐階之說是此之文也大抵學者不可執此以爲深然也當
以意喻默然有自判之論可矣○注干楯戈戟也至妻也○正義曰云干楯也
者按孔安國云干楯也周禮掌五兵五楯鄭玄五楯干櫓之屬云戈戟也者禮
圖云戈今之勾戟或謂之雞鳴或。之擁頸內謂胡以內接柲者也長四寸胡六
寸疏云胡子横插微邪向上不勾不勾似磬之折殺也又云戟今之三鋒戟也
內長四寸半胡長六寸以其與戈相類故云戈戟也論其。則别矣云彫弓天子
之弓者彫弓漆赤弓也尚書云彤弓一彤矢百孔安國云諸侯有大功賜弓矢
然後專征伐彤弓所以講德習射藏示子孫周禮司弓云天子之弓合九而成
規諸侯之弓合七而成規大夫合五而成規士合三而成規是其等也云五絃
琴者史記云舜彈五絃之琴是矣云棲床者蓋取類於禽棲故也以其床則主
木而言棲則主。棲而言二女即娥皇女英是也○注鄭子國之子公孫僑者○
正義曰按左傳云子產穆公之孫公子發之子名僑公子之子曰公孫襄三十
年執鄭國之政爲鄭大夫公子發字子國公孫之子以王父字爲氏據後而言
故稱爲國僑萬章問曰象日以殺舜爲事立爲天子則放之何也怪舜放之何故孟子曰封
之也或曰放焉舜封象於有庳或有人以爲放之萬章曰舜流共工于幽州放驩兜于崇山殺
三苗于三危殛鯀于羽山四罪而天下咸服誅不仁也象至不仁封之有庳有
庳之人奚罪焉仁人固如是乎在他人則誅之在弟則封之舜誅四佞以其惡也象惡亦甚而封之仁人用心當如是乎罪在他人當誅之在弟則封之曰仁人之於弟也不藏怒焉不宿怨焉親愛之而
已矣親之欲其貴也愛之欲其富也封之有庳富貴之也身爲天子弟爲匹夫

可謂親愛之乎孟子言仁人於弟不問善惡親愛之而已封者欲使富貴耳身既已爲天子弟雖不仁豈可爲匹夫敢問或曰放者何謂也萬章問放之意曰象不得有爲於其國天子使吏治其國而納其貢稅焉故謂之放豈得暴彼民哉象不得施教於其國天子使吏代其治而納貢賦與雖之比諸見放也有庳雖不得賢君象亦不侵其民也然欲常常而見之故源源而來不及貢以政接于有庳雖不使象得豫政事舜以兄弟之恩欲常常見之無已故源源而來如流水之與源通不及貢者不待朝貢諸侯常禮乃來也其閒歲歲自至京師謂若天子以政事接見有庳之君者實親親之恩也此之謂也此常常以下皆尚書逸篇之辭孟子以告萬章言此乃象之謂也。

疏此章言仁人之心如是也萬章問曰至此之謂也○正義曰萬章問曰象日以殺舜爲事立爲天子則放之何也者萬章問孟子以謂象日日以謀殺舜爲事然舜既立爲天子則放象而不誅如之何孟子曰封之也或曰放焉孟子荅之曰是封象也或人言放焉萬章曰至在弟則封之萬章又問舜流共工於幽州放驩兜於崇山殺三苗于三危殛鯀于羽山誅罪此四者而天下於是咸服此乃是誅戮其不仁者也然象傲極不仁乃反封之於有庳之國則有庳之國中人何罪也仁人固肯如此乎在他人之惡則誅戮焉在弟則封之國故曰仁人固如是乎萬章之意以謂仁人必不肯如此也孔安國注尚書云共工象恭滔天足以惑世故流放之幽州北裔水中可居者曰洲驩兜黨於共工罪惡同崇山南裔也三苗國名搢雲氏之後爲諸侯號饕餮三危西裔鯀方命圮族績用不成羽山東裔在海中按史記云共工少皞氏不才子天下謂之窮奇者也驩兜帝鴻氏不才子天下謂之混沌者也鯀顓頊氏不才子天下謂之饕餮者也曰仁人之於弟也至可謂親愛之乎孟子又荅之曰仁者之人於其弟也不藏怒心不隔宿怨但親愛之而已所以親之者以欲其貴也愛之者以欲其富也今舜封象於有庳者是所以富貴之也如舜身自爲天子而使弟只

爲之匹夫可謂爲親愛其弟者乎有庳國之名號也敢問或曰放者何謂也萬章又問孟子或人言放之者是何所謂也曰象不得有爲於其國至此之謂也
孟子又荅之曰象之於庳不得施政教於其國中天子使吏代之以治其國而納天子之貢賦焉故謂之爲放也象豈得暴彼有庳之國民哉以其使吏代之
故也雖然不使象得施政教而舜以兄弟親親之恩欲常常見之故源源如水之流與源而通不以朝貢之諸侯常禮乃來也其自至而見天子如天子以政
事接見於有庳之君也故孟子云是此之謂也○注云自常常已下皆尚書逸篇之辭○正義曰按隋經籍志尚書逸篇出於齊梁之間考其篇目似孔氏壁
中書之殘缺者故附尚書之末唐有三卷徐邈爲之注焉蓋其文也咸丘蒙問曰語云盛德之士君不得而臣父
不得而子舜南面而立堯帥諸侯北面而朝之瞽瞍亦北面而朝之舜見瞽瞍
其容有蹙孔子曰於斯時也天下殆哉岌岌乎不識此語誠然乎哉咸丘蒙孟子弟子語
者諺語也言盛德之士君不敢臣父不敢子堯與瞽瞍皆臣事舜其容有蹙踖不自安也孔子以爲君父爲臣岌岌乎不安貌也故曰殆哉不知此語實然乎
孟子曰否言不然也此非君子之言齊東野人之語也東野東作田野之人所言耳咸丘蒙齊人也故聞齊野人
之言書曰平秩東作謂治農事也堯老而舜攝也堯典曰二十有八載放勛。乃徂落百姓如喪
考妣三年四海遏密八音孟子言舜攝行事。耳未爲天子也放勛堯名徂落死也如喪考妣思之如父母也遏止也密無聲也八音
不作哀思甚也孔子曰天無二日民無二王舜既爲天子矣又帥天下諸侯以爲堯三
年喪是二天子矣日一王一言不得並也咸丘蒙曰舜之不臣堯則吾既得聞命矣不以堯爲

珍倣宋版印

臣也詩云普天之下莫非王土率土之濱莫非王臣而舜既爲天子矣敢問瞽瞍之非臣如何詩小雅北山之篇普徧率循也徧天下循土之濱無有非王者之臣而曰瞽瞍非臣如何也曰是詩也非是之謂也勞於王事而不得養父母也曰此莫非王事我獨賢勞也孟子言此詩非舜臣父之謂也詩言皆王臣也何爲獨使我以賢才而勞苦不得養父母乎是以怨也故說詩者不以文害辭不以辭害志以意逆志是爲得之如以辭而已矣雲漢之詩曰周餘黎民靡有孑遺信斯言也是周無遺民也文詩之文章所引以興事也辭詩人所歌詠之辭志詩人志所欲之事意學者之心意也孟子言說詩者當本之不可以文害其辭文不顯乃反顯也不可以辭害其志辭曰周餘黎民靡有孑遺志在憂旱災民無孑然遺脫不遭旱災者非無民也人情不遠以己之意逆詩人之志是爲得其實矣王者有所不臣不可謂皆爲王臣謂舜臣其父也孝子之至莫大乎尊親尊親之至莫大乎以天下養爲天子父尊之至也以天下養養之至也尊之至瞽瞍爲天子之父養之至舜以天下之富奉養其親至極也詩曰永言孝思孝思惟則此之謂也詩大雅下武之篇周武王所以長言孝道欲以爲天下法則此舜之謂也書曰祗載見瞽瞍夔夔齋栗瞽瞍亦允若是爲父不得而子也書尚書逸篇祗敬載事也夔夔齋栗敬慎戰懼貌舜既爲天子敬事嚴父戰栗以見瞽瞍瞍亦信知舜之大孝若是爲父不得而子也以此解咸丘蒙之疑

疏咸丘蒙至不得而子也○正義曰此章言孝莫大於嚴父而尊之矣行莫過於蒸蒸而執子之政者也咸丘蒙問曰至誠然乎哉者咸丘蒙問孟子曰諺語有云盛德之士君不得而臣之父不得

而子之今舜嚮南面而立爲天子堯帝乃率天下諸侯北面而朝之而舜見瞽瞍其容蹙踖然而不敢自安孔子亦云於此時也而天下危殆岌岌乎如也岌岌不安之貌也然未知此諺語實如是乎孟子曰否此非君子之言齊東野人之語也者孟子荅以否不然也此語非君子之言也卽齊東作田野人之語也堯老而舜攝之至是二天子矣孟子又言堯帝既老而舜於是攝權堯行事耳未爲天子也堯典之篇有云言舜攝堯行事至二十有八年放勳乃徂落而死放勳堯之號也魂氣往爲徂體魄殞爲落大抵則死也堯既死天下百姓如喪其父母三年四海之內絕盡八音以其哀思之甚也禮記曰生曰父曰母死曰考曰妣鄭注云考成也言其德行之成也妣之言媲也媲於考故也八音金石絲竹匏土革木是也孔子云天無兩日民無兩王如舜既爲天子矣又率諸侯以爲堯三年之喪是則爲二天子矣言日與王不可得而並也以其舜方攝堯行事未爲天子故也咸丘蒙曰至非臣如何者咸丘蒙又言舜之不得臣堯則我既得聞教命矣然而詩小雅北山之篇有云偏天之下莫非爲王之土地循土之濱莫非爲王之臣而舜既得爲王之臣而舜既得爲天子矣敢問舜父瞽瞍之非臣是如之何曰是詩也非是之謂也至是周無遺民也者孟子又荅之曰此北山之詩云非是舜臣父之謂也其詩蓋言勤勞於王事而不得奉養其父母者也故云普天之下莫非王土率土之濱莫非王臣言皆是王臣也以其無非爲王事者也何爲獨使我以賢才而勞苦不得奉養其父母也故以是而怨之也故說詩者不以文而害逆其辭又不可以其辭而害逆其詩人之志以己之心意而逆求知詩人之志是爲得詩人之辭旨人如說詩者但以歌詠之辭爲然而不以己之意而求詩人志之所在而爲得詩人之旨而已矣則雲漢之篇有云周餘黎民靡有孑遺信此言也是周無遺民矣殊不知此雲漢之詩其詩人之志蓋在憂旱災以其多有死亡者矣今其餘民無有單孑得遺脫不遭旱災者非謂無民也孑單也孟子引此所以證此北山之詩云普天之下莫非王土率土之濱莫非王臣亦非謂舜臣父之意也孝子之至莫大乎尊親至是爲父不得而子也者孟子又言孝子之至不可以有加者莫大乎尊親爲之

至也尊親之至莫大乎以天下奉養其親是爲尊親之至也今瞽瞍爲天子之父是舜尊親之至者也舜以天下奉養之是養之至者也詩大雅下武之篇云武王長言孝心之所思所思者維則法大王王季文王三后之所行耳此亦舜之謂也書於大禹謨篇亦云舜敬以事見于父夔夔然悚懼齋莊戰栗瞽瞍亦信順之見舜以瞍爲父而不得子之也孔安國注云祗敬載事也允信若順也○注咸丘蒙○正義曰云爲孟子弟子齊人也者他經傳未詳今按春秋威公七年有焚咸丘杜預云咸丘魯地以此推之則此所謂咸丘蒙者豈咸丘之人有以蒙爲名者邪是未可知也注乃云齊人也者蓋魯國孟子時爲齊之所侵故咸丘之地乃爲齊之地故也有所問於孟子卽爲弟子矣○注書平秩東作○正義曰孔安國傳云平均次序東作之事以務農也○注詩小雅北山之篇○正義曰此篇蓋刺幽王役使不均己勞於從事而不得養其父母也○注大雅下武之篇○正義曰此詩蓋詠武王有聖德復受天命能昭先人之功也○注逸篇○正義曰據今大禹謨有云此非特止於逸篇文也已矣

孟子注疏解經卷第九上

孟子注疏卷九上校勘記

阮元撰盧宣旬摘錄

因以題其篇也　閩監毛三本同宋本孔本韓本考文古本無其字也字

謂耕于歷山之時然也　閩監毛三本同廖本孔本韓本于作於無然也二字考文引歷山之時然也云古本無然也二字

秋天也　閩監毛三本同宋本廖本孔本韓本考文古本無天字足利本無也字

幽陰氣也　閩監毛三本同宋本廖本孔本韓本考文古本幽作憂

非爾所知也已　閩監毛三本同廖本孔本韓本考文古本無也已二字

故爲言高息之用對如此　閩監毛三本用作問宋本廖本孔本韓本考文古本作相按此當以宋廖本爲正作問非也

因以萬章具陳其意耳　閩監毛三本同廖本孔本韓本考文古本以作爲無耳字

皆堯典及逸書所載　案段玉裁尚書撰異曰此堯典字乃舜典之誤及字衍傳寫之失也此章及不告而娶章及原原而來數語及祇載見瞽瞍數語皆當是舜典中語蓋舜登庸以後事全見於堯典而登庸以前及家庭事乃在舜典也此注上文云逸書有舜典之敘亡失其文則此正當作孟子所言諸舜事皆舜典逸書所載謂亡失文中語也舜既譌堯淺人乃又妄沾及字

亦不復見於經　閩監毛三本同廖本孔本韓本考文古本無於經二字

堯須天下悉治　閩監毛三本孔本足利本同韓本考文古本治作洽

三十在位 廖本孔本韓本足利本同閩監毛三本三作五考文古本作二〇按段玉裁曰作五者非也作三者亦未是作二者是也古文尚書舜生三十登庸三十在位五十載馬融王肅姚方興本之為舜年百十二歲之說今文尚書舜生三十徵庸二十在位五十載大戴禮五帝德史記五帝本紀皇甫氏帝王世紀皆本之為舜年百歲之說王充趙岐皆從今文者也論衡氣壽篇曰舜生三十徵用二十在位五十載陟方乃死適百歲矣趙注此章五十而慕云書曰舜生三十徵庸二十在位在位時尚慕故言五十也舍三十二十正是五十乃為五十而慕之證今本作三十在位何可通耶今本論衡亦改二十在位作三十在位使下文適百歲之語不可接皆由不知今文古文之異也鄭康成注古文而用今文正古文正義曰鄭玄讀此經云舜生三十謂生三十年也登庸二十謂歷試二十年在位五十載陟方乃死謂攝位至死為五十年舜年一百歲也此正鄭說三當作二以今正古故正義冠之以鄭玄讀此經云六字不則直曰鄭某云鄭云而已未嘗有鄭玄讀此經云之例讀此經者明此經之本不如是也此所以馬王姚作三十在位而鄭作二十也自宋以來皆不憭此意尚書撰異中詳言之

章指言夫孝百行之本無物以先之雖富有天下而不能取悅於其父母莫有可也孝道明著則六合歸仁矣

萬章言舜堯 閩本同監毛本無舜字

又將須以天下 閩本同監本毛本須作胥

尚亦更不足以解其憂 閩監毛三本無更字

餘四子亦不所見者監毛本不作無是也

五色班襴之衣閩本同監毛二本班襴作斑斕

齊風南山之篇閩監毛三本同宋本孔本足利本風上有國字韓本考文古本風作國

父母先荅以辭閩監毛三本同岳本廖本孔本韓本先作亢

帝謂堯何不告舜父母閩監毛三本同廖本孔本韓本考文古本堯下父母下並有也字○按當疊堯字

故亦不告也閩監毛三本同廖本孔本韓本考文古本無也字

一說捐階閩監毛三本同宋本孔本韓本考文古本捐作旋○按說文圓規也趙意捐同圓故訓爲旋

從而蓋揜其井閩監毛三本同宋本孔本韓本考文古本無揜字

以爲舜死矣閩監毛三本同宋本孔本韓本考文古本無舜字

舜異母弟也閩監毛三本同廖本孔本韓本考文古本無也字

故引爲己之功也閩監毛三本同宋本廖本孔本韓本考文古本作故引其功也

天子曰彫弓考文古本彫作彤下同按音義出彫弓云或作彤誤

象見舜生閩監毛三本岳本孔本韓本同宋本無生字

不知象之將殺己與 閩監毛三本同宋本孔本韓本己作之

羸劣之貌 毛本劣誤弱

迅走水趣深處也 孔本韓本同考文古本同閩監毛三本水趣倒

重言之者 閩監毛三本同廖本孔本韓本無者字

嘉得魚之志也 宋本各本並同毛本嘉誤喜

象以其愛兄之道來向舜 廖本考文古本同岳本孔本韓本足利本道作言閩監毛三本向誤問

章指言仁聖所存者大舍小從大達權之義也不告而娶守正道也

或之擁頸 閩本同監本或下剜增謂字毛本同

論其則別矣 閩本同監毛二本其下增制字

則主棲而言 閩本同監毛本棲作取

罪在他人 宋本他作何

不問善惡 岳本各本並同宋本問作間

身既已爲天子 閩監毛三本同宋本孔本韓本考文古本無既已二字足利本無已字

豈可爲匹夫閩監毛三本同廖本孔本韓本考文古本作豈可使爲匹夫也足利本無也字

此常常以下閩監毛三本同廖本孔本韓本以作已

章指言懇誠于內者則外發於事仁人之心也象爲無道極矣友于之性忘其悖逆況其仁賢乎

搢雲氏之後閩監毛本搢作縉與左傳合

東作田野之人廖本孔本韓本考文古本同閩監毛三本作誤鄙○按東作出堯典下文著之

放勛孔本考文古本勛作勳案音義出勛字云音勳則作勳非也

攝行事耳宋本閩本孔本韓本同監毛二本耳誤時

謂舜臣其父也閩監毛三本同宋本孔本韓本考文古本無其字

爲天子之父閩監毛三本同宋本孔本韓本考文古本無之字

以此解咸丘蒙之疑閩監毛三本同岳本廖本孔本韓本考文古本此作是

章指言孝莫大於嚴父而尊之矣行莫過於蒸蒸執子之政也此聖人軌道無有加焉

而舜既得爲王之臣而舜既得爲天子矣上八字衍閩本作而舜既爲天子則是舜既得爲天子矣監毛本同

孟子注疏卷九上校勘記

孟子注疏解經卷第九下

萬章章句上

趙氏注　孫奭疏

萬章曰堯以天下與舜有諸欲知堯實以天下與舜否孟子曰否堯不與之天子不能以天下與人當與天意合之非天命者天子不能違天命也堯曰咨爾舜天之歷數在爾躬是也然則舜有天下也孰與之萬章言誰與之曰天與之孟子言天與之天與之者諄諄然命之乎萬章言天有聲音命與之乎曰否天不言以行與事示之而已矣孟子曰天不言語但以其人之所行善惡又以其事從而示天下也曰以行與事示之者如之何萬章欲知示之。之意曰天子能薦人於天不能使天與之天下諸侯能薦人於天子不能使天子與之諸侯大夫能薦人於諸侯不能使諸侯與之大夫昔者堯薦舜於天而天受之暴之於民而民受之故曰天不言以行與事示之而已矣孟子言下能薦人於上不能令上必用之舜天人所受故得天下也曰敢問薦之於天而天受之暴之於民而民受之如何萬章言天人受之其事云何曰使之主祭而百神享之是天受之使之主事而事治百姓安之是民受之也天與之人與之故曰天子不能以天下與人百神享之祭祀得福也百姓安之民皆謳歌其德也舜相堯二十有八載非人之所能爲也天也二十八載之久非人爲也天與之也堯崩三年之喪畢舜避堯之子於南河之南天下諸侯朝覲者不之堯之子而之舜訟獄者不之堯之子而之舜謳歌者不謳歌堯之子而謳歌舜故曰天也夫然後之中國踐天子位焉而居堯之宮逼堯之子是篡也非天與也南河之南遠地南夷也故言然後之中國堯子胤。子丹朱訟。獄獄不決其罪故訟之謳歌謳歌舜德也泰誓曰天視自我民視天聽自我民聽此之謂也泰誓尚書篇名自從也言天之視聽從人所欲也。

【疏】萬章曰至此之謂也○正義曰此章言德合於天則天爵歸之行歸於仁則天下與之。者也萬章曰堯以天下與舜有諸萬章問孟子堯帝以天下與舜有之乎孟子曰否孟子荅之堯不與之也天子不能以天下與人孟子言天子不能以天下與其人也然則舜有天下也孰與之萬章又問孟子言如此則舜有天下也誰與之曰天與之孟子荅以爲天與之也天與之者諄諄然命之乎萬章又問天與之舜者天有聲音諄諄然命與之乎曰天不言以行與事示之而已矣孟子又荅之言天不以言語諄諄然命之也但以人之所行善惡與其事從而示之而止矣曰以行與事示之者如之何萬章又問以行與事示之者是如之何也曰天子能薦人至示之而已矣孟子荅之言天子者雖能舉薦人於上天也又不能使上天以與之天下也諸侯者能舉薦人於天子而不能使天子必與爲之諸侯大夫者能薦人於諸侯而不能使諸侯必與爲之大夫往者堯舉薦舜於上天而天受之暴之於民而民受之我故曰天不言以行與事示之矣曰敢問薦之於天而天受之暴之於民而民受之如何萬章又問薦之於天而天受之與暴之於民而民受之是如之何也曰使之主祭而百神享之是天受之也使之主事而事治百姓安之是民受之也天與之人與之故曰天不能以天下與人也書云納于大麓是堯薦舜於天也烈風雷雨弗迷是天受之也所謂百神享之亦可知也慎徽五典納于百揆是暴之於民也五典克從百揆時敘是民受之也所謂百姓安之亦可知也曰黎民於變時雍是也然於天則云薦於民則云暴者蓋天遠而在上是爲尊者也聖人於天舉其所知而取舍不在我故云薦之也民近而在下是爲卑者也聖人之於民顯其功業而使之自附故云暴之也所謂受之者即是與之也舜相堯至此之謂也孟子又言舜攝行堯事輔相之得二十八年之久非人所能爲之也乃天與之也堯帝既崩死舜率天下諸侯爲堯三年喪三年喪既畢舜乃逃避堯之子丹朱而隱於南河之南天下諸侯朝覲而來者不往朝覲於堯之子丹朱而往朝覲於舜訟獄有未決斷者不往求治於堯之子丹朱而往求治於舜謳歌吟詠者不吟詠堯之子丹朱而吟詠舜故曰天與之也如此然後往歸中國履天子之位焉如使舜不避堯之子而居堯帝之宮逼逐堯之子是則爲篡奪者也非謂爲天與之也泰誓篇亦云天之所視從我民之所視天之所聽亦從我民之所聽是此天與之人與之之謂也○注咨爾舜天之歷數在爾躬○正義曰案論語堯曰篇有此文書亦有此何晏曰歷數列次也孔安國云歷數天道謂天歷運之數帝王易姓而興故言歷數謂天道○注河南南夷也○正義曰案裴駰云劉熙曰南河之南九河之最南者是也是知爲南夷也所謂中國劉熙云帝王所都爲中故曰中國○注泰誓尚書篇○正義曰孔安國傳云泰誓者大會以誓衆也又云天因民以視聽民所惡者天誅之而已

萬章問曰人有言至於禹而德衰不傳於賢而傳於子有諸問禹之德衰不傳於賢而自傳於子有之否乎孟子曰否。不然。也天與賢則與賢天與子則與子言隨天也昔者舜薦禹於天十有七年舜崩三年之喪畢禹避舜之子於陽城天下之民從之若堯崩之後不從堯之子而從舜也禹薦益於天七年禹崩三年之喪畢益避禹之子於箕山之陰朝覲訟獄者不之益而之啓曰吾君之子也謳歌者不謳歌益而謳歌啓曰吾君之子也丹朱之不肖舜之子亦不肖舜之相堯禹之相舜也歷年多施澤於民久啓賢能敬承繼禹之道益之相禹也歷年少施澤於民未久舜薦禹禹薦益同也以啓之賢故天下歸之益又未久故也陽城箕山之陰皆嵩山下深谷之中以藏處也舜禹益相去久遠其子之賢不肖皆天也非人之所能爲也莫之爲而爲者天也莫之致而至者命也莫無也人無所欲爲而橫爲之者天使爲也人無欲匹致此事而此事自至者是其命而已矣故曰命也夫而有天下者德必若舜禹而又有天子薦之者故仲尼不有天下繼世而有天下仲尼無天子之薦故不得以有天下繼世之君雖無仲尼之德襲父之位非匹夫故得有天下也天之所廢必若桀紂者也故益伊尹周公不有天下益値啓之賢伊尹値太甲能改過周公値成王有德不遭桀紂故以匹夫而不有天下伊尹相湯以王於天下湯崩太丁未立外丙二年仲壬四年太甲顛覆湯之典刑伊尹放之於桐三年太甲悔過自怨自艾於桐處仁遷義三年以聽伊尹之訓己也復歸于亳太丁湯之太子未立而薨外丙立二年仲壬立四年皆太丁之弟也太甲太丁子也伊尹以其顛覆典刑放之於桐邑處居也遷徙也居仁徙義自怨其惡行艾治也治而改過以聽伊尹之教訓己故復得歸之於亳反天子位也周公之不有天下猶益之於夏伊尹之於殷也孔子曰唐虞禪夏后殷周繼其義一也周公與益伊尹雖有聖賢之德不遭者時

然孔子言禪繼其義一也。疏萬章問曰至其義一也○正義曰此章言義於仁則四海宅心守正不足則賢位莫繼者也萬章問孟子曰世人有言至於禹之代而德衰微不傳於賢而傳於子有諸此乎否孟子荅之曰否不然也天與之賢者則與賢者天與之子則與子以其隨天如何耳往者舜薦禹於天及得十有七年舜於是崩死禹以三年服喪畢遂避舜之子商均隱於陽城天下之民從禹若堯之死後民之舜而不之丹朱也禹避其後又薦益於天及得七年禹即崩死益以三年服喪畢益遂避禹之子啓隱於箕山之陰朝覲訟獄謳歌者皆不歸益而歸禹之子啓咸曰我君之子也無它以其堯子丹朱不肖舜子商均亦不肖而舜之輔相堯禹之輔相舜而歷年多矣施恩澤於民已久天下之民所以歸舜與禹不歸丹朱商均也啓以賢能敬承繼禹之治而益又輔相禹但七年其歷年尚少不如舜相堯二十有八年禹相舜十有七年之多而施恩澤於民亦未至久所以天下之民不歸益而歸啓也又況啓有賢德與丹朱商均之不同耶舜禹益相去年代已久遠其子之或賢或不肖天使然也非人所能爲之也人莫之爲然而爲然者故曰天使然也人莫能致之此事而其事自至者是其命有是也言天與命者究其義則一也以其無爲而無不爲故曰天也天之使我有是之謂命故曰命也天下善否一天實使之然也祿位器服乃其所命故也今丹朱商均與啓三者之或賢或否是其天也天下之民或歸之或不歸之是其命也與書所謂天難諶命靡常孔子云死生有命富貴在天凡此亦天與命之意也匹夫之賤而有天下者其義必如舜禹而又得天子薦之者故得有天下也故孔子不有天下雖言有德然而無天子以薦之者是不有天下也繼世之君雖無仲尼之德然而襲父之位又非匹夫故得有天下也夫天之所以廢滅者必若桀與紂之暴虐然後。無乃廢滅之矣故益伊尹周公三者不有天下以其時值啓太甲成王三君皆賢天不廢此三君故益伊尹周公所以不有天下也伊尹相湯王天下也及湯崩死太子太丁未立而喪於是太丁弟外丙立外丙即位二年崩外丙弟仲壬立仲壬即位四年崩太丁子太甲立太甲即位遂顛覆湯之典刑伊尹乃放之於桐宮及三年太甲乃自悔過而怨其己惡遂治身於桐宮於是居仁徙義以聽伊尹之教訓復歸于亳都反天子之位焉周公之不有天下若益之於夏禹伊尹之於殷湯故也孔子曰唐虞二帝禪讓其位夏禹殷湯周武繼父之位其義則一更無二也謂其義則一而無二者蓋唐與賢夏后殷周與子天與賢則與賢天與子則與子其爲順天則一而已故曰其義則一也云禪者蓋唐虞禪祭而告傳位故曰禪也○注陽城箕山之陰皆嵩山下深谷中正義曰案史記裴駰注云劉熙曰陽城是今之潁川也箕山嵩高之北是也○注太丁湯之子至位也○正義曰案史記文已具在公孫丑篇內此更不錄然史記乃云外丙即位三年今孟子云外丙二年蓋史記不稽孟子之過也○注丹朱商均○正義曰堯舜之子皇甫謐云娥皇無子商均女英生也

萬章問曰人有言伊尹以割烹要湯有諸人言伊尹負鼎俎而干湯有之否孟子曰否不然。否不是也伊尹耕於有莘之野而樂堯舜之道焉非其義也非其道也祿之以天下弗顧也繫馬千駟弗視也非其義也非其道也一介不以與人一介不以取諸人有莘國名伊尹初隱之時耕於有莘之國樂仁義之道非仁義之道者雖以天下之祿加之不一顧而覩也千駟四千匹也雖多不一。眄視也一介草不以與人亦不以取於人也湯使人以幣聘之囂。囂。然曰我何以湯之聘幣爲哉我豈若處畎畝之中由是以樂堯舜之道哉湯聞其賢以玄纁之幣帛往聘之囂囂。然自得之志無欲之貌也曰豈若居畎畝之中而無憂哉樂我堯舜仁義之道湯三使往聘之既而幡然改曰與我處畎畝之中由是以樂堯舜之道吾豈若使是君爲堯舜之君哉吾豈若使是民爲堯舜之民哉吾豈若於吾身親見之哉幡反也三聘既至而後幡然改本之

（計欲就湯。聘以行其道使君爲堯舜之君使民爲堯舜之民）天之生此民也使先知覺後知使先覺覺後覺也予天民之先覺者也予將以斯道覺斯民也非予覺之而誰也（覺悟也天欲使先知之人悟後知之人我先悟覺者也我欲以此仁義之道。覺悟。此未知之民非我悟之將誰教乎）思天下之民匹夫匹婦有不被堯舜之澤者若己推而內之溝中其自任以天下之重如此故就湯而說之以伐夏救民（伊尹思念不以仁義之道化民者如己推排內之溝壑中也自任之重如此故就湯說之伐夏桀救民之厄也）吾未聞枉己而正人者也況辱己以正天下者乎（枉己者尚不能以正人況於辱己之身而有正天下者也）聖人之行不同也或遠或近或去或不去歸潔。其身而已矣（不同謂所由不同大要當同歸但殊塗耳或遠者處身遠也或近者仕者近君也或去者不屑就也或不去者去焉能浼我也歸。絜。於。身不污己而已）吾聞其以堯舜之道要湯未聞以割烹也（我聞伊尹以仁義干湯致湯爲王不聞以割烹牛羊爲道）伊訓曰天誅造攻自牧宮朕載自亳（伊訓尚書逸篇名牧宮桀宮朕我也謂湯也載始也亳殷都也言意欲誅伐桀造作可攻計之罪者從牧宮桀起自取之也湯曰我始與伊尹謀之於亳遂順天而誅之也。）

疏萬章問曰至自亳○正義曰此章言賢達之理世務推政以濟時不枉道以取容期於益治而已者也萬章問曰至有諸者萬章問孟子謂世人有言伊尹以負鼎俎割烹之事而干湯有之否乎孟子曰否至朕載自亳孟子荅之曰否不是也伊尹耕於有莘之國野而樂行堯舜二帝之道如非其義與非其道也雖祿賜之以天下之大且不顧而若無也繫馬雖千。匹之多亦且不眄視也非其義也非其道也雖一草介亦不取諸人也以其伊尹所操守如是也湯聞如此之賢乃使人以幣帛之物往聘之伊尹且囂囂然自得而曰我何爲以湯之幣聘是爲出哉我豈如居處有莘之畎畝之中緣此以樂堯舜之道哉湯至三次使人往以幣帛聘之既至而後反然改本之計曰與我居處有莘之畎畝之中由是以樂堯舜之道我豈如使此君成湯爲堯舜之君哉吾豈若使湯之民爲堯舜之民哉我豈若吾身今得親見致君爲堯舜之君致民爲堯舜之民哉於是又曰上天之生此人民也是使爲先知以覺悟後知者也是使爲先覺悟以覺悟其後覺者也我今亦天民之先覺者也我將亦以伊尹樂堯舜仁義之道以覺悟今之民如非我覺悟之而誰能也孟子於此又言伊尹思念天下之民雖一匹之夫婦有不被堯舜之恩澤者如己推而內之於溝壑中也其伊尹自任以天下之重如此然後故就湯而說之以伐夏桀而救人民之厄也我未聞有枉其己身而能正人者也而況伊尹肯辱身負鼎俎割烹之事以爲正天下者乎且聖人所行之迹不同也或遠處其身而不仕或近而仕君或去而不屑就或不去以爲爾焉能浼我哉但歸絜其身而不污己而已矣如是則我所以但聞伊尹以堯舜之道干說其湯未聞以鼎俎割烹之事而要湯也故尚書伊訓之篇有云天行誅伐始攻之罪者自桀宮起也湯言我始與伊尹謀之自亳地也以此詳之則知伊尹非事割烹之污而要湯伐桀者也伊尹或遠而不仕謂在有莘之野是也或近而仕謂湯三聘而往見之是也去亳適夏所謂或去是也既醜有夏復歸于亳所謂或不去是也○注伊尹負鼎俎而干湯○正義曰案史記殷本紀云伊尹名阿衡欲干湯而無由乃爲有莘氏媵臣負鼎俎以滋味說湯致於王道或曰伊尹處士湯使人聘迎之五反然後肯往從湯言素王及九主事湯舉任以國政伊尹去湯適夏既醜有夏復歸于亳裴駰云列女傳曰湯妃有莘氏之女劉向別錄曰九主者有去君專君授君勞君寄君等君破君國君三歲社君凡九品圖畫其形是也○注有莘國名至人也○正義曰案左傳莊公。二十二年秋七月有神降于莘杜預曰莘虢地又云虢國今滎陽縣是也云千駟四千匹案論語孔子云齊景公有馬千駟孔安國注云千駟四千匹○注伊訓至牧宮○正義曰云伊訓逸篇之名蓋今之尚書亦有伊訓之篇乃其文則曰造攻自鳴條朕哉自亳孔安國傳云造。皆始也鳴條。也在安邑之西又云湯始居亳孔安國云帝嚳都亳湯自商丘遷焉是則亳帝嚳之都也今云殷都因湯居而言爾卽

萬章問曰或謂孔子於衛主癰疽於齊主侍人瘠環有諸乎有人以孔子。孫然癰疽癰疽之醫者也瘠姓環名侍人也衛君齊君之所近狎人也孟子曰否不然也好事者爲之也否不也不如是也。但好事毀人德行者爲之辭。爾於衛主顏讎由彌子之妻與子路之妻兄弟也彌子謂子路曰孔子主我衛卿可得也子路以告孔子曰有命孔子進以禮退以義得之不得曰有命而主癰疽與侍人瘠環是無義無命也顏讎由衛賢大夫孔子以爲主彌子彌子瑕也因子路欲爲孔子主孔子知彌子幸於靈公不以正道故不納之而歸於命也孔子進以禮退。以義必曰有天命也若主此二人是爲無義無命。者也孔子不悅於魯衛遭宋桓司馬將要而殺之微服而過宋是時孔子當阨主司城貞。子爲陳侯周臣孔子以道不合不見悅魯衛之君而去適諸侯遭宋桓魋之故乃變更微服而過宋司城貞子宋卿也雖非大賢亦無諂惡之罪故謚爲貞子陳侯周陳懷公子也爲楚所滅故無謚但曰陳侯周是時孔子遭阨難不暇擇大賢臣而主貞子爲陳侯周臣也於衛齊無阨難何爲主癰疽瘠環。者也吾聞觀近臣以其所爲主觀遠臣以其所主若孔子主癰疽與侍人瘠環何以爲孔子近臣當爲遠方來賢者爲主遠臣自遠而至當主於在朝之臣賢者若孔子主於卑幸之臣是爲凡人耳何謂孔子得見稱爲聖人乎。

疏萬章問曰至孔子○正義曰此章言君子大居正以禮進退屈伸達節不違貞信故孟子辯之正其大義者也萬章問曰至有諸乎萬章問孟

子曰或有人謂孔子於衛國主癰疽之醫者於齊國主侍人姓瘠名環者誠有諸此乎否孟子曰否至何以爲孔子孟子答之曰否言不如是也但好事毀人德行者爲此言也夫孔子於衛主顏讎由讎由賢大夫也彌子瑕之妻與子路之妻是兄弟也彌子瑕乃謂子路曰孔子如主於我則衛之卿孔子可得也子路以此言告孔子孔子遂曰我有命也以其得與不得皆命也孟子於此言夫孔子進以禮而有辭遜之心退以義而有羞惡之心其得用與不得用則曰有命如爲主於癰疽與侍人瘠環者是無義無命者也是孔子所不爲也然則孔子於衛爲主顏讎由者以其義也於衛不主彌子以其有命也以義則得其宜也以命則得與不得無所憂也然而孔子又嘗不悅於魯衛二國遂之宋國是時宋國司馬桓魋將要求孔子而殺之孔子乃變更微服而過宋當此時也孔子是遭其阨不得已遂至陳主司城貞子家爲陳侯周之臣孟子於此又曰我聞觀遠方之來臣者但觀其所爲主者如何則知其賢否也今孔子如主癰疽與侍人瘠環二人但卑佞之臣耳爲凡人也何得爲之孔子今以司城貞子之行不可得而詳由其謚而推之則司城貞子亦爲守正之臣者也非癰疽瘠環之比也然則孔子當阨不得已而主之者尚且如是況癰疽瘠環者孰謂孔子肯主之乎蓋司城者今以宋六卿考之則司城在司寇之上右師左師司馬司徒之下其位則六卿之中也古有司空之官無司城之名特宋有之者按左傳魯桓公六年宋以武公廢司空杜預曰武公名司空遂變爲司城也○注癰疽之醫瘠姓環名侍人也○正義曰未詳其人但以經文推之亦誠然也○注顏讎由至靈公○正義曰案孔子世家史記云孔子自魯適衛主於子路妻兄顏濁鄒家是則顏讎由即濁鄒也爲衛大夫又案魯哀公二十五年左傳云彌子飲衛侯酒杜預云彌子彌子瑕也是其有幸於衛靈公者也○注遭宋桓魋之故至陳侯周○正義曰案史記孔子自衛過曹及去曹適宋與弟子習禮大樹下宋司馬桓魋欲殺孔子拔其樹遂適鄭與弟子相失遂至陳主於司城貞子家歲餘吳王夫差伐陳取三邑而去由是推之則司城貞子爲陳國之卿非宋卿也亦恐史家謬誤云陳侯周懷公子也今案史記世家陳懷公之子名越者乃

爲湣公又案湣公年表六年孔子來是則陳侯周卽湣公是爲懷公之子湣公卽位二十四年楚惠王復國以兵北伐殺湣公遂滅陳而有之是歲孔子卒於魯案孔子世家云孔子在陳三歲晉楚爭強更伐陳及吳侵陳孔子遂曰歸與歸與然則孔子湣公六年來至居三歲遂復適衞而歸魯是湣公八年去陳也由此推之則孔子主於司城是爲湣公之臣矣今孟子乃云爲陳侯周臣是陳侯周卽湣也

萬章問曰或曰百里奚自鬻於秦養牲者五羊之皮食牛以要秦繆公信乎人言百里奚自賣五羖羊皮爲人養牛以是而要秦繆之相實然。不

孟子曰否不。然好事者爲之也好事毁敗人之德行者爲。設此言。也百里奚虞人也晉人以垂棘之璧與屈產之乘假道於虞以伐虢宮之奇諫垂棘美玉所出地名屈產地良馬所生乘四馬也皆晉國之所寶宮之奇虞之賢臣諫。之不欲令虞公受璧馬。而假晉道百里奚不諫知虞公之不可諫而去之秦年已七十矣曾不知以食牛干秦繆公之爲汙也可謂智乎不可諫而不諫可謂不智乎知虞公之將亡而先去之不可謂不智也時舉於秦知繆公之可與有行也而相之可謂不智乎相秦而顯其君於天下可傳於後世不賢而能之乎百里奚知虞公之不可諫而去之秦年七十而不知食牛干人君之爲汙是爲不智也欲言其不智下有三智知食牛干秦爲不然也卒相秦顯其君不賢之人豈能如是言其實賢也自鬻以成其君鄉黨自好者不爲而謂賢者爲之乎。人自鬻於汙辱而己。傳相成立其君鄉黨邑里自喜好名者尙不肯爲也況賢人肯辱身而爲之乎。

疏萬章問曰至賢者爲之乎○正義曰此章言君子時行則行時舍則舍故能顯君明道不

爲苟合而爲正者也萬章問曰至信乎者萬章問孟子謂或有人曰百里奚自賣五羖羊之皮於秦爲人養牛以此而干秦繆公爲之相今信乃爲實然乎否乎孟子曰否至而謂賢者爲之乎孟子荅之以爲否不信然也百里奚虞國之大夫也晉獻公以垂棘之璧與屈產之乘假道於虞以伐虢國虞之大夫宮之奇諫之令虞公無受璧與馬以借與道也百里奚不諫之以其知虞公之不可諫而去之遂往秦時百里奚年已七十歲矣豈不知食養牛干秦繆公之爲有汙辱也苟如是不知以食牛爲汙辱可謂爲智者言不可謂之智者矣知虞公爲君不可得而諫故不諫可謂爲不智乎言如此可謂爲智者也又知虞公將亡其國而乃先去之而之秦不可謂之不智也時得舉用於秦國百里奚知秦繆公可與有行其道也遂輔相之可謂之不智乎言可謂之智者矣及輔相秦繆公而顯其君名揚於天下又可傳於後世不爲賢者而能如是乎言百里奚真賢者乃能如是顯其君於天下可傳於後世如自賣而汙辱其身乃爲成立其君雖鄉黨邑里自喜好名者尚亦不肯爲自鬻以汙身今乃謂百里奚爲真賢者而肯爲乎言百里奚不肯爲是也蓋宮之奇者按杜預春秋傳云虞之忠臣也○注五羖羊皮○正義曰說文云羖夏羊牡曰羖羊也○注垂棘至晉道以○正義曰左傳魯僖公二年云晉荀息請以屈產之乘與垂棘之璧假道於虞以伐虢杜預曰荀息荀叔也屈產生良馬垂棘出美玉故以爲名四馬曰乘史記云百里奚者晉獻公既虜百里奚以爲秦繆公媵於秦百里奚亡秦走宛楚鄙人說之繆公聞百里奚賢欲重贖之恐楚人不與乃使人請以五羖羊之皮贖之楚人許之繆公乃釋其囚授之以國政號曰五羖大夫是其事矣又僖公五年云晉侯復假道於虞以伐虢宮之奇諫曰虢虞之表也虢亡虞必從之晉不可啓寇不可翫一之謂甚其可再乎爲二年假晉道滅下陽是也諺所謂輔車相依脣亡齒寒其虞虢之謂也宮之奇以其族行曰虞不臘矣在此行也冬十二月晉滅虢虢公醜奔京師師還館于虞遂襲虞滅之執虞公及其大夫井伯以媵秦穆姬而脩虞祀且歸其職貢於王故書曰晉人執虞公罪虞且言易也此孟子所以據。且云焉

孟子注疏解經卷第九下

孟子注疏卷九下校勘記　阮元撰盧宣旬摘錄

萬章欲知示之之意考文古本無一之字

胤子丹朱宋本無子字

泰誓曰閩監毛三本同宋九經本咸淳衢州本泰作太廖本孔本韓本作太注同○按泰太皆俗古祇作大

章指言德合於天則天爵歸之行歸於仁則天孔本韓本考文古本此下有下字與之天命不常此之謂也

則天下與之者也閩本同監毛本無者字

有之否乎閩監毛三本孔本同廖本韓本考文古本無乎字

孟子曰否不然也此經下岳本廖本孔本韓本考文古本足利本並有注否不也不如人所言八字注疏本並無之○按有者是也但因此可正今本經文之誤經文本作孟子曰否然也三字一句無不字故注之云否不也不如人所言癰疽章注曰否不也不如是也剔竃章注亦同而今本奪三字孟子之否然即今人之不然也他否字皆不注獨此注者恐人之誤斷其句於否字句絕則然也不可通矣不得其意而或增經或刪注今乃了然

是其命而已矣故曰命也閩監毛三本同廖本孔本韓本考文古本作是其命祿也

繼世而有天下毛本而作以朱子集注本同

故不得以有天下閩監毛三本同宋本孔本韓本無以字

章指言篤志此二字考文古本作義字於仁則四海宅心守正不足則聖位莫繼丹朱商

均是也是以聖人孜孜於仁德也

言義於仁之誤閩監毛三本仁誤人按章指作篤志於仁此文義字亦當是篤

然後無乃廢滅之矣閩本同監毛本删無字

蓋唐與賢監毛本同案唐下應有虞字

孟子曰否不然按不字衍文說見上

否不是也按此當同前後章作否不也不如是也奪三字

不一眄視也毛本眄誤盻

囂囂然曰音義出囂囂盡心上同

囂囂然自得之志閩監毛三本孔本同廖本韓本考文古本無然字

欲就湯聘岳本及各本並同宋本聘作幣

覺悟此未知之民廖本韓本考文古本足利本同閩監毛三本誤脫覺字孔本誤脫此字

自任之重如此閩監毛三本同廖本孔本韓本考文古本之作其

而有正天下者也孔本也改乎案也邪古字通用改乎非

歸潔其身而已矣閩監毛三本同石經廖本孔本韓本潔作絜

去焉能浼我也廖本孔本韓本考文古本去作云是也閩監毛三本作爾非

歸潔於身不污己而已閩監毛三本同宋本潔於身作於身絜考文古本與宋本同絜作潔廖本孔本韓本作於絜身

章指言賢達之理世務也推正以濟時物守己直行不枉道而取容期於益

治而已矣

雖千匹之多閩監毛三本匹作駟

莊公二十二年閩本同監毛本二十改三十是也

造皆始也閩監毛三本造下增載字

也在安邑之西閩監毛三本也改地是

有人以孔子孫然作主於非廖本孔本韓本考文古本孫作爲是也閩監毛三本孫然

孟子曰否不然也按不字衍文說見前

但好事毁人德行者爲之辭爾閩監毛三本同廖本孔本韓本考文古本足利本無但字爾作也

退以義宋本以作應

是爲無義無命者也閩監毛三本同廖本孔本韓本無者字

遭宋桓司馬石經桓作桓

主司城貞子石經貞諱正

瘠環者也閩監毛三本同廖本孔本韓本考文古本無者字

得見稱爲聖人乎閩監毛三本同廖本孔本韓本考文古本無乎字

章指言君子大居正以禮進退屈伸達考文古本作違節不違貞性孔本韓本考文引古本作信

故孟足利本作孔子辯之正其大義也

以是而要秦繆之相實然不閩監毛三本同廖本考文古本秦繆作繆公孔本韓本繆下有公字不作否非

孟子曰否不然按不字衍文

爲設此言也閩監毛三本同廖本孔本韓本作爲之設此言考文古本無也字

諫之考文古本無之字

而假晉道閩監毛三本同廖本孔本韓本考文古本無而字

而已傳相傳傳之誤宋本孔本韓本考文古本正作傳是也閩監毛三本作輔孔本韓本考文古本已作以

章指言君子時行則行時舍則舍故能顯君明道不爲苟合而違正也

此孟子所以據且云焉閩監毛三本且改而

孟子注疏卷九下校勘記

孟子注疏解經卷第十上

萬章章句下 凡九章　　趙氏注　孫奭疏

疏正義曰此卷卽趙注分上卷爲下卷也此卷中凡九章一章言聖人由力力有常也賢者由巧巧可增也仲尼天高不可階它人丘陵猶可踰二章言聖人制祿上下差敘三章言匹夫友賢下之以德三公友賢授之以爵四章言聖人憂民樂行其道不合則去亦不淹久五章言國有道則能者處卿相國無道則聖人居乘田六章言知賢之道舉之爲上養之爲次不舉不養賢惡肯歸七章言君子之志志於行道不得其禮亦不苟往八章言好高慕遠君子之道九章言國須賢臣必擇忠良親近貴戚或遭禍殃凡此九章合上卷九章是萬章有十八章矣

孟子曰伯夷目不視惡色耳不聽惡聲非其君不事非其民不使治則進亂則退橫政之所出橫民之所止不忍居也思與鄉人處如以朝衣朝冠坐於塗炭也當紂之時居北海之濱以待天下之清也故聞伯夷之風者頑夫廉懦夫有立志孟子反覆差伯夷伊尹柳下惠之德以爲足以配於聖人故數章陳之猶詩人有所誦述至於數四蓋其留意者也義見上篇矣此復言不視惡色謂行不正而有美色者若夏姬之比也耳不聽惡聲謂鄭聲也後世聞其風者頑貪之夫更思廉絜懦弱之人更思有立義之志也伊尹曰何事非君何使非民治亦進亂亦進曰天之生斯民也使先知覺後知使先覺覺後覺予天民之先覺者也予將以此道覺此民也思天下之民匹夫匹婦有不與

被堯舜之澤者如已推而內之溝中其自任以天下之重也說與上同柳下惠不羞汙君不辭小官進不隱賢必以其道遺佚而不怨阨窮而不憫與鄉人處由由然不忍去也爾爲爾我爲我雖袒裼裸裎於我側爾焉能浼我哉故聞柳下惠之風者鄙夫寬薄夫敦鄙狹者更寬優薄淺者更深厚孔子之去齊接淅而行去魯曰遲遲吾行也去父母國之道也可以速而速可以久而久可以處而處可以仕而仕孔子也淅漬米也不及炊避惡亟也魯父母之國遲遲不忍去也是其道也孔子聖人故能量時宜動中權也孟子曰伯夷聖之清者也伊尹聖之任者也柳下惠聖之和者也孔子聖之時者也孔子之謂集大成集大成也者金聲而玉振之也金聲也者始條理也玉振之也者終條理也伯夷清伊尹任柳下惠和皆得聖人之道也孔子時行則行時止則止孔子集先聖之大道以成己之聖德者也故能金聲而玉振之振揚也故如金音之有殺振揚玉音終始如一也始條理者金從革可始之使條理終條理者玉終其聲而不細也合三德而不撓也始條理者智之事也終條理者聖之事也智者智理物聖人終始同智譬則巧也聖譬則力也由射於百步之外也其至爾力也其中非爾力也智譬猶人之有技巧也可學而益之以聖譬猶力之有多少自有極限不可強增聖人受天性可庶幾而不可及也夫射遠而至爾努力也其中也的者爾之巧也思改其手用巧意乃能中也

疏孟子曰伯夷至非爾力也○正義曰此章言聖人由力力有常

也賢者由巧巧可增也仲尼天高不可階他人丘陵猶可踰所謂小同而大異者也孟子曰伯夷目不視惡色耳不聽惡聲至薄夫敦己說上篇詳矣此言不視惡色不聽惡聲者言伯夷清潔其身不欲以亂色留於明姦聲留於聽也於是使聞伯夷之清風者頑貪之夫莫不變而爲廉潔之人懦弱之夫莫不變而爲能有立其剛志也聞。下惠之和風者莫不變鄙狹而爲寬博淺薄而爲敦厚也孔子之去齊至孔子也言孔子之去齊急速但漬米不及炊而即行以其避惡故如是也去魯國則曰遲遲而不忍行去此爲去父母國之道也所謂父母國者孔子所生於魯國故爲父母之國也大抵孔子量時適變其去國可以速則速故於齊不待炊而行也可以久而未去則久之故於魯國所以遲遲吾行也可以處此國則處之故未嘗有三年之淹可以仕於其君則仕之故有行可際可公養之仕也凡如此者故曰孔子如是也孟子曰至非爾力也孟子又曰伯夷之行爲聖人之清者也是其不以物汚其己而成其行於清也伊尹之行爲聖人之任者也是其樂於自爲而以天下之重自任也柳下惠之行爲聖人之和者也是其不以己異於物而無有所擇也唯孔子者獨爲聖人之時者也是其所行之行惟時適變可以清則清可以任則任可以和則和不特倚於一偏也故謂之孔子爲集其大成以得純全之行者也蓋集大成即集伯夷伊尹下惠三聖之道是爲大成耳如所謂危邦不入亂邦不居是孔子之清而不至伯夷一於清也佛肸召而欲往是孔子之任而不至伊尹一於任也南子見所不見陽貨所不敬是孔子之和而不至下惠一於和也然則伯夷伊尹下惠各是不皆止於一偏未得其大全也而孟子亦皆取之爲聖者蓋伯夷伊尹下惠承其時之有弊不得不如是而救也以孔子觀之又能集此三聖而爲大成者也方伯夷之時天下多進寡退而伯夷所以如是潔己不殉方伊尹之時天下多退而寡進而伊尹所以如是而以天下爲己任方下惠之時天下多潔己而異俗而下惠所以如是俯身而同衆故伯夷承伊尹之弊而救之清下惠承伯夷之弊而救之和孔子又承而集之遂爲大成者誰謂伯夷伊尹下惠救時弊如此可不謂爲聖者耶雖然孟子取爲三聖其言又不無意於其間也言伯夷但聖之清者也以其取清而言之矣伊尹但聖之任者也以其取任而言之矣柳下惠但聖之和者也以其取和而言之矣孔子之聖則以時也其時爲言以謂時然則然無可無不可故謂之集其大成又非止於一偏而已故孟子於下又取金聲玉振而喻之也言集大成者如金聲而玉振之者也金聲者是其始條理也言金聲始則隆而終則殺者也如伯夷能清而不能任伊尹能任而不能和下惠能和而不能清者也玉振之者是其終條理也言玉振則終始如一而無隆殺者也如孔子能清能任能和者也所以合金聲而玉振之而言也以其孔子其始如金聲之隆而能清能任能和其終且如玉振無隆殺又能清而且任任而且和和而且清有始有終如一者也然則孟子於此且合金聲玉振之條理而喻歸于孔子是其宜也然而始一條理者是爲智者之事也終條理者是爲聖人之事也以智者而譬之則若人之有巧也以聖人而譬之則若人之有力也如射於百步之外爲遠其射至於百步之外是人之力也其所以中的者非人之力也以其人之巧耳此譬伯夷伊尹下惠但如射於百步之外能至而不能中孔子於射能至又能中者也蓋能至亦射之善者矣而能至能中者又備其善者也能清能任能和是聖人之善者也能時又備其聖人之善者也此一段則孟子總意而解其始終條理也而始終條理又解金聲玉振者也金聲玉振又喻○孔子集三聖之大成者耳蓋條理者條則有數而不紊理則有分而不可易也○注夏姬鄭聲○正義曰云夏姬者按史記云夏姬夏徵舒之母陳大夫御叔之妻三爲王后二爲夫人納之者無不迷惑陳靈公與大夫孔寧儀共通於夏姬廢失朝政徵舒遂殺靈公及申公蓋將夏姬來奔於晉晉人殺巫臣又娶夏姬凡此是也云鄭聲者已說於公孫丑篇○注伯夷清伊尹任柳下惠和孔子時行則行時止則止者○正義曰已說於上篇

北宮錡問曰周室班爵祿也如之何北宮錡衞人班列也問周家班列爵祿等差謂何孟子曰其詳不可得聞也諸侯惡其害己也而皆去其籍然而軻也嘗聞其略也詳悉也不可得備知也諸侯欲恣行憎惡其法

度妨害己之所爲故滅去典籍今周禮司祿之官無其職是則諸侯皆去之故使不復存也軻孟子名也略麤也言嘗聞其大綱如此矣今考之禮記王制則合矣

天子一位公一位侯一位伯一位子男同一位凡五等也公謂上公九命及二王後也自天子以下列尊卑之位凡五等

君一位卿一位大夫一位上士一位中士一位下士一位凡六等諸侯法天子臣名亦有此六等從君下至於士

天子之制地方千里公侯皆方百里伯七十里子男五十里凡四等不能五十里不達於天子附於諸侯曰附庸凡此四等制地之等差也天子封畿千里諸侯方百里象雷震也小者不能特達於天子因大國以名通曰附庸也

天子之卿受地視侯大夫受地視伯元士受地視子男視比也天子之卿大夫士所受采地之制

大國地方百里君十卿祿卿祿四大夫大夫倍上士上士倍中士中士倍下士下士與庶人在官者同祿祿足以代其耕也公侯之國爲大國卿祿居於君祿十分之一也大夫祿居於卿祿四分之一也上士之祿居大夫祿二分之一也中士下士轉相倍庶人在官者未命爲士者也其祿比上農夫士不得耕以祿代耕也

次國地方七十里君十卿祿卿祿三大夫大夫倍上士上士倍中士中士倍下士下士與庶人在官者同祿祿足以代其耕也伯爲次國大夫祿居卿祿三分之一也

小國地方五十里君十卿祿卿祿二大夫大夫倍上士上士倍中士中士倍下士下士與庶人在官者同祿祿足以代其耕也子男爲小國大夫祿居卿祿二分之一也

耕者之所獲一夫百畝百畝之糞上農夫食九人上次食八人中食七人中次

食六人下食五人庶人在官者其祿以是爲差獲得也一夫一婦佃田百畝百畝之田加之以糞是爲上農夫

其所得穀足以食九口庶人在官者食祿之等差由農夫有上中下之次亦有此五等若今之斗食佐史除吏也。[疏]北官至爲差〇正義曰此章言聖人

制祿上下等差貴有常尊賤有等威諸侯僭越滅籍從私孟子略託言其大綱以荅北宮錡之問也北宮錡問曰周室班爵祿也如之何者北宮錡問孟子以

謂周家班列其爵祿高下等差如之何也孟子曰其詳不可得而聞也至嘗聞其略也者孟子荅之謂其詳悉則不可得而聞諸侯放恣憎惡其法度有妨於

己之所爲盡滅去其典籍故今不復有然而軻也但嘗聞得其大綱也天子一位公一位侯一位伯一位子男同一位凡五等至上次食八人中食七人中次

食六人下食五人庶人在官者其祿以是爲差者此皆孟子言周室班爵祿之大綱也云天子一位至凡五等也者蓋父天母地而爲之子者天子也爵位之

大以無私爲德者公也斥候於外以君人爲德者侯也體仁足以長人者伯也子字也字養也而其德足以養人者故曰子也男任也任安也而其德足以安

人者故曰男也自天子至於子男皆有君道故尊卑之位凡有五等然公侯伯子男皆臣乎天子而爵位之列自天子始所以與天子同其班君一位卿一位

至凡六等者蓋出命足以正衆者君也知進退而其道上達者卿也智足以帥人者大夫也才足以事人者士也自君以下至於士皆有臣道焉故尊卑之位

凡六等然卿大夫士皆臣乎國君而爵位之列自國君所以與國君同其班凡此者是皆孟子所謂班君臣之爵也天子之制地方千里至附庸者此孟子言

土地之等差也故天子尊於公侯故制地方廣千里蓋不方千里則無以待天下之諸侯故也公侯卑於天子故地廣百里蓋不廣百里則無以守宗廟之典

籍故也伯又卑於公侯子男又卑於伯故其地之廣狹亦莫不有七十里五十里之差凡是四等如其德不足以合瑞於天子而其地又不足以敵廣於公侯

其勢又難以特達於天子者故因大國以名通則謂之附庸天子之卿受地視侯大夫受地視伯元士受地視子男者此言天子之卿大夫士所受之采地之制也周禮上公九命侯伯七命子男五命王之三公八命其卿六命其大夫四命鄭玄云王之上士三命則元士者卽上士也蓋以六命之卿其所受之地則視七命之諸侯以四命之大夫則所受之地而視七命之伯以三命之元士其所受之地則視五命之子男故也大國地方百里君十卿祿卿祿至祿足以代其耕也者蓋公侯之國是爲大國者也大國之地方百里而國君之祿則十倍於卿而卿之祿是爲居君祿十分之一也卿所居之祿又四倍於大夫而大夫之祿是爲居卿祿四分之一也大夫所受之地則一倍於上士而上士之祿是爲居大夫二分之一也中士下士亦皆轉爲相倍而下士與庶人在官者同祿者蓋庶人在官者是未命爲士者也謂府史之屬官長所除不命於天子國君者也其祿比於上農夫然而不耕之者蓋以士勞力於事人不爲無庸也而祿且足以代其耕矣次國地方七十里君十卿祿至祿足以代其耕也者蓋伯之國是爲次國者也君卿大夫士之祿亦同大國之君卿大夫士之祿相爲倍差其下士與庶人在官者亦以祿足以代其耕矣小國地方五十里君十卿祿至祿足以代其耕也者蓋子男者是爲小國者也君卿大夫士之祿亦相爲倍差與上同其祿足以代其耕亦然耕者之所獲一夫百畝百畝之糞上農夫食九人上次食八人中食七人中次食六人下食五人庶人在官者其祿以是爲差者蓋耕者所得一夫一婦佃田百畝而百畝之田加之以糞是爲上農夫其所得之穀足以食養其九口上次則食八人中食七人中次則食六人下食五人其庶人在官者食祿之等差亦如農夫有上中下之次有此五等矣若今之斗食佐史屬吏是也王制云王者之制祿爵公侯伯子男凡五等諸侯之上大夫卿下大夫上士中士下士凡五等其不及天子又無六等殆與孟子不合者蓋以孟子所言則周制而王制所言則夏商之制也王制云公侯田方百里伯七十里子男五十里不能五十里者不合於天子附於諸侯曰附庸而孟子不言田而言地者蓋祿以田爲主王制主於分田以制祿孟子主於制地以分國而國以

地爲主此所以有田地之異也王制云天子之三公田視公侯天子之卿視伯天子之大夫視子男天子之元士視附庸而孟子則言天子之卿受地視伯元士受地視子男其視不同者亦以周制與夏商之制不同也孟子所以不言天子之公受地視侯而特言其卿者蓋卿與公同其所受是所謂舉卑以見尊之意也此又孟子所云班臣之祿也○注詳悉也至則其合也○正義曰云諸侯欲恣行憎惡其法度妨害己之所爲故滅去典籍今周禮司祿之官無其職是則諸侯皆去之故使不復有也者蓋自列國之後先王之法浸壞上無道揆下無法守而諸侯類皆以強吞弱以大幷小而齊魯之始封儉於百里至孟子時齊方百里者十魯方百里者五此諸侯所以惡其籍害己而去司祿之職也是時周室班爵祿之道孟子所以不得聞其詳特以大略而荅北宮錡之問也云今考王制則合也者蓋自王制推之亦有不合者矣已說於前歟○注公謂上公九命及二王後也至凡五等○正義曰周禮典命職云上公九命爲伯鄭氏云上公謂王之三公有德者加命爲二伯二王之後亦爲上公是也○注凡此四等土地之等差也至曰附庸○正義曰云天子封畿千里諸侯方百里象雷震也者按周官建王國制其畿方千里諸侯方百里象雷震者按周易云震驚百里驚遠而懼邇是也王制云天子之田方千里公侯田方百里伯七十里子男五十里不能五十里者不合於天子附於諸侯曰附庸鄭氏云象日月之大亦取略同也天子方千里者所謂縣內以祿公卿大夫元士自公侯百里至子男五十里鄭氏注云星辰之大小也附庸者小城曰附庸附庸者以國事附於大國未能以其名通也○注視比也至制也○正義曰王制云天子之三公之田視公侯天子之卿視伯天子之大夫視子男天子之元士視附庸鄭注云視猶比也元善也善士謂命士也此殷所因夏爵三等之制也殷有鬼侯梅伯春秋變周之文從殷之質合伯子男以爲一則殷爵三等者公侯伯也異畿內謂之子周武王初定天下更立五等之爵增以子男而猶因殷之地以九州之界尚狹也周公攝政致太平斥大九州之界制禮成武王之意封王者之後爲公及有功之諸侯大者地方五百里其次侯四百里其次伯三百里其次子二百里

其次男百里所因殷之諸侯亦以功黜陟之其不合者皆益之地爲百里焉是有周世有爵尊而國小爵卑而國大者唯天子畿內不用以祿羣臣不主爲治民也周禮大司職云以土圭之法求地中以建王國制其畿方千里諸公之地封疆方五百里其食者半諸侯之地封疆方四百里其食者參之一諸伯之地封疆方三百里其食者參之一諸子之地封疆方二百里其食者四之一諸男之地封疆方百里其食者四之一是又鄭注本此而言也云天子之卿大夫士所受采地之制者按周禮云凡造都鄙制其地域而封溝之以其室數制之不易之地家百畝一易之地家二百畝再易之地家三百畝又注云都鄙者王子弟公卿大夫采地其界曰都鄙所居也王制曰天子之縣內方百里之國九七十里之國二十有一五十里之國六十有三此蓋變時采地之數周未聞矣是宜孟子但言其大綱而其詳所以未之聞也○注公侯之國爲大國至代耕也又自伯爲次國至三分之一也又子男爲小國至二分之一也○正義曰王制云凡四海之內九州州方千里建百里之國三十七十里之國六十五十里之國百有二十凡二百一十國名山大澤不以封其餘以爲附庸閒田八州州二百一十國鄭氏云立大國三十十三公也立次國六十十六卿也立小國百二十十一二少卿也名山大澤不以封與民同財不得障管亦賦稅矣此大界方三千里三三而九方千里者九也其一爲縣內餘八各立一州此殷制也周公制禮九州大界方七千里七七四十九方千里者四十九也其一爲畿內餘四十八八州各有方千里者六設法一州封地方五百里者不過四謂之大國又封方四百里者不過六又封方三百里者不過十一謂之次國又封方二百里者不過二十五及餘方百里者謂之小國盈上四等之數并四十六一州二百一十國則餘方百里者百六十四也凡處地方千里者五方百里者五十九其餘方百里者四十一附庸地也又云大國三卿皆命於天子下大夫五人上士二十七人次國三卿二卿命於天子一卿命於其君下大夫五人上士二十七人小國二卿皆命於其君下大夫五人上士二十七人然而先王之制列爵惟五分土惟三此所以有公侯伯子男而又有大國次國小國之殊制爾故三十里

之遂二十里之郊九里之城三里之宮是大國之制如此也自二十里之遂九里之郊三里之城一里之宮是次國之制如此也自九里之遂三里之郊一里之城以城爲宮是小國之制如此也大抵上綦於大國下綦於小國其地雖廣狹不同其祿雖多寡有異及君之所受均十卿之祿而已自卿以下至於士其祿各相殺以一此卿祿居於君祿十分之一大夫居於卿祿四分之一上士居大夫祿二分之一次國大夫居卿祿三分之一小國大夫居卿祿二分之一也其閒王制周官與孟子雖有不合者亦於前言其大概也○注獲得也一夫一婦佃田百畝至若今之斗食佐史除吏也○正義曰古者制民之產以六尺爲步步百爲畝畝百爲夫此耕者之所得所以一夫受田百畝也王制云農夫百畝百畝之分上農夫食九人其次食八人其次食七人其次食六人下農夫食五人鄭氏以謂農夫皆受田於公田肥磽有五等收入不同其說是矣然孟子言上農夫食九人上次食八人中食七人中次食六人下食五人凡三等又與此異蓋以周禮以一易再易不易之地言之所以有三等孟子王制論所入食人之衆寡此所以有五等也周禮上地家七人而孟子言上地上農夫食九人上次食八人者蓋上農夫足以食九人而其家七人者亦得以受之此民所以有餘財自七人以下則不得以受上地矣先王之制祿諸侯之下士視上農夫祿足以代其耕則庶人在官者與下士同祿其多寡之數一視五等農夫爲差而班祿亦不外此

萬章問曰敢問友問朋友之道也孟子曰不挾長不挾貴不挾兄弟而友友也者友其德也不可以有挾也長年長貴貴勢兄弟兄弟有富貴者不挾是乃爲友謂相友以德也

孟獻子百乘之家也有友五人焉樂正裘牧仲其三人則予忘之矣獻子之與此五人者友也無獻子之家者也此五人者亦有獻子之家則不與之友矣獻子魯卿孟氏也有百乘之賦樂正裘牧仲其五人者皆賢人無位者也此五人者自有獻子之家富貴而復

有德不肯與獻子友也獻子以其富貴下此五人五人屈禮而就之也非惟百乘之家爲然也雖小國之君亦有
之費惠公曰吾於子思則師之矣吾於顏般則友之矣王順長息則事我者也
小國之君若費惠公者也王順長息德不能見師友故曰事我者也非惟小國之君爲然也雖大國之君亦有之
晉平公於亥唐也入云則入坐云則坐食云則食雖蔬食菜羹未嘗不飽蓋不
敢不飽也然終於此而已矣大國之君如晉平公者也亥唐晉賢人也隱居陋巷晉平公嘗往造之亥唐言入平公乃入言坐乃
坐言食乃食也蔬食糲食也不敢不飽敬賢也終於此平公但以此禮下之而已弗與共天位也弗與治天職也弗與
食天祿也士之尊賢者也非王公尊賢也位職祿皆天之所以授賢者而平公不與亥唐共之而但卑身下之是乃
匹夫尊賢者之禮耳王公尊賢當與共天職矣舜尚見帝帝館甥于貳室亦饗舜迭爲賓主是天子而
友匹夫也尚上也舜在畎畝之時堯友禮之舜上見堯堯舍之於貳室貳室副宮也堯亦就享舜之所設更迭爲賓主禮謂妻父曰外舅謂我舅者
吾謂之甥堯以女妻舜故謂舜甥卒與之天位是天子而友匹夫也用下敬上謂之貴貴用上敬下謂之尊賢貴
貴尊賢其義一也下敬上臣恭於君也上敬下君禮於臣也皆禮所尚故云其義一也疏萬章問曰至其義一也○正義曰此章言匹夫
友賢下之以德王公友賢授之以爵大聖之行千載爲法者也萬章問曰敢問友者是萬章問孟子爲朋友之道如何也孟子曰至挾也孟子荅之以謂不挾
戴年長又不挾戴其貴勢抑又不挾戴其兄弟有富貴者而友朋友也是友其德也以其不可以有挾戴其勢而友之也孟獻子百乘之家也至其義一也孟

子又言孟獻子魯卿是有兵車百乘之家者也有友五人焉其二人曰樂正裘牧仲其三人則我忘其姓名矣夫獻子之與此五人者是友也以此五人無獻子之家富貴也此五人如亦有獻子之家富貴則不與獻子爲之友矣無他以其兩貴不能以相下故也獻子與之爲友則以貴下賤故也所謂好人之善而忘己之勢者也今五人與獻子爲友者亦所謂樂己之道而忘人之勢者也非惟百乘之家爲然也雖爲小國之君亦有如是也費惠公乃小國之君也嘗云我於子思則師事之矣我於顏般則友之矣王順長息則不足爲之師友但事我者也非惟小國之君爲如是也雖大國之君亦有如是矣晉平公者乃大國之君也嘗往於亥唐之家亥唐言入則入其門言坐則坐言食則食雖蔬食菜羹之薄亦未嘗不飽也蓋爲不敢不飽也然終於此以禮下之而已矣而平公弗能與之共天位也又弗能與之治天職也抑又不與食其天祿也且職位祿皆云天者蓋此三者皆天之所以授於人也故云國君之位必曰天位云職必曰天職云祿則曰天祿耳言平公以身禮下之是士者之尊賢矣非所謂王公大人尊賢者也以其王公大人尊賢則當與共天位也不當以身禮下之也夫舜於往日上見於堯堯帝堯乃館舍之於副宮堯亦就副宮而饗舜所設更爲之賓主然卒禪其天位此天子之友其匹夫也云匹夫者蓋舜本則耕於歷山但側微之賤者也故云匹夫云甥者蓋堯爲舜之外舅堯所以謂舜爲甥也且用下敬上如舜之上見於堯故欽堯爲友是謂貴其貴用上敬下如堯館于貳室故欽舜而與之爲友是謂尊其賢貴貴尊賢禮皆所尚故曰其義則一而無二也蓋獻子有五人者左傳趙簡子云魯孟獻子有鬬臣五人豈謂此五人者乎然亦名字則未之詳○注妻父曰外舅○正義曰此蓋案禮記而云也

孟子注疏卷十上校勘記

阮元撰盧宣旬摘錄

橫民之所止音義云橫或作總

差伯夷伊尹柳下惠之德閩監毛三本孔本韓本同宋本考文古本差作嗟山井鼎云非

至於數四考文古本四作囘非也

蓋其留意者也浦鏜云留監本誤酉

而有美色者監本而誤兩

頑貪之夫監本貪誤食

懦弱之人監本懦誤儒

遲遲吾行也石經遲作遟

始條理也音義云本亦作治條理下同

集先聖之大道宋本道誤首

故如金者之有殺宋本孔本韓本考文古本者作聲閩監毛三本作音

終始如一也閩監毛三本孔本韓本同廖本終始作始終

智者智理物考文古本同山井鼎云恐非閩監毛三本孔本韓本下智作知

聖人終始同宋本同作何

智譬猶人之有技巧也閩監毛三本同廖本孔本韓本考文古本上有以字猶作由下猶同

章指言聖人由力力有常也賢者由巧巧可增也仲尼天高故不可階他人丘陵丘陵由可踰所謂小同而大異者也

聞下惠之和風者閩本同監毛本下上增柳字下並同惟柳下惠之行柳字非監毛增

孟子名也閩監毛三本同廖本孔本韓本考文古本無也字

麁也廖本麁作麤○案麤麁正俗字

言嘗聞其大綱如此矣閩監毛三本同岳本孔本韓本無矣字

下至於士閩監毛三本同廖本孔本韓本考文古本下有也字

公侯皆方百里考文古本皆下有地字

所受采地之制閩監毛三本同廖本孔本韓本考文古本下有也字

士不得耕宋本士作上非

章指言聖人制祿上下差敘貴有常尊賤有等威諸侯僭越滅籍從私孟子略記言其大綱以荅北宮子之問

晉平公於亥唐也注 廖本閩本同監毛二本孔本韓本於上有之字石經此經漫

如晉平公者也 岳本及諸本同宋本無也字

隱居陋巷晉平公嘗往造之 閩監毛三本同宋本嘗作當廖本晉作者孔本韓本考文古本同廖本嘗作常是

非王公尊賢也 石經廖本閩本同監毛本孔本韓本尊上有之字

皆天之所以授賢者 岳本閩本孔本韓本考文古本足利本同監毛本誤脫所字

迭爲賓主 音義出迭爲張云或作佚誤按佚字不誤古乃通用

堯亦就享舜之所設 閩監毛三本同廖本孔本韓文享作饗

是天子而友匹夫也 閩監毛三本同廖本孔本韓本考文古本而作之

用下敬上 石經敬諱欽下同

章指言匹夫友賢下之以德王公友賢授之以爵大聖之行千載爲法者也

孟子注疏卷十上校勘記

孟子注疏解經卷第十下

萬章章句下

趙氏注　孫奭疏

萬章曰敢問交際何心也際接也問交接道當執何心爲可也孟子曰恭也當執恭敬爲心曰卻之卻之爲不恭何哉萬章問卻不受尊者禮謂之不恭何然也曰尊者賜之曰其所取之者義乎不義乎而後受之以是爲不恭故弗卻也孟子曰今尊者賜己已問其所取此物寧以義乎得無不義乃後受之以是爲不恭故不當問尊者不義而卻之也曰請無以辭卻之以心卻之曰其取諸民之不義也而以他辭無受不可乎萬章曰請無正以不義之辭卻也心知其不義以他辭讓無受之不可邪曰其交也以道其接也以禮斯孔子受之矣孟子言其來交求己以道理其接待己有禮者若斯孔子受之矣蓋言其可受之也萬章曰今有禦人於國門之外者其交也以道其餽也以禮斯可受禦與禦人以兵禦人而奪之貨如是而以禮道來交接己斯可受乎曰不可康誥曰殺越人于貨閔不畏死凡民罔不譈是不待教而誅者也殷受夏周受殷所不辭也於今爲烈如之何其受之孟子曰不可受也康誥尚書篇名周公戒成王康叔封越于皆於也殺於人取於貨閔然不知畏死者譈殺也凡民無不得殺之者也若此之惡不待君之教命遭人得討之三代相傳以此法不須辭問也於今爲烈烈明法如之何受其餽也曰今之諸侯取之於民也猶禦也苟善其禮際矣斯君子受之敢問

何說也萬章曰今之諸侯賦稅於民不由其道履畝強求猶禦人也欲善其禮以接君子君子欲受之何說也君子謂孟子也曰子以爲有王者作將比今之諸侯而誅之乎其教之不改而後誅之乎夫謂非其有而取之者盜也充類至義之盡也孔子之仕於魯也魯人獵較孔子亦獵較獵較猶可而況受其賜乎孟子謂萬章曰子以爲後如有聖人興作將比地盡誅今之諸侯乎將教之其不改者乃誅之乎言必教之誅其不改者也殷之衰亦猶周之末武王不盡誅殷之諸侯滅國五十而已知後王者亦不盡誅也謂非其有而竊取之者爲盜充滿至甚也滿其類大過至者但義盡耳未爲盜也諸侯本當稅民之類者今大盡耳亦不可比於禦孔子隨魯人之獵較獵較者田獵相較奪禽獸得之以祭時俗所尚以爲吉祥孔子不違而從之所以小同於世也獵較尚猶可爲況受其賜而不可也曰然則孔子之仕也非事道與萬章問孔子之仕非欲事行其道與曰事道也孟子曰孔子所仕者欲事行其道事道奚獵較也萬章曰孔子欲事道如何可獵較也曰孔子先簿正祭器不以四方之食供簿正孟子曰孔子仕於衰世不可卒暴改戾故以漸正之先爲簿書以正其宗廟祭祀之器即其舊禮取備於國中不以四方珍食供其所簿正之器度珍食難常有乏絶則爲不敬故獵較以祭也曰奚不去也萬章曰孔子不得行道何爲不去也曰爲之兆也兆足以行矣而不行而後去是以未嘗有所終三年淹也兆始也孔子每仕常爲之正本造始欲以次治之而不見用占其事始而退足以行之矣而君不行也然後則孔子去矣終者竟也孔子未嘗得竟事一國也三年淹留而不去者也孔子有見行可之仕有際可之仕有公養之仕於季桓子見行可之仕

也於衞靈公際可之仕也於衞孝公公養之仕也行可冀可行道也魯卿季桓子秉國之政孔子仕之冀可得因之行道也際接也衞靈公接遇孔子以禮故見之也衞孝公以國君養賢者之禮養孔子孔子故留宿以荅之也

疏萬章問曰至公養之仕也○正義曰此章言聖人憂民樂行其道苟善辭命不忍逆距不合則去亦不淹久蓋仲尼行止之節者也萬章問曰敢問交際何心也萬章問孟子凡交接之際當執何心而交接也孟子曰恭也孟子荅之曰但當執恭敬之心也曰郤之郤之爲不恭何哉萬章又問孟子言郤去之郤去之而不受是爲不恭敬然也何哉者是何然也曰尊者賜之曰其所取之者義乎至故弗郤也孟子又荅之言尊長賜己己乃問之曰其所取此物寧以義取之乎不以義取之乎乃方受之以此是爲不恭敬也但當受之不當問尊長所取不義則郤去之也謂宜受其所不可郤去也曰請無以辭郤之至不可乎萬章又問曰如尊長賜己之物其所取之不義但請無以直言不義之辭郤之但以己心郤去而不受爲取民之不義也然後飾以他辭而不受不可乎故以此問孟子曰其交也以道其接也以禮斯孔子受之矣孟子又荅之曰其以物來交己以道理其接待於己亦以禮度此孔子受之矣言其如此交接則可受之也萬章曰今有禦人於國門之外至斯可以受禦與萬章又問曰假使今有人以兵禦人於國門之外者而奪得其貨物其來交己也以道理交之其餽賜己也亦以禮度如此誠可以受禦奪之物與曰不可至如之何其受之孟子又荅之以爲不可受也且尚書康誥之篇有云殺於人而取于貨暋然強暴爲不畏死者雖凡之衆民無有不憝惡之也如此者是可不待教而後誅殺之者也言即殺之更不必待其教命之後也如若殷受夏之天下周受殷之天下所不辭也無他以其夏桀殷紂無道義當伐之而受其天下也於今乃竊比聖王之迹而遂以殺人而受物於人爲之暴烈如之何可受之言不可受此之餽也曰今之諸侯至敢問何也萬章又曰今之諸侯賦稅於民不以其道亦如禦人而奪貨者也苟善其禮以交接之斯君子且受之敢問何謂也曰子以爲有王者作至而況受其賜乎孟子又謂萬章

曰子今以爲後如有王者興作將比今之諸侯無道而盡誅之乎其待教之其不改者乃誅之乎言必待教之不改者也夫所謂非其所有而取之者是爲盜也如充取民賦稅之類至大過者但義之盡耳亦未爲盜者也故曰夫所謂非其有而取之者是爲盜也充類至義之盡也然孟子必以此言者其意蓋謂今之諸侯雖取於民不以義然而受教之猶庶幾能省刑罰薄稅斂爲善政也此固在所教而不誅今萬章乃曰今之諸侯猶禦也殊不知與禦人之元惡不待教而誅者異矣然則萬章之所問乃云此者是其繆也宜孟子荅之此耳孔子之仕於魯國魯國之人田獵較奪禽獸孔子亦田獵較奪其禽獸然而獵較而孔子猶尚可爲而況受其賜而乃爲不可也言此者但有道理以交接則可受而不可辭卻也曰然則孔子之仕也非事道與萬章又問孟子言如此則是孔子之爲仕也非欲事其道與曰事道也孟子荅之以爲孔子之仕是欲行其道也事道奚獵較也萬章又問曰孔子既以欲行其道何以田獵較奪禽獸也曰孔子先簿正祭器不以四方之食供簿正孟子又荅之曰孔子所以獵較者以其孔子仕於衰世不可以卒暴更變故先且卽簿書而正宗廟之祭器既欲正其祭器又不以四方之珍食供簿正祭器所以獵較而供簿正耳然而孔子必以獵較禽獸而供簿正祭器且不以四方之珍食者但爲四方珍食難常有之恐後人無珍食以供之故又絕其祭之禮所以如此也曰奚不去也萬章又問曰言孔子既仕於衰世不可卒暴更變以行其道何爲而不去而莫仕也曰爲之兆也至淹也者孟子又荅之曰孔子所以不去而且獵較者以其假爲行道之始也兆始也然假獵較爲兆既足以行之矣而君乃不行之者孔子然後去之也如此是以孔子歷聘未嘗有於一國得終三年淹留而不去也是其時君不行孔子之兆故也如得行其兆孔子遂大行其道以輔佐其君雖留而弗去可也孔子有見行可之仕至公養之仕也孟子又因而言孔子有見行可之仕有際可之仕有公養之仕如於魯卿季桓子再三時受乃語魯君爲周道遊往觀終日怠於政事子路曰夫子可以行矣孔子曰魯今且郊如致膰乎大夫則吾猶可以止桓子卒受女樂又不致膰俎於大夫孔子遂行宿于魯之南屯地

桓子喟然嘆曰夫子罪我以羣婢故也凡此是孔子有見行可之仕也以其見
既行之後乃且嘆曰夫子罪我以羣婢故也孰謂非於季桓子有見行可之仕
乎於衞靈公是際可之仕也今按世家又云衞靈公聞孔子來喜郊迎問伐蒲
之事後又問陳於孔子孔子曰俎豆之事則嘗聞之矣軍旅之事未之學也凡
此是孔子有際可之仕也以其接遇孔子而孔子因言之此又孰謂非於衞靈
公有際可之仕乎於衞孝公爲公養之仕者史記諸家於衞國並無孝公所謂
公養之仕但言以養賢之禮養孔子也今按史記紀孔子則亦衞靈公也據春
秋年表云衞靈公即位三十八年孔子來祿之又案孔子世家云孔子適衞衞
靈公問孔子居魯得祿幾何對曰奉粟六萬衞人亦致粟六萬居頃之或譖孔
子孔子遂去衞是則孔子於衞靈公有公養之仕也如衞孝公則吾亦未能信
以其無以按據故也以時推之則孔子於季桓子受女樂之時則靈公即位之
三十七年也魯定公十二年也定公十三年是衞靈公即位之三十八年也問
陳之時則即位之四十三年衞靈公是年卒後之學者宜精究之○注康誥尚
書篇名周公戒成王封康叔○正義曰案尚書云成王既伐管叔蔡叔以殷餘
民封康叔作康誥孔安國傳云命康叔之誥康圻內國名叔封字也云殺越人
于貨暋不畏死凡民罔弗憝注云殺人顛越人於是以取貨利暋強也自強爲
惡而不畏死人無不惡之者言當消絕之釋云越于也於也○注諸侯滅國五
十○正義曰此蓋據經之文也已在滕文公之篇說焉○注魯卿季桓子秉國
之政至荅之○正義曰左傳定公五年夏季平子卒桓子嗣立
杜預云季孫斯也云衞孝公養賢者之禮養孔子不知何據

孟子曰仕非爲貧也而有時乎爲貧娶妻非爲養也而有時乎爲養仕本爲行道濟民也而有以居貧親老而仕者娶妻本爲繼嗣也而有以親執釜竈不擇妻而娶者爲貧者辭尊居卑辭富居貧爲貧之仕當讓高顯之位無求重祿辭尊居卑辭富居貧惡乎宜乎抱關擊柝辭尊富者安所宜乎宜居抱關擊柝監門之職也柝門關之木也擊。椎之也或曰柝。行夜所擊木也傳曰魯擊柝聞於邾孔子嘗爲委吏矣曰會計當而已矣嘗爲乘田矣曰牛羊茁壯長而已矣位卑而言高罪也立乎人之本朝而道不行恥也孔子嘗以貧而祿仕委吏主委積倉庾之吏也不失會計當直其多少而已乘田苑囿之吏也主六畜之芻牧者也牛羊茁壯肥好長大而已茁。茁生長貌也詩云彼茁者葭位卑不得高言豫朝事故但稱職而已立本朝大道當行不行爲己之恥是以君子祿仕者不處大位。

疏孟子曰至恥也○正義曰此章言國有道則能者處卿相國無道則聖人居乘田量時安卑不受言責獨善其身者也孟子曰仕非爲貧至道不行恥也孟子言爲仕者志在欲行其道以濟生民非爲家貧乏財故爲仕也然而家貧親老而仕者亦有時而爲貧也娶妻志在爲繼嗣以傳業非爲其欲奉養其已貧故娶妻也然而有以親執釜爨不擇妻而娶者是娶妻亦有時乎爲養也然以孟子於此乃言娶妻之謂者蓋妻亦臣之喻故因言爲仕而帶言之也所以於下文不復敘之而獨繼之以爲貧而言也言爲貧者不苟貪但免朝不食夕不食飢餓不能出門戶足矣高爵非所慕也故辭其尊而處卑重祿非所慕也故辭其富而處貧凡此者以其爵有尊卑祿有多寡故然也以其祿之少者則又以貧言之非所謂家貧之貧也此又知孟子立言之法也言辭尊而處卑辭富而居貧是安所而宜之乎言抱關擊柝者是也抱關擊柝之職乃監門守禦之吏也擊柝者所以擊關門之木以警寇也以其是爵之卑祿之貧者也故曰惡乎宜乎抱關擊柝又引孔子而證之言孔子嘗以貧而祿仕但爲委吏以掌倉庾又嘗爲乘田之吏以掌苑囿主芻牧也爲委吏則曰會計當料量多少斯已矣未嘗僂官犯分也爲乘田之助吏則曰牛羊茁壯肥長斯已矣又未嘗僂官犯分也是皆但爲稱職耳孟子於此遂因言之曰如位處卑而言在高位者是罪之極也如立乎人之朝而道不得行者君子之所恥辱也孔子曰不在其位不謀其政又曰邦無道富且貴焉恥也皆此之謂也○注親老而仕至娶者○正義曰傳云任重而道遠者不擇地而息家貧親老者不擇官而仕是其

意歟○注傳曰魯擊柝聞於邾○正義曰已說在敘篇○注孔子至道也○正義曰案孔子世家云孔子貧且賤嘗爲季氏吏而料量平嘗爲司職吏而畜息蕃由是爲司空已而去魯是其事也云詩云彼茁者葭注云茁出也葭蘆也箋云言蘆之始出者

萬章曰士之不託諸侯何也託寄也謂若寄公食祿於所託之國也

孟子曰不敢也諸侯失國而後託於諸侯禮也士之託於諸侯非禮也謂士位輕本非諸侯敵體故不敢比失國諸侯得爲寄公也

萬章曰君餽之粟則受之乎士窮而無祿君餽之粟則可受之乎

曰受之孟子曰受之也

受之何義也萬章曰受粟何義也

曰君之於氓也固周之氓民也孟子曰君之於民固當周其窮乏況於士乎

曰周之則受賜之則不受何也萬章言士窮居周之則受何也周者謂周急稟貧民之常料也賜者謂禮賜橫加也

曰不敢也孟子曰士不敢受賜

曰敢問其不敢何也萬章問何爲不敢

曰抱關擊柝者皆有常職以食於上無常職而賜於上者以爲不恭也孟子曰有職事者可食於上祿士不仕自以不任職事而空受賜爲不恭故不受也

曰君餽之則受之不識可常繼乎萬章曰君禮餽賢臣賢臣受之不知可繼續而常來致之乎將當輒更以君命將之也

曰繆公之於子思也亟問亟餽鼎肉子思不悅於卒也摽使者出諸大門之外北面稽首再拜而不受曰今而後知君之犬馬畜伋蓋自是臺無餽也孟子曰魯繆公時尊禮子思數問數餽鼎肉子思以君命道故不悅也於卒者末後復來時也摽麾也麾使者出大門之外再拜叩頭不受曰今而後知君以犬馬畜伋伋子思名也責君之不優以不煩而但數與之食物若養犬馬臺賤官主使令者傳曰僕臣臺

從是之後臺不持餽來繆公。慍。也慍恨也悅賢不能舉又不能養也可謂悅賢乎孟子譏繆公之雖欲有悅賢之意而不能舉用使行其道又不能優養終竟之豈可謂能悅賢也曰敢問國君欲養君子如何斯可謂養矣萬章問國君養賢之法也曰以君命將之再拜稽首而受其後廩人繼粟庖人繼肉不以君命將之子思以爲鼎肉使己僕僕爾亟拜也非養君子之道也將者行也孟子曰始以君命行禮拜受之其後倉廩之吏繼其粟將盡復送庖宰之人日送其肉不復以君命者欲使賢者不荅以敬所以優之也子思所以非繆公者以爲鼎肉使己數拜故也僕僕煩猥貌謂其不得養君子之道也堯之於舜也使其子九男事之二女女焉百官牛羊倉廩備以養舜於畎畝之中後舉而加諸上位故曰王公之尊賢者也堯之於舜如是是王公尊賢之道也九男以下已說於上篇上位尊帝位也。

疏萬章曰至尊賢者也○正義曰此章言知賢之道舉之爲上養之爲次不舉不養賢惡肯歸是以孟子上陳堯舜之大法下刺繆公之不弘者也萬章曰士之不託諸侯何也萬章問孟子言士之不寄公食祿於諸侯是如之何也孟子曰不敢也至非禮也者孟子荅之以爲士之所以不託於諸侯者以其不敢也如諸侯失去其國然後託於諸侯是禮也士之託於諸侯非是禮也以其諸侯失國不得繼世而託食祿於諸侯則所託之諸侯不敢臣之也以賓禮之而已蓋爲諸侯於諸侯有賓道焉士之於諸侯則臣道也有臣之道故不敢託也如託於諸侯則非禮也萬章曰君餽之粟則受之乎萬章又問孟子士既窮而無祿如國君餽賜之以粟則可受之乎曰受之孟子以爲可受之也受之何義也萬章又問受餽之是何義也曰君之於氓也固周之孟子又荅云君之於民固當賙其窮乏況爲士乎曰周之則受賜之則不受何也萬章又問謂國君周之則受之也君所賜則不受是如

之何曰不敢也孟子又荅之以爲是不敢也曰敢問其不敢何也萬章又以此問之曰抱關擊柝者至恭也孟子又荅之曰抱關擊柝爲監門之吏者是皆有常職事可以食於君也如士者是無常職事若空見賜於君者是以爲不恭故不敢受也以其受與不受特在義之而已曰君餽之則受之不識可常繼乎萬章又問以謂國君餽之以粟則可以受之不知可以常繼續而餽之與曰繆公之於子思至可謂悅賢者乎孟子又荅之言魯繆公尊於子思數數問之而又數數餽賜其鼎肉子思以君命如是之煩故憤而不喜悅於卒末後復來餽之時子思乃麾使者出諸大門之外北嚮稽首再拜辭之而不受曰至今而後乃知魯君以犬馬畜養其伋也伋。魯。子自稱其名也蓋自子思如是辭之之後僕臣臺從此不持餽來也孟子於此又因而譏繆公既能悅其子思之賢而不能舉而用之又不能以祿養之可謂爲能悅賢者乎言不可爲悅賢之君也曰敢問國君欲養君子如何斯可謂養矣萬章又問國君今欲養賢如之何可以謂之養也曰以君命將之至王公之尊賢者也孟子荅之以爲始以君命賜行禮拜而受之其後倉庾之吏繼其粟將盡又送餽之廚宰之人繼送其肉而不絕又不以君命欲使賢者不荅以敬以是爲優其養所以非繆公以爲鼎肉使己數數拜而僕僕然也僕僕卽煩猥貌也如此是非所以養賢之道也且堯帝於舜也乃使九男事之二女女焉女者以女嫁人謂之女也又以百官牛羊倉廩備以養舜於畎畝側微之中後能舉用而加諸帝位如此則爲王公大人所以尊賢者也孟子引此適所以譏繆公不能舉用子思徒使鼎肉有迫子思之煩猥也抑又所以救時之弊者焉○注託寄也謂若寄公○正義曰案禮記大喪服云君之喪未斂爲寄公者是也○注九男二女更不復說

萬章曰敢問不見諸侯何義也問諸侯聘請而夫子不見之於義何取也

孟子曰在國曰市井之臣在野曰草莽之臣皆謂庶人庶人不傳質爲臣不敢見於諸侯禮也在國謂都邑。也民會於市故曰市井之。臣在。野居之。曰草莽之臣莽亦草也庶衆也。庶。衆之人未得爲臣傳執也見

君之質執雉之屬也未爲臣則不敢見之禮也萬章曰庶人召之役則往役君欲見之召之則不往見之何也庶人召使給役事則往供。役事君召之見不。月往見何也曰往役義也往見不義也且君之欲見之也何爲也哉孟子曰庶人法當給役故往役義也庶人非臣也不當見君故往見不義也且君何爲欲見。而召之。曰爲其多聞也爲其賢也萬章曰君以是欲見之也曰爲其多聞也則天子不召師而況諸侯乎爲其賢也則吾未聞欲見賢而召之也孟子曰安有召師召賢之禮而可往見。繆公亟見於子思曰古千乘之國以友士何如子思不悅曰古之人有言曰事之云乎豈曰友之云乎子思之不悅也豈不曰以位則子君也我臣也何敢與君友也以德則子事我者也奚可以與我友千乘之君求與之友而不可得也而況可召與魯繆公欲友子思子思不悅而稱曰古人曰見賢人當事之豈云友之邪孟子云子思所以不悅者豈不謂臣不可友君弟子不可友師也若子思之意亦不可友況乎可召之齊景公田招虞人以旌不至將殺之志士不忘在溝壑勇士不忘喪其元孔子奚取焉取非其招不往也已說於上篇曰敢問招虞人何以萬章問招虞人當何用也曰以皮冠庶人以旃士以旂大夫以旌孟子曰招禮若是皮冠弁也旃通帛也因章曰旃旂旌有鈴者旌。注旄。首者。者以大夫之招招虞人虞人死不敢往以士之招招庶人庶人豈敢往哉況乎以不賢人之招招賢人乎以貴者之招招賤人賤人尚不敢往況以不賢人之招招賢人乎不賢之招是不以禮。者也欲見賢人而不以其道猶欲其入而閉之門也夫義路也禮門也惟君子能由是路出入是門也欲人之入而閉其門。何得而入乎閉門。如閉禮也詩云周道如底。其直如矢君子所履小人所視詩小雅大東之篇底平矢直視比也周道平直君子履直道小人比而則之以喻虞人能効君子守死善道也萬章曰孔子君命召不俟駕而行然則孔子非與俟待也孔子不待駕而應君命也孔子爲之非與曰孔子當仕有官職而以其官召之也孟子。言孔子所以不待駕者孔子當仕位有官職之事君以其官名召之豈得不顛倒詩云顛之倒之自公召之不謂賢者無位而君欲召見也。

疏萬章曰至召之也○正義曰此章言君子之志志於行道不得其禮亦不苟往者也萬章曰敢問不見諸侯何義也萬章問孟子所以不見諸侯其義謂何孟子曰在國曰市井之臣至禮也孟子荅之以謂凡在都邑謂之市井之臣在郊野謂之草莽之臣然總而言之皆謂之衆庶之人如衆庶之人未得傳質爲臣者故不敢就見於君也以其無禮也傳質者所執其物以見君也如公執桓圭侯執信圭伯執躬圭子執穀璧男執蒲璧又諸侯世子執纁孤執玄附庸之君執黄卿執羔大夫執鴈士執雉是所以爲贄也萬章曰庶人召之役則往役君欲見召之則不往見之何也萬章又問孟子曰庶人於君召之給役則庶人往就其役事今君欲見召之乃不往者是如之何也萬章見齊王召孟子孟子不往所以有是問之曰往役義也往見不義也孟子荅之曰庶人往應其役是其義當往也以其庶人於君其法當爲之役故也往而見君者是不義也以其庶人非臣也義不當往見君故也且君之欲見之也者何爲也哉孟子又以此問萬章言且國君所欲見之者何爲也哉曰爲其多聞也爲其賢也萬章荅之曰君之所以欲見之者是爲多聞又爲其賢有德也曰爲其多聞也至而召之也

孟子又曰如是爲其多聞也者則雖天子亦且不召其師而況諸侯可召而見之乎如是賢爲有其德也則我未曾聞知有欲見賢者而以召之也繆公亟見子思至不往也孟子又引繆公而證之言魯繆公數數見於子思乃曰古者千乘之國君以友其士何如子思遂愠而不喜曰古之人有言曰見賢人則當事矣豈嘗云友之乎然而子思所以不悅者其意豈不謂以位推之則子是爲君尊矣而我則臣下也何敢與君爲之交友也以有德論之則子事我爲子之師也奚可以與我爲友是則千乘之國君求賢者與之爲友而尚且不可得也而況諸侯於今可召賢者而見之乎齊景公至不往也說於上篇矣此更不云曰敢問招虞人何以萬章見孟子言齊景公招虞人之事遂因問之曰招虞人當用何物而招之曰以皮冠庶人以旃至賢人乎孟子以荅之曰招虞人當以皮弁而招之也庶人則以通帛招之士以旂大夫以旌如以大夫之旌招虞人虞人雖死亦且不敢往應其招也以其士之旂而招庶人庶人豈敢往而應之哉而況以不賢之招而招賢人乎不以禮之謂也欲見賢人而不以道至小人所視孟子又言今之諸侯欲見賢人而不以其道是若欲人入其門而反閉其門也如此尚何可得而見之乎夫義是若路也禮若門也惟君子之人能由行此義之路出入此禮之門上今乃反塞其義路而閉其禮門使君子何由而出入哉此孟子亦即此謂今之諸侯欲見賢人而乃欲召之則賢尚可得而見邪而小雅大東之詩有云周道平直如砥之平箭之直也君子亦所常履行此平直之道而爲小人所常視而則法之矣然以此證之者蓋謂賢人所以不往見於諸侯者是所守以義而爲衆人所矜式耳萬章曰孔子君命召不俟駕而行然則孔子非與萬章又問孟子以謂孔子常於君命召則不敢坐待駕而後行如此則孔子誠爲非與曰孔子當仕有官職而以其官召之也孟子又荅之曰孔子所以不俟駕而行者以其當於爲仕有官職而國君以其官而召之也豈得爲非耶○注質執雉之屬○正義曰已說於前矣○注孟子曰至首者○正義曰案士冠禮注云皮弁以白鹿爲之象舊禮圖云以鹿皮淺毛黃白者爲之高尺二寸今虞人以皮弁者皮弁以田故也又案周禮司常職云交

龍爲旂，通帛爲旃，析羽爲旌。鄭注云：通帛謂大赤，從周正色，無飾；析羽皆五采繫之於旂旌之上，所謂注旄於首是也。○注「詩小雅」至「善道也」。○正義曰：此詩蓋刺亂之詩也。譚國在東，其大夫作是詩，故云大東。注云：如砥，貢財予均也；如矢，賞罰不偏也。言君子皆法傚履而行之，其如砥矢之平直，小人又皆視之，共之無怨也。○注「孟子言孔子所以不待駕」至「豈可見也」。○正義曰：語云：君命召不俟駕而行。是時孔子爲中都宰，以其有官職也。詩云「顛之倒之，自公召之」，此乃國風東方未明之章文也。箋云：羣臣顛倒衣裳而朝，人又從君所來而召之也。云伊尹三聘而後就湯，孟子云湯三使往聘之，是其文也。云沮溺耦耕、接輿佯狂，按論語云：長沮桀溺耦而耕。鄭注云：長沮、桀溺，隱者也；耜廣五寸，二耜爲耦。又云：楚狂接輿歌而過孔子曰：鳳兮鳳兮。蓋楚狂接輿，是楚人，姓陸，名通，字接輿也。昭王時政令無常，乃被髮佯狂不仕，時人謂之楚狂也。趙注引而證其解。

孟子謂萬章曰：「一鄉之善士斯友一鄉之善士，一國之善士斯友一國之善士，天下之善士斯友天下之善士。鄉，鄉人之善者。國，一國之善者。天下，四海之內。各以大小來相友，自爲疇匹也。以友天下之善士爲未足，又尚論古之人，頌其詩，讀其書，不知其人，可乎？是以論其世也，是尚友也。」好善者以天下之善士爲未足極其善道也。尚，上也。乃復上論古之人，頌其詩。詩，歌。國近，故曰頌。讀其書者，猶恐未知古人高下，故論其世以別之也。在三皇之世爲上，在五帝之世爲次，在三王之世爲下，是爲好上友之人也。

疏「孟子」至「尚友也」。○正義曰：此章言好高慕遠，君子之道，樂其崇茂者也。「孟子謂萬章曰」至「是尚友也」，孟子謂萬章言一鄉之中有其善者所友，斯亦一鄉之善士者也；一國之中有善士所友者，亦一國之善士者也；天下於四海之內有其善士者，所友亦以天下之善士者也。如友天下之善士者爲未足以極其善道，則又上論古之人而頌歌其詩，看讀其書，如此不知其如是之人可以友也乎，然猶未知其人之可友也，抑又當論其人所居之世

如何耳能以此乃是尚友之道也孟子所以謂之以此者蓋欲教當時之人齊尚友也孔子云無友不如己者與其詩云高山仰止景行行止亦其意與

宣王問卿孟子曰王何卿之問也王問何卿也王曰卿不同乎曰不同有貴戚之卿有異姓之卿孟子曰卿不同貴戚之卿謂內外親族也異姓之卿謂有德命爲。王卿也王曰請問貴戚之卿問貴戚之卿如何曰君有大過則諫反覆之而不聽則易位孟子曰貴戚之卿反覆諫君君不聽則欲易君之位更立親戚之。貴者王勃然變乎色王聞此言愠怒而驚懼故勃然變色曰王勿異也王問臣臣不敢不以正對孟子曰王勿怪也王問臣臣不敢不以其正義對王色定然後請問異姓之卿王意解顏色定復問異姓之卿如之何也曰君有過則諫反覆之而不聽則去孟子言異姓之卿諫君不從。王而待。旅。遂不聽之則去而之他國也。

疏齊宣至則去○正義曰此章言國須賢臣必擇忠良親近貴戚或遭殃禍者也齊宣王問卿是齊王問孟子爲卿者如之何也孟子曰王何卿之問孟子荅之以謂王問何卿也王曰卿不同乎宣王見孟子以爲問何卿故問之曰然是卿有不同而異之乎曰不同有貴戚之卿有異姓之卿孟子又荅之曰卿不同也以其有貴戚內外親族之卿有異姓有貴之卿也王曰請問貴戚之卿宣王又問貴戚之卿是如之何也曰君有過謬則諫諍以至反覆數諫君不聽從則欲更易君位更立其君者也王勃然變乎色宣王聞此言遂憤而驚恐乃勃然變乎顏色曰王勿異也王問臣臣不敢不以正對孟子又曰王勿怪異我之言也王之所以問臣臣不敢不以正義對王也王色定然後請問異姓之卿宣王見孟子此言顏色遂解而心且安定故無驚恐然後又問其異姓之卿是如之何曰君有過則諫反覆之而不聽則去孟子又荅之曰國君有過謬則諫諍之以至反覆數諫而不聽從則去而之他國者是也如紂之無道微子比干諫之而不聽一則雖爲之見

剖一則抱祭器而從周伊尹發於有莘之野而爲殷湯興
治天下蓋亦本湯立賢無方故也宜孟子以是而告齊王

孟子注疏解經卷第十下

孟子注疏卷十下校勘記　阮元撰盧宣旬摘錄

當執何心爲可也　閩監毛三本同廖本孔本韓本考文古本足利本也作者

郤之郤之爲不恭　閩本同監毛二本孔本韓本郤作卻音義出郤之云或作郤誤案郤字从卩說文曰郤也俗作却郤者邑名字从邑經傳亦借爲隙字

其來交求己以道理　閩監毛三本同岳本孔本韓本考文古本交求作求交

蓋言其可受之也　閩監毛三本同宋本廖本孔本韓本考文古本作言可受也足利本無之也二字

殷受夏周受殷　石經殷諱作商

皆於也　廖本孔本韓本考文古本同閩監毛三本皆誤者

於今爲烈烈　閩監毛三本孔本同韓本考文古本下烈作然

君子欲受之　閩監毛三本同孔本韓本欲作且受上重受字考文古本同孔本無且字

謂孟子也　閩監毛三本同宋本岳本廖本孔本韓本考文古本足利本無也字

知後王者　諸本同廖本監本毛本王作正誤

今大盡耳　宋本耳作甘

孔子先簿正祭器音義云簿本多作薄誤

乏絶監毛二本乏誤之玩僞疏本用此誤本

何爲不去也閩監毛三本同廖本孔本韓本考文古本無也字

占其事始廖本孔本韓本考文古本足利本同閩監毛三本始誤治

於季桓子石經桓作桓

孔子故宿留以荅之也閩監毛三本同宋本岳本考文古本無孔子二字廖本也作矣孔本韓本無孔子二字也作矣足利本無之字

章指言聖人憂民樂行其道茍善辭命不忍逆距不合則去亦不淹久蓋仲尼行止之節也

椎之也考文古本椎作推案音義出椎字作推非也

行夜按行字如月令出行田原之行經典釋文皆下孟反孫不爲音非也

茁茁閩監毛三本足利本同孔本韓本考文古本無一茁字

章指言國有道則能者取考文古本作處卿相國無道則聖人居乘田量時安卑不

受言責獨善其身之道也

固當周其窮乏岳本及各本同宋本當作常

士窮居周之則受閩監毛三本同廖本孔本韓本考文古本居作君

稟貧民之常料也廖本孔本韓本考文古本料作科是也閩監毛三本稟作廩○按作廩非也說文曰稟賜穀也淺人多譌稟爲廩

可食於上祿孔本韓本祿作有

而常來致之乎廖本常作當案常是毛本同

以君命道故不悅也閩監毛三本同廖本孔本韓本考文古本道作煩足利本作以爲君命煩故不悅案煩是

君以犬馬畜伋閩監毛三本同宋本岳本廖本孔本韓本無以字

慍恨也玩此三字似經文有奪抑注文作繆公慍恨也五字今本衍二字耳

章指言知賢之道舉之爲上養之爲次不舉不養賢惡肯歸是以孟子上陳堯舜之大法下刺繆公之不宏孔本韓本作閎也孔本韓本考文古本無也字

伋曾子自稱其名也案曾子當作子思

謂都邑也孔本無也字

故曰市井之臣在野居之曰草莽之臣閩監毛三本同廖本考文古本作故曰市井之人在野野居之人孔本韓本同廖本上人作臣

庶衆之人閩監毛三本同宋本孔本韓本考文古本庶衆作衆庶

則往供役事閩監毛三本同宋本孔本韓本考文古本無役字

不月往見岳本廖本孔本韓本考文古本月作肯是也閩監毛三本作自亦非

欲見而召之閩監毛三本同廖本孔本韓本考文古本作欲見之而召之也

而可往見閩監毛三本同宋本孔本韓本考文古本下有也字

孔子奚取焉取非其招不往也石經焉下有哉字無其字

註旃首者者註當作注下者字衍宋本岳本廖本考文古本作注旃首者閩監毛三本作注旃于首者孔本韓本作注旃干首者○按作干是也古多假干爲竿

是不以禮者也閩監毛三本同廖本孔本韓本考文古本作不以禮也足利本有是字

何得而入乎閩監毛三本同廖本孔本韓本何作可

如閉禮也閩監毛三本同廖本韓本如作由孔本作猶

周道如底按底字誤也當作厎說文厎柔石也从厂氏聲或作砥職雉切底山居也下也从广氐聲都禮切今毛詩作砥孟子作厎正是一字不當从广音義亦誤

孟子言孔子 閩監毛三本足利本同孔本韓本考文古本言作曰

章指言君子之志志於行道不得其禮亦不苟往於禮之可伊尹三聘而後就湯道之未洽沮溺耦耕接輿佯狂豈可見也 孔本作乎

一國之善者 閩監毛三本同廖本孔本韓本考文古本一國作國中

四海之內 閩監毛三本同宋本孔本韓本考文古本下有也字

詩歌國近 閩監毛三本同廖本孔本韓本考文古本國近作頌之是

章指言好高慕遠君子之道雖各有倫樂其崇茂是以仲尼曰毋友不如己者高山仰止景行行止

命爲王卿也 閩監毛三本同廖本孔本韓本考文古本王作三

更立親戚之貴者 宋本岳本韓本考文古本同閩監毛三本韓本貴作賢是

諫君不從王而待旅遂不聽之 廖本考文古本王作三旅作放是也宋本遂作逐孔本韓本同廖本三作去閩監毛三本

作諫君反覆諫君而君遂不聽之非也

章指言國須賢臣必擇忠良親近貴戚或遭禍殃伊發有莘爲殷興道故云

成湯立賢無方也

齊宣至則去　閩監本同毛本宣下增王字

孟子注疏卷十下校勘記

孟子注疏解經卷第十一上

告子章句上 凡二十章

趙氏注 孫奭疏

告子者告姓也子男子之通稱也名不害兼治儒墨之道者嘗學於孟子而不能純徹性命之理論語曰子罕言命謂性命難言也以告子能執弟子之問故以題篇

疏正義曰此篇首論告子言性所以次於萬章問孝之篇者以其為孝之道其本在性也故此篇首以告子之言性遂為篇題次於萬章不亦宜乎此篇凡三十六章趙氏分之以成上下卷此卷凡二十章而已一章言養性長義順夫自然殘木為器變而後成二章言人之欲善由水好下迫勢激躍失其素真三章言人之性與善俱生四章言明仁義由內以曉告子五章言公都告子受命然後乃理六章言天之生人皆有善性引而趨之善惡異衢其七章言人稟性俱有好憎或為君子或為小人猶麰麥不齊雨露使然也八章言秉心持正使邪不干猶止斧斤不伐牛山山木茂人則稱仁九章言弈為小數不精不能一人善之十人惡之若竭其道何由智哉十章言舍生取義義之大者也十一章言由路求心為得其本十二章言舍大惡小不知其要十三章言莫知養身而養其樹木十四章言養其行治其政俱用智力善惡相厲是以君子居處思義飲食思禮十五章言天與人性先立其大十六章言古人修天爵自樂之也今要人爵以誘待也得人棄天道之忌也或以招之小人事也十七章言所貴在身人不知求十八章言為仁不至不反求諸己謂水勝火熄而後已不仁之甚終為亡矣十九章言功毀幾成人在慎終五穀不熟荑稗是勝是以為仁必其成也二十章言彀張規矩以喻為仁學不為仁由是二教失其法而行之者也其餘十六章趙氏分在下卷各有敘焉○注告子者姓至篇題○正義曰云告子名不害者盡心篇有浩生不害疑為告子姓告名不害以浩生為字趙注

又云浩生姓名不害又爲二人其佗經傳未詳甚人云論語子罕言命蓋論語第九篇首云也故以題其篇

告子曰性猶杞柳也義猶桮棬也以人性爲仁義猶以杞柳爲桮棬告子以爲人性爲才幹義爲成器猶以杞柳之木爲桮棬也杞柳柜柳也一曰杞木名也詩云北山有杞桮棬桮素也

孟子曰子能順杞柳之性而以爲桮棬乎將戕賊杞柳而後以爲桮棬也戕猶殘也春秋傳曰戕舟發梁所能順完杞柳不傷其性而成其桮棬乎將斤斧殘賊之乃可以爲桮棬乎言必殘賊也如將賊杞柳而以爲桮棬則亦將戕賊人以爲仁義與孟子言以人身爲仁義豈可復殘傷其形體乃成仁義邪明不可此桮棬率天下之人而禍仁義者必子之言夫以告子轉性爲仁義若轉木以成器必殘賊之故言率人以禍仁義者必子之言夫蓋嘆辭也

疏告子至言夫○正義曰此章言養性長義順夫自然殘木爲器變而後成孟子拂之不假以言也告子曰至爲桮棬告子言人之性譬若杞柳義若桮棬也以人之性爲其仁義之道若以杞柳之木爲之桮棬也杞枸杞也柳少楊也桮素樸也棬器之似屈轉木作也以其杞柳可以揉而作棬也孟子曰子能順杞柳之性爲桮棬乎至必子之言夫孟子乃拂之曰子能順杞柳之木性以爲桮棬乎以其將以斤斧殘賊其杞柳然後爲之桮棬也如將斤斧殘賊杞柳而以爲之桮棬是亦將殘賊人之形軀然後以爲仁義與且驅天下之之人而殘禍仁義之道者是亦必子之此言也孟子所以拂之以此蓋謂人之性仁義固有不可比之桮棬以杞柳爲之也○注杞柳柜柳至素正義曰案說文云杞枸杞柳少楊也桮盬也棬屈木孟也所謂器似升屈木作是也詩云北山有杞南山有臺文也

告子曰性猶湍水也決諸東方則東流決諸西方則西流人性之無分於善不善也猶水之無分於東

西也湍。水圜也謂湍。水湍。縈水也告子以喻人性若是水也善惡隨物而化無本善不善之性也孟子曰水信無分於東西無分於上下乎人性之善也猶水之就下也人無有不善水無有不下今夫水搏。而躍之可使過顙激而行之可使在山是豈水之性哉其勢則然也人之可使爲不善其性亦猶是也孟子曰水誠無分於東西故決之而往也水豈無分於上下乎水性但欲下耳人性生而有善猶水之欲下也所以知人皆有善性似水無有不下者也躍跳顙額也人以手跳水可使過顙激之可令上山皆迫於勢耳非水之性也人之可使爲不善非順其性也亦妄爲利欲之勢所誘迫耳猶是水也言其水性非不善也。

疏告子至是也○正義曰此章言人之欲善猶水好下迫勢激躍失其素眞是以守正性爲君子隨曲折爲小人者也告子曰性猶湍水也至東西也告子言人之性猶縈迴之水也湍圜縈迴之勢也縈迴之水決之使流於東方則東流之使之流西方則西流之而人之性無分於爲善爲不善也如縈迴之水無分於東西也孟子曰至是也孟子言水之性無分於東西上下乎言有分於東西上下也人性之善也猶水之就下也人無有性之不善者水無有不就下者今夫水之勢搏而跳之可使過顙激而行之可令上山如此豈水性如是哉是其勢如是也人之性所以可使爲不善者亦若此水之勢也以其人之性不善乃利欲而誘迫之也亦搏激其水之謂也○注湍者圜也○正義曰說文云湍急瀨水又云瀨水流沙上也。今謂縈迴之水者。然其水流沙上縈迴之勢湍湍然也

告子曰生之謂性凡物生同類者皆同性孟子曰生之謂性也猶白之謂白與猶見白物皆謂之同白無異性。曰然告子曰然白羽之白也猶白雪之白白雪之白猶白玉之白歟孟子以爲羽性輕雪性消玉性堅雖俱白其性不同問告子。以三白之性同邪曰然告子曰然誠以爲同

也然則犬之性猶牛之性牛之性猶人之性歟孟子言犬之性豈與牛同所欲牛之性豈與人同所欲乎。疏
告子曰生之至性歟正義曰此章言物雖有性性各殊異惟人之性與善俱生者也告子曰生之謂性告子言人之生與物之生皆謂之性以其爲同也孟子
曰生之謂性也猶白之謂白歟孟子見告子以爲凡物生同謂之性故問之曰然則生之謂性是如凡物之白皆謂同白無異性也曰然告子以爲誠如是也
白羽之白也猶白雪之白白雪之白猶白玉之白歟孟子又言是則白羽毛之白亦如白雪之白白雪之白亦如白玉之白歟故以此三者問告子然孟子以
謂羽毛之白則其性輕白雪之白其性易消白玉之白其性堅是其性有不同其白也曰然告子不知爲有異故亦以爲誠然也言則同也然則犬之性猶牛
之性牛之性猶人之性歟孟子曰又如是則犬。狗之性猶牛之性牛之性亦猶人之性與孟子所以言此者以其犬之性金畜也故其性守牛之性土畜也故
其性順夫人受天地之中萬物俱備於我者也是其稟陰與陽之氣所生也故其性能柔能剛是爲不同者告子不知但知其麤者也告子曰食
色性也仁內也非外也義外也非內也人之甘食悅色者人之性也仁由內出義在外也不從己身出也孟子
曰何以謂仁內義外也孟子怪告子是言也曰彼長而我長之非有長於我也猶彼白而
我白之從其白於外也故謂之外也告子言見彼人年。老長大故我長敬之長大者非在。我。者也猶白色見於外。者也
曰異於白馬之白也無以異於白人之白也不識長馬之長也無以異於長人
之長歟且謂長者義乎長之者義乎孟子曰長異於白白馬白人同謂之白。可也不知敬老馬無異於敬老人邪且謂老
者爲。義義乎將謂敬老者爲有義乎。且敬老者己也何以爲外也曰吾弟則愛之秦人之弟則不愛也是以我

爲悅者也故謂之內長楚人之長亦長吾之長是以長爲悅者也故謂之外也告子曰愛從己則己心悅故謂之內所悅喜老者在外故曰外也曰耆秦人之炙無以異於耆吾炙夫物則亦有然者也然則耆炙亦有外歟孟子曰耆炙同等情出於中敬楚人之老與敬己之老亦同己情性敬之雖非己炙同美故曰物則有然者也如耆炙之意豈在外邪言楚秦喻遠也

疏告子曰食色至亦有外歟○正義曰此章言事者雖從外行其事者皆發於中明仁義由內所以曉告子之惑者也告子曰食色性也仁內也非外也義外也非內也告子言人之嗜其甘食悅其好色是人之性也仁在我爲內非自外而入者也義在彼非在我故爲外也非內也孟子曰何以謂仁內義外也孟子見告子以爲仁內義外故問之曰何以爲仁內義外曰彼長而我長之至故謂之外也告子言彼人之年老而我從而敬長之非有長在我也如彼物之色白而我從而白之是從其白於外也我故謂義爲在外也曰異於白馬之白也無以異於白人之白也不識長馬之長也無以異於長人之長歟且謂長者義乎長之者義乎孟子又闢之曰彼長而我長之異於彼白而我白之也於白馬之色白無以異於白人之色白也是則同也不知長老馬無以異於長人之長老乎以其是則有異也蓋白馬之白與白人之白者彼白而我白之耳我何容心於其間哉固無異也長馬之長與長人之長則有欽不欽之心矣此所以有異焉以其長人之長者有欽長馬之長者無欽是則長者在彼長之者在我而義自長之者生非自長者生也如此告子何得謂之外乎故問之曰且謂長者爲有義乎長之者爲有義乎曰吾弟則愛之至故謂之外也告子又謂我之弟則親愛之秦人之弟則我不愛是愛以我爲悅者也愛主人故謂仁爲內也敬長楚人之長者亦敬長吾之長者是以長爲悅者也長主義故謂義爲外也曰耆秦人之炙無以異於耆吾炙至亦有外歟孟子又以秦人之炙而排之曰好秦人之炙無以異於好吾之炙爲物耳則亦有如是也然則好炙亦有外歟且孟子所以排之以此

者蓋謂仁義皆內也以其秦人之弟則不愛吾弟則愛之愛與不愛是皆自我者也告子謂之以我爲悅則是矣吾之長者吾長之楚人之長吾亦長之長之
亦皆自我者也告子又謂之以長爲悅則非矣是亦猶秦人之炙與吾之炙雖不同而嗜之者皆自我也如是則義果非生於外者也云炙。實周書曰黃帝始
燔肉爲炙是也秦楚所以喻外孟季子問公都子曰何以謂義內也季子亦以爲義外也曰行吾敬。故謂
之內也公都子曰以敬在心而行之故言內。也鄉人長於伯兄一歲則誰敬季子曰敬誰也曰敬兄公都子曰
當敬兄也酌則誰先季子曰酌酒則。誰。先。酌曰先酌鄉人公都子曰當先鄉人所敬在此所長在彼果在
外非由內也季子曰所敬者兄也所酌者鄉人也如此義果在外不由內也果猶竟也公都子不能荅以告孟子公都
子無以荅季子之問孟子曰敬叔父乎敬弟乎彼將曰敬叔父曰弟爲尸則誰敬彼將曰
敬弟子曰惡在其敬叔父也彼將曰在位故也子亦曰在位故也庸敬在兄斯
須之敬在鄉人孟子使公都子荅季子如此言弟以在尸位故敬之鄉人。以季在賓位故先酌之耳庸常也常敬在兄斯須之敬在鄉人。
子聞之曰敬叔父則敬敬弟則敬果在外非由內也隨敬所在而敬之果在外公都子曰冬
日則飲湯夏日則飲水然則飲食亦在外也湯水雖異名其得寒温者中心也雖隨敬之所在亦中心敬之猶飲
食從人所欲豈可復謂之外也。【疏】孟季至。是亦在外也○正義曰此章言凡人隨形不本其原賢者達情知所以然季子信之猶若告子公都受命然後乃
理者也孟季子問公都子曰何以謂義內也孟季子猶若告子以爲義外故問孟子弟子公都子曰何以謂義爲內也曰行吾敬故謂之內也公都子荅之曰

所敬在心而行之故謂義爲內也鄉人長於伯兄一歲則誰敬季子又問之曰鄉之人有長於己之伯兄一歲則當敬誰曰敬兄公都子曰當敬己之兄也酌則誰先季子又問之曰如在筵則酌酒先酌誰曰先酌鄉人公都子曰當先酌鄉人也所敬在此所長在彼果在外非由內也季子又言所敬在兄是敬在此酌在鄉人是所長在彼是義果在外者也非由內而出之也公都子不能荅以告孟子公都子於此遂無言以應荅而乃告知於孟子孟子曰至斯須之敬在鄉人孟子謂公都子曰敬叔父乎敬弟乎彼季子將曰敬叔父則問之曰弟爲主則誰敬彼季子將曰敬弟則又問之曰如敬弟則安在敬其叔父也彼季子將曰弟在位故敬之也子亦與之曰所以先酌鄉人者亦以在賓之位故先酌之也言常敬者在兄斯須少頃之敬在鄉人也季子聞之至非由內也季子聞孟子此言故謂之曰敬叔父則敬之敬己之弟則亦敬之是隨敬所有則敬在外非由內也公都子曰冬日則飲湯至亦在外也公都子因孟子教之以此乃曉其理故自又以冬夏所飲比喻而曉季子之惑也言冬寒之日則飲湯夏熱之日則飲水如是則飲食亦有在外者也蓋謂湯水雖異名然得其寒熱而飲之者在我之中心然也猶敬叔父敬弟雖有異然而能敬之者在我而已敬在我則敬在心而出之者也安得謂之在外乎季子卽下卷所謂季任爲任處守者

公都子曰告子曰性無善無不善也公都子道告子以爲人性在化無本善不善也或曰性可以爲善可以爲不善是故文武興則民好善幽厲興則民好暴公都子曰或人以爲可教以善不善亦由告子之意也故文武聖化之起民皆喜爲善幽厲虐政之起民皆好暴亂或曰有性善有性不善是故以堯爲君而有象以瞽瞍爲父而有舜以紂爲兄之子且以爲君而有微子啓王子比干公都子曰或人°者以爲°各有性善惡不可化移堯爲君象爲臣不能使之爲善瞽瞍爲父不能化舜爲惡紂爲君又與微子比干有兄弟之親亦不能使°其二子爲

不仁是亦各有性也矣今曰性善然則彼皆非歟公都子曰告子之徒其論如此今孟子曰人性盡善然則彼之所言皆爲非歟

孟子曰乃若其情則可以爲善矣乃所謂善也若夫爲不善非才之罪也若順也性與情相爲表裏性善勝情情則從之孝經云此哀戚之情情從性也能順此情使之善者真所謂善也若隨人而強作善者非善者之善也若爲不善者非所受天才之罪物動之故也惻隱之心人皆有之羞惡之心人皆有之恭敬之心人皆有之是非之心人皆有之惻隱之心仁也羞惡之心義也恭敬之心禮也是非之心智也仁義禮智非由外鑠我也我固有之也弗思耳矣故曰求則得之舍則失之或相倍蓰而無算者不能盡其才者也仁義禮智人皆有其端懷之於內非從外銷鑠我也求存之則可得而用之舍縱之則亡失之矣故人之善惡或相倍蓰或至於無筭者不能相與計多少言其絕遠也所以惡乃至是者不能自盡其才性也故使有惡人非天獨與此人惡性其有下愚不移者也譬若乎被疾不成之人所謂童昏也詩曰天生蒸民有物有則民之秉彝好是懿德孔子曰爲此詩者其知道乎故有物必有則民之秉彝也故好是懿德詩大雅蒸民之篇言天生蒸民有物則有所法則人法天也民之秉夷夷常也常好美德孔子謂之知道故曰人皆有是善者也

疏○公都子曰至懿德○正義曰此章言天之生人皆有善性引而趨之善惡異衢高下自懸賢愚行殊尋其本者乃能一諸者也公都子曰至然則彼皆非與者公都子問孟子以謂告子言人之性無有善亦無有不善但在人之所爲如何耳或有謂人性可以爲善又可以爲不善但在上所化如何耳如此故文王武王興起常以善養人則民人皆好善

至幽王厲王興起常以政暴虐於民則民亦皆好其暴亂或有人又謂人有性善有性不善非在所化稟之於天而已如此故以堯帝之爲君而有象之傲爲臣以瞽瞍之頑爲父而有舜之聖爲子以紂爲兄之子且以爲君而有微子啓王子比干之賢爲臣今孟子乃曰性皆善是則彼告子與或人之言者皆不是歟故以此問孟子孟子曰乃若其情則可以爲善矣至好是懿德孟子言人之乃順其情則皆可以爲善矣是所謂性善也若夫人爲不善者非天之降才爾殊也其所以爲不善者乃自汩喪之耳故言非稟天才之罪也且情性才三者合而言之則一物耳分而言之則有三名故曰性曰情曰才蓋人之性本則善之而欲爲善者非性也以其情然也情之能爲善者非情然也以其才也是則性之動則爲情而情者未嘗不好善而惡惡者也其不欲爲善者乎而才者乃性之用也而才者上有以達乎天下有以達乎地中有以貫乎人其有不能爲善者乎此孟子所以曰乃若其情則可以爲善矣乃所謂善也若夫爲不善非才之罪也言惻隱之心人皆有之至智也者已說於前矣蓋以惻隱羞惡恭敬是非之心人皆有是心也人能順此而爲之是謂仁義禮智也仁義禮智卽善也然而仁義禮智之善非自外銷鑠我而亡之也我有生之初固有之也但人不思而求之耳故曰求則得而存舍而弗求則亡之矣然人所以有善有惡其善惡相去之遠或相倍蓰或至於不可計其多少如此之絕遠者是不能自盡其性才者也言才無有不能爲善者矣但不能盡其才而爲之耳故詩大雅蒸民之篇有曰上天之生衆民有物則有所法則民之秉執其常善故好是美德而已所謂常卽善也所謂善卽美德也謂美德者卽仁義禮智是也孔子常亦云爲此詩之人其能知道者也故言有物必有則民之秉彝故好是懿德也然所謂物者卽自人之四肢五臟六腑九竅達之於君臣父子夫婦兄弟朋友無非物也所謂則者卽仁之於父子義之於君臣禮之於夫婦兄弟信之於朋友也是無非有物則有則也由此觀之孟子所以言至此者豈非人性皆善者邪故有物必有則是謂性之善也能秉其彝是謂才也好是懿德是謂情也有物有則民之秉彝好是懿德是能順其情以爲善而才從之者也〇注紂與微子

比干有兄弟之親○正義曰案史記世家云微子啓者殷帝乙之首子而紂之庶兄也又云王子比干者亦紂之親戚也是知有兄弟之親矣○注大雅蒸民之詩○正義曰此蓋尹吉甫美宣王之詩文也

孟子曰富歲子弟多賴凶歲子弟多暴非天之降才爾殊也其所以陷溺其心者然也富歲豐年也凶歲飢饉也子弟凡人之子弟也賴善暴惡也非天降下才性與之異也以飢寒之阨陷溺其心使爲惡者也今夫麰麥播種而耰之其地同樹之時又同浡然而生至於日至之時皆孰矣雖有不同則地有肥磽雨露之養人事之不齊也麰麥大麥也詩云貽我來麰言人性之同如此麰麥其不同者人事雨澤有不足地之有肥磽耳磽薄也故凡同類者舉相似也何獨至於人而疑之聖人與我同類者聖人亦人也其相覺者以心知耳故體類與人同故舉相似也故龍子曰不知足而爲屨我知其不爲蕢也屨之相似天下之足同也龍子古賢人也雖不知足小大作屨者猶不更作蕢蕢草器也以屨相似天下之足略同故也口之於味有同耆也易牙先得我口之所耆者也如使口之於味也其性與人殊若犬馬之與我不同類也則天下何耆皆從易牙之於味也至於味天下期於易牙是天下之口相似也人口之所耆者相似故皆以易牙爲知味言口之同也惟耳亦然至於聲天下期於師曠是天下之耳相似也耳亦猶口也天下皆以師曠爲知聲之微妙也惟目亦然至於子都天下莫不知其姣也不知子都之姣者無目者也目亦猶耳也子都古之姣

好者也詩云不見子都乃見狂且儻無目者乃不知子都好耳言目之同也故曰口之於味也有同耆焉耳之於聲也有同聽焉目之於色也有同美焉至於心獨無所同然乎言人之心性皆同也心之所同然者何也謂理也義也聖人先得我心之所同然耳故理義之悅我心猶芻豢之悅我口心所同者義理也理者得道之理聖人先得理義之要耳理義之悅心如芻豢之悅口誰不同也

疏孟子曰至我口〇正義曰此章言人稟性但有好憎耳目口心所悅者同或爲君子或爲小人猶麰麥不齊雨露使然者也孟子曰富歲子弟多賴至猶芻豢之悅我口者孟子言豐熟之年凡人之子弟多好善賴善也凶荒之年凡人之子弟多好暴惡然而非上天降下才性與之殊異也而其所以由飢寒之厄陷溺去其良心而爲之惡也無他所謂禮義生於富足盜賊起於貧窮是也且譬夫今之大麥也人播種而耰鋤之其地高下以同藝殖之時又同浡浡然而生長秀茂至於日至可以收劃之時皆熟矣雖有不同爲不熟者則是地有肥薄與雨露之不均而人事之所加有不齊也故凡物有同其類者皆相似也何獨至於人而疑爲不然雖聖人亦則與我同其類者也故龍子之賢人有曰人不知天下人之足而爲草屨者我知其人不能爲之蕢也蕢草器也其所以爲屨皆相似者以其天下人之足則同也故口之於食味人有同耆也然而易牙先得我口之所好者也如使人口於味其性之所好與人殊異有是若狗馬之與我不同其形類也則天下何以者其味皆從易牙所好之味也至於食味天下所以皆期指於易牙者是天下之人口相似也不特口之於味然也惟耳於聲亦如是也耳於聲天下之人所以皆期指於師曠爲知聲之妙者是天下之人耳相似也又不特耳如是也惟天下之目亦如是也至於子都者天下之人無有不知其姣好也不知子都之姣好者是無目之人也故曰人口之於味其有所同好者焉耳之於聲以其有同聽者焉目之於色以其有同美者焉至於心獨無所同亦如是乎言人

心性亦若口耳皆有同而無異也然人心有所同然者何也是謂理也義也惟聖人者但先得我心之所同然耳故曰理義之有喜悅於我心者如芻豢之味有悅於我口耳蓋理出於性命天之所爲也義出於道德人之所爲也而理義又出於人心所同然也是則天之使我有是之謂命天命之謂性是性命本乎天故爲天之所爲也天之所爲雖妙然而未嘗不有理焉如此豈非其理有出於性命者乎人能存其性命而不失之者是所謂有其道德也故爲人之所爲者也人之所爲道德雖妙然而未嘗不有義存焉如此則豈非其義有出於人心者乎合而言之則性命道德是爲理義雖是理義出於性命道德者耳○注麰麥至薄也○正義曰釋云麰麥大麥也又短粒麥也詩云貽我來麰此蓋周頌思文之篇言后稷配天之詩也磽說文云磽石地名也○注易牙爲知味○正義曰案左傳云易牙齊桓公大夫也淄澠二水爲食易牙亦知二水之味桓公不信數試始驗是易牙爲知味者也○注師曠爲知聲之妙○正義曰案呂氏春秋云已說在離婁篇首左傳杜氏注云晉樂師子野者是也○注子都詩云不見子都乃見狂且○正義曰案詩國風山有扶蘇之篇文也注云都世之美好者狂狂人也且辭也箋云人之好色不往覩子都反往覩狂醜之人凡此是知子都爲美好者也○草牲曰芻穀養曰豢○正義曰說文云牛馬曰芻犬豕曰豢是其解也

孟子注疏解經卷第十一上

孟子注疏卷十一上校勘記　阮元撰盧宣旬摘録

人性爲才幹　閩監毛三本孔本足利本同韓本考文古本才作本

所能順完杞柳　閩監毛三本同廖本孔本韓本考文古本足利本所作子

而成其桮棬乎　閩監毛三本足利本同孔本韓本考文古本無其字

將斤斧殘賊之　各本同岳本將下有以字

如將戕賊杞柳　此本脱戕字

明不可此桮棬　此當作比閩監毛三本作比廖本孔本韓本考文古本作明不可比桮棬也

以告子轉性爲仁義　閩監毛三本同廖本孔本韓本考文古本足利本爲上有以字

蓋嘆辭也　閩監毛三本同廖本孔本韓本考文古本無蓋字

章指言養性長義順夫自然殘木爲器變而後成　岳本孔本韓本考文古本此下並有告子道偏見有

不純　孔本作内八字　仁外義　仁内義外　違人之端孟子拂之不假以言也

湍水圜也謂湍水湍縈水也　閩監毛三本同廖本孔本韓本考文古本上湍水作湍者下湍水無水字縈作瀠案僞疏引亦作湍者圜也音義出瀠字

摶而躍之音義丁作摶

猶水之欲下也閩監毛三本同廖本孔本韓本無之字

章指言人之欲善猶水好下迫勢激躍失其素真是以守正性者爲君子隨

曲拂者爲小人也

令謂縈迴之水者然其水流沙上案今誤令言誤然監毛本不誤

無異性閩監毛三本足利本同廖本孔本韓本考文古本下有也字

問告子以三白之性閩監毛三本同廖本孔本韓本考文古本疊子字

章指言物雖有性性各殊異惟人之性與善俱生赤子入井以發其誠告子

一之知其麤矣孟子精之是在其中足利本作人

則犬狗之性閩本同監毛二本無狗字

見彼人年老長大閩監毛三本同廖本孔本韓本無老字

非在我者也猶白色見於外者也閩監毛三本足利本同廖本孔本韓本考文古本在下有於字無二者字

同謂之白可也各本同考文古本可作何

爲義義乎閩監毛三本少一義字廖本孔本韓本考文古本作爲有義乎案廖本是也

且敬老者閩監毛三本同廖本孔本韓本無且字

愛從己廖本孔本韓本考文古本同閩監毛三本已誤心

所悅喜老者在外岳本孔本韓本考文古本同閩監毛三本脫老字

故曰外也閩監毛三本同廖本孔本韓本無也字

耆秦人之炙音義本亦作嗜下同○案嗜正字耆假借字

己情性敬之閩監毛三本足利本同孔本韓本考文古本性作往

章指言事雖在外行其事者皆發於中明仁義由內所以曉告子之惑也

且孟子所以排之閩監二本同毛本且作故

云炙實監毛本實並作者

行吾敬此章敬字石經諱作欽

故言內也閩監毛三本同岳本孔本韓本無也字

則誰先酌閩監毛三本足利本同岳本孔本韓本考文古本作則先酌誰

鄉人以在賓位閩監毛三本同廖本孔本韓本考文古本無以字

斯須之敬在鄉人字閩監毛三本足利本同廖本孔本韓本考文古本下有也

章指言凡人隨形不本其原賢者達情知所以然季子信之猶若告子公都

受命然後乃理

孟季至是亦在外也是食之誤閩監毛三本不誤

公都子曰或人者閩監毛三本同孔本韓本無者字

以爲各有性閩監毛三本同岳本廖本孔本韓本各上有人字

使其二子爲不仁閩監毛三本同岳本孔本韓本考文古本其作此

是亦各有性也矣廖本孔本韓本考文古本無矣字閩監毛三本也作者

皆爲非歟閩監毛三本同廖本孔本韓本考文古本作皆非邪

孝經云閩監毛三本同岳本孔本韓本云作曰

其有下愚不移者也閩監毛三本同岳本廖本孔本韓本考文古本無也字

譬若乎被疾不成之人古本無乎字閩監毛三本同岳本廖本韓本若作如無乎字考文

民之秉彝下同閩本同石經彝作夷監本毛本孔本韓本考文古本足利本同石經

言天生蒸民閩監毛三本同廖本孔本韓本考文古本蒸作衆

民之秉夷夷常也孔本韓本考文古本同閩監毛三本二夷作彝

故曰人皆有是善者也閩監毛三本足利本同廖本孔本韓本作故曰人皆有善也考文古本作故言人皆有善也

章指言天之生人皆有善性引而趨之善惡異衢高下相懸賢愚舛殊尋其

本者乃能一諸

非天降下才性與之異也閩監毛三本同廖本孔本韓本無也字

以飢寒之戹閩監毛三本同孔本韓本考文古本戹作阨音義出阨字

樹之時又同石經此文漫漶樹似諱作植

貽我來麰各本同考文古本來作麥

地之有肥磽耳各本同足利本地上有如字

古賢人也閩監毛三本同岳本孔本韓本考文古本人作者

誰不同也閩監毛三本同宋本廖本孔本韓本考文古本下有草食曰芻穀養曰豢八字宋本食作牲古本作性山井鼎云性恐牲誤

章指言人稟性俱有好憎耳目口心所悅者同或爲君子或爲小人猶麰麥不齊雨露使然也孟子言是所以勗而進之

孟子注疏卷十一上校勘記

孟子注疏解經卷第十一下

告子章句上　　趙氏注　　孫奭疏

孟子曰：牛山之木嘗美矣，以其郊於大國也，斧斤伐之，可以爲美乎？是其日夜之所息，雨露之所潤，非無萌蘖之生焉，牛羊又從而牧之，是以若彼濯濯也。人見其濯濯也，以爲未嘗有材焉，此豈山之性也哉？牛山，齊之東南山也。邑外謂之郊。息，長也。濯濯，無草木之貌。牛山。未嘗盛美，以在國郊，斧斤牛羊使之不得有草木耳，非山之性無草木也。雖存乎人者，豈無仁義之心哉？其所以放其良心者，亦猶斧斤之於木也，旦旦而伐之，可。爲美乎？其日夜之所息，平旦之氣，其好惡與人相近也者幾希，存，在也。言雖在人之性，亦猶。此山之有草木。也。人豈無仁義之心邪？其日夜之思欲息長仁義，平旦之志氣，其好惡凡人皆有與賢人相近之心。幾，豈也。豈希，言不遠也。則其旦晝之所爲，有梏亡之矣。梏之反覆，則其夜氣不足以存；夜氣不足以存，則其違禽獸不遠矣。人見其禽獸也，而以爲未嘗有才焉者，是豈人之情也哉？旦晝。日。晝也。其所爲萬事，有梏亂之，使亡失其日夜之所息也。梏之反覆，利害。于其心，其夜氣不能復存也。人見惡人禽獸之行，以爲未嘗存善。木性，此非人之情也。故苟得其養，無物不長；苟失其養，無物不消。孔子曰：「操則存，舍則亡；出入無時，莫知其鄉。」惟心之謂與？誠得其養，若雨露於草木法度於仁義何有不長也誠失其養若斧斤牛羊之消草木利欲之消仁義何有不盡也孔子曰持之則存縱之則亡莫知其鄉鄉猶里以喻居也獨心爲若是也。

【疏】孟子曰牛山至之謂與〇正義曰此章言秉心持正使邪不干猶止斧斤不伐牛山則草木茂人則稱仁也孟子曰牛山之木至惟心之謂與者孟子言牛山之木常爲秀美矣然以其爲郊國之外也殘之以斤斧之伐可以爲秀美乎言以其斤斧常伐之則不可爲美也雖爲斤斧所伐然以其日夜之所長息雨露之所潤澤非無萌牙絲蘖生焉柰何萌蘖既生而牛羊之畜又從而牧養於其間是以牛山若彼濯濯無草木之貌也人見其濯濯然無草木以爲牛山未嘗有材木焉是豈牛山之性無草木哉言牛山之木常有其材木耳其所以無之者但斧斤牛羊從而殘滅之矣言雖存在乎人者豈無仁義之心哉然人之所以放去其良心而無仁義者亦如斧斤之伐於牛山之木也是日日而伐滅之可爲美材乎言不可爲美材也言牛山日夜之所息長草木與人平旦之氣其好惡與人相近者不遠矣以其牛山日夜所息長草木莫不欲秀茂爲美而惡其斧斤牛羊殘害之爲惡也人之平旦之氣尚未有利欲汨之則氣猶靜莫不欲爲之善也而惡爲之惡也但人平旦之氣則其旦晝之所爲利欲有以梏亡之矣乎旦則未至於晝旦晝所以爲日之中矣且人於平旦之時其氣靜未有利欲事緒以動之則未必不善矣以其善固存於此時也亦如牛山日夜所長草木無以斧斤牛羊殘害之則未必不美矣以其萌蘖生焉而美固已有矣柰何斧斤牛羊又從而殘滅之亦若旦晝所爲利欲以梏亡之者焉梏手械也利欲之制善使不得爲猶梏之制手也梏之反覆其情緒不一則夜於平旦之氣不足以存既不足以存而爲利欲萬緒梏而亡之則其違異於禽獸之行不遠矣以其近也人見其爲禽獸之行者而爲未嘗有才性焉是豈人之情爲如是哉言非人之情也言人情本欲爲善矣其所以終。而爲者但利欲從而梏亡之矣故苟得其所養無物不長苟失其所養無物不消如牛山苟日夜之所息雨露之所潤與平旦之氣是得其所養者也是則無物不長矣如牛山苟爲牛羊從而牧之與旦晝所爲而梏亡之是失所養者也是則無物不消矣孟子又引孔子云操持之則存縱舍之則亡其出入徇物而不有常時莫知其所向之鄉惟獨心爲若是也凡此孟子所以言人心性本善但當有常操而存之者矣○注牛山齊之東南山○正義曰蓋亦以理推之亦自可見故傳所謂齊景遊於牛山之上是亦知之爲齊之山矣

孟子曰無或乎王之不智也王齊王也或怪也時人有怪王不智而孟子不輔之故言此也雖有天下易生之物也一日暴之十日寒之未有能生者也吾見亦罕矣吾退而寒之者至矣吾如有萌焉何哉種易生之草木五穀一日暴溫之十日陰寒以殺之物何能生我亦希見於王既見而退寒之者至謂左右佞諂順意者多譬諸萬物何由得有萌牙生也今夫弈之爲數小數也不專心致志則不得也弈博也或曰圍棊論語曰不有博弈者乎數技也雖小技不專心則不得也弈秋通國之善弈者也使弈秋誨二人弈其一人專心致志惟弈秋之爲聽一人雖聽之一心以爲有鴻鵠將至思援弓繳而射之雖與之俱學弗若之矣爲是其智弗若與曰非然也有人名秋通一國皆謂之善弈曰弈秋使教二人弈其一人惟秋所善而聽之其一人。志欲射鴻鵠故不如也爲是謂其智不如也曰非也以不致志也故齊王之不智亦若是。

疏孟子曰無或至非然也○正義曰此章言弈爲小數不精不能一人善之十人惡之雖竭其道何由能成者也孟子曰無或乎王之不智也至非然也孟子言時人無怪齊王之不智也以其孟子不輔佐之故云之此言雖有天下易生之物如一日溫煖以暴之乃十日寒凍以殺之是以未有能生者也雖有能生之者然於我見之亦少矣我自輔佐齊王而退歸而姦佞諂諛齊王者至多矣然而我尚如有心欲使王萌而爲善是如之何哉孟子言之以此者蓋謂吾君不能者是謂賊其君者也所以言時人無或乎王之不

智也當輔佐君爲之而已孟子輔佐齊王既退而姦佞之臣又陷君於爲惡故有激而云此也蓋天下易生之物譬齊王以爲善也一日暴之喻孟子一人之輔齊王也十日寒之喻姦佞臣之衆陷君於爲惡也陷君於爲惡者如是之衆則齊王所以不智也喻未有能生者也今夫譬之弈秋但爲技數雖小技如不專一其心致篤其志則亦不得精也是故弈人名秋者通一國皆稱爲善能一弈者也使秋誨其二人弈其一人專心致志唯弈秋之言是聽一人雖聽之其一心以爲有鴻鵠之鳥將至乃思援弓繳矢而射之雖與皆學夫弈秋然亦不若其專心致志者精矣爲是弗若之者非謂其智弗若也以其不專心致志而聽弈秋之誨故也此所以曰爲是其智弗若與繼之曰非然也言不然也孟子所以引爲。此者蓋謂齊王如能專心致志惟賢者是聽則孰不與王爲善乎柰齊王不能專心致志惟賢是聽但爲姦臣之所諛佞所以如有鴻鵠將至思援弓繳矢而射之者故弗若彼之精而遂不爲善矣然則時人亦不可謂齊王不智特當輔之而已然既輔之亦當齊王能專心致志聽從之然後可矣孟子所以既退而尚如有萌焉柰何終輔之而齊王姦佞諂諛之衆而不能聽從爲善耳此故以弈秋喻己而以鴻鵠喻姦佞其一以爲有鴻鵠思援弓繳而射之喻齊王雖聽己之言然不專心致志惟在於鴻鵠耳〇注弈博也至不得也〇正義曰按陽貨論語第十七之篇云不有博弈者乎而解弈爲博也說文云作博局戲也六著十二棊也古者堯會作博圍棊謂之弈說文弈從廾言速兩手而執之棊者所執之子圍而相殺故謂之圍棊稱弈者又取其落弈之義也〇注有人名秋善弈〇正義曰按傳記有云弈秋通國之善弈也有過者止而聽之則弈敗笙汨之也又云疑首天下之善算也有鴻鵠過彎弧擬問以三五則不知鴻鵠亂之也是亦孟子之言與

孟子曰魚我所欲也熊掌亦我所欲也二者不可得兼舍魚而取熊掌者也生亦我所欲也義亦我所欲也二者不可得兼舍生而取義者也熊掌熊蹯也以喻義魚以喻生也生亦我所欲所欲有

甚於生者故不爲苟得也死亦我所惡所惡有甚於死者故患有所不辟也如使人之所欲莫甚於生則凡可以得生者何不用也使人之所惡莫甚於死者則凡可以辟患者何不爲也有甚於生者謂義也義者不可苟得有甚於死者謂無義也不苟辟患也莫甚於生則苟利而求生矣莫甚於死則可辟患不擇善何不爲耳由是則生而有不用也由是則可以辟患而有不爲也是故所欲有甚於生者所惡有甚於死者非獨賢者有是心也人皆有之賢者能勿喪耳有不用不用苟生也有不爲不爲苟。患而辟患也有甚於生義甚於生也有甚於死惡甚於死也凡人皆有是心賢者能勿喪亡之也一簞食一豆羹得之則生弗得則死嘑爾而與之行道之人弗受蹴爾而與之乞人不屑也人之。餓者得此一器食可以生不得則死嘑爾猶。嘑爾咄啐之貌也行道之人。凡人以其賤己故不肯受也蹴蹋也以足踐蹋與之乞人不潔之亦由其小故輕而不受也萬鍾則不辯。禮義而受之萬鍾於我何加焉爲宮室之美妻妾之奉所識窮乏者得我與言一簞食則貴禮至於萬鍾則不。復辯別有禮義與。不鍾量器也萬鍾於己身何加益哉己身不能獨食萬鍾也豈不爲廣美宮室供奉妻妾施與所知之人窮乏者。也鄉爲身死而不受今爲宮室之美爲之鄉爲身死而不受今爲妻妾之奉爲之鄉爲身死而不受今爲所識窮乏者得我而爲之是亦不可以已乎此之謂失其本心鄉者不得簞食而食則身死尚不受也今爲此三者爲之是不亦可以止乎所謂失其本心。者也。【疏】孟子曰魚至失其本心正義曰此章言舍生取義義之大者也簞食萬鍾用有輕重縱彼納此蓋違其本凡人皆然君子則否所以殊也孟子曰魚我所欲也至失其本心者孟子言魚之為味我之所欲者也熊蹯之味亦我所欲者也然而魚與熊蹯二者不可兼得但捨去其魚而取熊蹯也以其熊蹯之味又有美於魚也魚在水之物熊蹯在山之物欲在水不可兼得於在山者在山又不可兼得於在水者故為二者不可兼得也魚所以喻生也熊蹯所以喻義故曰生亦我所欲也義亦我所欲也然而生與義二者亦不可兼得之但捨生而取義也以其義又有勝於生也如勇士不忘喪其元志士不忘在溝壑有殺身以成仁是皆以義有勝於死也是舍生而取義也然而生亦為我心之所欲其以所欲有甚於生者故不為苟得也死亦為我心之所惡疾者其以所惡有甚於。死者故患禍有所不逃辟也如令人之所欲者無有甚於生則凡可以得生者何不用而行之也令人之惡者無有甚於死者則凡可以辟患者何不擇而為之也蓋可以得生可以辟患者皆是不義也故不為苟得故患有所不辟也者是皆有義也由此言之則生而有不用也是不苟生也則可以辟患而有不為也是不苟為惡以辟患也如此故所欲有甚於生所惡者有甚於死非獨賢者有此心也人皆有此心也但賢人能常存之而勿喪亡之耳蓋所欲有甚於生者是義也所惡有甚於死者是不義也且以一簞所盛之食一豆所盛之羹得而食之者則養其生不得此而食者則餓而死然而嘑爾叱咄而與之雖行道塗之中凡人且不肯受而食之也如蹴爾踐蹋而與之雖乞丐之賤人且以為不潔而不肯受而食也言萬鍾之祿則不貴辨禮義而受之者雖萬鍾之多然於我何足為益焉於我何益以其己身不能獨食之也己不能獨食則為宮室之廣美供奉妻妾施與所知之人窮乏者而已如是則鄉日不得簞食豆羹則身死尚不受今乃為宮室廣美供奉妻妾與施所知之人窮乏者而受為之如此是亦不可以止乎言此可以止而不止者也是謂失其本心者矣是忘其義者矣故本心即義也所謂賢者但能勿喪亡此本心耳〇注熊蹯〇正義曰按史記世家云宰夫胹熊蹯不熟晉靈公怒而殺之

裴駰注云服虔曰蹯熊掌其肉難熟注鍾量器也正義曰齊大夫晏子云已說在梁惠篇

孟子曰仁人心也義人路也舍其路而弗由放其心而不知求哀哉不行仁義者不由路不求心者也可哀憫哉人有雞犬放則知求之有放心而不知求學問之道無他求其放心而已矣人知求雞犬莫知求其心者惑也學問所以求之矣。

疏孟子曰至而已矣○正義曰此章言由路求心爲得其本追逐雞犬務其末也學以求之詳矣孟子曰至而已矣者孟子言仁者是人之心也是人人皆有之者也義者是人之路也是人人皆得而行之者也今有人乃舍去其路而不行放散其心而不知求之者可哀憫哉。且人有雞犬放之則能求追逐之有心放離之而不求追復然而學問之道無他焉但求其放心而已矣能求放心則仁義存矣以其人之所以學問者亦以精此仁義也

孟子曰今有無名之指屈而不信非疾痛害事也如有能信之者則不遠秦楚之路爲指之不若人也無名之指手之第四指也蓋以其餘指皆有名無名指者非手之用指也雖不疾痛妨害於事猶欲信之不遠秦楚爲指。之不若人故也指不若人則知惡之心不若人則不知惡此之謂不知類也心不若人可惡之大者也而反惡指故曰不知其類也類事也。

疏孟子曰至不知類也○正義曰此章言舍大惡小不知其要憂指忘心不即於道是以君子惡之者也孟子曰至此之謂不知類也孟子言今人有第四指爲無名之指屈而不信且非疾痛有妨害於爲事也如有人能信者則不遠秦楚之路而求信之以爲惡其指之不若人也且以無名之指爲無用之指則恥惡之不若人其心不若人則不知恥惡之是之謂爲不知其類者也荀子云相形不如論心同其意也蓋云秦楚者以其秦楚相去最爲遠者也故取爲己言指屈尚不遠秦楚之路而求信況心即在於己爲最近者也尚不能求之耶此孟子所以爲不知類者也

孟子

曰拱把之桐梓人苟欲生之皆知所以養之者至於身而不知所以養之者豈愛身不若桐梓哉弗思甚也拱合兩手也把以一手把之也桐梓皆木名也人皆知灌漑而養之至於養身之道當以仁義而不知用豈於身不若桐梓哉不思之甚者也宜孟子有是以言之歟

【疏】孟子至甚也○正義曰此章言莫知養身而養其樹木失事違務不得所急所以誠未達者也孟子言桐梓之木方於可拱把之時人誠欲其生長皆知所以灌漑而養之者至於己之身而不知以仁義之道養之者豈人之愛保其身反不若桐梓之爲急哉但人弗思忖之而已故以甚者也宜誠之以此

孟子曰人之於身也兼所愛兼所愛則兼所養也無尺寸之膚不愛焉則無尺寸之膚不養也人之所愛則養之於身也一尺一寸之膚養相及也所以考其善不善者豈有他哉於己取之而已矣考知其善否皆在己之所養也體有貴賤有小大無以小害大無以賤害貴養其小者爲小人養其大者爲大人養小則害大養賤則害貴小口腹也大心志也頭頸貴者也指拇賤者也不可舍貴養賤也務口腹者爲小人治心志者爲大人故也今有場師舍其梧檟養其樲棘則爲賤場師焉場師治場圃者場以治穀圃園也梧桐檟梓皆木名樲棘小棘所謂酸棗也言此以喻人舍大養小故曰賤場師也養其一指而失其肩背而不知也則爲狼疾人也謂醫養人疾治其一指而不知其肩背之有疾以至於害之此爲狼藉亂不知治疾之人也飲食之人則人賤之矣爲其養小以失大也飲食之人無有失也則口腹豈適爲尺寸之膚哉飲食之人人所賤之者爲其養口腹而失道德耳如使不失道德存仁義以往不嫌於養

口腹也故曰口腹豈但爲肥長尺寸之膚哉亦以懷其道德也疏孟子曰人之於身至膚哉○正義曰此章言養其行治其正俱用智力善惡相厲是以君子居處思義飲食思禮者也孟子曰人之於身也至於己取之而已矣孟子言人之於一身也無有所不愛也以其兼愛之矣兼所愛則必兼有所養也是則一身之中無有一尺一寸之肌膚不愛焉則亦無有一尺一寸之肌膚不養之也以其兼所愛必兼所養而已然而所以考究其有善其有不善者亦豈有他爲哉但亦於一己自取之而已矣所謂頤其大體則爲大人從其小體則爲小人豈非己自取之謂乎蓋孟子但云尺寸之膚者則心存乎中又有居待而言者也且心爲一身之君所謂心爲天君者也荀子云心居中虛以治五官此之謂也言人既愛一尺寸之膚雖心亦在所愛焉既養尺寸之膚雖心亦在所養焉所謂愛養心者亦以仁義之道愛養之而已人之心由人所趨向如何耳故曰所以考其善不善於己取之而已矣體有貴賤至尺寸之膚哉孟子又言人體有貴亦有賤有小亦有大於人之一身合而言之則謂之體自體而言之又有耳目口鼻形心者也以貴大則心爲一體之貴者大者以賤小則耳目口鼻形爲一體之賤者小者言人之於一體不可務愛養其賤者小者以害其貴者大者也如養其小者則爲之小人養其大者則爲之大人以其耳目口鼻形五者所好不過利慾而已而心稟於有生之初仁義之道俱存於其間是以養心者爲大人君子養耳目口鼻形者以利慾爲小人耳故孟子所以有是言也今有場師治場圃者如舍其梧檟之良木而特養其樲棘是爲賤場師焉梧桐也檟山楸也樲棘小酸棗也梧檟可以爲琴瑟材是良木小酸棗無用之才也是賤木也此所以喻養體不養其貴者而養其賤者也又如養其一指之小而失其肩背之大則爲狼疾藉亂而不知醫治者也此所以比喻養體不養其大者而養其小者也且務飲食之人則人皆賤之者矣無他是爲其養小而失去其大也如飲食之人亦無有失其養大則口腹豈但肥長適尺寸之膚爲哉言是亦懷仁義之道者也○注檟樲棘爲桐梓酸棗正義曰說文云梧檟山楸又云楸梓也樲棘小酸棗也是所以案此爲之云云

公都子問曰鈞是

人也或爲大人或爲小人何也（鈞同也言有大有小何也）孟子曰從其大體爲大人從其小體爲小人（大體心思禮義小體縱恣情慾）曰鈞是人也或從其大體或從其小體何也（公都子言人何獨有從小體也）曰耳目之官不思而蔽於物物交物則引之而已矣心之官則思思則得之不思則不得也此天之所與我者先立乎其大者則其小者不能奪也此爲大人而已矣（孟子曰人有耳目之官不思故爲物所蔽官精神所在也謂人有五官六府物事也利欲之事來交引其精神心官不思善故失其道而陷爲小人也。此乃天所與人情性先立乎其大者謂生而有善性也小者情欲也善勝惡則惡不能奪之而已矣。）

疏公都子至已矣〇正義曰此章言天與人性先立其大心官思之邪不乖越故謂之大人者也公都子問曰鈞是人也至何也者公都子問孟子曰世之人皆是人者也或有名爲大人或有名爲小人者是如之何也孟子荅之曰從事於大體而以仁義養其心是從其大體故謂之大人也從其小體以利欲養其耳目之官是從其小體故謂之小人也曰鈞是人也或從其大體或從其小體何也公都子未曉故問之曰既皆是人也或以從養其大體或從養其小體是如之何曰耳目之官至此爲大人而已矣孟子又荅之曰人有耳目之官不以心思主之而遂蔽於耆欲之物既蔽於物則己亦已失矣己已失則是亦爲物而已是則物交接其物終爲物引之喪其所得矣惟心之官則爲主於思如心之所思則有所得而無所喪如不思則失其所得而有以喪之則耳是以天之所與付於我者所以先與立其大者則心是也既與立其大者則小者斯不能奪之矣小者則耳目是也是以爲之大人而已矣蓋耳目主視聽是以爲官者也心君主官者也亦謂之官者以其亦主思故亦爲官矣荀子云心君也房中虛而治五官者也是以心思之大者而小者不能奪其耳目不爲

利慾之所蔽玆所以從其大體而爲大人也彼小人者以其不思而爲利慾所蔽故也孟子曰有天爵者有人爵者仁義忠信樂善不倦此天爵也公卿大夫此人爵也天爵以德人爵以祿古之人脩其天爵而人爵從之今之人脩其天爵以要人爵既得人爵而棄其天爵則惑之甚者也人爵從之人爵自至也以要人爵要求也得人爵棄天爵惑之甚也終亦必亡而已矣棄善忘德終必亡也疏○孟子至已矣○正義曰此章言古脩天爵自樂之也今要人爵以誘時也得人棄天道之忌也惑以招亡小人之事者也孟子曰有天爵者至終亦亡之而已矣孟子言有所謂天爵者有所謂人爵者仁義忠信四者又樂行其善而不厭倦者是所謂天爵也自公卿大夫者是所謂人爵此孟子所以自解之也自古之人脩治其天爵而人爵自然從之如舜耕於歷山樂取諸人以爲善而堯自然禪其祿位是脩其天爵而人爵從之者也又如伊尹之徒亦是也今之人脩其天爵以要求人爵既得其人爵而又棄其天爵則蔽惑之甚者也如登龍斷以罔市利乞墦間之祭者是其類也此孟子所以指今之人而言也如此者終亦必亡其人爵而已矣是故孟子所以有是言而勸誡之孟子曰欲貴者人之同心也人人有貴於己者弗思耳矣人之所貴者非良貴也趙孟之所貴趙孟能賤之人皆同欲貴之心人人自有貴者在己身不思之耳在己者謂仁義。廣譽也凡人之所貴富貴故曰非良貴。者趙孟晉卿之貴者也能貴人。又能賤人人之所自有。也者他人不能賤之也詩云既醉以酒既飽以德言飽乎仁義也所以不願人之膏粱之味也令聞廣譽施於身所以不願人之文繡也詩大雅既醉之篇言飽德者飽仁義之於身身之貴者也不願人之膏粱矣膏粱細粱如膏者也文繡繡衣服也。疏孟子曰至文繡也○此章言所貴在身人不知求膏粱文繡己之所優趙孟所貴何能比之是以君子貧而樂也孟子曰欲貴者人之同心也至文繡也孟子言凡所願欲其貴者世人所同其心也以其人皆欲之也然而人人有貴只在其己者但不思之耳凡人所貴者非是良貴也良貴者不以爵而貴者是謂良貴如下文所謂仁義廣譽者是也且以趙孟晉卿之貴雖為所貴者然而趙孟又能賤之是人之所貴者非為良貴也此孟子所以引而喻也以其趙孟者即晉襄公之臣趙盾者是也是為晉卿然入為晉卿出則為盟主是謂貴矣柰何其賢則不及趙襄其良則不及宣子則所貴特人爵之貴耳如此得無賤耶故曰趙孟之所貴趙孟能賤之也詩大雅既醉之篇有云既醉之以酒既飽之以德是言飽乎仁義者也是亦所謂德將于既醉之意同謂德則仁義是也言飽乎仁義所以不願人之膏粱之味乎案禮云公食大夫則稻粱為嘉膳則膏粱味之至珍者也然而不願人之膏粱則以仁義為膏粱令聞廣譽之名聲既施飾於身所以不願人之文繡也案詩以一裳為顯服則文繡為服之至美者也然而不願人之文繡則以令聞廣譽為文繡也蓋令聞者以其內有仁義之德則人。特不特見而善之又有以聞而善之者也故云令聞令譽令善也聞名聲而人所聞之也廣譽者亦以內有仁義之德則不特近者美喻之而遠者又有以美喻焉故云廣譽廣遠大也譽美稱也凡此孟子所以教時人之云耳故論君子貧而樂如顏子在陋巷而不改其樂者是之謂也

孟子曰仁之勝不仁也猶水之勝火今之為仁者猶以一杯水救一車薪之火也不熄則謂之水不勝火此又與於不仁之甚者也亦終必亡而已矣水勝火取水足以制火一杯水何。能。救一車薪之火也以此。則謂水不勝火為仁者亦若是則與作不仁之甚者也亡猶無也亦終必。亡仁矣。【疏】孟子至已矣○正義曰此章言為仁不至不反諸己謂水勝火熄而後已不仁之甚終必亡矣為道不卒無益於賢者也孟子言為仁勝強於不仁也若水之勝火矣今之為仁者不知反本心而為仁如以一杯杓水

而救一車薪之火也火不熄滅則謂水不勝火以爲不仁勝仁此又與於不爲仁者又甚之也以其有過於不爲仁者也是亦終必亡其仁矣且如湯武之至仁然後勝桀紂之至不仁也今之爲仁但以一轉粟移民之爲仁而望民多於鄰國以羊易之仁而欲朝秦楚而撫四夷是若一杯水而望救一車薪之火也此所以終必亡其仁矣此吾孟子所以有激而云

孟子曰五穀者種之美者也苟爲不熟不如荑稗夫仁亦在乎熟之而已矣熟成也五穀雖美種之不成則不如荑稗之草其實可食爲仁不成猶是也。

疏正義曰此章言功毀幾成人在慎終五穀不熟荑稗是勝是以爲仁以其成也孟子言五穀者是天下種之美者也苟五穀不成則不勝荑稗之所奮夫仁者亦天下道之美者也苟爲仁不成則不勝不仁之所害故云夫仁亦在乎成之而已矣此章與前章相類亦若齊宣有愛牛之仁而功不至於百姓梁惠有移民之仁而民不加多於鄰國是爲仁不成之過也五穀已說於前矣云荑稗者即禾中之莠草也

孟子曰羿之教人射必志於彀學者亦必志於彀。羿古之善射者彀張弩付的者用思要時也學者志道猶射者之張也

大匠誨人必以規矩學者亦必以規矩大匠攻木工規所以爲圓也矩所以爲方也誨教也教人必須規矩學者以仁義爲法式亦猶大匠以規矩者也。

疏孟子至規矩○正義曰此章言事各有本道有所隆彀張規矩以喻爲仁學不爲仁猶是二教失其法而行之者也孟子言羿爲善射者其教人射必志在於勢勢者張弓也張弓以其力分之所至處也言羿雖善射其教人亦必求之於力分之內也大匠爲攻木之工者其教誨人爲匠必在於規矩規矩所以爲圓之度矩所以爲方之度以其規矩爲法度之至者也言大匠誨人亦必求之於法度內也羿教人既求之於力分之內則學之者亦必求於力分之內矣大匠誨人既求之於法度之內則學之者亦必求於法度之內矣然必皆求於力分之內者以其力分所不到則射亦末如之何矣法度者亦如是矣此喻人以道教人而學之者亦如此耳如皆不

求之於力分之內與法度之內則於道終亦不得矣○注羿
古之攻射者與匠爲攻木之工者○正義曰此已說於前矣

孟子注疏解經卷第十一下

孟子注疏卷十一下校勘記　阮元撰盧宣旬摘錄

牛山未嘗盛美　閩監毛三本同岳本孔本韓本考文古本未作木

亦猶此山之有草木也　閩監毛三本同廖本孔本韓本無此也二字

可爲美乎　補　各本可下有以字此本脫

日晝也　閩監毛三本同廖本孔本韓本考文古本足利本作晝日也

利害于其心　監毛二本同廖本閩本孔本韓本于作干

以爲未嘗存善木性　廖本孔本韓本考文古本存作有木作才閩監毛三本存作有木作本

章指言秉心持正使邪不干猶止斧斤不伐牛山山則木茂人則稱仁也

其所以終而爲者　補　監毛本而作不是也

其一人志欲射鴻鵠　閩監毛三本同岳本孔本足利本志作念韓本考文古本志下有念字

故齊王之不智亦若是　各本同孔本下衍也字

章指言弈爲小數不精不能一人善之十人惡之雖竭其道何由智哉詩云

濟濟多士文王以寧此之謂也

孟子所以引爲比者閩監毛三本比誤此

不爲苟患而辟患也閩監毛三本同廖本孔本韓本考文古本上患作惡

蹴爾而與之音義張取六切或作踓音同案玉篇踓蹵也則蹴踓可通用盧刊音義踓作躧非也通志堂微波榭本俱不誤

人之餓者廖本孔本韓本考文古本同閩監毛三本餓誤賤

猶嘑爾閩監毛三本同廖本孔本韓本考文古本嘑作呼○按呼是呼卽今俗云招呼咄啐謂招呼也

行道之人凡人閩監毛三本同岳本孔本韓本考文古本凡上有道中二字

則不辯禮義而受之音義云丁本作變案周易坤釋文由辯荀作變是辯變古字通用

則不復辯別有禮義與不廖本孔本韓本同閩監毛三本不改否考文古本復作得

窮乏者也閩監毛三本同廖本孔本韓本考文古本無也字

所謂失其本心者也閩監毛三本足利本同廖本孔本韓本考文古本無者字

章指言舍生取義義之大者也簞食萬鍾用有輕重縱彼納此蓋違其本凡人皆然君子則否所以殊也

有甚於死者閩監二本同毛本於下衍言字

可哀憫哉閩監毛三本孔本同韓本考文古本哉作也

人知求雞犬閩監毛三本同岳本孔本韓本考文古本犬作狗

學問所以求之矣閩監毛三本足利本同廖本孔本韓本考文古本無矣字有者是

章指言由路求心爲得其本追逐雞狗務其末也學以求之詳矣

且人有雞犬放之閩監二本同毛本且改几

爲指之不若人故也閩監毛三本同廖本岳本孔本韓本無之字

章指言舍大惡小不知其要憂指忘心不嚮於道是以君子惡之也

不思之甚者也宜孟子有是以言之歟閩監毛三本同廖本孔本韓本考文古本無者字宜孟子以下九字

章指言莫知養身而養孔本韓本衍其字　樹木失事違足利本誤遠　務不得所急所以誡

未達者也

宜誡之以此閩監二本同毛本脱宜字

不可舍貴養賤也閩監毛三本同廖本孔本韓本也上有者字

爲大人故也閩監毛三本足利本同廖本孔本韓本考文古本無故也二字

樲棘樲棘古書皆作樲棗爾雅遵羊棗注引孟子養其樲棗古本爾雅皆同詳爾雅校勘記唐宋人本艸注皆作樲棗毛傳曰棘者棗也統言之也故羊棗雖小而得稱棗

樲棘小棘按此是樲棗小棗之誤不可不正小棘之語尤爲不通

人所賤之者閩監毛三本同岳本孔本韓本考文古本足利本所下有以字

豈但爲肥長尺寸之膚哉閩監毛三本同廖本孔本韓本考文古本哉作邪

亦以懷其道德也閩監毛三本同廖本作亦爲懷其道者也孔本韓本作亦爲懷道德者也考文古本作亦以懷其道德者也足利本作亦以懷其道者也

章指言養其行治其正俱用智力善惡相厲是以君子居處思義飲食思禮也

此天之所與我者廖本閩監毛三本同岳本孔本韓本此作比按朱子文集云舊官本皆作比字注中此乃亦作比方又集注云舊本多作比而趙注亦以比方釋之今本既多作此而注亦作此乃未詳孰是○按朱子誤矣趙注既云比方安可因近本之譌而疑之上文官有二故比方之而先立其大者文意甚明漢書賈誼傳比物此志也如淳曰比謂比方也今多譌此物公羊傳注父老比三老孝弟官屬今本比亦譌此

此乃天所與人情性廖本閩監毛三本同岳本孔本韓本此乃作比方○按比方是妄改又在朱子後

則惡不能奪之而已矣閩監毛三本同廖本孔本韓本考文古本無之而已矣四字

章指言天與人性先立其大心官思之邪不乖越故謂之大人也

終必亡也閩監毛三本足利本同岳本廖本孔本韓本考文古本也作之

章指言古修天爵自樂之也今要人爵以誘時也得人棄天道之忌也惑以

招亡小人事也

故曰非艮貴者孔本者改也浦鏜云也誤者

晉卿之貴者也閩監毛三本同孔本韓本足利本無也字

又能賤人孔本無又字

人之所自有也者閩監毛三本同廖本孔本韓本考文古本無也字

章指言所貴在身人不知求膏粱文繡己之所優趙孟所貴何能比之是以

君子貧而樂也

則人特不特見而害之補監毛本上特字作將是也

此章言所貴在身此上當有正義曰三字閩監毛三本不脫

何能救一車薪之火也閩監毛三本同廖本能救作勝孔本韓本考文古本足利本救作勝

則謂水不勝火閩監毛三本同廖本孔本韓本無則字

亦終必亡仁矣閩監毛三本同廖本孔本韓本考文古本亡作無

章指言爲仁不至不反諸己謂水勝火熄而後已不仁之甚終必亡矣爲道不卒足利本誤率無益於賢也

以羊易之仁易下脫牛字閩本剜增牛字是也監毛二本同閩本

章指言功毀幾成人在慎終五穀不熟荑稗是勝是以爲仁必其成也

必志於彀孔本韓本考文古本足利本同閩監毛三本志作至下同浦鏜云志誤至

古之善射者閩監毛三本同岳本孔本韓本考文古本善作工疏引作攻

彀張弩付的者付字糢糊閩監毛三本如此廖本孔本韓本作彀張也張弩向的者考文引彀張云古本下有也字又引弩付的者云付作向○按張弩向的所謂若虞機張往省栝于度則釋也

用思要時也閩監毛三本同廖本時作專孔本韓本要作專

得射者之張也得字糢糊閩監毛三本如此孔本韓本考文古本得作猶浦鏜云得當猶字誤

攻木工閩監毛三本同廖本孔本韓本考文古本作攻木之工疏引有之字

所以爲圓也閩監毛三本韓本同岳本圓作圜孔本脫也字

章指言事各有本道有所隆彀張規矩以喻爲仁學不爲仁猶是二教失其法而行之也

孟子注疏卷十一下校勘記

孟子注疏解經卷第十二上

告子章句下　凡十六章　　趙氏注　　孫奭疏

疏正義曰：此卷趙氏分爲下卷者也。此卷十有六章：其一章言臨事量宜，權其輕重，以禮爲先，食色爲後，若有偏殊，從其大者；二章言天下大道，人病不由，不患不能，是以曹交請學，孟子辭焉；三章言生之膝下，一體而分，當親而疏，怨慕號天，是以小弁之怨，未足以爲愆也；四章言上之所欲，下以爲俗；五章言君子交接，動不違道，享見之儀，亢荅不差；六章見幾而作，不俟終日，孔子將行，寃不及稅；七章言王道浸衰，轉爲罪人；八章言招攜懷遠，貴以德禮，義勝爲上，戰勝爲下；九章言善爲國者，必藏於民，賊民以往，其餘何觀；十章言先王典禮，萬世可遵，什一供貢，下富上尊；十一章言君子除害，普爲人也；十二章言民無信不立；十三章言好善從人，聖人一概；十四章言仕雖正道，亦有量宜，聽言爲上，禮貌次之，困而免死，斯爲下矣；十五章言聖賢困窮，天堅其志，次賢感激，乃奮其意；十六章言學而見賤，恥之大者，教誨之方，或析或引。凡此十六章，合上卷二十章，是告子之篇有三十六章矣。

任人有問屋廬子曰：禮與食孰重？任國之人問孟子弟子屋廬連，問二者何者爲重。曰：禮重。荅曰禮重。色與禮孰重？曰：禮重。重如上也。曰：以禮食則飢而死，不以禮食則得食，必以禮乎？親迎則不得妻，不親迎則得妻，必親迎乎？任人難屋廬子云，若是則必待禮乎？屋廬子不能對，明日之鄒，以告孟子。孟子曰：於荅是也何有？於音烏，歎辭也。何有，爲不可荅也。不揣其本而齊其末，方寸之木可使高於岑樓。金重於羽者，豈謂一鉤金與一輿羽之謂哉？取食之重者與禮之輕者而比之奚翅食重取色之重者與禮之輕者而比之奚翅色重孟子言夫物當揣量其本以齊等其末知其大小輕重乃可言也不節其數累積方寸之木可使高於岑樓岑樓山之銳嶺者寧可謂寸木高於山邪金重於羽謂多少同而金重耳一帶鉤之金豈重一車羽邪如取食色之重者比禮之輕者何翅食色重哉翅辭也若言何其不重也往應之曰紾兄之臂而奪之食則得食不紾則不得食則將紾之乎踰東家牆而摟其處子則得妻不摟則不得妻則將摟之乎教屋廬子往應任人如是紾戾也摟牽也處子處女也則是禮重食色輕者也

疏任人至摟之乎○正義曰此章言臨事量宜稱其輕重以禮爲先食色爲後者也任人有問屋廬子曰禮與食孰重任人任國之人任國之人有問屋廬子曰禮與食二者何者爲重曰禮重屋廬子荅之以爲禮重屋廬子孟子弟子也任人又問色與禮二者孰重曰禮重屋廬子又荅之以爲禮重曰以禮食則飢而死至必親迎乎任人又問之曰人若待有禮然後食則飢餓而死不待禮而食者則得其食而不見飢餓必待以禮然後食乎任人意以爲不待禮而食也行親迎婚之禮則不得其妻不待親迎之禮則得其妻必待親迎之禮任人意又以爲不待親迎也所謂禮食者案禮云主人親饋則客祭主人不親饋則客不祭故君子苟無禮雖美不食焉凡此之謂所謂親迎者又案禮云夏氏迎於庭商人迎於室周人述於戶凡此是也今任人不知此爲重故以食色並而問之屋廬子不能對明日之鄒以告孟子屋廬子未有言以荅應故不能對任人之問乃明日之鄒國以任人此言告於孟子孟子曰於荅是也何有至則將摟之乎孟子見屋廬子不能荅此言而乃嘆之曰荅此之言何有難乎何爲不可荅也言凡物有常如不揣量其本但齊等其末則雖方寸之木可令高於岑樓岑樓山之銳峯也此乃齊等其末而不量其本之謂也言雖可謂之一帶鉤之金與一車羽毛之謂哉是亦不揣其本而齊其末之謂也以其揣之以本則方寸之木不能過

珍倣宋版印

於岑樓一帶鉤之金不能重於一車之羽也如不揣其本則取食之重者與禮之輕者比喻之何啻食爲重也取色之重者與禮之輕者比並之則何啻色爲重也如此是猶積累方寸之木可使高於岑樓積疊一車之羽毛可使重於一鉤金也是則任人不揣其本而齊其末也且爲不以禮食則飢而死則人誰不以食爲重也不親迎則得妻則人誰不以色爲重也故孟子所以於此又教之屋廬子使往應於任人曰紾戾其兄之臂而奪之食則得其食不紾戾之則不得其食則將可以紾戾兄之臂乎踰越東家之牆而牽其處女則得爲之妻不牽之則不得爲之妻則將可以牽處女乎言不可如是也故以乎言之所謂東家則託此言之矣如謂鄰家也然而鄰亦有西南北何不言之蓋言東則西南北不言而在矣○注任國○正義曰任薛同姓之國在齊楚之間後亦有案文在孟子居鄒之段○注岑樓山之銳嶺○正義曰釋云山小而高者曰岑是知岑樓即知爲銳嶺之峯也曰樓者蓋重屋曰樓亦取其重高之意也○注云處女未嫁者也○正義曰

曹交問曰人皆可以爲堯舜有諸孟子曰然曹交曹君之弟交名也荅曰然者言人皆有仁義之心堯舜行仁義而已交聞文王十尺湯九尺今交九尺四寸以長食粟而已如何則可交聞文王與湯皆長而聖今交亦長獨但食粟而已當如之何曰奚有於是亦爲之而已矣有人於此力不能勝一匹雛則爲無力人矣今曰舉百鈞則爲有力人矣然則舉烏獲之任是亦爲烏獲而已矣夫人豈以不勝爲患哉弗爲耳孟子曰何有於是言乎仁義之道亦當爲之乃爲賢耳人言我力不能勝一小雛則謂之無力人言我能舉百鈞百鈞三千斤也則謂之有力之人烏獲古之有力人也能移舉千鈞人能舉其所任是爲烏獲才也夫一匹雛不舉豈患不能勝哉但不爲之耳徐行後長者謂之弟疾行先長者謂之不弟夫徐行者豈

人所不能哉所不爲也長者老者也弟順也人誰不能徐行者患不肯爲也堯舜之道孝悌而已矣子服堯之服誦堯之言行堯之行是堯而已矣子服桀之服誦桀之言行桀之行是桀而已矣孝悌而已人所能也堯服衣服不踰禮也堯言仁義之言堯行孝悌之行桀服譎詭非常之服桀言不行仁義之言桀行淫虐之行爲堯似堯爲桀似桀。而。已。矣曰交得見於鄒君可以假館願留而受業於門交欲學於孟子願因鄒君假館舍備門徒也曰夫道若大路然豈難知哉人病不求耳子歸而求之有餘師孟子言堯舜之道較然若大路豈有難知人苦不肯求耳子歸曹而求行其道有餘師師不少也不必留。館學也

疏曹交至餘師○正義曰此章言天下大道人病不求不患不能是以曹交請學孟子辭之者也曹交問曰人皆可以爲堯舜有諸曹交曹君之弟也姓曹名交然曹交問孟子曰凡人皆可以爲堯舜二帝有諸否乎孟子曰然孟子荅之以爲誠如是也交聞文王十尺至如何則可者曹交又言交嘗聞文王身長十尺湯王身長九尺今交身亦長九尺四寸但獨食粟而已當如之何則可以爲堯舜曰奚有於是至是桀而已矣孟子荅之曰何有於此言之謂乎言非論身長短之謂也所以爲堯舜者是亦爲之而已且託今有人於此其力不能舉任一匹雛之小是則爲無筋力之人也今又曰能舉任三千鈞之重則爲有筋力之人也如是言之則能舉烏獲千鈞之重任者此亦足爲烏獲之徒而已矣且夫人豈以不能舉勝一匹雛之小而爲憂患哉但不爲之耳如用力舉之則勝矣以言人之所欲爲堯舜者豈患其不能爲之哉亦但不爲之耳且以徐緩而行後於長者是謂之悌順急疾而行先於長者謂之不悌順夫徐緩而行者豈凡人所不能如是哉但所不爲徐行之矣夫堯舜二帝之道。而已子今若身服堯之法服以衣服不越禮口誦堯之法言以其言有法度所行則行堯所行。堯。所。行之迹以其行不淫虐如此是亦爲堯之徒矣若子於今

身乃服桀非常之服口誦詭懦之言所行乃行桀淫虐之行如此是亦爲桀而已矣交得見於鄒君至於門曹交聞孟子言至此乃曰交得見鄒君可以因而假館舍願留止而受業於夫子之門而學於孟子也曰夫道若大路至餘師孟子乃荅之曰夫道若大路較然易行也豈爲難知者哉言不難知也但人病不求之耳子歸曹而自能求之而行其道亦不少師也何必願受業於我孟子所以荅之此者蓋爲曹交欲挾鄒君而問是挾貴而問者也是以辭之而已抑亦不屑教誨之謂也○注。鈞三。千斤○正義曰已前篇說之矣○注烏獲有力人也正義曰案皇甫士安帝王世。說云秦武王好多力之士烏獲之徒並皆歸焉秦王於洛陽舉周鼎烏獲兩目血出六國時人也孟子假是而開闢曹交之蔽而已矣

公孫丑問曰高子曰小弁小人之詩也孟子曰何以言之曰怨高子齊人也小弁小雅之篇伯奇之詩也怨者怨親之過故謂之小人曰固哉高叟之爲詩也有人於此越人關弓而射之則己談笑而道之無他疏之也其兄關弓而射之則己垂涕泣而道之無他戚之也小弁之怨親親也親親仁也固矣夫高叟之爲詩也固陋也高子年長孟子曰陋哉高父之爲詩也疏越人故談笑戚親也親其兄故號泣而道之怪怨之意也伯奇仁人而父虐之故作小弁之詩曰何辜于天親親而悲怨之辭也重言固陋傷高叟不達詩人之意。也曰凱風何以不怨詩邶風凱風之篇也公孫丑曰凱風亦孝子之詩何以獨不怨曰凱風親之過小者也小弁親之過大者也親之過大而不怨是愈疏也親之過小而怨是不可磯也愈疏不孝也不可磯。亦不孝也孔子曰舜其至孝矣五十而慕孟子曰凱風言莫慰母心母心不悅也知親之過小也小弁曰行有死人尚或墐之而曾不。關已知親之

過大也愈益也過已大矣而孝子不怨思其親之意何爲如是是益疏之道也故曰不孝磯激也過小耳而孝子感激輒怨其親是亦不孝也孔子以舜年五十而慕其親不殆稱曰孝之至矣孝之不可以已也知高叟譏小弁爲不得矣疏公孫丑至而慕○正義曰此章言生之膝下一體而分喘息呼吸氣通於親當親而疏怨慕號天是以小弁之怨未足以爲愆也公孫丑問曰高子曰小弁小人之詩也高子齊人也公孫丑問孟子曰高子有云小弁之詩是小人之詩也孟子曰何以言之孟子又問孫丑以謂高子何以言爲小人之詩曰怨孫丑又荅之曰爲其有怨也曰固哉高叟之爲詩也又至爲詩也固陋矣高子老孟子稱曰叟蓋叟長老之稱也孟子曰陋哉高叟之謂此詩爲小人之詩也今且訖以有人於此是爲越南蠻人被人彎弓而射之則己見之則但談笑而道之也此無他是與越人疏也其兄如被人彎弓而射之則己見之必垂涕淚號泣之而道之此無他是與兄爲親也小弁之詩其辭有怨是親親之故也親親仁道也陋矣夫高子之謂此詩爲小人之詩也然孟子所以重言之深誚高子不達詩人之意之甚者也曰凱風何以不怨公孫丑再問孟子然則凱風亦孝子之詩也何以獨不怨凱風邶風之詩也曰凱風親之過小者也至五十而慕者孟子又荅之曰凱風之詩是親之過小者也以詩觀之有曰有子七人莫慰母心是爲親之過小者也小弁之詩是親之過大者也以詩觀之有曰何辜于天我罪伊何是則怨以責己爲親之過大者也親之過大而不怨慕之是益疏其親也親之過小而怨之是懟其親也是謂父母不可以磯激之者也是親之過大者以其幽王信褒姒讒言疏太子宜臼之親非特放之又將以殺之是以小弁爲太子之傅作焉而著父之過爲大者也親之過小者以其先王制禮夫死妻穉子幼然後其妻始與適人今七子之母則非穉齒子幼者也乃反不安其室而欲去嫁是以凱風美孝子以著母之過爲小者也故曰益疏其親而不怨慕之者是不孝者也謂父母不可激之者是亦不爲者也云磯者蓋磯激也若微切以感激之以幾諫者也譬如石之激水順其流而激之耳今乃謂親之不可幾諫安得謂孝子乎所以云愈疏不孝也不可磯亦不孝也又引孔子有云

舜其爲至孝者耳以其但亦五十之年尚能慕親矣孟子又引以此蓋謂至孝則當怨慕之也然則小弁之怨安得謂爲小人乎宜高子所以見誚於吾孟子矣○注伯奇仁人而父虐之至何辜于天○正義曰按史記云幽王嬖愛褒姒姒生子伯服幽王欲廢太子太子母申侯女而爲后後幽王得褒姒愛之欲廢申后并去太子宜臼以褒姒爲后以伯服爲太子後立爲平王者是宜臼者也以此推之則伯奇宜臼也故小弁之詩注云幽王娶申女生太子宜臼又娶褒姒生子伯服立以爲后而放宜臼將殺之故也○凱風至小弁曰行有死人尚或墐之○正義曰凱風美孝子之詩也云莫慰母心者注云慰安也言有子七人無以安母之心也云行有死人尚或墐之者注云墐路冢也箋云相視投掩行道也視彼人將掩兔尚有先驅走之者道中有死人尚有覆掩之成其墐者言其心所不忍也

宋牼將之楚孟子遇於石丘曰先生將何之宋牼宋人名牼學士年長者故謂之先生石丘地名也道遇問欲何之。也曰吾聞秦楚構兵我將見楚王說而罷之楚王不悅我將見秦王說而罷之二王我將有所遇焉牼自謂往說二王必有所遇得從其志。也曰軻也請無問其詳願聞其指說之將何如孟子敬宋牼自稱其名曰軻不敢詳問。其指欲如何說之曰我將言其不利也牼曰我將爲二王言興兵之不利也曰先生。之志則大矣先生。之號則不可先生以利說秦楚之王秦楚之王悅於利以罷三軍之師是三軍之士樂罷而悅於利也爲人臣者懷利以事其君爲人子者懷利以事其父爲人弟者懷利以事其兄是君臣父子兄弟終去仁義懷利以相接然而不亡者未之有也孟子曰先生志誠大矣所稱名號不可用也二王悅利罷三軍。三。軍士樂之而悅利則舉國尚利以相接待而忘仁義則其國。從。而亡矣先生以仁義說秦楚之王秦楚之王悅於仁義而罷三軍之師是三軍之士樂罷而悅於仁義也爲人臣者懷仁義以事其君爲人子者懷仁義以事其父爲人弟者懷仁義以事其兄是君臣父子兄弟去利懷仁義以相接也然而不王者未之有也何必曰利以仁義之道不忍興兵三軍之士悅國人化之咸以仁義相接可以致王何必以利爲名也。

疏宋牼至何必曰利○正義曰此章言上之所欲下以爲俗俗化於善久而致平俗化於惡久而致傾者也宋牼將之楚孟子遇於石丘曰先生將何之○宋牼宋國之人姓宋名牼孟子尊老之曰先生宋牼將欲往楚國孟子相逢於石丘之地石丘則宋國地也孟子乃問之曰先生將何往曰吾聞秦楚搆兵至我將有遇焉宋牼荅孟子曰我聞秦楚二國交兵我將見楚王說而罷之如楚王不悅我說我將又見秦王說而罷之秦楚二王我將有所得從其志也曰軻也至將何如孟子敬宋牼故自稱名曰軻也請無敢問其詳悉願聞其指意說之將如何說之曰我將言其不利也牼荅之曰我將說之以言其興兵之不利也曰先生之志則大矣至何必曰利孟子又荅之曰先生之志則誠爲大矣先生之名號則不可用也先生今以利說秦楚二王秦楚二王悅於利是必罷三軍之衆萬二千五百人爲軍三軍之衆乃三萬七千五百人也如此是三軍之士卒樂罷兵而悅利也爲人臣者苟懷抱其利以奉君爲人子者又懷抱利以事其父爲人弟者又懷抱利以奉其兄是則君臣父子兄弟終皆亡去仁義之道特懷利以相接待君臣父子兄弟皆以利相接待然而不身亡者未之有也言必亡其身矣先生將以仁義之道說秦楚之王秦楚之王悅從仁義而罷去三軍之衆也如此是三軍之士卒樂罷兵而悅從於仁義也爲人臣者懷抱仁義之道以奉其君爲人子者懷抱仁義之道以奉其父爲人弟者懷抱仁義之道以奉其兄是則君臣父子兄弟

乃去其利而抱仁義相接待也既懷抱仁義而相接待則父父子子君君臣臣兄兄弟弟如此則不為王者未之有也言如此則可以為王矣何必曰利以說之乎蓋為利則其害至於亡身為仁義則其利至於王故曰何必曰利也此孟子所以持仁義之道教宋牼事其秦楚譏其欲以利說秦楚也○注宋牼宋人名牼○正義曰案荀卿非十二子云不知壹天下建國家之權稱會不足以容辨異懸君臣然而其持之有故其言之成理足以欺惑愚衆是宋鈃也楊倞云宋鈃宋人與孟子尹文子彭蒙慎到同時孟子作宋牼牼與鈃同口莖反是也

孟子居鄒季任為任處守以幣交受之而不報處於平陸儲子為相以幣交受之而不報任薛之同姓小國也季任任君季弟也任君朝會於鄰國季任為之居守其國致幣帛之禮以交孟子受之而不報平陸齊下邑也儲子齊相也亦致禮以交於孟子孟子而不荅之也他日由鄒之任見季子由平陸之齊不見儲子屋廬子喜曰連得閒矣問曰夫子之任見季子之齊不見儲子為其為相與連屋廬子名也見孟子荅此二人有異故喜曰連今日乃得一見夫子與之閒隙也俱荅二人獨見季子不見儲子者以季子當君國子民之處儲子為相故輕之邪曰非也書曰享多儀儀不及物曰不享惟不役志于享為其不成享也孟子曰非也非以儲子為相故不見尚書洛誥篇曰享多儀言享見之禮多儀法也物事也儀不及事謂有闕也故曰不成享禮儲子本禮不足故我不見也屋廬子悅或問之屋廬子曰季子不得之鄒儲子得之平陸屋廬子已曉其意聞義服故悅也人問之曰何為若是屋廬子曰季子守國不得越境至鄒不身造孟子可也儲子為相得循行國中但遣交禮為其不尊賢故禮荅而不見之也

疏孟子居鄒至平陸○正義曰此章言君子交接動不違禮享見之儀亢荅不差是以孟子或見或否各以其宜者也

孟子居鄒至而不報言孟子居處鄒國季任爲任國居守者也以其任國之君朝會於鄰國季任爲居守其國也季任爲居守以幣帛之禮以交孟子孟子受而不荅孟子爲齊卿相之時居處於平陸齊之下邑儲子爲齊相以幣帛交孟子孟子亦受之而不荅他日由鄒之任至不見儲子言孟子異日自鄒之任國乃見其季子自平陸往齊國乃不見儲子屋廬子喜曰至爲相與屋廬子見孟子於此二人見與不見故喜而言曰連於今日得間隙與夫子爲語矣故問孟子曰夫子往任國乃見季子往齊國乃不見儲子是爲其儲子爲齊相故欲輕之歟曰非也至爲其不成享也孟子荅之曰非爲其爲相故不見而輕之耳以其尚書洛誥篇有云享多儀言享見之禮多儀法也如儀不及享獻之物是曰不享以其無儀法雖有物以享之但亦如不享耳惟在上者不役使下之志於享也是以我不見儲子者爲其儀不及物不成享也我所以受之幣而不見荅也屋廬子悅至得之平陸屋廬子已曉故聞孟子言而喜悅或人見屋廬子故問之曰此洛誥云是何之謂屋廬子荅之曰季子以其守國故不得越境親至鄒國見孟子故但以幣交孟子孟子所以往而見荅也儲子爲齊相得循行國中可以親至平陸見孟子然以不親見之但亦以幣交之是其不尊賢者也是所謂儀不及物爲不成享也孟子所以之齊故不見而荅之也○注任薛之同姓正義曰案魯隱公十一年左傳云滕侯薛侯來朝爭長公使羽父請於薛侯曰周之宗盟異姓爲後寡人若朝于薛不敢與諸任齒杜預云薛任姓也齒列也是知薛與任爲同姓也○注尚書洛誥篇云○正義曰此篇召公既相宅周公往營成周使來告卜作此洛誥之篇也孔安國云既成洛邑將欲成王告以居洛之義也云享多儀至惟不役志于享者案安國傳云奉上謂之享言奉上之道多威儀威儀不及於禮物惟曰不奉上人君惟不役志於奉上則凡人化之惟曰不奉上矣

淳于髡曰先名實者爲人也後名實者自爲也夫子在三卿之中名實未加於上下而去之仁者固如此乎淳于姓髡名也齊之辨士名者有道德之名實者治國惠民之功實也齊大國

有三卿謂孟子嘗處此三卿之中矣未聞名實下濟於民上匡其君而速去之仁者之道固當然邪孟子曰居下位不以賢事不肖者伯夷也五就湯五就桀者伊尹也不惡汙君不辭小官者柳下惠也三子者不同道其趨一也伊尹爲湯見貢於桀不用而歸湯湯復貢之如何者五思濟民冀得施行其道也此三人雖異道所履則一也一者何也髡問一者何也曰仁也君子亦仁而已矣何必同孟子言君子進退行止未必同也趨於履仁而已髡爲其速去故引三子以喻意也曰魯繆公之時公儀子爲政子柳子思爲臣魯之削也滋甚若是乎賢者之無益於國也髡曰魯繆公時公儀休爲執政之卿子柳泄柳也子思孔子之孫伋也二人爲師傅之臣不能救魯之見削奪亡其土地者多若是賢者無所益於國家者何用賢爲曰虞不用百里奚而亡秦繆公用之而霸不用賢則亡削何可得歟孟子云百里奚所去國亡所在國霸無賢國亡何但得削豈可不用賢也曰昔者王豹處於淇而河西善謳緜駒處於高唐而齊右善歌華周杞梁之妻善哭其夫而變國俗有諸內必形諸外爲其事而無其功者髡未嘗覩之也是故無賢者也有則髡必識之王豹衞之善謳者淇水名衞詩竹竿之篇泉源在左淇水在右碩人之篇曰河水洋洋北流活活衞地濱於淇水在北流河之西故曰處淇水而河西善謳所謂鄭衞之聲也緜駒善歌者也高唐齊西邑緜駒處之故曰齊右善歌華周華旋也杞梁杞殖也二人齊大夫死於戎事者其妻哭之哀城爲之崩國俗化之則効其哭髡曰如是歌哭者尚能變俗有中則見外爲之而無功者髡不聞也有功乃爲賢者不見其功故謂之無賢者也如有之則髡必識之矣

曰孔子爲魯司寇不用從而祭燔肉不至不稅冕而行不知者以爲爲肉也其知者以爲爲無禮也乃孔子則欲以微罪行不欲爲苟去君子之所爲衆人固不識也孟子言孔子爲司寇爲賢臣不用不能用其道也從魯君而祭於宗廟當賜大夫以胙燔肉不至膊炙者爲燔詩云燔炙芬芬反歸其舍未及稅冕而行出適他國不知者以爲不得燔肉而愠也知者以爲爲君無禮乃欲以微罪行燔肉不至我黨從祭之禮不備有微罪乎乃聖人之妙旨不欲爲誠欲急去也衆人固不識君子之所爲謂髡不能知賢者之志也

【疏】淳于至不識也○正義曰此章言見幾而作不俟終日孔子將行冕不及稅庸人不識課以功實淳于雖辨終亦屈服正者勝也淳于髡曰至固如是乎淳于髡齊國之辨士也淳于髡問孟子曰先名實者爲人也後名實者自爲也言名生于實者也有功利之實斯有功利之名進而治國濟民則名利在所先故先名實者爲人退而獨善其身則功利在所後故後名實者爲自爲今夫子嘗處於三卿之中而名實未加及於上下而去之仁人固肯如是乎髡之意以爲仁人必不如是也故以此譏之蓋名實未加於上下以其上無以輔佐君而治國下無以惠澤而濟於民也孟子曰至其趨也者孟子乃荅曰居臣下之位不肯以賢而奉事不肖者是伯夷也所謂伯夷非其君不事是矣五就湯五就桀者是伊尹也所謂何事非君治亦進亂亦進是矣不恥汙君不辭小官者謂柳下惠也所謂爾爲爾我爲我爾焉能浼我哉阨窮而不憫遺佚而不怨是矣此三子者雖進退之道不同然其所履則一而已一者何也髡又問孟子所謂其趨一者是何也曰仁也君子亦仁而已矣何必同孟子又荅曰其一者是一於仁也一言三子進退行止皆一於仁也伯夷之仁則見於必退以爲清伊尹之仁則見於必進而爲任下惠之仁則見於不必進亦不必退而爲和如此則君子進退行止亦履仁而已何用同其進退行止然後爲仁也孟子所以引此三子而喻者蓋謂之去齊是亦伯夷之清者也是亦有仁而已故以是荅淳于髡曰魯繆

公之時公儀子為政至無益於國也髡又曰魯繆公之時公儀休為執政之卿泄柳孔伋為師傅之臣而魯國為敵國所侵削益甚如此是賢者不能拯救之是賢者無所益於國家也曰虞不用百里奚而亡至何可得歟者孟子又荅之曰虞君不能信用百里奚而亡其國秦繆公任用之而得為霸是則不能用賢則國亡矣何特止於見削歟故曰削何可得歟蓋百里奚知虞公之不可諫而去之秦而穆公釋其囚授之以國政號曰五羖大夫是其事也又說於萬章首卷之末詳矣曰昔者王豹處於淇上至識之者髡又曰往日衛之善謳詠者王豹居於淇水而西河之人皆善謳齊之善歌詠者緜駒居於高唐而齊右之人皆能善歌凡此是皆以謳相尚故然也齊之二大夫華周杞梁皆死於戎事其二人妻哭哀城為之崩國俗化之而皆效其哭是以如此歌哭者尚能變化其俗則有諸中必見於外如無其功者髡未嘗見之也如此是故無賢者也有賢者則髡必知之矣淳于髡所以又言之此者以其不知繆公不能師公儀休泄柳子思三子之道徒疑之以為不賢又以此明孟子名實未加於上下而去之亦若是矣故引而言之復譏於孟子淇水河西高唐齊右皆地名也曰孔子為魯司寇至衆人固不識也孟子又荅曰孔子嘗為魯國司寇之官不得用其道從魯君祭於宗廟當賜大夫以胙燔肉且不至孔子孔子遂反歸其舍未及脫祭祀之冕而適他國不知孔子者以謂孔子不得燔肉故為此而行也其知孔子者以謂為君無禮乃欲以微罪行微罪以其孔子為司寇大夫之官凡有祭則大夫之黨。黨從君祭既從祭之禮有不備所以有罪矣然則君子之所為者庸衆之人固不能識而知也孟子言此者又有以譏誚髡也意謂吾之去齊是亦君子之道也豈淳于髡所識也○注淳于髡至然也正義曰案史記列傳云淳于髡者齊之贅壻也長不滿七尺滑稽多辨數使諸侯未嘗屈辱齊威之時喜隱好為淫樂長夜之飲酒不治委政於卿大夫百官荒亂諸侯並侵國且危之左右莫敢諫淳于髡曰國中有大鳥云云文恐煩更不具述○注髡曰魯繆公至賢為正義曰云公儀休為執政之卿者案史記云公儀休魯博士以高弟為魯相奉法循理無所變更百官自正使食祿者不得與下民爭利受大者不得取小漢書曰公儀子相魯之其家見織帛怒而出其妻於舍而茹葵愠而拔其葵曰吾以食祿又奪園夫織女利乎是公儀休執政之事也云子柳泄柳也檀弓云子柳鄭注云子柳魯敬仲皮之子子碩兄也子思孔伋已說於前矣○注孟子云百里奚去國至賢也正義曰云百里奚所去國亡所在國霸者即經所謂知虞之將亡而先去之相秦而霸其君是也云何但得削者如楊子云或人問魯用儒而削雄曰魯不用真儒故也如用真儒無敵於天下安得削亦是意也○注王豹衛之善謳至知之○正義曰王豹衛之善謳者注案衛詩以淇水在衛○地說文云淇水出河內其北山東入河又晉世家云晉西有河西與秦接境北邊翟東至河內是也竹竿碩人皆衛國之詩也云高唐齊西邑案齊莊公元年晉伐齊至高唐杜氏曰高唐在祝阿縣西北是也云華周華旋也杞梁杞殖也二人齊大夫案魯襄公二十三年齊莊公旋自晉不入遂襲莒杞梁華旋載甲夜入宿于莒郊明日先遇莒子於蒲侯氏杜注云近莒之邑也莒子重賂之使無死曰請有盟華周對曰貪貨棄命亦君所惡也昏而受命日未中而棄之何以事君莒子親鼓之從而伐之獲杞梁莒人行成齊侯歸。杞梁之妻於郊使弔之辭曰殖之有罪何辱命焉若免於罪猶有先人之敝廬在下妾不得與郊弔齊侯弔諸室杜注云杞梁杞殖也華周即華旋也或云齊莊公襲莒逐而死其妻孟姜向城而哭城爲之崩○注孔子爲魯賢臣從魯君而祭於宗廟燔肉不至者○正義曰案孔子世家云魯定九年孔子爲中都宰一年四方皆則之由中都宰爲司空由司空爲大司寇定公十三年季氏將墮費十四年孔子由大司寇攝行相事有喜色門人聞君子禍至不懼福至不喜孔子曰有是言也於是誅大夫亂政者少正卯齊人歸女樂定公有怠政事子路曰夫子可以行矣孔子曰魯今且郊如致燔于大夫則吾猶可止於是不致燔俎于大夫孔子遂行宿于。此。此魯國之南地也王肅曰燔祭肉也孔子因適衛矣

孟子注疏解經卷第十二上

孟子注疏卷十二上校勘記

阮元撰盧宣旬摘錄

何者爲重　各本同孔本無者字

豈重一車羽邪　閩監毛三本孔本同韓本考文古本車作輿

翅辭也若言何其不重也　按翅辭也者翅者是語詞即不啻也說文口部曰啻語時不啻也奚翅不啻猶史漢之言夥頤或析翅字訓但誤矣注云若言何其重也正謂色食之重者後人添不字遂不可解矣

章指言臨事量宜權其輕重以禮爲先食色爲後若有偏　足利本作偏　殊從其大者屋廬子未達故譬摟紾也

周人述於戶　述當作迎閩監毛三本不誤

當如之何　閩監毛三本同廖本孔本韓本考文古本無之字

力不能勝一匹雛　音義匹丁作疋云注云疋雛小雛也匹不訓小而詁訓及諸書疋訓耦訓小無文今案方言疋小也音節蓋與疋字相似後人傳寫誤耳

則謂之無力人　閩監毛三本同孔本謂作爲力下有之字韓本考文古本力下有之字

百鈞三千斤也　閩監毛三本孔本韓本同廖本千作十考文引亦作十足利本無百鈞二字案廖本非也

則謂之有力之人閩監毛三本同廖本孔本韓本考文古本下有矣字

孝悌而已矣閩監毛三本同宋九經本岳本咸淳衢州本孔本韓本悌作弟○按悌者俗字

淫虐之行閩監毛三本同廖本孔本韓本考文古本下有也字

爲桀似桀而已矣閩監毛三本同廖本孔本韓本考文古本無而已矣三字

不必留館學也閩監毛三本同孔本韓本考文古本館作此

章指言天下韓本考文古本有之字大道人並由之病於不爲不患不能是以曹交請

學孟子辭焉蓋詩三百一言以蔽之孔本韓本足利本作也

夫堯舜二帝之道而已閩監毛三本而已上增孝弟二字是

則行堯所行堯所行之迹閩監毛三本删堯所行三字是

口誦詭懦之言閩監毛三本誦下增桀字

注鈞三千斤案鈞上當有百字閩監毛三本改千爲十非也

帝王世說云案說當作紀

高父之爲詩也閩本孔本韓本考文古本足利本同監毛二本父誤叟

不達詩人之意也閩監毛三本同廖本孔本韓本考文古本意下有甚字

不可磯也按段玉裁曰注中訓磯激也但於雙聲求之磯與杌概字古音同謂摩故毛詩音義曰磯居依反又古愛反古假借字耳近人以石激水解之殊誤說文固無磯字

而曾不閔已廖本孔本韓本考文古本同閩監毛三本閔誤關案十行本閔字稍糢糊翻刻閩本時誤認爲關字遂改爲關耳

而慕其親不殆閩監毛三本同岳本考文古本足利本慕上有思字孔本韓本與岳本同殆作怠是也

孝之至矣岳本孔本韓本考文古本同閩監毛三本矣誤耳

爲不得矣岳本廖本孔本韓本考文古本同閩監毛三本得誤達

章指言生之膝下一體而分喘息呼吸氣通於親當親而疏怨慕號天是以

小弁之怨未足以孔本韓本考文引古本無以字爲衍也

孟子又問孫丑閩本同監毛二本孫上增公字非下孫丑又荅之同

以褒爲后閩本同監毛二本褒下增姒字

問欲何之也閩監毛三本同廖本孔本韓本考文古本無也字

得從其志也閩監毛三本同廖本孔本韓本考文古本無也字

不敢詳問其指閩監毛三本同岳本孔本韓本考文古本其上有顧聞二字

先生之志則大矣毛本生誤王下先生之號同

三軍士樂之而悅利考文古本無三軍二字

則其國從而亡矣閩監毛三本同廖本孔本韓本無從而二字

章指言上之所欲下以爲俗俗化於善久而致平俗化於惡久而致傾是以君子創業慎其所以爲名也

居守其國閩監毛三本同廖本孔本韓本考文古本下有也字

致幣帛之禮足利本無帛字

受之而不報閩監毛三本同岳本孔本韓本不作未下有也字

亦致禮以交於孟子閩監毛三本岳本廖本孔本韓本考文古本無於字

孟子亦不荅之也閩監毛三本同廖本考文古本作而未荅也孔本韓本足利本作受而未荅也

聞義服故悅也閩本同監本服上剜增而字毛本孔本韓本考文古本同監本○按當作聞義則服用弟子職語

故禮荅而不見之也閩監毛三本同廖本孔本韓本考文古本無禮之也三字

章指言君子交接動不違禮享見之儀亢考文古本作允荅不差是以孟子或見或否各考文古本否各作不荅以其宜也

有道德之名　閩監毛三本同孔本韓本考文古本下有也字

見貢於桀　足利本貢作責下復貢同○按貢是也

不用而歸湯　閩監毛三本同廖本孔本韓本考文古本上有桀字

如何者五　閩監毛三本何改是岳本孔本韓本作此

所履則一也　閩監毛三本同廖本孔本韓本則作者

趨於屢仁而已　補案屢當作履監毛本不誤

皃爲其速去　閩監毛三本同廖本孔本韓本考文古本爲作譏

孔子之孫伋也　閩監毛三本同廖本孔本韓本考文古本無子之孫三字

衞詩竹竿之篇　閩監毛三本同廖本孔本韓本考文古本下有曰字

北流活活　監本下活誤滔

齊右善歌　毛本歌誤謳○按右一本作后見文選注藝文類聚要非趙本也

爲之而無功者 考文古本之作事

則髡必識之矣 閩監毛三本同廖本孔本韓本考文古本之矣作知之

爲司寇爲賢臣 閩監毛三本同廖本孔本韓本考文古本作爲魯賢臣

膞炙者爲燔 毛本膞誤煿

未及稅冕而行 閩監毛三本同廖本孔本韓本考文古本稅下有解祭之三字

不欲爲誠欲急去也 考文古本上欲作敬

衆人固不識君子之所爲 閩監毛三本同廖本孔本韓本考文古本足利本識作能知二字

章指言見幾而作不俟終日孔子將行冕不及稅庸人不識課以功實淳于

雖辯終亦屈服正者勝也

孟子曰至其趍也者 閩監毛三本也上增一字毛本趍作趨

下惠之仁 閩本同監毛二本上增柳字

蓋謂之去齊 閩監毛三本之上增我字

則大夫之黨黨從君祭 補監毛本下黨字作當是也

齊侯歸杞梁之妻閩本同監本杞上剜增遇字毛本同

宿于此此魯國之南地也閩本同監毛本此改也

孟子注疏卷十二上校勘記

孟子注疏解經卷第十二下

告子章句下　　趙氏注　　孫奭疏

孟子曰五霸者三王之罪人也五霸者大國秉直道以率諸侯齊桓晉文秦繆宋襄楚莊是也三王夏禹。商湯周文王是也今之諸侯五霸之罪人也今之大夫今之諸侯之罪人也謂當孟子之時諸侯及大夫也諸侯臣總謂之大夫罪人之事下別言之天子適諸侯曰巡狩諸侯朝於天子曰述職春省耕而補不足秋省斂而助不給入其疆土地辟田野治養老尊賢俊傑在位則有慶慶以地入其疆土地荒蕪遺老失賢掊克在位則有讓。一不朝則貶其爵再不朝則削其地三不朝則六師移之是故天子討而不伐諸侯伐而不討五霸者摟諸侯以伐諸侯者也故曰五霸者三王之罪人也巡狩述職皆以助人民慶賞也養老尊賢能者在位賞之以地益其地也掊克不良之人在位則責讓之不朝。而至三。則討之以六師移之就之也討者上討下也伐者敵國相征伐也五霸強摟牽諸侯以伐諸侯不以王命也於三王之法乃爲之罪人也五霸。桓公爲盛葵丘之會諸侯束牲載書而不歃血初命曰誅不孝無易樹子無以妾爲妻再命曰尊賢育才以彰有德三命曰敬老慈幼無忘賓旅四命曰士無世官官事無攝取士必得無專殺大夫五命曰無曲防無遏糴無有封而不告曰凡我同盟之人既盟之後言歸于好今之諸侯皆犯此五禁故曰今之諸侯五霸之罪人也齊桓公五霸之盛者也與諸侯會于葵丘束縛其牲但加載書不復歃血言畏桓公不敢負。之不得專誅不孝樹立也已立世子不得擅易也不得立愛妾爲嫡。妻也尊賢養才所以彰明有德之人敬老愛小恤矜孤寡客羈旅勿忘忽也仕爲大臣不得世官賢臣乃得世祿也官事無攝無曠庶僚也取士必得賢。也。立。賢無方也無專殺大夫不得以私怒行。戮也無敢違王法而以己。意設防禁也無遏止穀糴不通鄰國也無以私恩擅有。封賞而不告盟主也言歸于好無搆怨也桓公施此五命而今諸侯皆犯之故曰罪人也長君之惡其罪小逢君之惡其罪大今之大夫皆逢君之惡故曰今之大夫今之諸侯之罪人也君有惡命臣長大而宣之其罪在不能拒逆君命故曰小也逢迎也君之惡心未發臣以詔媚逢迎。之而導君爲非故曰罪大今諸侯之大夫皆逢君之惡故曰罪人也。

【疏】孟子至罪人也○正義曰此章言王道浸衰轉爲罪人孟子傷之是以博思古法以匡時君者也孟子曰五霸者三王之罪人也至五霸之罪人也者又至今之諸侯之罪人也孟子言齊桓晉文秦繆宋襄楚莊五霸者乃爲夏禹商湯周之罪人也今之諸侯謂孟子時之諸侯乃爲五霸者之罪人也今之大夫亦謂孟子一時之大夫乃爲今之時諸侯之罪人也自天子適諸侯至三王之罪人也者此一段是孟子自解五霸爲三王之罪人也天子適諸侯曰巡守至助不給已說在惠王篇言入其疆謂古天子行巡守之禮巡諸侯所守之地至入其諸侯疆境見其土地開辟而不蕪田野耕治而不荒又能養其耆老尊敬賢者有俊傑之才能在位行政事如此則有慶賞以其慶賞益其地也入其封疆見土地荒蕪而不開辟又遺棄其耆老失其賢人惟以掊克多取聚斂之臣在其位以殘民如此則有責讓不特責讓之又其一不朝覲述所職則貶損其爵至二不朝則削減其土地以至三不朝則命六師以移易

其位也以其不能保安社稷也是故天子於諸侯有其罪則討而不行兵征伐諸侯之於諸侯則行兵征伐而不討蓋彼有罪而布令陳辭以責之而不是謂討也彼有罪而用兵行師以加之是謂伐也且五霸者牽率諸侯者也故曰五霸者三王之罪人也以其五霸擅自專權不待天子錫之弓矢然後征錫之鈇鉞然後殺者也特牽率諸侯以伐諸侯而已是則豈非三王之罪人歟故齊桓率諸侯以伐蔡晉文率諸侯以滅曹秦繆率諸侯以伐晉宋襄率諸侯以伐楚楚莊率諸侯以伐陳是摟諸侯以伐諸侯者也五霸桓公爲盛至五霸之罪人也此一段是孟子自解今之諸侯乃五霸之罪人也言齊桓公爲五霸最盛者也以其土地之廣甲兵之衆强制諸侯懼其未盡從己也於是期約諸侯爲葵丘之會葵丘杜預曰陳留外黄縣有葵丘魯地也諸侯皆束縛其牲但加載書而不復歃血歃血歠血也言不敢負桓公之約也桓公於是初命之曰誅不孝言所誅在不孝矣無易樹子言世子已立更不得擅自變易也無以妾爲妻言不得以愛幸之妾而立嫡妻也其再命之曰尊賢育才以彰有德言賢者當尊之於朝廷崇其才德者當養之於學以成其德是所謂以彰明有德者也其三命之曰敬老慈幼無忘賓旅言當敬重其耆老慈憫其幼少又當無忘忽其賓客羈旅其四命之曰士無世官不得兼攝其職也以其一官不事則一事不舉也取士必得言所取之士必得其賢不得使之羣小殽亂之也無專殺大夫言大夫有罪者當皆請命於天子而諸侯不得專殺之也其五命之曰無曲防言不得曲防其水以專利也當通水利而防鄰之而已無遏糴言不得遏止穀糴不通於鄰國也無有封而不告言不得有私自封賞而不告於天子也五命之後於是又布告之曰凡我同盟會盟之人自今既盟誓之後言當歸於交好無更搆怨也然今之諸侯皆犯此桓公之五禁故曰今之諸侯五霸之罪人也五禁即五命是也長君之惡至今之諸侯之罪人也者此一段孟子自解今之大夫爲今之諸侯罪人者也蓋自諸侯之下皆爲大夫者也言君有惡命臣長益而宣布之其罪猶小以其但不能距逆君之命也君之惡未著而爲之臣乃諂媚逢迎而導君爲非故曰其罪大以其有以啓之也然今之大夫皆有以迎君之惡

而啓之故曰今之大夫今之諸侯之罪人也○五霸至者也正義曰云齊桓晉文至楚莊五者今案史記諸侯年表云周莊王十二年齊桓公小白卽位周釐
王三年始霸會諸侯於甄周惠王二十三年諸侯伐鄭周襄王元年夏會諸侯於葵丘天子使宰孔賜胙命無拜襄王九年卒是桓公自釐王三年始霸至
卒凡得四十三年晉文公重耳自周襄王十六年卽位是爲霸五年卒諸侯以伐曹襄王二十四年薨卽位凡得九年而已宋襄公茲父自周襄王三年卽位
十三年伐楚十四年死泓戰是歲襄王十五年矣秦繆公任好自周惠王十五年卽位二十八年會晉伐楚朝周是歲周襄王二十年三十五年伐晉報殽敗
于汪三十九年卒以人從死是歲襄王三十一年矣楚莊王侶自周頃王六年卽位十三年伐陳十六年卒諸侯誅陳夏徵舒立陳成公午三十三年薨是歲
周定王十六年矣云夏禹商湯周文武說於前矣○注齊桓至罪人也正義曰云與諸侯會于葵丘案僖公九年左傳云夏會諸侯于葵丘尋盟且脩好禮
也秋齊桓盟諸侯于葵丘曰凡我同盟之人既盟之後言歸于好是之謂也是歲所謂周襄王元年矣云誅不孝者如衞世子輒拒其父蒯聵于楚世子商臣弑
其父凡此之類是不孝者也云無易其世子者如晉獻公立奚齊以易申生是易世子者也云無立愛妾爲嫡者正妃曰嫡也如晉獻公於驪姬是以愛妾爲
嫡也云尊賢育才者如南有嘉魚之詩云太平之君子至誠樂與賢者共之也菁菁者莪之詩云樂育才也凡此是尊賢養才之意也云敬老愛小恤矜寡孤
如周禮大司徒之職云以保息六養萬民一曰慈幼二曰養老孟子曰文王發政施仁必先鰥寡孤獨是以其旨也云賓客羈旅無忽忘也周禮太宰職云以禮
待賓客之治是不忘賓客也孟子曰關市譏而不征是不忘羈旅也云仕爲大臣不得世官是乃得世祿者如魯有臧孫氏仲孫氏叔仲氏季孫氏晉有狐氏
趙氏荀氏郤氏欒氏范氏齊有高氏國氏崔氏衞有甯氏孫氏是皆世官之類也孟子曰文王治岐士。無世祿是世祿之謂也云無曠庶僚者孔安國云僚官
也曠空也尚書注云無曠庶官天工人其代之位非其人爲空官言人代天理官不可以大官私非其人亦具官而事無攝則爲非禮孔子曰管仲官事不攝

爲得儉所以讒諂之矣云取士必得立之無方者如桓公取管仲於賊國湯立賢無方是矣若晉奚齊之於里克陳靈公於夏徵舒是取士不得矣云不得以私怒行戮者如文公六年左傳云賈季怨陽子之易其班而知其無援於晉乃使續鞫居殺處父成公八年晉殺其大夫趙括十五年宋殺其大夫山十六年楚殺其大夫公子側是也凡此之類春秋書之四十有七是專殺大夫也云無敢違王法而以己意私設防禁者然而此意亦通義矣奈何據其下文曰遏糴則無曲防是爲無曲防障其水以專利者也故先王制畎遂溝洫所以爲此矣是齊桓會諸侯于陽穀公羊以爲障谷會諸侯于葵丘穀梁以爲無壅泉凡此可見矣云無止糴如秦饑晉閉之糴是也云無以私恩擅有封賞如成公十八年楚取彭城以封魚石是也凡此五命案左傳文則曰凡我同盟之人既盟之後言歸于好而不及五命案公穀梁述葵丘會有云無遏糴無易立子無以妾爲妻無使婦人與國事無壅泉而不及誅不孝尊賢育材士無世官官事無攝取士必得無專殺大夫無有封而不告案公羊述桓公陽穀之會則云無障谷無貯粟無易立子無以妾爲妻而不及無使婦人與國事其詳略與此不同蓋所以相終始而已又案春秋凡書諸侯會有四十九而齊桓十有八焉內臣會凡二十有六而齊居四焉書外相會凡十有三而齊居六焉案史記云兵車之會三乘車之會六孔子曰桓公九合諸侯一匡天下穀梁傳云衣裳之會十有一范注云十三年會北杏十四年會鄄十五年會鄄十六年會幽二十七年又會幽僖公元年會檉二年會貫三年會陽穀五年會首戴七年會寗九年會葵丘凡十一會也

魯欲使慎子爲將軍孟子曰不教民而用之謂之殃民殃民者不容於堯舜之世一戰勝齊遂有南陽然且不可慎子善用兵者不教民以仁義而用之戰鬭是使民有殃禍也堯舜之世皆行仁義故好戰殃民者不能自容也就使慎子能爲魯一戰取齊南陽之地且猶不可山南曰陽岱山之南謂之南陽也

慎子勃然不悅曰此則滑釐所不識也滑釐慎子名不悅故曰我所不

知此言何謂也曰吾明告子天子之地方千里不千里不足以待諸侯諸侯之地方百里不百里不足以守宗廟之典籍周公之封於魯爲方百里也地非不足而儉於百里太公之封於齊也亦爲方百里也地非不足也而儉於百里今魯方百里者五子以爲有王者作則魯在所損乎在所益乎徒取諸彼以與此然且仁者不爲況於殺人以求之乎孟子見慎子不悅故曰明告子天子諸侯°制制如是諸侯當來朝聘故言守宗廟典籍謂先祖常籍法度之文也周公大公地尚不能滿百里儉而不足也後世兼侵小國今魯乃五百里矣有王者作若文王武王者子以爲魯在所損之°乎在所益之°乎言其必見損也但取彼與此爲無傷害仁者尚不肯爲況戰鬬殺人以求廣土地乎君子之事君也務引其君以當道志於仁而已言君子事君之法牽引其君以當°正道者仁也志仁而已欲使慎子輔君以仁也°疏°慎子至而已〇正義曰此章言招攜懷遠貴以德禮賤其用兵義勝爲上戰勝爲下明賤戰者也魯欲使慎子爲將軍慎子名滑釐善用兵者也魯國遂欲使慎子爲將軍戰鬬孟子曰不教民以仁義之道而用之戰鬬是謂殃禍以殘害民也故好戰而殃禍殘害其民者不容於堯舜二帝之世也以其堯舜之世民皆仁義但如四凶者則誅戮之是不容殃民者也今欲使慎子爲將軍雖爲魯一戰而遂取南陽之地然且猶不可況有不勝者乎慎子勃然不悅曰此則滑釐之罪也慎子見孟子此言乃勃然變顏而不悅而憤之曰此言則滑釐所不知也故自稱名爲滑釐是以因知滑釐爲慎子名也曰吾明告子至於仁而已孟子乃與之曰我分明告子以其不可之意也且天子之地方闊千里不闊千里則其中無可以待諸侯諸侯之地方闊百里不闊百里則其中無以守宗廟之典籍典籍常籍法度之文也謂先祖之典籍也周

公之封於魯也其地爲方闊百里者也非其地不足而儉用於百里然亦不敢縱欲以敗王制也太公之封於齊亦然今魯國方百里之地有五以其方五百里者也子今且以爲有王者興作則此魯國之地在所損之中乎在所益之中乎言必在所損也是則徒務戰鬬取彼以與此也是則仁者且不肯爲而戰鬬殺人以求廣土地乎○注慎子善用兵至南陽也○正義曰案史記慎到趙人也學黃老道德之術著十二篇徐廣曰今慎子劉向所定有四十六篇墨子云公輸子意不過欲殺臣殺臣宋莫能守可攻也然臣之弟子滑釐等三百人已持魯國之器在宋城上而待楚寇也雖殺臣不能絕也於是楚王曰善哉吾請無攻宋城矣是慎子卽慎到矣荀卿非十二子篇注云慎子與宋銒孟子同時是也墨子之云則又知是爲善用兵者矣云山南曰陽岱山之南謂之南陽者案尚書禹貢岳陽孔安國云山南曰陽岱山卽太山在齊國之南者也周公封於魯太公封於齊案周禮上公之地五百里齊魯是爲上公之封則百里實封之五百里兼附庸之地也今魯方百里非兼附庸也安詩自廣而已禮記曰周公封於曲阜百里史記云周封伯禽於魯四百里太公於齊兼五侯地是皆臆說不足取信也

孟子曰今之事君者皆曰我能爲君辟土地充府庫今之所謂良臣古之所謂民賊也辟土地侵小國也充府庫重賦斂也今之所謂良臣於古之法爲民賊者也賊傷民也故謂之賊也君不鄉道不志於仁而求富之是富桀也爲惡君聚斂以富之爲富桀也謂若夏桀也我能爲君約與國戰必克今之所謂良臣古之所謂民賊也連諸侯以戰求必勝之也君不鄉道不志於仁而求爲之強戰是輔桀也說與上同由今之道無變今之俗雖與之天下不能一朝居也今之道非善道今之世俗漸惡久矣若不變更雖得天下之政而治之不能自安一朝之閒居其位也

疏孟子止居也○正義曰此章言善爲國者必藏於民賊民

以往其餘何觀變俗移風非樂不化以亂齊民不知其善者也孟子曰至不能一朝居也孟子言今之世爲臣而奉事君者皆曰我能爲君廣闢土地充實府庫以其皆掊克之人也今之所謂忠臣良臣者皆古之先王治世所謂爲殘賊民者也孟子於此又言君既不趨向慕於道其心之所之又不志於仁是爲惡也而爲臣者又掊克聚斂而求富之是如富於夏桀之君也又且曰我能爲君期與敵國戰鬬必能勝如此是今之所謂良臣即古之所謂民賊者也君既不向慕道不志於仁而爲臣者又求爲之强戰鬬於敵國是輔桀也若猶用今之不善之道又不能變更今之世俗如此者雖與之以天下亦且不能自安一朝之閒以居其位也是以孟子於魯欲使愼子爲將軍所以深闢之也

白圭曰吾欲二十而取一何如白圭周人也節以貨殖。省賦利民使二十而稅一孟子曰子之道貉道也萬室之國一人陶則可乎貉夷貉之人在荒服者也貉之說二十而取一萬家之國使一人陶瓦器則可乎以此喻白圭之所言。而已。矣曰不可器不足用也白圭曰一人陶則瓦器不足以供萬室之用也曰夫貉五穀不生惟黍生之無城郭宮室宗廟祭祀之禮無諸侯幣帛饔飧。無百官有司故二十而取一而足也貉在北方其氣寒不生五穀黍早熟故獨生之無中國之禮如此之用故可二十。而取一而足也今居中國去人倫無君子如之何其可也陶以寡且不可以爲國況無君子乎欲輕之於堯舜之道者大貉小貉也欲重之於堯舜之道者大桀小桀也今之居中國當行禮義而欲効夷貉無人倫之敍無君子之道豈可哉陶器者少尚不可以爲國況無君子之道乎堯舜以來什一而稅足以行禮故以此爲道今欲輕之二十。而稅一者夷貉爲大貉子爲小貉也欲重之過什一則。是夏桀爲大桀。而子爲。之小桀也。

疏白圭至小桀也○正義曰此章

言先王典禮萬世可遵什一供貢下富上尊裔土簡惰二十而稅夷狄有君不
足爲貴圭欲法之孟子斥之以王制者也白圭曰吾欲二十而取一何如白圭
周人也白圭言於孟子曰我今欲省賦利民但二十中而稅一如之何孟子曰
子之道貉道也萬室之國一人陶則可乎孟子欲闢之故與之曰子以二十而
稅一之道乃荒服北裔貉之道也故託喻以問之曰萬家之國但以一人陶瓦
器而供使用則可乎否乎曰不可器不足用也白圭荅之曰一人陶器而供萬
家之國則器不足用也是爲不可也曰夫貉五穀不生至大桀小桀也孟子又
與之言曰夫貉居於北方其地寒燥而五穀不生長惟黍早熟於寒燥故生之
又以其無中國之城郭宮室又無宗廟祭祀之禮又無幣帛饔飧之費又無百
官之衆供贍朝食曰饔夕食曰飧如此無有費用供贍故於貉但二十而稅一
亦足給也今居中國之地如去人倫之敘使無君子之道如何爲可乎然而陶
器之少且尚不可以爲供國之用況於國而無君子之道乎且自堯舜二帝以
來皆以什一而稅也今欲輕於堯舜什一之道而欲二十而取一則夷貉爲大
貉而子爲小貉也如欲重於堯舜什一之道而過於什一則夏桀爲大桀而子
爲小桀也以其桀暴於賦斂者也此孟子所闢之白圭也○注白圭周人也○
正。案班固志貨殖傳云白圭周人也當魏文侯時李克務盡地力而白圭樂觀
時變故人棄我取人取我與能薄飲食忍嗜慾節衣服曰吾治生與伊尹呂尚
之謀孫吳用兵商鞅行法是也又公羊傳曰古者什一而籍古者易爲什一而
籍什一者天下之中正也多乎什一大桀小桀寡乎什一大貉小貉什一者天
下之中正也什一行而天下頌聲作矣何休云多取於民比於桀蠻貉無百官
制度之費稅薄穀梁云古者什一籍孟子曰夏氏五十而貢殷人七十而助
周人百畝而徹凡書傳云什一者衆矣杜預曰古者公田之法十取其一謂十
畝內取一舊法既以十畝取一矣春秋魯宣公十五年初稅畝又履其餘畝更
復十取其一乃是什取其二故魯哀公問有若曰二吾猶不足如之何其徹也
周禮載師云凡任地近郊十一遠郊二十而三甸稍縣都皆取過十二漆林之
征二十而五彼謂王畿之內所共多故賦稅重諸書所言什一皆謂畿外之國

故鄭玄曰云什一而稅謂之徹徹通也爲天下之通法言天下皆什一耳不言畿內亦什一也孟子云方百里爲井井九百畝其中爲公田八家皆私百畝同養公田公事畢然後敢治私事鄭玄云詩箋云井稅一夫其田百畝則九而稅一其意又異於漢食貨志云井田方。百里是爲。八。九。家共之各受私田百畝公田十畝是爲八百八十畝餘二十畝爲廬舍然而諸儒多用孟子爲義如孟子所言則家別一百一十畝是爲十外稅一也是爲鄭玄有異於此也又孟子對滕公請野九一而助國中什一使自賦鄭玄周禮匠人注孟子此言乃云是邦國亦異外內之法則鄭玄以爲諸侯郊外郊內其法不同郊內十一使自賦其郊外九而助一是爲二十而稅一故鄭玄又云諸侯謂之徹者通其率以十一爲正郊內郊外相通其率爲十稅一也杜預直云十取其一則又異於鄭惟謂一夫百畝以十畝歸公趙注不解夏五十而助助七畝好惡取於此鄭注考工記云周人畿內用夏之貢法邦國用殷之助法也

白圭曰丹之治水也愈於禹丹名圭字也當諸侯。之時有小水白圭爲治除之因自謂過。乎禹也孟子曰子過矣禹之治水水之道也是故禹以四海爲壑今吾子以鄰國爲壑水逆行謂之洚水洚水者洪水也仁人之所惡也吾子過矣子之所言過矣禹除中國之害以四海爲溝壑以受其害水故後世賴之今子除水近注之鄰國觸於洚水之名仁人惡爲之自以爲愈於禹。是子亦過甚矣。

【疏】白圭至過矣○正義曰此章言君子除害普爲人也白圭壑鄰亦以狹矣是故賢者志其大者遠者也白圭曰丹之治水也愈於禹丹圭名也趙注所以知其爲圭字也孟子與之曰子此言有過謬矣夫大禹之治水因水道而疏通歸於海也此故禹以四海爲溝壑以受其水害故當時民皆得平土而居之今吾子以鄰國爲壑以受害而又有逆其水道且逆水者所以謂之洚水謂洚水即洪大之水也是爲仁人之所惡之也今子如是乃云有愈於大禹是吾子之過謬矣白圭云所以言此者是又不知大禹不自滿假不自伐之謂也於禹治水之

功是又白圭未得禹萬分之一也宜其孟子辭而闢之以爲過謬者矣抑亦不思天下有溺者由己溺之謂也

孟子曰君子不亮惡乎執亮信也易曰君子履信思順若爲君子之道捨信將安所執之邪。

疏正義曰此章言重信之至者也孟子言君子之道如不以信爲主則君。之道惡乎執言執君子之道特在乎信也亮信也然言亮而不言信者蓋亮之爲義其體在信其用在明君子之道惟明爲能明善在信爲能誠身不明乎善不能誠其身矣是則君子不亮又惡乎執歟以其誠也者擇善而固執之者也故論語云自古皆有死民無信不立是重信之至也

魯欲使樂正子爲政樂正子克也魯君使之執政於國孟子曰吾聞之喜而不寐喜其人道德得行爲之喜而不寐公孫丑曰樂正子強乎曰否有知慮乎曰否多聞識乎曰否丑問樂正子有此三問之所能乎孟子皆曰否不能有此也然則奚爲喜而不寐丑問無此三者何爲喜而不寐曰其爲人也好善孟子言樂正子之爲人也能好善故爲之喜好善足乎丑問。以但好善足以治國乎曰好善優於天下而況魯國乎夫苟好善則四海之內皆將輕千里而來告之以善夫苟不好善則人將曰訑訑予既已知之矣訑訑之聲音顏色距人於千里之外孟子曰好善樂聞善言是采用之也以此治天下可以優之。舜是也何況於魯不能治乎人誠好善四海之內皆輕行千里以善來告之誠不好善則其人將曰訑訑賤他人之言訑訑者自足其智不嗜善言之貌訑訑之人發聲音見顏色人皆知其不欲受善言也道術之士聞之止於千里之外而不來也士止於千里之外則讒諂面諛之人至矣與讒諂面諛之人居國欲治可得乎懷善。之士止於千里之外不肯就之則邪惡順意之人至矣與邪惡居欲使國治豈可得

乎。【疏】魯欲至得乎○正義曰此章言好善從人聖人一概禹聞讜言荅之以拜訑訑距之善人亦逝善去惡來道若合符者也魯欲使樂正子執政故言於弟子曰我聞魯欲使樂正子爲政遂喜而不寐以其樂正子將得行其道也公孫丑曰樂正子強乎至曰否公孫丑見孟子此言以爲喜而不寐乃問孟子曰樂正子有強力勝乎曰否孟子荅無以力勝也公孫丑問有智慮能善謀乎曰否孟子又荅之曰無用智慮謀也公孫丑又問曰有多聞見識乎曰否孟子又荅曰無多聞見識也然則奚爲喜而不寐曰其爲人也好善孟子曰樂正子爲人能好善言故爲之喜也好善足乎又問言樂正子但好善言足以治國乎曰好善優於天下至可得乎孟子與之曰能好善言足優爲於天下也而況魯國乎夫人苟好善則四海之內有善言之士皆得不遠千里而來告之也苟不能好善則四海之內人將曰彼人之訑訑自足其智不好善言我既已知之如此則訑訑之人發聲音形顏色以距止人於千里之外是則善言之士既止於千里之外而不來告之則讒惡諂佞面從之人至矣然而與讒惡諂佞面諛之人居國欲使之治尚可得乎言不可得而治也莊子云好言人之惡以爲讒希意導言以爲諂不擇是非而言以爲諛○注樂正子克○正義曰已說於前矣○注聞善言虞舜是也○正義曰孟子曰舜聞一善言見一善行若決江河沛然莫之能禦是之謂也○注禹聞讜言荅之以拜至此之謂也○正義曰禹聞善言則拜尚書讜言說於前矣。詩曰。雨。雪。瀌。瀌。見。晛。曰。消。者。此。蓋。角。弓。之。詩。文。也。注。云。晛。日。也。瀌。瀌。雨。雪。之。盛。貌。

陳子曰古之君子何如則仕。陳臻問古之君子謂何禮可以仕也孟子曰所就三所去三迎之致敬以有禮言將行其言也則就之禮貌未衰言弗行也則去之其次雖未行其言也迎之致敬以有禮則就之禮貌衰則去之其下朝不食夕不食飢餓不能出門戶君聞之曰吾大者不能行其道又不能從其言也使飢餓於我土地吾恥之周之亦可受也免死而已矣所去就謂下事也禮者接之以禮也貌者顏色和順有樂賢之容禮衰不敬也貌衰不悅也其下者困而不能與之祿則當去矜其困而問之苟免死而已此三就三去之道窮餓而去不疑也故不言去免死而留爲死故也權時之宜嫌其疑也故載之也。

疏陳子至已矣○正義曰此章言士雖正道亦有量宜聽言爲上禮貌次之困而免死斯爲下矣滿此三利無疑者也陳子曰古之君子何如則仕陳臻問孟子古之君子何如則可進爲之仕孟子曰所就三所去三孟子荅之曰古之君子爲仕所去就有三也下文孟子解之者是也自迎之致敬至死而已矣是解所去就有三矣言國君迎接之致其敬以有禮言將行用其言也則就而仕之是所謂行可之仕也如禮貌接之以禮又有樂賢之容未衰而言弗得行也則當退而去之以其爲道而仕道不行則去矣其次國君雖未行用其言然而接之致敬以有禮則就而仕之是所謂際可之仕也及其國君接之不以禮又無樂賢之容是其禮貌衰也是則退而去之以其爲禮而仕禮既衰則去矣其下朝旦無以食夕昏又無以食以至飢餓困乏不能出其門戶國君聞之乃曰吾大爲之君者不能使之得行其道又不能聽從其言而使飢餓於我之土地吾羞恥之也如此國君有以周賜之亦可以受之而不辭也無他免其餓死而已矣以其爲貧而仕是公養之仕也是以昔之孔子去就如是此孟子荅陳臻之問所以執此而詳悉告之

孟子曰舜發於畎畝之中傅說舉於版築之間膠鬲舉於魚鹽之中管夷吾舉於士孫叔敖舉於海百里奚舉於市故天將降大任於是人也必先苦其心志勞其筋骨餓其體膚空乏其身行拂亂其所爲所以動心忍性曾益其所不能舜耕歷山三十徵庸傅說築傅巖武丁舉以爲相膠鬲殷之賢臣遭紂之亂隱遁爲商文王於鬻販魚鹽之中得其人舉之以爲臣也士獄官也管仲自魯囚

執於士官桓公舉以爲相國孫叔敖隱處耕於海濱楚莊王舉之以爲令尹百里奚亡虞適秦隱於都市穆公舉之於市而以爲相也言天將降下大事以任聖賢必先勤勞其身餓其體而瘠其膚使其身乏資絕糧所行不從拂戾而亂之者所以動驚其心堅忍其性使不違仁困而知勤增益其素所以不能行之者也

人恆過然後能改困於心衡於慮而後作徵於色發於聲而後喻人常以有謬思過行不得福然後乃更其所爲以不能爲能也困瘁於心衡橫也橫塞其慮於胸中而後作爲奇計異策憤激之說也徵驗見於顏色若屈原憔悴漁父見而怪之發於聲而歌喻若甯戚商歌桓公異之是而已矣

入則無法家拂士出則無敵國外患者國恆亡然後知生於憂患而死於安樂也入謂國內也無法度大臣之家輔弼之士出謂國外也無敵國可難無外患可憂則凡庸之君驕慢荒怠國常以此亡也故知能生於憂患死於安樂也死亡也安樂怠慢使人亡其知能者也

疏孟子曰至安樂也○正義曰此章言聖賢困窮天堅其志次賢感激乃奮其意凡人佚樂以喪知能賢愚之敎者也孟子曰舜發於畎畝之中至死於安樂也者孟子言舜初起發自歷山畎畝之中而堯禪其位傅說築於傅岩之閒而高宗舉之爲相膠鬲鬻販於魚鹽之中而商文王舉爲賢臣管仲爲士官之囚而桓公舉爲相國孫叔敖隱遁於海濱而楚莊王舉爲令尹百里奚亡虞歸秦而隱於都市秦繆公任之以爲相故天欲降其大任與之卿相之位於此六人也必先所以如是苦楚其心志劬勞其身已餓其體使之焦枯疲瘠其皮膚又使其身空乏無資財所行不遂而拂戾其所爲又所以驚動其心堅忍其性曾益其素所不能而已又言人常以過謬然後更改而遷善困瘁於心而無所通則其操心也危橫塞其慮而思慮無所達而後乃能興作其大憔悴枯槁之容而驗於色而後有吟咏嘆息之氣而發於聲則人見其色聞其聲而後喻曉其所爲矣又言國君者入於國內無大夫循守其職而爲之法家又無輔弼諫諍之士出於國外則無強敵之大國爲危難之警如是者其國

未爲不喪亡矣故曰國常亡如是則然後因而知人以憂患謀慮而生以安樂怠慢而死也故曰生於憂患而死於安樂也○注舜耕歷山至不能行○正義曰自舜耕歷山至繆公舉之以爲相也是皆案史記之文也○注若屈原憔悴與甯戚商歌桓公異之○正義曰案史記屈原名平與楚同姓事懷王爲三閭大夫王甚任之上官大夫與之同列爭寵而心害其能因讒之王怒而疏平後逐放之平乃遊江濱被髮行吟澤畔顏色憔悴形容枯槁時有漁父釣於江濱怪而問之曰子非三閭大夫乎何故至此原曰舉世皆濁而我獨清衆人皆醉而我獨醒漁父曰聖人不凝滯於物與世推移舉世皆濁何不淈其泥而揚其波衆人皆醉何不啜其。漕而餔其。灕原曰吾聞新沐者必彈冠新浴者必振衣誰能以身察察受物之汶汶者乎寧赴常流而葬魚腹中耳遂作長沙之賦懷石自投汨羅以死後百餘年賈誼爲長沙王大傅過湘投書以弔之甯戚角歌者案三齊記云齊桓公夜出迎客甯戚疾擊其牛角高歌曰南山粲白石爛生不遭堯與舜禪短布單衣適至骭從昏飯牛薄夜半長夜曼曼何時旦桓公乃召與語說之遂以爲大夫

孟子曰教亦多術矣予不屑之教誨也者是亦教誨之而已矣教人之道多術予我也屑潔也我不潔其人之行故不教誨之其人感此退自修學而爲仁義是。亦。教誨之一道也。【疏】正義曰此章言學而見賤恥之大者激而厲之能者以改教誨之方或折或引同歸殊途成之則。者也孟子言教人之道非特一術耳以其多有也我之所以於不潔人之行而不教之者此亦我有以教之也以其使彼感激自勉修爲之而已是以亦爲教誨之者也蓋謂教亦多術者有君子之五教或三隅不反則不復也或叩兩端而竭於鄙夫或瀆則不告或謂子之歸求有餘師或爲挾貴而不荅是教之多術矣

孟子注疏解經卷第十二下

孟子注疏卷十二下校勘記　　阮元撰盧宣旬摘錄

商湯　閩監毛三本同廖本孔本韓本商作殷

周文王是也　廖本孔本韓本考文古本同閩監毛三本王改武

則有讓　石經讓諱作責

不朝而至三　閩監毛三本同岳本廖本孔本韓本考文古本無而字

則討之以六師　閩監毛三本同廖本孔本韓本考文古本無則字

乃爲之罪人也　閩監毛三本同廖本孔本韓本考文古本無爲之二字

五霸桓公爲盛　石經桓諱作威

無易樹子　石經樹諱作立

敬老慈幼　石經敬諱作欽

不敢負之　閩監毛三本同廖本孔本韓本考文古本之作也

不得立愛妾爲嫡妻也　閩監毛三本同廖本孔本韓本無妻字

取士必得賢也立賢無方也　閩監毛三本同廖本上也作立下賢作之孔本韓本考文古本同廖本惟少一立字

不得以私怒行戮也閩監毛三本同廖本孔本韓本戮上有誅字

而以己意設防禁也閩監毛三本同廖本孔本韓本考文古本意上有曲字

擅有封賞閩監毛三本同廖本孔本韓本考文古本有下有所字

臣以詔媚逢迎之閩監毛三本同廖本孔本韓本無之字

章指言王道寖衰轉爲罪人孟子傷之是以博思古法匡時君也

五霸至者也閩監毛三本上增註字者閩本作是

士無世祿補監毛本無作者不誤

天子諸侯制制如是上制字誤廖本孔本韓本考文古本作地是閩監毛三本作之非

在所損之乎在所益之乎閩監毛三本同廖本孔本韓本考文古本上乎作中邪二字下乎作中也二字○按上云邪下云也古人文法多如此

以當正道者廖本孔本韓本考文古本同閩監毛三本正誤王

章指言招攜懷遠貴以德禮既孔本韓本作及考文古本作賤其用兵廟勝爲上戰勝爲下明賤戰也

慎子至而已閩本同監毛二本上增魯欲使三字

今之事君者皆曰閩監毛三本孔本同考文古本足利本無皆字

侵小國也閩監毛三本同廖本孔本韓本考文古本小作鄰

今之所謂良臣閩監毛三本同廖本孔本韓本考文古本下有者字

於古之法爲民賊者也字閩監毛三本同廖本孔本韓本考文古本無者也二

賊傷民也閩監毛三本同廖本孔本韓本考文古本無賊字也字

求必勝之也閩監毛三本同廖本孔本韓本考文古本無之字

章指言善爲國者必引古本作以孔本韓本考文藏於民賊民以往其餘何觀變俗移風

非樂不化以亂濟民不知其善也

孟子止居也閩本同監毛二本止改至

省賦利民閩監毛三本同廖本孔本韓本上有欲字

以此喻白圭之所言而已矣此喻白圭所言也閩監毛三本同廖本孔本韓本考文古本作以

無諸侯幣帛饔飧飧當作飱毛本饔作饗

故二十而取一而足也諸本無上而字

故可二十而取一閩監毛三本同廖本孔本韓本無而字

二十而稅一者閩監毛三本同廖本孔本韓本考文古本無而字

則是夏桀爲大桀而子爲之小桀也閩監毛三本同廖本孔本韓本無是字而字之字考文引而子爲之小桀也云古本無而字之字

章指言先王典禮萬世可遵什一供貢下富上尊裔土考文古本作土簡惰二十而稅夷狄有君韓本刪此四字孔本作貉道有然不足爲貴此四字韓本亦刪圭欲去之孟子斥之以王制也

正案班固志貨殖傳云正下脫義曰二字閩監毛三本不脫

井田方百里是爲八九家共之閩本同監毛二本百作一八九家作九夫八家是案此文監本擠寫是監本剜改

當諸侯之時閩監毛三本同廖本孔本韓本無之字

因自謂過乎禹也閩監毛三本同廖本孔本韓本考文古本無乎字

是子亦過甚矣閩監毛三本同廖本孔本韓本考文古本無是字

章指言君子除害普爲人也白圭壑鄰亦以狹矣是故賢者志其大者遠者也

君子不亮惡乎執（音義本亦無乎字）捨信將安所執之邪（閩監毛三本同岳本無所字廖本孔本韓本捨作舍無所字邪字考文古本無所字邪字）

章指言論語曰自古皆有死民無信不立重信之至者（孔本韓本考文古本無者字）也

則君之道（君下漏子字閩監毛三本不脫）

丑問以但好善（閩監毛三本同岳本孔本韓本考文古本以作人）

舜是也（閩監毛三本同廖本孔本韓本考文古本上有虞字）

懷善之士（閩監毛三本同廖本孔本韓本考文古本善下有言字）

章指言好善從人聖人一概禹聞讜言荅之而拜訑訑吐之善人亦逝善去惡來道若合符詩曰雨雪瀌瀌見晛聿消此之謂也

注禹聞讜言荅之而拜至此之謂也（閩監毛三本而作以此之謂作合符者）

正義曰禹聞善言則拜尚書讜言說於前矣詩曰雨雪瀌瀌見晛曰消者

此蓋角弓之詩文也注云晛日也瀌瀌雨雪之盛貌閩監毛三本無詩曰至盛貌三十一字

謂何禮可以仕也閩監毛三本同廖本孔本韓本考文古本謂作得

迎之致敬以有禮石經敬諱作欽下同

三十徵庸監本徵誤微○按此三十當同五十而慕注作二十

文王於鬻販魚鹽之中音義鬻字或作育

章指言仕雖正道亦有量宜聽言爲上禮貌次之困而免死斯爲下矣考文古本作夫備考文古本作漏此三科亦無疑也

所以不能行之者也閩監毛三本同廖本孔本韓本考文古本無之者也三字

人恆過石經恆諱作常下同

徵於色石經徵諱作證

横塞其慮於胸中閩監毛三本同廖本孔本韓本考文古本胸下有臆之二字

若甯戚商歌考文古本商作高案非也

是而已矣閩監毛三本同廖本孔本韓本考文古本無此四字

輔弼之士閩監毛三本同孔本韓本考文古本弼作拂

安樂怠慢使人亡其知能者也閩監毛三本同廖本孔本韓本考文古本慢作惰無者字

章指言聖賢困窮天堅其志次賢感激乃奮其慮凡人佚樂以喪知能賢愚之敘也

何不啜其漕而餔其漓補監毛本漕作糟漓作醨是也

是來教誨之一道也閩監毛三本同廖本孔本韓本考文古本亦下有我字

章指言學而見賤恥之大者激而厲之能者以改教誨之方或折或引同歸殊塗成之而已

成之則者也毛本則下有一字

孟子注疏卷十二下校勘記

孟子注疏解經卷第十三上

盡心章句上凡四十五章

趙氏注盡心者人之有心爲精氣主思慮可否然後行之猶人法天天之執持綱維以正二十八舍者北辰也論語曰北辰居其所而衆星拱之心者人之北辰也苟存其心養其性所以事天也故以盡心爲篇題

孫奭疏

【疏】正義曰前篇章首論告子之言性此篇章首以論盡心蓋以情性有主於心故次之以盡心也言盡己之心與天道通是道之極者故孟子七篇所以終於盡心也此篇凡八十四章趙氏分成上下卷此卷即有四十五章而已一章言盡心知性二章言爲仁由己富貴在天三章言每必以誠恕己而行四章言人有仁端達之爲道五章言遠辱不爲憂六章言不慕大人何能有恥七章言王公尊賢以貴下賤八章言內定常滿賤不失道達善天下九章言小人待化十章言人情富盛莫不驕矜十一章言勞人欲以使之殺人欲以生之十二章言王政浩浩與天地同道霸者德小民人遠觀十三章言明法審令崇寬務化十四章言本性良能仁義是也十五章言聖人潛隱十六章言孤孽自危故能顯達十七章言容悅凡言社稷股肱天民行道大人正己十八章言育養賢才樂過萬乘十九章言臨涖天下君子之樂尚不與焉二十章言王政普大二老聞歸二十一章言教民之道富而節用二十二章言能大明者無不照二十三章言好善從舜好利從跖二十四章言楊墨放蕩子莫執中二十五章言飢不妄食二十六章言下惠不恭二十七章言爲仁由己必在究之二十八章言仁在性體其次假道二十九章言放惡攝政伊周有爲凡人志異則生篡心三十章言君子正己以立於世三十一章言人當尚志善之所由仁與義也三十二章言事有輕重行有小大三十三章言奉法承天政不可枉大孝榮父遺棄天下三十四章言人性皆同居使之異三十五章言輿服器用人用不殊尊貴居

之志氣以舒三十六章言取人之道必以恭敬三十七章言聖人踐形三十八章言禮斷三年孝者欲益富貴怠厭思滅其日三十九章言教人之術莫善五者四十章言道大難追人能弘道四十一章言窮達卷舒屈伸異變四十二章言學尙虛己四十三章言賞僭及淫刑濫及士季文三思四十四章言君子布德各有所思四十五章言振裘持領正羅惟綱其餘三十九章趙氏分在下卷各有敘焉○注盡心者至篇題○正義曰云人之有心爲精氣主思慮可否然後行之猶人法天者蓋以性之得於天心之生於性天莫之爲而所以命人者性也性則湛然自得所以爲主者心也則人之心爲精氣主思慮可否然後行由人法天也云天之執持維綱以正二十八舍者北辰也者二十八舍案一首天文志云東方角亢氐房心尾箕北方斗牛女虛危室壁西方奎婁胃昴畢觜參南方井鬼柳星張翼軫凡此四七之星分布四方是二十八舍也然所以正之者蓋在乎北辰論語曰北辰居其所而衆星拱之包注云北辰之不移而衆星拱之爾雅釋文云北極謂之北辰郭璞曰北極天之中以正四時然則極中也辰時也以其居天之中故曰北極以正四時故曰北辰又按漢書天文志云中宮太極星其一明者太乙之常居也旁三星三公環之匡衞十二星藩臣皆曰紫宮北斗七星所謂琁璣玉衡以齊七政斗爲帝車運於中央臨制四方分陰陽建四時均五行移節度定諸紀皆係於斗是衆星所拱也

孟子曰盡其心者知其性也知其性則知天矣性有仁義禮智之端心以制之惟心爲正人能盡極其心以思行善則可謂知其性矣知其性則知天道之貴善者也存其心養其性所以事天也能存其心養育其正性可謂仁人天道好生仁人亦好生天道無親惟仁是與行與天合故曰所以事天也殀壽不貳脩身以俟之所以立命也貳二也仁人之行一度而已雖見前人或殀或壽終無二心改易其道殀若顏淵壽若邵公皆歸之命脩正其身以待天命此所以立命之本。

疏○孟子至命也○正義曰此

章言盡心竭性足以承天夭壽禍福秉心不違立命之道惟是爲珍者也孟子曰盡其心者至所以立命也者孟子言人能盡極其心以思之者是能知其性也知其性則知天道矣知存其心養育其性此所以能承事其天者也以其天之賦性而性者人所以得於天也然而心者又生於性性則湛然自得而心者又得以主之也蓋仁義禮智根於心是性本固有而爲天所賦也盡惻隱羞惡恭敬是非之心則是知仁義禮智之性知吾性固有此者則知天實賦之者也如存此惻隱羞惡恭敬是非之心以長育仁義禮智之性是所以事天者也是性即天也故存心養性是爲事天矣又言人之於命雖有或殀或壽但操執其心而不。仁也既夭壽不二而修其身以待其在天者如何耳如是所以爲能立命之本也以其殀壽皆定於未形有分之初亦此而不二也不可徼求之矣但脩其在我以待之是爲立命也如於殀壽而二其心以廢其所以脩其在我者則非所以立命者也商書云我生不有命在天是其意也

孟子曰：莫非命也，順受其正。莫無也人之終無非命也命有三名行善得善曰受命行善得惡曰遭命行惡得惡曰隨命惟順受命爲受其正也。已

是故知命者不立乎巖牆之下。盡其道而死者，正命也。知命者欲趨於正故不立於巖牆之下恐壓覆也盡脩身之道以壽終者。得正命也。

桎梏死者，非正命也。畏壓溺。死禮所不弔故曰非正命也。已。

疏孟子曰至非正命也○正義曰此章言人必趨命貴受其正巖牆之疑君子遠之也孟子曰莫非命至非正命也者孟子言人之死無非是命也然當順受其正盡道以生死也書云惠迪吉是其順受其正之旨也是故知命之君子不立身於巖牆危險之下以其能壓覆人也是以盡其脩身之道而死亡者乃爲受正命而死也陷於刑獄爲桎梏而死者非受正命而死也以其不能盡脩身之道而順受其命而死也桎足械也梏手械也今刑獄匣手足者也案孔子云人有三死而非命飲食不節勞逸過度是病其殺之者也居下位而上誣其君嗜慾無厭是刑其殺之也以少犯衆以弱侮強是兵其殺之者也又云人有三死而不弔有畏而死者有壓而死

者有溺而死者○注莫無也至正也○正義曰云命有三行善得善曰受命者如舜聞一善言見一善行沛然若決江河而莫之禦而終得升于帝而崩是也行善得惡曰遭命如淮南子伯牛有癩論語曰伯牛有疾孔子自牖執其手曰亡之命矣夫斯人也而有斯疾也斯人也而有斯疾也包曰伯牛有惡疾是也行惡得惡曰隨命如舜之四凶之類是也○注畏壓溺死○所不弔○正義曰禮於檀弓云死而不弔者三畏壓溺鄭氏云謂輕身忘孝也畏人或時以非罪故已不能有以說之死之者孔子畏於匡是也壓行止危險之下是也溺不乘橋船是也荀子曰夏首之南有人曰涓蜀梁其爲人善畏明月而宵行俯見其影以爲伏鬼也仰視其髮以爲立魅背而走比至其家失氣而死是亦畏死者也又秦武王時大蛇從身出復入穴五女示之五子拔蛇壓殺五女是壓死者也尾生與女子期於梁下水至不去抱一梁柱而死是溺死者也孟子之言其趣則一也

孟子曰求則得之舍則失之是求有益於得也求在我者也謂脩仁行義事在於我我求則得我舍則失故求有益於得也求之有道得之有命是求無益於得也求在外者也謂賢者脩其天爵而人爵從之故曰求之有道也脩天爵者或得或否故曰得之有命也爵祿須知己知己者在外非身所專是以云求無益於得也求在外者也。

【疏】孟子至者也○正義曰此章言爲仁由己富貴在天者也孟子言仁義禮智性之所有如就性而求之則得之舍而不求則亡是則仁義禮智求之有益於得者也是求之在我者也以其仁義禮智有生之初性固有者是爲在我者也是爲天爵也求之有道則脩其天爵而人爵從之故也既脩其天爵而人爵或有不得者是或得或否是得之有命也是則人爵求之無益於得也是求之在外者也以其人爵非身所專故爲在外者也如論語云求仁而得仁是求則得之之謂也易云舍爾靈龜凶是舍則失之之謂也詩云愷悌君子求福不回是求之有道者也荀子云君子能爲可用不能使人必用已是得之有命者也孟子所以言之以此

孟子曰萬物皆備於我矣反身而誠

樂莫大焉物事也我身也普謂人爲成人已往皆備知天下萬物。常有所行矣誠者實也反自思其身所施行能皆實而無虛則樂莫大焉強。恕而行求仁莫近焉當自。強。勉以忠恕之道求仁之術此最爲近。也。疏孟子至莫近焉○正義曰此章言每必以誠恕己而行樂在其中仁之至者也孟子言人之生也萬物皆備足於我矣但能反己思之以誠不爲物之喪己是有得於內矣有得於內則爲樂亦莫大焉以其外物爲樂則所樂在物不在於我故爲樂也小以內爲樂則所樂在己不在物其爲樂也大又言勉強以忠恕之道而行之以求仁之術爲最近故傳有云仁者必恕而後行是之謂也斯亦力行近乎仁之意歟孟子曰行之而不著焉習矣而不察焉終身由之而不知其道者衆也人皆有仁義之心日自行之。無所愛而不能著明其道以施於大事仁妻愛子亦以習矣而不能察知可推以爲善。由用也終身用之以爲自然不究其道可成君子此衆庶之人也。疏正義曰此章言人有仁端達之爲道凡人用之不知其爲實也孟子言仁義之道人皆有之然而行之而不著則其迹不能彰明習此仁義之道而不察則其理不能推明終身用而行之而不知其是爲道凡如此者非君子者也是則爲凡衆者矣故孟子以此閔之孟子曰人不可以無恥人不可以無所羞恥也。論。語曰行己有恥無恥之恥無恥矣人能恥己之無所恥是爲改行從善之人終身無復有恥辱之累也。疏正義曰此章言恥身無分獨無所恥斯必遠辱不爲憂矣孟子言人之不可無其羞恥也人能無恥而尚有羞恥是爲遷善遠罪之人終身無復有恥辱之累。之矣案禮云君子有五恥朝不坐燕不善君子恥之居其位無其言君子恥之有其言無其行君子恥之既得之又失之君子恥之地有餘而民不足君子恥之如此則人可以無恥乎此孟子所以有此言而救時之弊與孟子曰恥之於人大矣爲機變之巧者無所用恥焉恥者爲不正之道正人之所恥爲也今造機變。阱陷之巧以攻戰者非古之正道也取爲一切可勝敵。之宜無以錯於廉恥之心。

不恥不若人何若人有

不恥不如古之聖。人何有如。賢。人之名也。

【疏】正義曰此章言不慕大人何能有恥者也孟子言人之所以恥者以其爲不正之道也不正之道。正宜羞恥而無爲之也是爲恥之於人爲大者也今之人乃造機變阱陷藏兵之巧以爲攻戰者是爲不正之道也是無所用而恥之也如不恥不若古之聖賢何能有古聖賢之名。也○注隰朋顏淵○正義曰凡於趙注有所要者雖於文段不錄然於事未嘗敢棄之而不明今有以隰朋不及黃帝佐齊桓以有勳顏淵慕虞舜案仲尼歎庶幾也案杜預春秋傳云隰朋齊大夫也史記注云徐廣曰朋或作崩常愧恥不若黃帝之爲人後齊桓得之。輔佐桓公四十一年卒顏淵慕虞舜案經云顏淵曰舜何人也予何人也有爲者亦若是孔子所以曰回也其庶乎屢空是其歎也趙注所以引而爲解文

孟子曰古之賢王好善而忘勢

樂善而自卑若高宗得傅說而稟命

古之賢士何獨不然樂其道而忘人之勢

何獨不然何獨不。者所樂有所忘也樂道守志若許由洗耳可謂忘人之勢矣

故王公不致敬盡禮則不得亟見之見且由。不得亟而況得而臣之乎

亟數也若伯夷非其君不事伊尹樂。道堯舜。不致敬盡禮可數見之乎作者七人隱各有方豈可得而臣之。者。乎。

【疏】孟子至之乎○正義曰此章言王公尊賢以貴下賤樂道忘勢不以富貴動其心者也孟子曰至而況得而臣之者乎孟子曰古之賢者之君好人之善而忘己之勢古人爲賢士者亦然以其。能。樂己之樂而忘人之貴勢也如此故有。王公大人不致其敬而盡其禮則不得數數見其賢者然而見之且猶尚以爲不可而況得臣之而卑下者乎○注高宗得傅說而稟命○正義曰案尚書說命篇云高宗夢得說使百工營求諸野得諸傅岩爰立作相王置諸其左右曰臣下罔有稟命孔安國傳云名說稟受也令命也○注經許由洗耳可謂忘人之勢正義曰案高士傳云許由潁川人也隱箕山堯聞之躬聘爲九州長由不赴遂洗耳於河巢父見之曰吾欲飲牛汚吾牛口於是牽牛上流飲之

由大慚而隱是也○注亟數也至作者七人○正義曰云伯夷伊尹者此蓋本孟子之正文也已說之詳矣云作者七人者案論語之文也七人包注云凡七人長沮桀溺丈人石門荷蕢儀封人楚狂接輿是也王弼云七人伯夷叔齊虞仲夷逸朱張柳下惠少連是此七人者也孟子謂宋句踐曰子好遊乎吾語子遊人知之亦囂囂人不知亦囂囂宋姓也句踐名也好以道德遊欲行其道者囂囂自得無欲之貌。也曰何如斯可以囂囂矣句踐問何執守可囂囂也曰尊德樂義則可以囂囂矣尊貴也孟子曰能貴德而履之樂義而行之則可以囂囂無欲矣故士窮不失義達不離道窮不失義故士得己焉達不離道故民不失望焉窮不失義不爲不義而苟得故得己之本性也達不離道思利民之道故民不失其望也古之人得志澤加於民不得志脩身見於世窮則獨善其身達則兼善天下古之人得志君國則德澤加於民人不得志謂賢者不遭遇也見立也獨治其身以立於世間不失其操也是故獨善其身達謂得行其道故能兼善天下也。疏孟子至。天下○正義曰此章言內定常滿囂囂無憂可出可處故云以。士脩身立世賤不失道達善天下乃用其寶句踐好遊未得其要孟子言之然後乃喻者也孟子謂宋句踐曰至囂囂宋句踐宋人姓宋名句踐孟子謂句踐曰子好逸遊乎我今語以教子之遊也言人之知己亦但囂囂然自得人不知己亦但囂囂然而自得曰何如斯可以囂囂矣句踐問之曰當何如此可以囂囂然自得矣曰尊德樂義至達則兼善天下孟子又與之曰尊貴其德所樂以義以此則可以囂囂自得矣蓋德有所得於內義有所不爲於外既所貴在德而盡性於內所樂在義而窮理於外是以樂天知命故人知不知斯囂囂然自得矣如此故士窮而在下則不失義而不爲苟得達而在上則不離道而常思利民窮不失義而不爲苟得故得己之本性達不離道而常思利民故民不失其所望是以古之人得志遭遇其時則布恩澤而加被於民不得志則脩治其身以立於世間是其窮則獨善。身達則得行其道而兼善天下也言古之人以是者如顏子之徒窮而不得志則不改其樂而獨善其身伊尹之徒得志而澤加於民也

孟子曰待文王而後興者凡民也若夫豪傑之士雖無文王猶興凡民無。自知者也故。由文王之。大。乃能自興起以趨善道若夫豪傑。之才知千萬於凡人者雖不遭文王猶能自起以善守。其身正其行不陷溺也。【疏】正義曰此章言小人待化乃不邪僻君子特立不為俗移故稱豪傑自興者也孟子言必待文王之化而乃能興起以從善道者凡民也以其無自知者也若夫才有過於千萬人之豪傑者雖不遭遇文王之化猶能自興起以從善而正立其身也已

孟子曰附之以韓魏之家如其自視欿然則過人遠矣附益也韓魏晉六卿之富者也言人既自有家復益以韓魏百乘之家其富貴已美矣而其人欿然不足自知仁義之道不足也此則過人甚遠矣【疏】正義曰此章言人情富盛莫不驕亢有若欿然謂不如人非但免過卓絕乎凡也孟子言人自有富復附益以韓魏晉六卿百乘之家富而貴之如其自視已於仁義之道欿然不足則超絕有過乎衆人遠矣○注韓魏晉六卿百乘之家正義曰已說於梁惠首篇

孟子曰以佚道使民雖勞不怨謂教民趨農役有常時不使失業當。其雖勞後獲其利則佚矣若亟其乘屋之類也故曰不怨以生道殺民雖死不怨殺者謂殺大辟之罪者以。坐殺人故也殺此罪人者其意欲生民也故雖伏罪而死不怨殺者。【疏】孟子至殺者○正義曰此章言勞人欲以佚之殺人欲以生之則民不怨者也孟子言國君如使民趨於農耕是以佚道使民是農耕時雖為勞然後有所獲稼則又有以佚樂矣如是則何怨恨其勞乎故曰以佚道使民雖勞不怨又言國君殺戮其罪人者以其恐有害於民故殺之而意有在於欲生其民也是則罪人被殺雖死且不怨恨殺者也故曰以生道殺民雖死不怨殺者○注若亟其乘屋之類○正義曰已於滕文公篇說之矣○注大辟之

罪。正義曰：孔云大辟之罪死刑也，前已說。

孟子曰：霸者之民驩虞如也，王者之民皞皞如也。殺之而不怨，利之而不庸，民日遷善而不知為之者。霸者行善恤民，恩澤暴見易知，故民驩虞樂之也。王者道大法天，浩浩而德難見也。殺。之不。怨。故。曰殺。之。而不。怨。庸，功也。利之使趨時而農，六畜繁息，無凍餓之老，而民不知，獨是王者之功。修其庠序之教，又使日遷善，亦不能覺知誰為之者。言化遷。善。為。之大。道。者也。

夫君子所過者化，所存者神，上下與天地同流，豈曰小補之哉。君子通於聖人，聖人如天，過此世能化之，存在此國其化如神，故言與天地同流也。天地化物，歲成其功，豈曰使。人知其小補益。之。者。哉。

疏孟子至之哉○正義曰：此章言王政皞皞與天地同流，霸者德小，民人速覩，是以賢者志其大者也。孟子曰至小補之哉者，孟子言霸者行善政以及民，以其恩澤暴見，故民驩虞而樂也。王者道大，故若天浩浩而難知難見者也，故民皞皞然自得而已矣。是以王者之民，殺之而不怨，以其生道殺之故也；利而不知為王者之功，以其佚道使之故也。自迹觀之，則君子過之而不守拘其一；自妙道觀之，則其所感而遂。天下之故者，未嘗不有存焉，故曰君子所過者化，所存者神。今夫天地之化者，始乎春而終乎冬，而萬物皆得以移易者也；天地之神者，始乎震而終乎艮，而陰陽不可測之者是也。然則王者之於民，所過者以化，所存者以神，宜其與天地上下同流而無間也。則是天地之化以神而存之，豈曰使萬物知其有小補益哉？王者之化亦存以神，又豈曰使民知其有小補益之哉？如此，故王者之民所以皞皞如也。蓋虞之為樂，必待虞度無患然後為驩，則其樂淺；皞皞如也，以其使民舒通太平自得而已，故於驩虞又有以間矣。此孟子所以抑區區之為而尊崇其王者也。

孟子曰：仁言不如仁聲之入人深也。仁言，政教法度之言也。仁聲，樂聲雅頌也。仁言之政雖明，不如雅頌感人心之深也。

善政不如善教之得民也。善政使民不違上，善教使民尚仁義，心易得也。

善政民畏

之善教民愛之善政得民財善教得民心畏之不逋怠故賦役舉而財聚於一家也愛之樂風化而上下親故歡心可得也疏孟子至民心○正義曰此章言明法審令民趨君命崇寬務化民愛君德故曰移風易俗莫善於樂者也孟子曰至善教得民心孟子言仁言為政教法度之言不若仁聲樂聲雅頌感人心之深也善政使民不違上又不若善教得民之易也以其善政出於法度之粗有刑威以行之故民有以畏之善教本人之德性有仁恩以懷之故民有以愛之亦以善政有九職。繫萬民有九兩以繫萬民九職任萬民故一曰三農以平地山澤生黍稷禾稻麻大小豆大小麥之九穀二曰園圃以育草木三曰虞衡作山澤之材四曰藪牧養蕃鳥獸五曰百工飭化八材八材鄭司農云珠象玉石金木革羽是也六曰商賈阜通貨賄七曰嬪婦化治絲枲鄭玄云金玉曰貨布帛曰賄嬪婦人之美稱也八曰臣妾聚斂疏財九曰閒民無常職轉移執事鄭玄云疏材百草根實可食者九兩繫萬民一曰牧以地得民二曰長以貴得民三曰師以賢得民四曰儒以道得民五曰宗以族得民六曰主以利得民七曰吏以治得民八曰友以任得民九曰藪以富得民凡此善政為民財而已善教因民心以教之故能得民心矣此所以為仁言不如仁聲之入人深也善政不如善教之得民然而善政非不能得民但得民財而已又不若善教得民之心矣○蓋移風易俗莫大乎樂此禮之文然也孟子所以同其趨焉

孟子曰人之所不學而能者其良能也所不慮而知者其良知也不學而能性所自能良甚也是人之所能甚也知亦猶是能也孩提之童無不知愛其親者及其長也無不知敬其兄也孩提二三歲之間在襁褓知孩笑可提抱者也少知愛親長知敬兄此所謂良能良知也親親仁也敬長義也無他達之天下也人仁義之心少而皆有之欲為善者無他達通也但通此親親敬長之心。施之天下人。也。疏孟子至天下也○正義曰此章言本性良能仁義是也達之天下恕乎己者也孟子曰人之所不學

而。至達之天下也者孟子言人之所以不學而性自能是謂良能者也所以不待思慮而自然知者是謂良知者也孩提繦褓之童子無有不知愛其父母及其長大無不知欽順其兄是則厚愛其親欽順其兄是仁義也仁義卽良知良能者也言人之爲善者無更於他求也但通達此親親敬長之良能良知施之於天下耳注繦褓者正義曰釋云繦褓負也負兒衣也織縷爲之廣八寸長二尺以負兒於背上者也是亦知孩提爲二三歲

孟子曰舜之居深山之中與木石居與鹿豕遊其所以異於深山之野人者幾希舜耕歷山之時居木石。閒鹿豕近人若與人遊也希遠也當此之時舜與野人相去豈遠。及其聞一善言見一善行若決江河沛然莫之能禦也舜雖外與野人同其居處聞。人一善言則從之見。人一善行則識之沛然不疑。若江河之流無能禦止其所欲行。也。疏孟子至禦也〇正義曰此章言聖人潛隱若神龍亦能飛天亦能潛藏同舜之謂也孟子言虞舜初起於歷山耕時居於木石之間以其近木石故也與鹿豕遊以其鹿與豕近於人也然而舜於此其所以有異於深山之野人不遠但能及其聞一善言見一善行其從之若決江河之水沛然其勢莫之能禦止之也〇注聖人潛隱若神龍者〇正義曰此蓋周易乾卦之文也趙注引之以解其經

孟子曰無爲其所不爲無欲其所不欲如此而已矣無使人爲己所不欲爲者無使人欲己之所不欲者每以身。先之如此則人道足也。疏正義曰此章言己所不欲勿施於人仲尼之道也孟子言人無爲其所不爲以其所不爲者不義也無欲其所不欲者以其不欲爲不善也人能無爲不義又不欲其所不善則人道於是足矣故曰如此也

孟子曰人之有德慧術知者恆存乎疢疾人所以有德行智慧道術才知者。以。其在於有疢疾之人疢疾之人又力學故能成德獨孤臣孽子其操心也危其慮患也深故達此卽人之疢疾也自以孤微懼於危殆之患而深慮之勉爲仁

義故至於達也。疏孟子至故達○正義曰此章言孤孽自危故能顯達膏粱自正多用沉溺是故在上不驕以戒諸侯也孟子言人之所以有德慧術知者常在於疢疾之人也疢疾人之有小疾常淹在身不去者是為疢疾也如孤臣孽子其操心也常危其慮患也常深是若疢疾也此孟子所以執此喻以自解也言孤臣不得於其君者也孽子不得於其親者也不得於其君與不得於其親者故能秉心常危慮患常深以勉力於為道德故能顯達也操心常危慮患常深是人之疢疾常淹在身而不去也是孟子所以為疢疾之人有德慧術智也然而非謂德慧術智必繫乎有疢疾者但常存乎疢疾之人而已蓋有得於己謂之德述而行之謂之術然德又以慧連術又以智連之者以其德以慧明術以智釋耳是則所謂智慮生於憂患豈非德慧術智存於疢疾之意有同歟此孟子所以有是言之而戒當時之人者也

孟子曰有事君人者事是君則為容悦者也事君求君之意為苟容以悦君。者。也有安社稷臣者以安社稷為悦者也忠臣志在安社稷而後。為悦。者也有天民者達可行於天下而後行之者也天民知道者也可行而行可止而止有大人者正己而物正者也大人大丈夫不為利害動移者也正己物正象天不言而萬物化成也。疏孟子至者也○正義曰此章言容悦凡臣社稷股肱天民行道大人正身凡四科優劣之差者也孟子曰有事君人者事是君則為容悦者也孟子言有人事其君以求君之意者是為苟容以悦君者也有安社稷臣者以安社稷為悦者也孟子又言有忠臣為安社稷臣者也在於安社稷而後為悦者也有天民者達可行於天下而後行之者也言天民為之先覺者志在於行道然而既達而在位可以行其道於天下然後乃行之也以其若窮而在下未可行其道則亦止而不行矣是其窮達一歸於天而已有大人者正己而物正者也言有大丈夫不為利害之所移動是則自正治其己而物後自取正於我也凡此是其四科優劣差等也

孟子曰君子有三樂而王天下不與

存焉父母俱存兄弟無故一樂也仰不愧於天俯不怍於人二樂也得天下英才而教育之三樂也天下之樂不得與此三樂之中兄弟無故無他故不愧天又不怍人心正無邪也育養也教養英才成之以道皆樂也君子有三樂而王天下不與存焉君子重言是美之也

疏孟子曰至存焉正義曰此章言保親之養兄弟無他誠不愧天育養英才吾人能之樂過萬乘孟子重焉一章再云者也孟子曰君子有三樂而王天下不與存焉者孟子言君子有三樂而爲王天下者不得與於其間父母皆在兄弟無有他故者以其無嫌隙之事也此乃一樂也存誠於己而仰無以有愧於天俯無以有慚怍於人此乃二樂也己之有德又得天下英才大賢而推己以教而養育之此乃三樂也三樂如此故孟子又重言之然君子有三樂而王天下不與存焉以其有天下之樂不若此三樂矣故重言之而美此三樂也是以舜得天下而無足解憂楊子云紆朱懷金之樂不如顏氏子之樂是亦與此同意也

孟子曰廣土衆民君子欲之所樂不存焉中天下而立定四海之民君子樂之所性不存焉廣土衆民大國諸侯也所樂不存欲行禮也中天下而立謂王者所性不存乃所謂性於仁義者也君子所性雖大行不加焉雖窮居不損焉分定故也大行行之於天下窮居不失性也分定故不變君子所性仁義禮智根於心其生色也睟然見於面盎於背施於四體四體不言而喻四者根生於心色見於面睟然潤澤之貌也盎視其背而可知其背盎盎然盛流於四體四體有匡國之綱雖口不言人自曉喻而知也

疏孟子曰至而喻○正義曰此章言臨涖天下君國子民君子之樂尚不與存仁義內外充身體履方四體不言蟠辟用張心邪意溺進退無容於是之際知其所不同也孟子曰廣土衆民至不言而喻孟子言廣土地之大衆民人之多以爲大

國之諸侯君子者心欲好之然其所樂不在此也中天下之中而立以安四海之民是爲之王君子者雖樂於此然而稟天性不在此焉蓋君子欲廣土衆民以其足以行道於一國故也然其所樂又在於定四海之民而未樂於此一國而已雖樂在於中天下而立定四海之民得以行道於天下奈何所性不在此焉是所性者特在仁義禮智耳故言於下文是也是則君子所稟天之性雖大而行道於天下且不能加益其性雖窮居在下且不能損滅其性以其所生之初受之於天有其分定故也故君子所性是仁義禮智四者根生於心顯而形諸德容其生於色則睟然潤澤見於面又有輝光乎其前盎盎然見於背又有充實乎其後而旁溢流通乎左右上下四體則一動靜一行止固雖不言而人以曉喻而知其所存是其不言仁而喻其能仁不言義而喻其能義以至禮也智也亦若是矣此所以故云四體不言而喻荀子云君子之學入乎耳。著乎心布乎四體形乎動靜又曰君子至德默然而喻同意

孟子注疏解經卷第十三上

孟子注疏卷十三上校勘記　阮元撰盧宣旬摘錄

凡四十五章　閩監毛三本同音義宋本五作七案章指當爲四十七章作四十五者僞疏改疏以王子宮室章幷入上章又失數莫非命也一章故爲四十五章也

爲精氣王　宋本王作生孔本韓本閩監毛三本作主

天之執持綱維　閩監毛三本同孔本韓本考文古本綱維作維綱

而衆星拱之云亦作拱　閩監毛三本同宋本孔本韓本考文古本拱作共音義出共之

苟存其心　宋本苟作曰

故以盡心爲篇題　閩監毛三本同孔本韓本考文古本爲篇題作題篇

言容悅凡言　補監毛本下言字作臣是也

案一首天文志云　補監毛本一首作五行不誤

故曰所以事天也　閩監毛三本同宋本岳本孔本韓本考文古本無也字

此所以立命之本　閩監毛三本同廖本孔本韓本考文古本下有也字

章指言盡心竭性足以承天殀壽禍福秉心不違立命之道惟是爲珍

但操存其心而不仁也案仁為二譌

為受其正也已閩監毛三本同岳本廖本孔本韓本考文古本無已字

得正命也閩監毛三本同廖本孔本韓本考文古本上有為字足利本為作無案作無非也

畏壓溺死閩監毛三本同廖本孔本韓本考文古本無死字案無者非

故曰非正命也已閩監毛三本同廖本孔本韓本考文古本無已字

章指言人必趨命貴受其正巖牆之疑君子遠之

注畏壓溺死所不弔閩監毛三本所上有禮字

章指言為仁由己富貴在天故孔子曰如不可求從吾所好

常有所行矣宋本廖本閩本孔本韓本考文古本足利本同監毛二本常誤當

強恕而行廖本孔本韓本同閩監毛三本強作彊注同

當自強勉岳本及各本同宋本作勉強

此最為近也閩監毛三本同宋本岳本廖本孔本韓本考文古本無也字

章指言每必以誠恕己而行樂在其中仁之至也

無所愛 閩監毛三本同廖本孔本韓本考文古本作於其所愛

可推以爲善 閩監毛三本同廖本孔本韓本考文古本下有也字

章指言人有仁端達之爲道凡夫用之不知其爲寶也 考文古本誤實

論語曰 各本同考文古本作論曰○按趙注多作論

章指言恥身無分獨無所恥斯必遠辱不爲憂矣

無復有恥辱累之矣 之字墨丁閩監毛三本如此

今造機變阱陷之巧 閩監毛三本同廖本孔本韓本阱作穽

取爲一切可勝敵之 閩監毛三本同廖本孔本韓本考文古本之作也

廉恥之心 閩監毛三本同廖本孔本韓本考文古本下有也字

不恥不如古之聖人何有如賢人之名也 廖本孔本韓本考文古本同注意謂取法乎上乃得乎中也閩監毛三本聖人賢人並作聖賢

章指言不慕大人何能有恥是以隰朋愧不及黃帝佐桓公 孔本韓本考文引古本桓公作齊桓 以有勳顏淵慕虞舜孔子 孔本韓本考文引古本孔子作仲尼 歎庶幾之云 考文古本歎下有而字

正宜羞恥而無爲之也正字墨丁閩監毛三本如此

何能有古聖賢之名也也字墨丁閩監毛三本如此

後齊桓得之輔佐輔字墨丁閩監毛三本如此

何獨不者所樂有所忘也補監毛本者作有是也

見且由不得亟宋九經本宋本岳本咸淳衢州本孔本韓本同閩監毛三本由作猶

伊尹樂道堯舜閩監毛三本同廖本孔本韓本考文古本作伊尹樂堯舜之道

豈可得而臣之者乎閩監毛三本同廖本孔本韓本考文古本無者乎二字

章指言王公尊賢以貴下賤之義也樂道忘勢不以富貴動心之分也各崇

所尚則義不虧矣

以其能樂己之樂能樂二字墨丁閩監毛三本如此

故有王公大人王字墨丁閩監毛三本如此

自得無欲之貌也閩監毛三本同廖本孔本韓本考文古本無也字

章指言內定常滿囂囂無憂可出可處故云以遊修身立世賤不失道達善

天下乃用其寶句踐好遊未得其要孟子言之然後乃喻

孟子至天下　閩監二本同毛本天上有兼善二字

故云以士　士字墨丁閩監毛三本如此案此章指文也士當作遊與憂韻

窮則獨善身　閩監毛三本身上有其字

無自知者也　閩監毛三本足利本同宋本孔本韓本考文古本自作異

故由文王之大　廖本孔本韓本考文古本作故須文王之大化閩監毛三本作故由文王之化

若夫豪傑之才知　閩監毛三本同廖本孔本韓本考文古本無之字

以善守其身正其行　閩監毛三本同宋本岳本孔本韓本考文古本無二其字

章指言小人待化乃不辟邪　孔本韓本二字倒　君子特立不爲俗移故稱豪傑自興也

章指言人情　韓本作特　富盛莫不驕矜若能欿然謂不如人非但免過卓絕乎凡也

當其雖勞　閩監毛三本同岳本孔本韓本考文古本其作時是也

以坐殺人故也廖本孔本韓本考文古本同閩監毛三本坐誤生

章指言勞人欲以佚之殺人欲以生之則民無怨讟也

殺之不怨故曰殺之而不怨閩監毛三本同宋本岳本下之作人廖本考文古本下之作人下有也字孔本韓本作殺非不教故殺之不怨也

又使日遷善閩監毛三本同孔本韓本考文古本無又字

言化遷善爲之大道者也閩監毛三本同廖本孔本韓本考文古本作言化大也

豈曰使人知其小補益之者哉閩監毛三本同廖本孔本韓本考文古本作豈曰使成人知其小補益也

章指言王政浩浩孔本韓本作皞皞與天地同道霸者德小民人速覩是以賢者志其大者也

而遂天下之故者閩監毛三本遂下有通字是

章指言明法審令民趨君命崇寬務化民愛君德故曰移風易俗莫善於樂

有九職繫萬民補監毛本繫作任

無不知愛其親者按者字古本皆同注疏本亦不誤今書塾朱子集注本者作也不可不正

施之天下人也閩監毛三本同廖本考文古本也作而已二字孔本韓本與廖本同施作推

章指言本性良能仁義是也達之天下恕乎己也

人之所不學而至達之天下也者閩監毛三本而下有能字

居木石間閩監毛三本同孔本韓本考文古本間上有之字

相去豈遠閩監毛三本同廖本孔本韓本考文古本下有哉字

聞人一善言各本同孔本無人字下見人同

若江河之流各本同孔本上有辟字案此采音義也音義出辟若云下辟若同下辟若當指章指辟若神龍言故知此文上舊有辟字浦校同

其所欲行也閩監毛三本同廖本孔本韓本考文古本無也字

章指言聖人潛隱辟若神龍亦能飛天亦能小同舜之謂也

每以身先之閩監毛三本同廖本孔本韓本考文古本先作況

章指言己所不欲勿施於人仲尼之道也

以其在於有疢疾之人字閩監毛三本同廖本孔本韓本考文古本無以其二

章指言孤孽自危故能顯達膏粱難正多用沈溺是故在上不驕以戒諸侯也

膏粱自正補案自字當從章指作難

以悦君者也閩監毛三本同廖本孔本韓本考文古本者也作而已

而後爲悦者也閩監毛三本同廖本孔本韓本考文古本作而後悦也

章指言容悦凡臣社稷股肱天民行道大人正身凡此四科優劣之差

君子重言閩監毛三本同宋本孔本韓本考文古本君作孟

章指言保親之養兄弟無他誠不愧天育養英才賢人能之樂過萬乘孟子重焉一章再云也

此章言保親之養此字墨丁閩監毛三本如此

吾人能之吾字墨丁閩本同監本如此毛本作賢

以其無嫌隙之事也嫌隙二字墨丁閩本同監毛二本如此

而仰無以有羞愧於天俯無以有慚怍於人仰無至天俯九字墨丁閩本同監毛二本如此

己之有德又得天下英才大賢 德又二字墨丁閩本同監毛二本如此

欲行禮也 閩監毛三本同廖本孔本韓本考文古本欲作樂

乃所謂性於仁義者也 閩監毛三本同宋本孔本韓本考文古本作謂性仁義也廖本無於字

行之於天下 閩監毛三本同宋本孔本韓本考文古本之作政

人自曉喻而知也 閩監毛三本同宋本岳本孔本韓本考文古本自作以知下有之字廖本亦有之字足利本無

章指言臨莅 孔本韓本莅作蒞 天下君國子民君子之樂尚不與存仁義內充身體履方四支不言蟠辟用張心邪意溺進退無容於是之際知其不同也

仁義內外充 監毛本同案章指無外字

君國子民 君字墨丁閩監毛三本如此

君子之學入乎耳著乎心布乎四體形乎動靜又曰君子至德默然而喻同意 耳著以下十行本有脫頁閩本亦闕監本毛本如此

孟子注疏解經卷第十三下

盡心章句上　　趙氏注　　孫奭疏

孟子曰伯夷辟紂居北海之濱聞文王作興曰盍歸乎來吾聞西伯善養老者太公辟紂居東海之濱聞文王作興曰盍歸乎來吾聞西伯善養老者已說於上篇天下有善養老則仁人以爲已歸矣天下有能若文王者仁人。呼復歸之矣五畝之宅樹牆下以桑匹婦蠶之則老者足以衣帛矣五母雞二母彘無失其時老者足以無失肉矣百畝之田匹夫耕之八口之家足。以無飢矣五雞二彘八口之家畜之足以爲畜産之本也所謂西伯善養老者制其田里教之樹畜導其妻子使養其老五十非帛不煖七十非肉不飽不煖不飽謂之凍餒文王之民無凍餒之老者此之謂也所謂無凍餒者教導之使可以養老者耳非家賜而人益之也。疏孟子至此之謂也○正義曰此章言王政普大教其常業各養其老使不餒乏二老聞之歸身自。己所謂衆鳥不羅翔鳳來集之類者也孟子曰伯夷辟紂至此之謂也已說於上篇矣此以大同小異更不復說焉然其類亦孔子所云刳胎殺夭則麒麟不至覆巢毀卵則鳳凰不翔此亦類也

孟子曰易其田疇薄其稅斂民可使富也食之以時用之以禮財不可勝用也易治也疇。一井也。庶民治其田疇薄其稅斂不踰什一則民富矣食取其征賦以時用之以常禮不踰禮以費財也故畜積有餘財不可

勝用也

民非水火不生活，昏暮叩人之門戸求水火，無弗與者，至足矣。聖人治天下，使有菽粟如水火。菽粟如水火，而民焉有不仁者乎？水火能生人，有不愛者，至饒足故也。菽粟饒多，若是，民皆輕施於人，而何有不仁者也。

【疏】孟子至者乎○正義曰：此章言教民之道，富而節用，蓄積有餘，焉有不仁，故曰倉廩實知禮節也。孟子曰易其田疇至不可勝用也，孟子言如使在下者易治其田疇而不難耕作，則地無遺其利，又在上者又薄其賦斂而無橫賦，則民皆可令其富足也。又食之以時而其用不屈，用之以禮而其欲不窮，則財用有餘而不可勝用也。民非水火不生活至焉有不仁者乎，孟子又言人民非得其水火則不能生活，然而昏暮之時有敲人之門戸而求之水火，無不與之者，以其水火至多矣。聖人如能治其天下，使民有其菽粟亦如水火之多，則民人孰不以有餘而補其不足而爲仁者乎，故曰菽粟如水火而民焉有不仁者乎，此所謂倉廩實而知禮節者也。○注疇一井也○正義曰：說文云爲耕治之田也，不知一井何據。

孟子曰：孔子登東山而小魯，登太山而小天下，故觀於海者難爲水，遊於聖人之門者難爲言。所覽大者意大，觀小者志小也。觀水有術，必觀其瀾。瀾，水中大波也。日月有明，容光必照焉。容光，小郤也。言大明照幽微也。流水之爲物也，不盈科不行；君子之志於道也，不成章不達。盈，滿也。科，坎也。流水滿坎乃行，以喻君子之學必至成章乃仕進者也。

【疏】孟子至不達正義曰：此章言弘也，明者無不照，包聖道者成其仁也。孟子曰孔子登東山至難爲言者，孟子言孔子登魯國之東山而所覽者大，故小其魯國，以魯國莫大於東小山也；登太山而能小其天下，亦所覽者大而天下亦莫大也於大山也。如此，故觀之於海者難爲水也，以其水所同歸於海者也，是以海爲百谷王；遊聖人之門者難爲言，以其道之所同出又同歸於此者也。楊子云：視日月而知衆星之蔑如仰天庭而知天下之居卑亦與此同意觀水有術必觀其瀾者孟子又言人之觀於水以其有術也有術者所謂觀水必觀其波瀾是爲能觀水者也云此者以其人之觀書亦若是也言觀書亦當觀其五經而已矣五經所以載聖人之大道者也日月有明容光必照焉者又言日月之有明凡於幾隙但有容其光者則必照之亦若道之在天下無往而不在也流水之爲物也不盈科不行至不成章不達者又言流水爲物所流遇於科坎不盈滿其科坎則不流進而行也如君子之學志在於道也不成章則不達而進仕以其君子於道至於成章則充實美在其中暢於四支發於事業爲美之至者也此孟子所以有水爲之喻焉

孟子曰雞鳴而起孳孳爲善者舜之徒也雞鳴而起孳孳爲利者跖之徒也欲知舜與跖之分無他利與善之間也跖盜跖也跖舜之分。故以此別之。也。

疏正義曰此章言好善從舜好利從跖明明求之常若不足君子小人各一趨也孟子曰至間也者孟子言人之雞鳴而起孳孳勤篤於爲善者乃爲舜之徒黨也如雞鳴而起孳孳但勤篤於爲利者乃爲盜跖之徒也儻言欲知舜與盜跖爲君子小人之分別無他事焉特一趨於利一趨於善之間而已○注盜跖○正義曰案李奇漢書傳云盜跖乃是秦之大盜也

孟子曰楊子取爲我拔一毛而利天下不爲也楊子楊朱也爲我爲己也拔己一毛以利天下之民不。肯爲也墨子兼愛摩頂放。踵利天下爲之墨子墨翟也兼愛他人摩突其頂下至於踵以利天下己樂爲之也子莫執中子莫魯之賢人也其性中和專一者也執中爲近之執中無權猶執一也執中和近聖人之道然不權聖人之重權執中而不知權猶執一介之人不。知時變也所惡執一者爲其賊道也舉一而廢百也所以惡執一者爲其不知權以一知而廢百道也。

疏孟子至百也○正義曰此章楊墨放蕩子莫執一聖人量時不取此術孔子行止唯義所在者也孟

子曰楊子取爲我拔一毛而利天下不爲也至爲之孟子謂楊朱所取以爲己雖拔己之一毛以利天下且不爲也墨翟兼愛他人雖摩突其頂而至於踵而利天下且以爲之子莫執一子莫魯賢人言子莫執中和之性而不專一者也以其無爲己兼愛之過而已故曰執中爲近之言子莫執中爲近聖人之道者也如執中而不知權變但若執一介之人不知時變者也然而所以惡疾其執一者是爲其有以賊害其道也是若知舉一道而廢其百道也故曰執中無權猶執一也所惡執一者爲其賊道舉一而廢其百也

孟子曰飢者甘食渴者甘飲是未得飲食之正也飢渴害之也飢渴害其本所以知味之性令人强甘之豈惟口腹有飢渴之害人心亦皆有害爲利欲所害亦猶飢渴得之人能無以飢渴之害爲心害則不及人不爲憂矣人能守正不爲邪利所害雖謂富貴之事不及逮人猶爲君子不爲善人所憂患也。疏孟子至憂矣○正義曰此章言飢不妄食忍情節欲賤不失道不爲苟求能無心害夫將何憂者也孟子曰飢者甘食至不爲憂矣孟子言人之飢餓則易爲食故以甘之渴者易爲飲故以甘之然而不得飲食味之正者也以其但爲飢渴害其本性耳豈獨飲食於口腹爲有飢渴以害之言人心亦皆有以害之也以其利慾害之故也人能無以飢渴之害爲心之害則所養不及於人亦不足爲可憂矣蓋無以飢渴爲心害則孟子以飢渴之害亦猶利欲之害故假託而言之也

孟子曰柳下惠不以三公易其介介大也柳下惠執弘大之志不恥汙君不以三公榮位易其大量也。疏正義曰此章言柳下惠不恭用志大也無可無否以貴爲賤者也孟子言柳下惠不以三公之榮位而移易己之大志也以其所守之介在道而已是所以不羞小官者焉今夫三公者乃百僚之師帥也人臣之位極者也衣則服袞圭則執桓圭而世之所謂富貴崇顯者無以過也

孟子曰有爲者辟若掘井掘井九軔而不及泉猶爲棄井也有爲爲仁義也軔八尺也

雖深而不及泉喻有爲者。能於中道而盡棄前行。者也。疏正義曰此章言爲仁由己必在究之九軔而輟無益成功者也孟子曰今之有爲之道者譬如掘井者也掘井至九軔之深而不及泉則止之是棄其前掘井之功者也喻爲仁義之道而不及之則止而不爲是亦棄其仁義之道者也孔子曰爲山未成一簣止吾止也與此同意○注軔八尺也○正義曰案釋云七尺曰軔

孟子曰堯舜性之也湯武身之也五霸假之也性之性好仁自然也身之體之行仁視之若身也假之假仁以正諸侯也久假而不歸惡知其非有也五霸。而能久假仁義譬。如假物久而不歸安知其不真有也。疏孟子至非有也○正義曰此章言仁在性體而行仁本性之自然者也湯武利而行仁視之若身也五霸強而行仁則力假之而已然而久假而行之而不歸止安知其非真有也楊子曰假儒衣書服而讀之三月不歸孰曰非儒也亦同其旨

公孫丑曰伊尹曰予不狎于不順放太甲于桐民大悅太甲賢又反之民大悅賢者之爲人臣也其君不賢則固可放與丑怪伊尹賢者而放其君何也孟子曰有伊尹之志則可無伊尹之志則篡也人臣秉忠。志若伊尹欲寧殷國則可放惡而不即立君宿留冀改而復之如無伊尹之忠見間乘利篡心乃生何可放也。疏公孫至篡也○正義曰此章言憂國忘家意在出身志在寧君放惡攝政伊周有焉凡人志異則生篡心也公孫丑問孟子謂伊尹有言我不邇于順己者故放太甲于桐宮而民心大悅及太甲悔改其過而歸賢則伊尹又迎而反之以復君位商民大悅且賢者之爲人臣也其君有不賢者則固可以放之與孟子對曰如賢者有伊尹愛君之志則可以放君如無伊尹秉忠心以愛君則放君而生篡奪君位之心者也以爲不可矣

公孫丑曰詩曰不素餐兮君子之不耕而食何也詩魏國伐檀之篇也無功而食。則謂之素餐世之君子有不耕而食。何也孟子曰君

子居是國也其君用之則安富尊榮其子弟從之則孝悌忠信不素餐兮孰大於是君子能使人化其道德移其習俗。身安國富而保其尊榮子弟孝悌而樂忠信不素餐之功誰大於是何爲不可以食祿。疏公孫丑至於是○正義曰此章言君子正己以立於世世美其道君臣是貴所過者化又何素餐之謂也公孫丑問孟子曰魏國伐檀之詩有云不素餐兮言無功而食謂之素餐然而君子有不自耕而食祿者是如之何孟子對之曰君子居處此國其君任用之則安富尊榮言安國保其尊榮子弟從之則能孝悌忠信是則不素餐兮誰有大於此者言何爲而不可食祿○注魏國伐檀之篇○正義曰此詩蓋刺在位貪鄙無功而受祿君子不得進仕爾○王子墊問曰士何事齊王子名墊也問士當何事爲事。者。耶孟子曰尚志尚。貴也士當貴上於用志也曰何謂尚志曰仁義而已矣殺一無罪非仁也非其有而取之非義也居惡在仁是也路惡在義是也居仁由義大人之事備矣孟子言志之所尚仁義而已矣不殺無罪不取非有者爲仁義欲知其所當居者仁爲。士所由者義爲貴大人之事備。矣。疏王子至備矣○正義曰此章言人當尚志於善也善之所由仁與義也欲使王子無過差者也王子墊問曰士何事者王子墊齊王之子名墊也問孟子曰爲士者當以何事爲尚也孟子曰尚志孟子荅之曰爲士者當以志爲尚也曰何謂尚志王子又問孟子何以謂之尚志曰仁義而已矣至大人之事備矣孟子又荅之曰尚志則以仁義而已矣言能以仁義爲尚則爲尚志也如殺一人之無罪是爲非仁也非己之所有而取求之是爲非義也如此非仁非義者亦以所居有惡疾在於仁所行有惡疾在於義是也如仁以爲居義以爲行則大人之事亦備矣此孟子所以欲使王子墊於無過之地也

孟子曰仲子不義與之齊國而弗受人皆信之是舍簞食豆羹之義也仲子陳仲子處於陵

者人以爲廉謂以不義而與之齊國必不受之孟子以爲仲子之義若上章所道簞食豆羹無禮則不受萬鍾則不辨禮義而受之也人莫大焉亡親戚君臣上下以其小者信其大者奚可哉人當以禮義爲正陳仲子避兄離母不知仁義親戚上下之敘何可以其小廉信以爲大哉。

疏孟子曰至奚可哉正義曰此章言事有輕重行有大小以大包小可也以小信大未之聞者也孟子言陳仲子以不義雖與之齊國之大而且不受國人皆信之以爲廉是爲舍簞食豆羹之小義也人之所尚當以莫大爲尚焉者是其知以親戚君臣上下之敘者也今陳仲子避兄離母處於陵而不仕是棄親戚君臣上下之大分而徒取其辭受之小節而已而信廉之大又安可哉以爲非義之本耳宜孟子以是闢之○注陳仲子至受之也○正義曰此於前篇已說矣

桃應問曰舜爲天子皐陶爲士瞽瞍殺人則如之何桃應孟子弟子問皐陶爲士官主執罪人瞽瞍惡暴而殺人則皐陶何如孟子曰執之而已矣孟子曰皐陶執之耳然則舜不禁與桃應以。舜爲天子使有司執其父不禁止之邪曰夫舜惡得而禁之夫有所受之也夫辭也孟子曰。夫舜惡得禁之夫天下乃受之於堯當爲天理民王法不曲豈得禁之也然則舜如之何應問舜爲之將如何曰舜視棄天下猶棄敝蹝也竊負而逃遵海濱而處終身訢然樂而忘天下孟子曰舜視棄天下如捐棄敝蹝蹝草履。也敝喻不惜舜必負父而遠逃終身訢然忽忘天下之爲。至貴也。

疏桃應至天下正義曰此章言奉法承天政不可枉大孝榮父遺棄天下虞舜之道趨將若此孟子之言揆聖意者也桃應問曰舜爲天子皐陶爲士瞽瞍殺人則如之何桃應問孟子曰舜爲天子命皐陶爲士官以執罪人舜父瞽瞍殺人則皐陶之士當如何也孟子曰執之而已矣孟子荅之但當執而不縱也然則舜不禁與桃應問曰如是則舜爲天子使有司執其父而不禁之耶曰夫舜惡得而禁之夫有所受之也

孟子又荅之曰夫舜豈得而禁止之哉夫以其法有所受之而已然則舜如之何桃應問曰如是舜不敢禁止皋陶無執其父則舜將如之何曰舜視棄天下至忘天下孟子又荅之曰舜視天下如捐棄敝蹝而不惜也必將竊負戴其父而逃循海濱而處以逃之且終身訢然樂而忘去天下是以舜得天下不足解憂惟順父母可以解憂也

孟子自范之齊望見齊王之子喟然嘆曰居移氣養移體大哉居乎夫非盡人之子與。

范齊邑王庶子所封食也孟子之范見王子之儀。聲氣高涼不與人同還至齊謂諸弟子喟然。嘆曰居尊則氣高居卑則氣下居之移。人氣志使之高涼若供養之移人形身使充盛也大哉居乎者言當慎所居人必居仁也凡人與王子。豈非。盡是人之子也王子居尊勢故儀聲如是也。

疏正義曰趙云此章言人性皆同居使之異君子居仁小人處利譬。猶王子殊於衆品者也孟子嘗自范邑見齊王之子儀體聲氣高爽不與人同乃往歸齊而於弟子之間喟然嘆息之曰夫居足以移易人之氣所養足以移易人之體以其王子之儀體聲氣如是者亦以所居所養之大移之使然也大哉居乎言人當慎所居以仁為廣居凡衆之人豈非盡人之子與言齊王之子亦人之子也凡人亦人子也下文觀宜合此章

孟子曰王子宮室車馬衣服多與人同而王子若彼者其居使之然也況居天下之廣居者乎

言王子宮室乘服皆人之所用之耳然而王子若彼高涼者居勢位故也況居廣居謂行仁義仁義在身不言而喻也

魯君之宋呼於垤澤之門守者曰此非吾君也何其聲之似我君也此無他居相似也

垤澤宋城門名也人君之聲相似者以其俱居尊勢故音氣同也以城門不自肯夜開故君自發聲。耳。

疏。正義曰此章宜與上章合而為一不當分而為二也孟子言王子所居宮室與車馬之乘衣服之飾是皆與人同所用之也然而王子若彼儀體聲氣高涼者必其居勢位使之如是與人不同耳言王所居勢位能如

此而況居天下之廣居以仁為居者乎且以魯國之君往宋乃呼於垤澤之門守者曰此非吾君之身也何其呼聲。似。其。呼。聲似我君也言。大亦無他事異焉亦以皆居尊勢故其聲之如是相似也垤澤宋城門之名守者監門之官也是言能以大人之所居者處己而與大人相似者也

孟子曰食而弗愛豕交之也愛而不敬。獸畜之也恭敬者幣之未將者也恭敬而無實君子不可虛拘 人之交接但食之而不愛若養豕也愛而不敬若人畜禽獸但愛而不能敬也且恭敬者如有幣帛當以行禮而未以命將行之也恭敬貴實如其無實何可虛拘致君子之心也。

【疏】。正義曰此章言取人之道必以恭敬恭敬貴實虛則不應實者謂敬愛者也孟子言人之交接但飲食為備而歡意弗加者非以愛相接者也是為豕交之也犬馬者人所愛而畜養者也如愛誠雖至而敬心弗加者是謂愛而弗敬以為獸畜之也然而恭敬者是幣帛之禮未行之也蓋以恭敬為先而幣帛從之也如恭敬而無幣帛之實以將之是又君子不可以虛拘矣以其禮不可以徒虛而行何必以恭敬修於內而為之本幣帛以將之而為之。末則君子交接之道畢矣

孟子曰形色天性也。惟聖人然後可以踐形 形謂君子體貌尊。嚴也尚書洪範一曰貌色謂婦人妖麗之容詩云顏如。舜華此皆天假施於人也踐履居之也易曰黃中通理聖人內外文明然。能以正道履居此美形不言居而。言。踐尊陽抑陰之義也。

【疏】正義曰此章言體德正容大人所履者也孟子言人之形與色皆天所賦性所有也惟獨聖人能盡其天性然後可以踐形形而履之不為形之所累矣蓋形有道之象色為道之容人之生也性出於天命道又出於率性是以形之與色皆為天性也惟聖人能因形以求其性體性以踐其形故體性以踐目之形而得於性之明踐耳之形而得於性之聰以至踐肝之形以為仁踐肺之形以為義踐心之形以通於神明凡於百骸九竅五臟之形各有所踐也故能以七尺之軀方寸之微六通四闢其運無乎不在茲其所以為聖人與然而形與色皆天性何獨踐形而不踐色何耶蓋形則一定

而不易者也色則有喜怒哀樂之變以其無常者也不可以踐之矣亦以聖人吉凶與人同何踐之以爲異。哉是又孟子之深意然也○注形謂君子至抑陰之義也○正義曰云洪範一曰貌者蓋以五事之一者也孔安國云貌容儀也謂婦人妖麗之容詩云顏如舜華者此蓋有女同車之篇文也注云舜木槿也易曰君子黄中通理者蓋坤之卦文也謂君子黄中通理正位居體美在其中而暢於四支發於事業美之至也是亦以正道履居此美形不言居而言踐尊陽而抑陰也

齊宣王欲短喪公孫丑曰爲朞之喪猶愈於已乎齊宣王以三年之喪爲太長久欲減而短之因公孫丑使自以其意問孟子既不能三年喪以朞年差愈於止而不行喪者。也孟子曰是猶或紾其兄之臂子謂之姑徐徐云爾亦教之孝悌。而已矣紾戾也孟子言有人戾其兄之臂爲不順也而子謂之曰且徐徐云爾是豈以徐。徐之爲差者乎不若教之以孝悌勿復戾其兄之臂也。令欲行其朞喪亦猶曰徐徐之類也王子有其母死者其傅爲之請數月之喪公孫丑曰若此者何如也丑曰王之庶夫人死迫於適夫人不得行其喪親之數其傅爲請之於君欲。使得行數月喪如之何曰是欲終之而不可得也雖加一日愈於已謂夫莫之禁而弗爲者也孟子曰如是王子欲終服其子禮而不能者也加益一日則愈於止況數月乎所謂不當者謂無禁自欲短之故譏之也。

【疏】齊宣至者也○正義曰此章言禮斷三年孝者欲益富貴怠厭思減其日君子正言不可阿情丑欲朞之故譬以紾兄徐徐者也齊宣王欲短喪公孫丑曰爲朞之喪猶愈於己乎齊宣王欲短三年之喪公孫丑勸之以謂朞年之喪猶勝於止而不爲者矣朞年十二月也孟子曰至而已矣者孟子言如此是若或有紾戾其兄之臂者子以爲之姑且徐徐然紾其兄之臂云爾但當教之以孝悌不復戾兄之臂也今子欲勸齊王短其三年之喪而且謂爲朞年之喪亦若徐徐然之謂也王子有其母死者其傅爲之

請數月之喪公孫丑曰若此何如也公孫丑又復問孟子曰王子有母死之者其傅相者爲之請行數月之喪如此者是如之何也以其王子庶生之母死迫於嫡母而不敢終喪者也曰是欲終之而不可得也至一弗爲者也孟子荅之曰是王子欲終之喪有所禦而不可得而爲者也雖加益一日亦足勝於止而不爲者矣今齊宣王欲短三年之喪以其禮所當終之而且謂朞年之喪猶愈於已以勸之是謂夫莫之禁止而自弗爲者也此孟子所以不取朞之也論語宰我問三年之喪朞已久矣孔子所以責之曰予之不仁也汝安之則爲之乎是亦孟子於此不取公孫丑之意也 孟子曰君子之所以教者五教民之道有五品有如時雨化之者教之漸漬而浹洽也有成德者有達財者有荅問者有私淑艾者私獨淑善艾治也君子獨善其身人法其仁此亦與教法之道無差也此五者君子之所以教也申言之孟子貴重此教之道也【疏】孟子至教也○正義曰此章言教人之術莫善五者養育英才君子所珍聖所不倦其惟誨人者也孟子曰君子之所以教者五至所以教也者孟子言君子所以教人之道有五品也有如時雨之教者以其教人漸漬恰如時雨之澤也是其潤之以德漸之以仁善有萌芽則誘之使數秀性有其材則養之使長茂凡此因其大以成大小以成小是爲有若時雨而教者也有成德者以其因固有之德但教而成之也是其能仁不能反者則教之以克己復禮能勇不能怯者則教之以臨事而懼是爲有成德者也有達財者以其有財之具而不能用者則教而達之也子貢問曰賜也何如子曰女器也曰何器也曰瑚璉也子謂子夏曰女爲君子儒無爲小人儒是爲有達財之教者也有荅問者以其在於荅問之間也不憤不啓不悱不發舉一隅不以三隅反則不復也是爲有荅問之教也有私淑艾者以其獨善其身使彼法之也子曰我非生而知之者好古敏以求之者也子不語怪力亂神凡此之類是有私淑艾之教也故重言之曰此五者之教乃君子之所以教者也論語云有教無類同 公孫丑曰道則高矣美矣宜若登天

然似不可及也何不使彼為可幾及而日孳孳也丑以為聖人之道大高遠將若登天人不能及也何不少近人情令彼凡人可庶幾使日孳孳自勉也

孟子曰大匠不為拙工改廢繩墨羿不為拙射變其彀率君子引而不發躍如也中道而立能者從之大匠不為新學拙工故為之改鑿廢繩墨必正也羿不為新學拙射者變其彀率之法也彀弩張嚮表率之正體望之極思用巧之時不可變也君子謂於射則引弓彀弩而不發以待彀偶也於道則中道。德之中不以學者不能故卑下其道將以須於能者往取之也。

疏公孫丑至從之○正義曰此章言曲高和寡道大難追然而履正者不枉執德者不回故曰人能弘道丑欲下之非也公孫丑曰至孳孳也者公孫丑問孟子謂聖人之道則至高至美矣學者跂慕之宜如登天之難以其不可得而跂及也何不使彼之道幾近令人可庶幾能及而使之日孳孳自勉而至也孟子曰大匠不為拙工改變繩墨至能者從之孟子荅之曰大匠之師不為新學拙工改去其繩墨之正羿之善射不為新學拙射更變其彀率之法彀率張弓嚮的正體極思用巧之時也君子循循善誘而引人於道不以開發者又且躍如使進而無退也是其不高不卑但於中道而立教使賢愚智者皆能從而學之也此孟子所以譏於公孫丑也

孟子曰天下有道以道殉身天下無道以身殉道未聞以道殉乎人者也殉從也天下有道得行王政道從身施功實也天下無道道不得行以身從道守道而隱不聞以正道從俗人也。

疏正義曰此章言窮達卷舒屈伸異變者也孟子言天下有治道之時則當以道從身以施其功實也以其身顯而道彰也天下無治道之時則當以身從道而卷藏守伏也以其道藏則身伏也未聞於此無道之時以道從人而饕富貴也論語云天下有道則見無道則隱同意

公都子曰滕更之在門也若在所禮而不荅何也。滕更滕君之弟來學於孟子也言國君之弟而樂在門人中宜荅見禮而夫子不荅何也孟子曰挾貴而問挾賢而問挾長而問挾有勳勞而問挾故而問皆所不荅也滕更有二焉挾接也接己之貴勢接己之有賢才接己長老接己。當有功勞之恩接己與師有故舊之好凡恃此五者而以學問望師之待以異意而教之皆所不當荅滕更有二焉接貴接賢故不荅矣。疏公都至二焉正義曰此章言學尚虛己師誨貴平是以滕更恃二孟子弗應者也公都子曰至何也公都子問孟子謂滕君之弟滕更者樂在門人中宜若在所禮敬之然而有所問而夫子不荅是如之何也孟子曰挾貴而問至滕更有二焉孟子荅之曰有挾己之貴勢而問者有挾己之賢才而問者有挾己之長老而問者有挾己有功勞之恩而問者有挾己與師友故舊之好而問者凡恃此五者而問我皆所不荅也今滕更有二於此五者之中以恃己之貴勢與恃賢才我所以不荅之也挾接也此孟子於滕更所以不荅者是亦不屑教之道也奈何公都子不知以此故有復而問焉孟子曰於不可已而已者無所不已於所厚者薄無所不薄也其進銳者其退速已棄也於義所不當棄而棄之則不可所以不可而棄之使無罪者咸恐懼也於義當厚而反薄之何不薄也不憂見薄者亦皆自安矣不審察人而過進不肖越其倫悔而退之必速矣當翔而後集慎如之何。疏孟子曰至退速正義曰此章言賞僭及淫刑濫傷善不僭不濫詩人所紀是以季文三思而後行之者也孟子言人君於不可棄去之者而反棄去之是其餘之類無所不棄也不可棄者以其無罪之人也所以棄之者以其有罪者也故棄之使人有所懼也如堯去四凶之罪是可以棄而棄之者也其於賞當所厚者反而薄之是其餘之類亦無所不薄也所以厚賞之者以其有功故厚賞之使人有所勵也如舜舉八元八凱是所厚而厚之也其於無所不棄無所不薄之君得銳進而為仕則其被退黜亦必急速矣無他以其君不能鑒其賢否不能信任所以如是矣故詩之商頌所以於殷武之篇有云不僭不濫論語翔而後集季文子三思而後行也孟子曰君子之於物也愛之而弗仁物謂凡物可以養人者也當愛育之而不。加之仁若犧牲不得。不殺也於民也仁之而弗親臨民以非己族類故不得與親同也親親而仁民仁民而愛物先親其親戚然後仁民仁民然後愛物用恩之次者也。

疏正義曰此章言君子布德各有所施事得其宜故謂之義者也孟子言君子於凡物也但當愛育之而弗當以仁加之也若犧牲不得不殺也於民也當仁愛之而弗當親之也以愛有差等也是則先親其親而後仁愛其民先仁愛其民然後愛育其物耳是又見君子用恩有其倫序也故楊子所以事得其宜之謂義也

孟子曰知者無不知也當務之爲急仁者無不愛也急親賢之爲務知者知所務善也仁者務愛。其賢也堯舜之知而不徧物急先務也堯舜之仁不徧愛人急親賢也物事也堯舜不偏知百工之事不偏愛衆人先愛賢使治民不。一。一自往親加恩惠。也不能三年之喪而緦小功之察放飯流歠而問無齒決是之謂不知務尚不能行三年之喪而復察緦麻小功之禮放飯大飯也流歠長歠也齒決斷肉置其餘也於尊者前賜食大飯長歠不敬之大者齒決小過耳言世之先務捨大譏小。有若。大。飯。長。歠。而。問。無。齒。決類也。

疏孟子至不知務○正義曰此章言君子百行先務其崇是以堯舜親大化以隆道爲要者也孟子曰知者無不知也當務之爲急至是之謂不知務者孟子言爲之智者以其多知故無所有而不知者也然而但當知要務爲急耳爲之仁者以其汎愛故無所有而不愛者也然而但當急親其賢爲之要務是以堯舜二帝之智不能偏知百工之事但急於知賢之爲先務也爲仁不能偏愛於衆人但能急親任其賢能使之以治民也今夫不能三年之喪爲不孝之大者也而察緦小功之禮是孝之小者也放飯流歠不敬之大者也問無齒決責其不敬之小者也如不能以知賢爲先務而務偏知百工之事爲之先不能以親賢爲急務而務偏愛衆

人之爲急是若執親之喪不能去不孝之大者而乃反察孝之小者食於尊者之前不能去不敬之大者而乃反責問不敬之小者也如此又安知先後之務爲緩急乎蓋緦麻三月之服者小功五月之服者也荀子云若挈裘領屈三指而頓之順者不可勝數史云網舉而網疎提其綱則衆目張與此同意

孟子注疏解經卷第十三下

孟子注疏卷十三下校勘記　阮元撰盧宣旬摘錄

仁人呼復歸之矣閩監毛三本同廖本孔本韓本考文古本呼作將是也案此形近之僞

足以無飢矣宋九經本宋本岳本咸淳衢州本孔本韓本考文古本足利本同閩監毛三本足誤可

章指言王政普大教其常業各養其老使不凍餒考文古本作餧之案之當乏之誤二老聞之歸身自託考文古本誤記衆鳥不羅翔鳳來集亦斯類也

歸身自己己章指作託是也

疃一井也按文選登樓賦注及唐釋元應衆經音義卷一皆引賈逵說一井爲疃邠鄉所本也文選送應氏詩注作二井爲疃二乃譌字

庶民治其田疃閩監毛三本同宋本孔本韓本考文古本庶作教

而何有不仁者也閩監毛三本同宋本孔本韓本考文古本無而字

章指言教民之道富而節用畜孔本作蓄積有餘焉有不仁故曰倉廩實知禮節也

則地無遺其利又在上者閩監毛三本其利作利其無又字

坎也閩監毛三本同宋本孔本韓本考文古本坎作欿下滿坎同○按原泉章作科坎也

以諭君子之學必至成章乃仕進者也閩監毛三本同宋本孔本韓本考文古本無之字至字者字

章指言宏大明者無不照包聖道者成其仁是故賢者志大宜爲君子

此章言宏也明者閩監毛三本也上一字作能也作大案此章指文也作能非

包聖道者閩監毛三本包改志案此章指文也包宋本作乞作志非

而天下亦莫大也於太山也補案上也字誤衍

故以此別之也閩監毛三本同宋本孔本韓本考文古本作以此別之

章指言好善從舜好利從蹠明明求之常若不足君子小人各一趣也

不肯爲也閩監毛三本孔本同宋本韓本考文古本無肯字

放踵文選注引作致於踵引注致至也

不知時變也閩監毛三本同岳本宋本孔本韓本考文古本知作得

章指言楊墨放蕩子莫執一聖人量時不取此術孔子行止唯義所在

章指言饑孔本韓本考文引古本作飢不妄食忍情抑欲賤不失道不爲苟求能無心害

夫將何憂

章指言柳下惠不恭用志大也無可無否以賤爲貴也 案僞疏作以貴爲賤誤也

能於中道 閩監毛三本同宋本孔本韓本考文古本無能於二字

而盡棄前行者也 閩監毛三本同廖本孔本韓本考文古本無者字

章指言爲仁由己必在究 考文古本作完韓本同 之九軔而輟無益成功論之一簣義與此同

五霸而能久假仁義 閩監毛三本同宋本孔本韓本考文古本而作若足利本作方

譬如假物 閩監毛三本孔本韓本同廖本如作若

章指言仁在性體其次假借用而不已 考文古本無已字 實何以易在其勉之也

人臣秉忠志若伊尹 閩監毛三本同廖本孔本韓本疊志字

章指言憂國忘家意在出身志在寧君放惡攝政伊周有焉凡人志異則生簒心也

公孫至簒也 閩本同監毛二本孫下有丑字

則謂之素餐 閩監毛三本同廖本孔本韓本考文古本無則字

有不耕而食閩監毛三本同廖本孔本韓本下有者字

身安國富閩監毛三本同宋本孔本韓本身作君

章指言君子正己以立於世世美其道君臣是貴所過者化何素餐之謂也

孔本韓本考文引足利本無也字

問士當何事爲事者邪閩監毛三本同廖本孔本韓本考文古本者邪作也

尚貴也十行本貴字糢糊閩監毛三本如此宋本孔本韓本考文古本作上

仁爲士廖本孔本韓本士作上閩監毛三本作貴

大人之事備矣閩監毛三本同廖本孔本韓本考文古本矣作也

章指言人當尚志志於善也善之所由仁與義也欲使王子無過差也

章指言事有輕重行有小大以大包小可也以小信大未之聞也

桃應以舜爲天子閩監毛三本同宋本孔本韓本以下有爲字

夫舜惡得禁之各本同宋本夫作大

草履也閩監毛三本同廖本孔本韓本考文古本履下有可蹝者三字

爲至貴也閩監毛三本同宋本孔本韓本考文古本無至字

章指言奉法承天政不可枉大孝榮父遺棄天下虞舜之道趨將如此孟子

之言揆聖意也

見王子之儀岳本宋本廖本孔本考文古本同閩本此下剜增體字非監毛二本韓本並沿閩本之誤

高涼按涼字與亮同古字通用亮者明也

喟然嘆曰各本同岳本嘆上有而字

居之移人氣志閩本孔本韓本考文古本足利本同監毛二本人誤養

豈非盡是人之子也閩監毛三本同宋本考文古本豈作皆孔本韓本盡作皆

章指言人性皆同居使之異君子居仁小人處利譬猶王子殊於衆品也

譬猶王子閩監毛三本猶作如

故君自發聲耳閩監毛三本同廖本孔本韓本考文古本無耳字

章指言輿服器用人用不殊尊貴居之志氣以舒是以居仁由義盎然內優

胸中正者眸子不瞀也

正義曰此上監毛二本增孟子曰至似也六字

似其呼聲似我君也閩監毛三本刪似其呼聲四字是也

言大亦無他事異焉閩本同監毛二本無大字

愛而不敬石經敬諱作欽下同

章指言取人之道必以恭敬恭敬貴實虛則不應實者謂敬愛也

正義曰監本此上剜增孟子曰至虛拘六字毛本與監本同

天性也注文宋本廖本分兩段形謂至人也在此經下孔本韓本與宋本同

謂君子體貌尊嚴也閩監毛三本同宋本孔本韓本尊嚴作嚴尊

顏如舜華十行本舜字模糊閩監毛三本如此廖本孔本韓本考文古本作蕣案音義出蕣字依說文則舜古字蕣俗字也

然能以正道閩監毛三本同廖本孔本韓本考文古本然下有後字

而言踐閩監毛三本足利本同廖本孔本韓本考文古本作色主名是也

章指言體德正容大人所履有表無裏謂之柚梓是以聖人乃堪踐形也

何踐之以爲異哉閩本同監毛二本哉作或

而不行喪者也閩監毛三本同廖本孔本韓本考文古本無也字

亦教之孝悌而已矣石經宋本孔本韓本同閩監毛三本悌作弟

是豈以徐徐之爲差者乎閩監毛三本同岳本廖本孔本韓本考文古本不重徐字

令欲行其朞喪閩監毛三本同宋本孔本韓本考文古本令作今

欲使得行數月喪岳本及各本同廖本使作復

章指言禮斷三年孝者欲益富貴怠厭思減其日君子正言不可阿情丑欲朞之故譬以紾兄徐徐也

而浹洽也閩監毛三本同廖本孔本韓本考文古本浹作沾足利本也作之

有達財者音義出達財云一本作才

此教之道也閩監毛三本同廖本孔本韓本考文古本無也字

章指言教人考文古本作之之術莫善五者養育英才君子所珍聖所不倦其惟誨人乎

則中道德之中各本同考文古本德作體

章指言曲高和寡道大難追然而履正者不枉執德者不回故曰人能宏道

考文古本作大丑欲下之非也

章指言窮達卷舒屈伸異變變流從顧守者所慎故曰金石獨止不徇人也

滕更滕君之弟自此文滕君之弟起至君子之於物也章注非己族類非字止十行本缺一頁閩本與十行本同亦缺一頁惟所缺自更字起耳監毛本不缺○今據毛本補

當有功勞之恩監毛同宋本孔本韓本當作嘗

章指言學尚虛己師誨貴平是以滕更恃二孟子弗應

章指言賞僭及淫刑濫傷善不僭不濫詩人所紀是以季文三思何後之有

而不加之仁監毛韓本同宋本考文古本加之作知人岳本廖本孔本作如人足利本此句作而不得與人同

不得不殺也監毛孔本韓本同宋本下不作而誤

用恩之次者也閩監毛三本同廖本孔本韓本考文古本無者字

章指言君子布德各有所施事得其宜故謂之義也

務愛其賢也閩監毛三本同廖本孔本韓本考文古本無其字

不二三宋本廖本孔本韓本同閩監毛三本二三作一一

親加恩惠也閩監毛三本同岳本廖本孔本韓本無也字

有若大飯長歠而問無齒決類也閩監毛三本同廖本孔本韓本考文古本有若至齒決十一字作若此之三字

章指言振裘持領正羅維綱君子百行先務其崇是以堯舜親賢大化以隆道爲要也

孟子注疏卷十三下校勘記

孟子注疏解經卷第十四上

盡心章句下凡三十。九章　趙氏注　孫奭疏

疏正義曰此卷卽趙注分上卷爲之者也此卷凡三十九章一章言發政施仁一國被恩好戰輕民災及所親二章言春秋撥亂時多戰爭三章言文之過實聖人不改錄其意也四章言民思明君若旱望雨以仁伐暴誰不欣喜五章言規矩之法喻若典禮六章言阸窮不憫貴而思降七章言恕以行仁遠禍之端暴以殘民招咎之患八章言修理關梁譏而不征九章言率人之道躬行爲首十章言務利蹈姦務德蹈仁十一章言廉貪相殊名亦卓異十二章言親賢正禮明其五教十三章言王者當天然後處之十四章言得民爲君。爲臣重民敬祀治之所先十五章。言伯夷。下惠變貪厲薄十六章言仁恩及人人能弘道十七章言孔子周流不遇則去十八章言君子固窮窮不變道上下無交無賢援也十九章言正己信心不患衆口二十章言以明照暗暗者以開下以暗責明暗者愈迷二十一章言聖人之道學而時習仁義在身當常被服舍而不修猶茅是塞二十二章言前聖後聖所尚者同三王一體何得相踰二十三章言可爲則從不可則止非時逆指猶若馮婦暴虎無已必有害也二十四章言尊德樂道治性勤禮二十五章言神聖以下優劣異。差樂正好善猶下二科二十六章言驅邪反正正斯可矣來者不追追其前罪君子甚之以爲過二十七章言養民輕斂君子道也二十八章言寶此三者以爲國珍二十九章言小知自私藏怨之府大雅先人福之所聚三十章言教誨之道受之如海百川移流不得有拒三十一章言善恕仁義充其大美無受爾汝何施不可三十二章言道之善以心爲原三十三章言君子之行動合中禮湯武之隆不是過三十四章言富貴而驕自遺咎也茅茨采椽聖堯表也以賤說貴懼有蕩心三十五章言清淨寡欲行之高者畜聚積實穢行之下廉者招福濁者速禍三十六章言曾參至孝思親異心羊棗之感終身不嘗三十七章言士行有科人有等級中道爲上狂狷不合似是而非色厲而內荏鄉原之惡聖人所甚戒三十八章言三皇已來人倫攸敘聖人不出名世承間雖有斯限蓋有遇不遇焉是以仲尼止於獲麟孟子終於無有乎爾凡此三十九章合前四十五章是盡心篇有八十四章矣

孟子曰不仁哉梁惠王也仁者以其所愛及其所不愛不仁者以其所不愛及其所愛梁魏都也以用也仁者用恩於所愛之臣民王政不偏普施德教所不親愛者并蒙其恩澤也用不仁之政加於所不親愛則有災傷所。親愛之臣民亦并被其害惠王好戰殺人故孟子曰不仁哉公孫丑問曰何謂也丑問及所愛之狀何謂也梁惠王以土地之故糜爛其民而戰之大敗將復之恐不能勝故驅其所愛子弟以殉之是之謂以其所不愛及其所愛也孟子言惠王貪利鄰國之土地而戰其民死亡於野骨肉糜爛而不收兵大敗而欲復戰恐士卒少不能用勝故復驅其所愛近臣及子弟而以殉之殉從也所愛從其所不愛而往趨死亡故曰及其所愛也東敗於齊長子死焉。

疏孟子曰至愛也○正義曰此章言發政施仁一國被恩好戰輕民災及所親著此魏王以戒人君者也孟子曰不仁哉梁惠王也至及其所愛也孟子言世稱不仁之人是梁惠王也仁者之君以其用恩於所愛親幸者以加及於其不親幸者是自近及遠之謂也不仁之君以其用不仁之政加於所不親愛幸者則有災傷及其所親愛幸者也公孫丑問曰何謂也公孫丑未曉其旨乃問孟子曰及所愛之狀是何所謂也梁惠王以土地之故至及其所愛也孟子解其旨以曉公孫丑之問也言梁惠王貪利鄰國之土地而戰鬬其民戰死於野糜爛其骨肉及兵大敗將欲復復戰之恐懼其不能戰勝以其士卒之少故驅率其所愛幸之親臣及親愛之子弟以從之而往趨於戰死是謂以其所不愛及其所愛者也此所以見梁惠王不仁之甚也左傳云未陣而薄之曰敗某師大崩曰敗績今梁王之敗獨

謂之大敗者以其敗某師與敗績不足言故稱爲大敗抑又言梁王不以義戰以見梁王不仁之甚也○注梁魏都及東敗於齊長子死焉正義曰此蓋首篇說矣

孟子曰春秋無義戰彼善於此則有之矣征者上伐下也敵國不相征也

春秋所載戰伐之事無應王義者也彼此相覺有善惡耳孔子舉毫毛之善貶纖介之惡故皆錄之於春秋也上伐下謂之征諸侯敵國不。相征五霸之世諸侯相征於。三王之法。皆不得其正者也。

【疏】正義曰此章言春秋撥亂時多爭戰事實違禮以文反正誅討征伐不自王命故曰無義戰者也孟子曰至敵國不相征也孟子言春秋之世凡兵之所起皆小役大弱役強或因怒興師或棄禮貪利未嘗有禁暴救亂之義也是以春秋無義戰然而春秋雖謂無義戰其彼國之戰有善於此國未嘗無也是以彼善於此則有之矣夫征者以上伐下無有敵於我師所以正彼之罪也如抗敵之國則相爲強弱以結禍亂非上之所以伐下罔有敵于我師者也其勢皆足以相抗皆出於交惡者也故曰敵國不相征也○注孔子舉毫毛至春秋也正義曰此蓋言春秋無義戰之謂也如有之則孔子必書故有是之言也

孟子曰盡信書則不如無書吾於武成取二三策而已矣仁人無敵於天下以至仁伐至不仁而何其血之流杵也

書尚書經有所美言。事或過若康誥曰冒聞于上帝甫刑曰。皇帝清問下民梓材曰欲至于萬年又曰子子孫孫永保民人不能聞天天。不能問。於民萬年永保皆不可得爲書豈可案文而皆信之哉武成。之篇名言武王誅紂戰鬭殺人血流春杵孟子言武王以至仁伐至不仁殷人簞食壺漿而迎其。王師何乃至於血流漂杵乎故吾取武成兩三簡策可用者耳其過辭則不取。之也。

【疏】正義曰此章言文之過實聖人不改錄其意也是故取於武成二三策而已孟子言尚書之文不可盡信之也如盡信其書之文則不若無書而已以其辭之有過適所以疑惑於人也故孟子言我於書之武成篇特取二三策而爲不盡信之而已蓋尚書之過辭多矣所以不暇具言之故

於武成但取二三策而言耳曰仁人用兵故前徒倒戈無有敵於我師也是以至仁之人而誅伐其至不仁之人而何其武王誅紂戰鬬殺人乃至於血流舂杵也此孟子於武成所以執此而言書之不可盡信矣○注書尚書至不取也〇正義曰康誥曰冒聞于上帝者蓋成王伐管叔蔡叔以殷餘民封康叔作此康誥也云我西土惟時怙冒聞于上帝帝休孔安國云我西土岐周惟是怙恃文王之道故其政教冒被四表上聞于天也云甫刑曰皇帝清問於下民者蓋呂侯見命爲天子司寇後爲甫侯故或稱甫刑此篇蓋以穆王命作夏禹贖刑之法以布告天下也皇帝清問下民者孔安國云堯帝詳問民患也云梓材曰欲至于萬年又曰子子孫孫永保民者蓋康叔爲政之道亦如梓人治材故曰梓材言欲至于萬年惟王子子孫孫永保民孔注云我周家惟欲使至於萬年承奉王室又欲令子孫累世長居國以安民也餘已前說

孟子曰有人曰我善爲陳我善爲戰大罪也國君好仁天下無敵焉南面而征北夷怨東面而征西夷怨曰奚爲後我此人欲勸諸侯以攻戰也故謂之有罪好仁無敵四夷怨望遲願見征何謂而後我已說於上篇矣武王之伐殷也革車三百兩虎賁三千人王曰無畏寧爾也非敵百姓也若崩厥角稽首征之爲言正也各欲正己也焉用戰革車兵車也虎賁武士爲小臣者也書云虎賁贅衣趣馬小尹三百兩三百乘也武王令殷人曰無驚畏我來安止爾也百姓歸周若崩厥角額角犀厥地稽首拜命亦以首至地也欲令武王來征己之國安用善戰陳者

疏孟子曰至焉用戰○正義曰此章言民思明君若旱望雨以仁伐暴誰不欣喜是以殷民厥角周師歌舞焉用善戰者也孟子曰有人曰我善爲陳我善爲戰至焉用戰者孟子言有人謂我善爲行陳我善爲戰鬬以其是欲勸諸侯以攻戰者也是爲大罪之人也且國君好行仁政以及民人凡有所征天下無敢有敵者也故南面而征則北夷怨東面而征西夷怨曰奚爲後我說已在

上篇矣武王之誅伐商紂有兵車三百乘虎賁之勇士有三千人武王令告於商之人曰無驚畏我來安止爾也故不敢抗敵之百姓皆崩摧其角若無所容頭乃稽首拜命故征之所以言正彼之罪也百姓各欲武王來征己之國焉用爲善戰者乎此孟子所以有是而戒時君好仁以爲無敵之道而已是又戒時之臣無以戰事言於時君耳○注革車至戰陳者○正義曰革車者以皮爲飾者也牧誓言武王戎車三百兩虎賁三千人孔安國云兵車百夫長所載車稱兩一車步卒七十二人凡二萬一千人舉全數虎賁勇士稱也若虎賁獸言其猛也皆百夫長也又案太誓篇云百姓懍懍若崩厥角孔安國言民畏紂之虐危懼不甯若崩厥角角無所容頭者也

孟子曰梓匠輪輿能與人規矩不能使人巧。梓匠輪輿之功能以規矩與人人之巧在心拙者雖得規矩之法亦不能成器也蓋喻人不志仁雖誦典憲不能以善。疏正義曰此章言規矩之法喻若典禮人不志仁雖誦憲籍不能以善者也孟子言梓匠輪輿之工能與人規矩法度而不能使人之巧以其人之巧在心如心拙雖得規矩法度亦不能成美器也喻當時之君如心不在仁雖誦憲籍亦不能成美政也梓匠輪輿已說於上篇矣

孟子曰舜之飯糗茹草也若將終身焉及其爲天子也被袗衣鼓琴二女果若固有之糗飯乾糒也袗畫也果侍也舜耕陶之時飯糗茹草若將終身如是及爲天子被畫衣黼黻絺繡也鼓琴以協音律也以堯二女自侍亦不佚豫如固自當有之也疏正義曰此章言阨窮不憫貴而思降凡人所難舜降聖德所以殊者也孟言舜初於耕歷山陶河濱之時以糗而飯以草而茹若終身如是焉及堯禪位爲之天子所被以畫衣黼黻絺繡鼓五絃之琴以堯帝二女事之實若固自當有之也○注糗乾糒也至黼黻絺繡也○正義曰云糗糒也按釋名云糗乾飯屑也云袗畫也說文云袗玄衣也孔傳云黼若斧形黻爲兩已相背葛之精曰絺五色備曰繡云果侍也按許慎謂女侍曰倮今釋果爲侍謂二女之侍舜是以有惑於許慎之說而遂誤歟蓋木實曰果云果者取其實而言也孟

子曰吾今而後知殺人親之重也殺人之父人亦殺其父殺人之兄人亦殺其兄然則非自殺之也一閒耳父仇不同天兄仇不同國以惡加人人必加之知其重也一閒者我往彼來閒一人耳與自殺其親何異哉。疏正義曰此章言恕以行仁遠禍之端暴以殘民招咎之患是以君子好生惡殺反諸身者也孟子言我於今然後知殺人之親之爲最重者也殺彼人之父彼人亦殺己父而報之殺彼人之兄彼人亦殺己兄而報之如是則非己之殺但一閒耳以其與自殺之無異也〇注父仇不同天兄仇不同國〇正義曰案禮云父之讎弗與共戴天交遊之讎不同國兄弟之讎不反兵蓋所以避之也周官云父之讎避諸四海之外所謂不與共其國蓋非周禮歟又周官謂人凡殺人而義者勿令。勿讎則殺之而不義在邦法不可殺者必避之而已

孟子曰古之爲關也將以禦暴今之爲關也將以爲暴古之爲關將以禦暴亂譏閉非常也今之爲關反以征税出入之人將以爲暴虐之道也。疏正義曰此章言修理關梁譏而不征如以税斂非其程式懼將爲暴故譏之也孟子言古之爲關譏而不税將以禦暴亂非常之人而已今之爲關乃征税而不譏將以爲暴亂之道也按周禮司關云凡四方之賓客叩關則爲之告有内外之送則以節傳出納之是以爲關將以禦暴也孟子之時司關征取其税適所以爲暴此孟子所以有是言歟

孟子曰身不行道不行於妻子使人不以道不能行於妻子身不自履行道德而欲使人行道德。雖妻子不肯行之言無所則效使人不順其道理不能使妻子順之而況。他人。乎。疏正義曰此章言率人之道躬行爲首者也孟子言人身自不履行其道德雖妻子之閒且有所不行以其無所倣法者也使人如不以道理雖妻子且有不順況能行於民乎荀況云有分義則合天下而治無分義則一妻一妾而亂亦與同意論語曰其身正不令而行其身不正雖令不從亦其意也

孟子曰周于利者凶年不能殺周于

德者邪世不能亂周達於利營。苟得之利而趨生雖凶年不能殺之周達於德身欲行之雖遭邪世不能亂其志也。疏正義曰此章言務利蹈姦務德蹈仁舍生取義其道不均者也孟子言人積備其利物以爲周于利者則所養常厚故凶荒之年且不能殺死喻人之能盡其性以爲周于德者則所守彌篤故姦邪之世不能亂其志蓋以戰國之時無富而教之之術此孟子所以救之以此

孟子曰好名之人能讓。千乘之國苟非其人簞食豆羹見於色好不朽之名者輕讓千乘。伯。夷季札之。類是也誠非好名者爭簞。食豆羹變色訟之致禍鄭。公。子染指。黿羹之類是也。疏正義曰此章言廉貪相殊名亦卓異者也孟子言好不朽之名者則重名輕利故云能讓千乘之國而且不受苟非好名之人則重利而輕名而簞食豆羹之小節且見爭奪而變見於顏色○注伯夷季札與鄭公子之類○正義曰案史記列傳云伯夷叔齊孤竹君之二子父欲立叔齊及父卒叔齊讓伯夷伯夷曰父命也遂逃去叔齊亦不肯立而逃之案春秋少陽篇伯夷姓墨名允字公信伯長也夷謚也叔齊名智字公達伯夷之弟齊亦謚也世家云王餘眜卒欲授弟季札季札讓逃去於是吳人曰先王有命兄卒弟代立必致季子今逃位則王餘眜後立今卒其子當代乃立王餘眜之子僚爲王凡此是伯夷季札之讓千乘之國也云鄭公子染指黿羹者案魯宣公四年左傳云楚人獻黿於鄭靈公公子宋與子家將見子公之食指動以示子家曰他日我如此必嘗異味及入宰夫將解黿相視而笑公問之子家以告及食大夫黿召子公而弗與子公怒染指於鼎嘗之而出公怒欲殺子公子公與子家謀先子家曰畜老猶憚殺之而況君乎反譖子家子家懼而從之夏弒靈公故經書曰鄭公子。弒其君夷是也

孟子曰不信仁賢則國空虛無禮義則上下亂無政事則財用不足不親信仁賢仁賢去之國無賢人則曰空虛也無禮義以正尊卑則上下之敘泯亂無善政以教人農時貢賦則不入故財用。有。所不足。故。也疏正義曰此章言親賢正禮明其五教爲政之源聖人以三者爲急也

孟子言人君不親信仁賢則仁賢去之仁賢去則國無賢人是爲空虛之國也無禮義以正尊卑則上下之序泯亂無政事以理財則財用乏而不足蓋禮義由賢者出政事由賢者出不信仁賢則禮義不興禮義不興則政事不行而國之財用於是乎不足此孟子言之亦其敘之然

孟子曰不仁而得國者有之矣不仁而得天下者未之有也不仁得國者。謂象封。於有庳叔鮮叔度封於管蔡以親親之恩而得國也雖有誅亡其世有土丹朱商均天下元子以其不仁天下不與故不得有天下。焉。

疏正義曰此章言王者當天然後處之桀紂幽厲雖得猶失不爲得者也孟子曰不仁而得國有之矣不仁而得天下未之有也者孟子言世有不仁之。者而得其國而爲。臣者有之矣不仁之人而得天下而爲王者故未之有也是以桀紂幽厲雖得而終亦失之亦且不爲者也〇注象封有庳叔鮮叔度封於管蔡與丹朱商均者正義曰云象封有庳孟子於萬章篇言之詳矣云叔鮮叔度者案世家史記云管叔鮮蔡叔度周文王子而武王之弟也武王克殷紂平天下封功臣昆弟於是封叔鮮於管封叔度於蔡杜預云管在滎陽京縣東北世本曰居上蔡丹朱商均者丹朱堯之子也商均舜之子也又言於上篇已詳矣

孟子曰民爲貴社稷次之君爲輕君輕於社稷社稷輕於民是故得乎丘民而爲天子丘十六井也天下丘民皆樂其政則爲天子殷湯周文是也得乎天子爲諸侯得天子之心封以爲諸侯得乎諸侯爲大夫得諸侯之心諸侯。能以爲大夫諸侯危社稷則變置諸侯爲危社稷之行則變更立賢諸侯也犧牲既成粢盛既絜祭祀以時然而旱乾水溢則變置社稷犧牲已成肥腯粢稻已成絜精祭祀社稷常以春秋之時然而其國有旱乾水溢之災則毀社稷而更置。之。

疏孟子至社稷〇正義曰此章言得民爲君得君爲臣論君民社稷之輕重也孟子曰至則變置社稷者孟子言民之爲貴不可賤之者也社稷次之於民而君比於民猶以爲輕者如此者也如此

故得乎四邑之民以樂其政則爲天子以有天下得乎天子之心則爲諸侯以有其國得乎諸侯之心以爲大夫有其家。如諸侯不能保安其社稷而以危之則變更立置其賢君是社稷有重於君也。犧牲既成以肥腯粢盛既成以精絜祭祀又及春秋祈報之時然而其國尚有旱乾水溢之災則社稷無功以及民亦在所更立有功於民者爲之也是民又有貴於社稷也此孟子所以自解民爲貴社稷次之君爲輕之敘也云社稷者蓋先王立五土之神祀以爲社立五穀之神祀以爲稷以古推之自顓帝以來用句龍爲社柱爲稷及湯之旱以棄易其柱是亦知社稷之變置又有見於湯之時然也○注君輕於社稷至於殷湯周文也○正義曰此云丘十六井也者案司馬法云六尺爲步步百爲畝畝百爲夫夫三爲屋屋三爲井井十爲通通十爲成成是一丘爲十六井而一井爲九夫之地也今云十六井蓋有一萬四千四百畝爲一百四十四夫所受者也云殷湯周文者蓋引此二王皆自百里而起爲天下王是得乎民心者也孟子曰聖人百世之師也伯夷柳下惠是也。伯夷之清柳下惠之和聖人之一概也故聞伯夷之風者頑夫廉懦夫有立志聞柳下惠之風者薄夫敦鄙夫寬奮乎百世之上百世之下聞者莫不興起也非聖人而能若是乎而況於親炙之者乎頑貪懦弱鄙狹也百世言其遠也興起志意興起也非聖人之行何能感人若是。喻聞尚然況。於親見。而薰。炙。之者。乎。

疏孟子至者乎○正義曰此章言伯夷柳下惠變貪厲薄千載聞之猶有感激謂之聖人美其德也孟子曰至而況於親炙之者乎者此言伯夷。下惠之爲聖人也言聖人之道無窮爲百世之師法者也伯夷柳下惠二人是也故千載之下聞伯夷之清風者頑貪之夫化而爲廉儉懦弱之夫化而有立毅之志聞。下惠之和風者鄙薄之夫化而爲敦厚寬大是則二人清和之風奮發乎百世之上而使百世之下聞其風者無有不感激而志意興起而化之也然而非聖人其能若是使百世之下莫不興起者也聞而化者尚如此況

當時有親見薰炙之者乎○注頑貪至美其德此蓋於上篇言之詳矣

孟子曰：仁也者人也，合而言之道也。能行仁恩者人也，人與仁合而言之，可以謂之有道也。疏正義曰：此章言仁恩須人，人能弘道也。孟子言爲仁者，所以盡人道也，此仁者所以爲人也。蓋人非仁不立，仁非人不行，合仁與人而言之，則人道盡矣。揚子云仁以人同

孟子曰：孔子之去魯，曰遲遲吾行也，去父母國之道也。去齊，接淅而行，去他國之道也。遲遲、接淅，說已見上篇。言矣，此不復說焉。疏此章蓋言孔子周流不遇則去者也，其說俱見上篇。

孟子曰：君子之戹。於陳蔡之閒，無上下之交也。君子，孔子也。論語曰：君子之道三，我無能焉。孔子乃尚謙，不敢當君子之道，故可謂孔子爲君子也。孔子所以厄於陳蔡之閒者，其國君臣皆惡，上下無所交接，故厄也。疏正義曰：此章言孔子見戹，謂君子固窮，窮不變道，上下無交，無賢援也。孟子言孔子見戹於陳蔡二國之閒，幾不免死，以無上下之交而已。以其上無所事，雖死不爲諂；下無所可與，雖死不爲瀆。是爲無交接也。論語衛靈公之篇云：孔子在陳絕糧，從者病，莫能興。子路慍見曰：君子亦有窮乎？子曰：君子固窮，小人窮斯濫矣。豈非窮不變道者能如是乎？○注君子道者三我無能焉所謂乎仁者不憂，智者不惑，勇者不懼，是三者也。

貉稽曰：稽大不理於口。貉，姓；稽，名，仕者也。爲衆口所訕。理，賴也。謂孟子曰：稽大不賴人之口，如之何。也

孟子曰：無傷也。士憎茲多口。審己之德，口無傷也。離於凡人而仕者，亦益多口。

詩云：憂心悄悄，慍于羣小。孔子也。肆不殄厥慍，亦不殞厥問。文王也。詩邶風柏舟之篇曰：憂心悄悄，憂在心也；慍于羣小，怨小人聚而非議賢者也。孔子論此詩，孔子亦有武叔之口，故曰孔子之所苦也。大雅緜之篇曰：肆不殄厥慍，殄，絕；慍，怒也。亦不殞厥問，殞，失也。言文王不殞絕畎夷之慍怒，亦不能殞失文王之善聲問也。疏貉稽至文王也○正義曰：此章言正己信心，不意衆口，衆

口諠譁大聖所有況於凡品之所能禦者也貉稽曰稽大不理於口貉姓稽名亦當世之士也貉稽自稱名問於孟子曰稽大不能治人之口使不訕其己者如之何孟子曰無傷也至文王也者孟子荅之以爲審己之德已修雖人之口訕亦不能傷害其己之德也以其爲士者益此多口不能免人之訕也故邶風柏舟之詩有云憂心悄悄愠于羣小言憂悄悄常在心見怒于羣小衆小人也以其孔子刪此詩亦不能免武叔之毀故曰孔子尚如是憎多口也大雅緜之詩有云肆不殄厥愠亦不殞厥問言不能殄絕畎夷之愠怒然亦不能殞失文王之善聲故曰文王尚如此亦憎多口也此所以荅貉稽大不理於口以爲無傷也○注邶風柏舟之篇至聲聞也○正義曰此篇蓋言仁人不遇也注云愠怒也悄悄憂貌論語云叔孫武叔毀仲尼子貢曰仲尼不可毀也仲尼日月也人雖欲自絕其何傷於日月乎多見其不知量也云大雅緜之篇者蓋此篇言文王之興本由大王也注肆故今也愠恚殞墜也畎夷狄國也

孟子曰賢者以其昭昭使人昭昭今以其昏昏使人昭昭賢者治國法度昭。明明於道德是躬。行之道可也今之治國法度昏昏亂潰之政也身不能治而欲使。人昭明不可得也。

疏正義曰此章言以明昭闇闇者以閧以闇責明闇者愈迷賢者可遵譏今之非也孟子曰至昭昭者孟子言有諸己然後求諸人之道也賢者之君治國以其昭昭明己之道德然後使人昭昭今之治國者乃以昏昏不能自明己之道德而欲使他人昭明微不可得也是亦所謂曲其表而求影之正濁其源而求流之。請同其旨

孟子謂高子曰山徑之蹊閒介然用之而成路爲閒不用則茅塞之矣今茅塞子之心矣高子齊人也嘗學於孟子鄉道而未明去而學於他術孟子謂之曰山徑山之。領有微蹊介然人遂用之不止則蹊成爲路爲閒有閒也謂廢而不用則茅草生而塞之不復爲路以喻高子學於仁義之道當遂行之而反中止。正若山路故曰茅塞子之心也。

疏正義曰此章言聖人之道學而時習舍而弗修猶茅是塞明爲善之不可倦者也孟子謂於高子曰山嶺

有微蹊其間之微小介然而已如用而行之則蹊成大路不用而行之茅草生塞之不能成其路也喻高子之爲善止於中道而其心爲利欲之所充塞亦若茅塞其路矣故曰今茅塞子之心矣蓋高子嘗於爲詩而不通乎意是塞其心之一端也

高子曰禹之聲尚文王之聲孟子曰何以言之高子以爲禹之尚聲樂過於文王孟子難之曰何以言之曰以追蠡高子曰禹時鐘在者追蠡也追鐘鈕也鈕磨齧處深矣蠡欲絶之貌也文王之鐘不然以禹爲尚樂也曰是奚足哉城門之軌兩馬之力與孟子曰是何足以爲禹尚樂乎先代之樂器後王皆用之禹在文王之前千有餘歲用鐘日久故追欲絶耳譬若城門之軌齧其限切深者用之多耳豈兩馬之力使之然乎兩馬者春秋外傳曰國馬足以行關公馬足以稱賦是兩馬也

【疏】高子至力與○正義曰此章言前聖後聖所尚者同三王一體何得相踰欲以追蠡未達一隅孟子言之將以啓其蒙者也高子曰禹之聲尚文王之聲者高子言於孟子曰禹王之尚聲樂過於文王之聲樂也孟子曰何以言之者孟子見高子蔽惑故難之曰何以言禹之聲尚文王之聲也曰以追蠡高子曰以其追蠡鐘鈕之銳欲絶故云然也孟子曰是奚足哉城門之軌兩馬之力與孟子又以此解高子之蔽也言此追蠡何足爲禹之尚聲樂過於文王乎且譬之城門之軌齧其限之深處豈以兩馬之力能使之然亦以積漸之久故使然也非特兩馬之力卽如是之深也言禹王至文王其鐘用之亦以日久故能磨銳至於欲絶也此又見高子之蔽不獨於詩也所謂太山之溜久而穿石單極之綆久而斷幹其來非一日也兩馬卽如注所謂春秋外傳云國馬公馬是也

齊饑陳臻曰國人皆以夫子將復爲發棠殆不可復棠齊邑也孟子嘗勸齊王發棠邑之倉以振貧窮時人賴之今齊人復饑陳臻言一國之人皆以爲夫子將復若發棠時勸王也殆不可復言之也孟子曰是爲馮婦也晉人有馮婦者善搏虎卒爲善士則之野有衆逐虎虎負嵎莫之

敢攖望見馮婦趨而迎之馮婦攘臂下車衆皆悅之其爲士者笑之馮姓婦名也勇而有力能搏虎卒後也善士者以善搏虎有勇名也故進以爲士之於野外復見逐虎者攖迫也虎依陬而怒無敢迫近者也馮婦恥不如前見虎走而迎。攘臂下車欲復搏之衆人悅其勇猛其士之黨笑其不知止也故孟子謂陳臻齊饑今欲復使我如發棠時言之於君是則我爲馮婦也必爲知者所笑也。【疏】至笑之正義曰此章言可爲則從不可則止言善見用得其時也非時逆指猶若馮婦搏虎無已必有害也齊饑陳臻曰至殆不可復者蓋齊國之人時皆被饑孟子嘗勸齊王發粟以賑之今者復饑而孟子不復發棠邑之粟以賑陳臻爲孟子之弟子乃問孟子言齊國之人皆以爲夫子將復發棠邑之粟以賑救之今夫子不復發棠殆爲齊王不可復勸是如之何故以此問孟子孟子曰至其爲士者皆笑之者孟子乃以此馮婦之喻而比言於陳臻也言如將復發棠是爲馮婦者也馮婦能暴虎也言晉國有馮婦之人善能搏虎後爲之善士則之於野外見有衆人逐其虎虎倚山嵎而怒衆人皆莫敢攖而搏之者望見馮婦來乃皆趨進而迎之馮婦乃下車攘臂欲復搏之衆人皆悅其勇猛其爲士之黨者知道則笑其不知止也言今齊王特威虐以斂民亦若虎之負嵎以難合之說述於暴人之前又若迎而搏虎也是以孟子將復爲發棠非不足以悅衆自君子觀之亦若爲士者之笑馮婦也以其不知止矣〇注棠齊邑也〇正義曰案齊世家史記云棠公妻好裴駰云賈逵曰棠公齊邑大夫也是棠之爲齊邑明矣

孟子曰口之於味也目之於色也耳之於聲也鼻之於臭也四肢之於安佚也性也有命焉君子不謂性也口之甘美味目之好美色耳之樂。五。音鼻之喜芬香臭香也易曰其臭如蘭四體謂之四肢四肢。懈倦則思安佚不勞。苦此皆人性之所欲也得居此樂者有命祿人不能皆如其願也凡人則。有情從欲而求可。身君子之道則以仁義爲先禮節爲制不以性欲而苟求之也故君子不謂。之性也仁之於父子也義

之於君臣也禮之於賓主也知之於賢者也聖人之於天道也命也有性焉君子不謂命也仁者得以恩愛施於父子義者得以義理施於君臣好禮者得以禮敬施於賓主知者得以明知知賢達善聖人得以天道王於天下此皆命祿遭遇乃得。居而行之不遇者不得施行然亦才性有之故可用也凡人則歸之命祿。在天而已不復治性以君子之道則修仁行義修禮學知庶幾聖人亹亹不倦不但坐而聽命故曰君子不謂命也。

疏 孟子曰至命也○正義曰此章言尊德樂道不追佚性治性勤禮不專委命君子所能小人所病究言其事以勸戒者也孟子曰至君子不謂性也者孟子言人口之於美味目之於好色耳之於五聲鼻之於芬芳四肢之於安佚無事以勞之凡此五者皆人性所欲也然而得居於此樂者以其有命存焉君子以為有命在所不求而不可以幸得也是所以不謂之性也仁之於父子也至君子不謂命也者孟子又言仁以恩愛施之於父子義以義理施之於君臣禮以禮敬施之於賓主知以明智施之於賢者而具四端聖人兼統四體而與於天道以王天下者也凡此五者皆歸之於命也然而有是五者皆稟乎天性也以其有性存焉君子以為有性在所可求而不可不勉也是所以不謂之命也孟子言之所以分別凡人君子以勸戒時人

浩生不害問曰樂正子何人也浩生姓不害名齊人也見孟子聞樂正子為政於魯而喜故問樂政子何等人也孟子曰善人也信人也樂正子為人有善有信也何謂善何謂信不害。為善信之行謂何曰可欲之謂善有諸己之謂信充實之謂美充實而有光輝之謂大大而化之之謂聖聖而不可知之之謂神樂正子二之中四之下也己之可欲乃使人欲之是為善人己所不欲勿施於人也有之於己乃謂人有之是為信人不。億不信也充實善信使之。不虛是為美人美德之人也充實善信而宣揚之使有光輝是為大人大行其道使天下化之是爲聖人有聖知之明其道不可得知是爲神人人有是六等樂正子能善能信在二者之中四者之下也【疏】浩生至下也正義曰此章言神聖以下優劣異差樂正好善應下二科是以孟子爲之喜者也浩生不害問曰樂正子何人也者浩生不害問孟子曰樂正子何等人也以其見孟子聞樂正子爲政於魯而喜故有此問之也孟子曰善人也信人也孟子荅之以爲樂正子是善人信人者也以其有善有信故也何謂善何謂信不害又問之曰何以謂之善何以謂之信也曰可欲之謂善有諸己之謂信至四之下也者孟子又荅而詳爲之解之曰己之可欲使人欲之是爲善有是善於己謂人亦有之是謂之信所謂善即仁義禮智也是爲可欲之善矣充實其善使之不虛是爲美人故謂之美充實其善而宣揚之使有光輝于外是爲大人故謂之大人具此善不特充實於己而推之以化人自近以及遠自內以及外是爲聖人故謂之聖以此之善又至經以萬方使人莫知其故是爲神人故謂之神凡是六善而樂正子能善能信是在二之中而在美大聖神四者之下也但不能充實而至神也注孟子聞樂正子爲政於魯正義曰此蓋經文說見上

孟子注疏解經卷第十四上

孟子注疏卷十四上校勘記

阮元撰盧宣旬摘錄

凡三十九章 閩監毛三本同音義九作七案此當作三十八章疏亦數至三十八章又云凡此三十九章舛錯殊甚

得民爲君爲臣 閩監二本同毛本爲臣上有得君二字

言伯夷下惠 閩本同監毛二本下上有柳字毛本言誤方

優劣異羞 補監毛本羞作差不誤

所親愛之臣民 閩監毛三本足利本同宋本考文古本無親字廖本上有加字孔本韓本作加所愛之臣民

章指言發政施仁一國被恩好戰輕民災及所親著此魏王以戒人君也

敵國不相征 閩監毛三本同廖本孔本韓本考文古本足利本不下有得字

於三王之法 各本同考文古本三作二

皆不得其正者也 閩監毛三本同宋本孔本韓本考文古本無皆字

章指言春秋撥亂時多戰爭 孔本韓本作爭戰 事實違禮以文反正征伐誅討不自王命故曰無義戰也

言爭或過 閩監毛三本同廖本孔本韓本考文古本爭作事

皇帝清問下民閩監毛三本同宋本廖本孔本韓本考文古本足利本無皇字○按無者是困學記聞所引正同

天不能問於民閩監毛三本同廖本韓本考文古本無於字孔本作天子不能問民孔本誤

武城之篇名也閩監毛三本同廖本孔本韓本考文古本之上有逸書二字是

而迎其王師閩監毛三本同廖本孔本韓本考文古本無王字

則不取之也閩監毛三本同宋本孔本韓本考文古本無之字

章指言文之有美過實聖人不改錄其意也非獨書云詩亦有言崧高極天

則百斯男宋本孔本韓本考文古本此下有亦已過矣四字是故取於武城二三策而已孔本韓本無是故已下十字

南面而征北夷怨宋本孔本韓本同閩監毛三本夷作狄石經此字漫漶案僞疏引亦作北夷作夷是也

何謂而後我閩監毛三本同宋本謂作爲廖本無而字孔本韓本考文古本作何爲後我

已說於上篇矣閩監毛三本同廖本孔本韓本考文古本無矣字

武王之伐殷也石經殷諱作商

趣馬廖本及各本同宋本作取馬音義出趣馬

額角犀厥地閩監毛三本同宋本孔本韓本額作頟犀作厗案音義云頟即額字犀字音西義與棲遲同息也久也字從尸下辛或作犀牛字誤也段玉裁云丁說殊誤字當作犀从牛國語曰角犀豐盈國策曰眉目準頞犀角權衡偃月今人謂之天庭古謂之犀角相書云伏犀貫頂即其理也額角犀厥地文選注引作撅地謂人叩頭似若以角發地然也說文曰厥發石也

欲令武王來征己之國閩監毛三本同廖本孔本韓本考文古本上有各字

章指言民思明君若旱望雨以仁伐暴誰不欣喜是以殷民厥角周師歌舞焉用善戰故云罪也

若崩厥角角閩本下角字剜去空一字監毛本無下角字

梓匠輪輿之功宋本廖本孔本韓本同閩監毛三本功作工

雖得規矩之法閩監毛三本同廖本孔本韓本考文古本無之法二字

亦不能成器也閩監毛三本同宋本廖本孔本韓本考文古本亦不能作不以

蓋喻人不志仁雖誦典憲不能以善閩監毛三本同廖本孔本韓本考文古本無此十四字

章指言規矩之法喻若典禮人不志仁雖誦典憲孔本韓本考文古本作憲籍不能以善人修道公輸守繩政成器美惟宋本足利本作準度是應得其理也

章指言阨窮不憫貴而思降凡人所難虞舜獨孔本韓本考文引古本作所隆聖德所以

殊也

舜降聖德案降當依章指作隆

孟言舜初於耕歷山閩監毛三本孟下有子字

章指言恕以行仁遠禍之端暴以殘民招咎之患是以君子好生惡殺反諸

身也

勿令勿讎則殺之閩監毛三本下勿作讎

章指言修理關梁譏而不征如以稅斂非其式程懼將爲暴故載之也

雖妻子不肯行之閩監毛三本孔本韓本同岳本宋本廖本考文古本無雖字

而況他人乎閩監毛三本孔本韓本同宋本作而況於他人者乎考文古本作而況他人者乎

章指言率人之道躬行爲首孔本韓本考文引古本下有故字論語曰其身不正雖令不從

營苟得之利各本同毛本苟誤茍

章指言務利蹈姦務德蹈仁舍生取義其道不均也

能讓千乘之國石經讓諱作遜

伯夷各本同宋本作子臧

季札之類閩監毛三本同孔本韓本考文古本類作疇

爭簞食豆羹閩監毛三本孔本韓本同宋本岳本食作飯

鄭公子公閩監毛三本同廖本孔本韓本考文古本作鄭子公是也左傳作子

染指黿羹之類閩監毛三本同宋本孔本韓本考文古本黿作黿音義出黿羹云左傳作黿案此則注文本用黿字改爲黿非也

章指言廉貪相殊名亦卓異故聞伯夷之風懦夫有立志也

故經書曰鄭公子弒其君夷案子下當有嘉字

故財用有所不足故也閩監毛三本同宋本孔本韓本考文古本作故財用不足

章指言親賢正禮明其五教爲政之源聖人以三者爲急也

謂象封於有庳閩監毛三本同宋本孔本韓本作謂若象封有庳考文古本足利本謂下有若字

故不得有天下焉閩監毛三本同宋本孔本韓本考文古本足利本焉作也

章指言王者當天然後處之桀紂幽厲雖得猶失不以善終不能世祀不爲

得也

世有不仁之者 補監毛本者作人是也

而得其國而爲臣者 補監毛本臣作君

諸侯能以爲大夫 閩監毛三本同宋本孔本韓本能作封

而更置之 閩監毛三本同宋本孔本韓本考文古本之作也

章指言得民爲君得君爲臣民爲貴也先黜諸侯後毀社稷君爲輕也重民敬祀治之所先故列其次而言之

如諸侯不能保安其社稷 閩本同監毛二本如作而

柳下惠之和 各本同考文古本和作厚

喻聞尙然 閩監毛三本同宋本廖本孔本韓本考文古本喻作諭

況於親見而薰炙之者乎 閩監二本同毛本薰作熏乎誤子岳本無於而二字廖本作況親見勳炙者也考文古本與廖本同勳作熏孔本作況於親見薰炙者也韓本足利本與孔本同韓本薰作勳案音義出勳炙云字與熏同則作薰熏者並非古本也

章指言伯夷柳下惠 考文古本無惠字 變貪厲薄千載聞之猶有感激謂之聖人美

其德也

下惠之爲聖人也閩本同監毛二本上增柳字下閩下惠之和風同

章指言仁恩須人人能宏道也

說已見上篇言矣此不復說焉閩監毛三本同廖本孔本韓本足利本作注義見萬章下首章考文古本無言矣已下七字

章指言孔子周流不遇則之他國遠逝惟魯斯戀篤於孔本韓本考文引古本無於字父母國之義也

君子之戹於陳蔡之閒音義出戹於云或作厄同

君子之道三孔本韓本考文古本同閩監毛三本之道改道者

章指言君子固窮窮不變道上下無交無賢援也

如之何也閩監毛三本同廖本孔本韓本考文古本無也字

而仕者亦益多口閩監毛三本同廖本孔本韓本作而爲士者益多口考文引而仕者云古本作而爲仕者

亦不殞厥問宋九經本岳本咸淳衢州本孔本考文古本同閩監毛三本韓本殞作隕注同

不殞絕昳夷之愠怒閩監二本同毛本孔本韓本考文古本殞作殄

章指言正己信心不患衆口衆口諠譁大聖所有況於凡品之所能禦故苔

貉稽曰無傷也

不意衆口閩本同監毛二本意作患

法度昭明閩監毛三本同廖本孔本韓本考文古本明作昭

是躬行之道可也閩監毛三本同廖本孔本韓本考文古本行作化

而欲使人昭明閩監毛三本同宋本孔本韓本考文古本人上有他字

章指言以明昭闇闇者以開以闇責明闇者愈迷賢者可遵譏今之非也

而求流之請補監毛本請作清

山之谿宋本孔本韓本考文古本足利本同閩監毛三本作蹊

正若山路閩監毛三本同廖本孔本韓本考文古本正作比

章指言聖人之道學而時習仁義在身常宋本孔本韓本足利本作當常被服舍而弗修

猶茅是塞明爲善之不可倦也

禹之尙聲樂閩監毛三本同廖本孔本韓本考文古本尙下有聲字

鈕磨蠡處深矣閩監毛三本同宋本孔本韓本考文古本磨作擘

蠡欲絶之貌也閩監毛三本同廖本孔本韓本考文古本疊蠡字足利本不疊無也字

限切段玉裁云門限亦曰門切丁氏云限迹切深僞疏單摘限字由不解切字也

是兩馬也閩監毛三本同廖本孔本韓本考文古本無此四字

章指言前聖後聖所尙者同三王一體何得相踰欲以追蠡未達一隅孟子

言之將啓其蒙

以振貧窮廖本孔本韓本考文古本同閩監毛三本振作賑賑乃俗字耳

將復若發棠時閩監毛三本同孔本韓本考文古本無將字

見虎走而迎閩監毛三本同宋本孔本韓本考文古本下有之字

章指言可爲則從不可則凶言善見用得其時也非時逆指猶若馮婦暴虎

無已必有害也

耳之樂五音閩監毛三本同廖本孔本韓本考文古本五音作音聲

四肢懈倦閩監毛三本同孔本韓本懈作解音義出解倦

則思安佚不勞苦宋本孔本韓本考文古本同閩監毛三本苦誤若

凡人則有情從欲而求可身閩監毛三本同廖本孔本韓本有作觸身作樂宋本考文古本有作觸足利本身作樂

故君子不謂之性也閩監毛三本同廖本孔本韓本考文古本無之字

知之於賢者也宋本岳本孔本韓本同閩監毛三本知作智案音義出知之云音智注同則作智非也

有性焉各本同孔本焉作也

乃得居而行之閩本孔本韓本同監毛二本居誤君

在天而已閩監毛三本同廖本孔本韓本考文古本在作任

章指言尊德樂道不任孔本韓本考文古本作追佚性治性勤禮不專委命君子所能小

人所病究言其事以勸戒也

聞樂正子爲政於魯各本同毛本聞誤問

不害爲善信之行謂何閩監毛三本同孔本韓本考文古本爲作問

不億不信也閩監毛三本同廖本孔本韓本考文古本億作意案音義出不意作億非也

使之不虛各本同考文古本之下有意字

章指言神聖以下優劣異差樂正好善應下二科是以孟子爲之喜也

樂正何人也者閩監毛三本正下增子字

孟子注疏卷十四上校勘記

盡心章句下　　趙氏注　　孫奭疏

孟子曰：逃墨必歸於楊，逃楊必歸於儒。歸，斯受之而已矣。墨翟之道兼愛無親疏之別，最爲違禮。楊朱之道爲己愛身，雖違禮，尚得不敢毀傷之義。逃者，去也。去邪歸正，故曰歸。去墨歸楊，去楊歸儒，則當受而安之也。今之與楊墨辯者，如追放豚，既入其苙，又從而招之。苙。欄也。招，罥也。今之與楊墨辯爭道者，譬如追放逸之豕豚，追而還之入欄，則可又復從而罥之，太甚。以言去楊墨歸儒則可，又復從而。非之，亦云太甚。

【疏】孟子至招之○正義曰：此章言驅邪反正，斯可矣；來者不追，追其前罪，君子甚之，以爲過者也。孟子曰逃墨必歸於楊至歸斯受之而已矣者，墨翟無親疏之別，楊朱尚得父母生身不敢毀傷之義，儒者之道，幼學所以爲己，壯而行之所以爲人，故能兼愛無親疏之道必歸於楊朱爲己，逃去楊朱爲己之道必歸儒者之道也，然而歸之儒道，則當斯受而安之矣。今之與楊墨，又從而招之者，孟子又言今之人有與楊墨辯爭其道者，如追放逸之豕豚，既還入其欄，又從而罥之者也。以其逃墨而歸儒，則可受之而已，而乃又從而罪之，無以異於追放逸之豕豚既入其欄又從而罥之也，以其爲亦太甚矣，此孟子所以比之。

孟子曰：有布縷之征，粟米之征，力役之征。征，賦也。國有軍旅之事，則橫興此三賦也。布，軍卒以爲衣也。縷，紩鎧甲之縷也。粟米，軍糧也。力役，民負荷。廝養之役也。君子用其一，緩其二。用其二而民有殍，用其三而父子離。君子爲政，雖遭軍旅，量其民力，不並此三役，更發異時，急一緩二，民不苦之。若並用二，則路有餓殍；若並用三。則分崩不振，父子離析，忘禮義矣。

【疏】孟子曰至父子離○正義曰：此章言原心量力，政之善者；繇役並興，以致離殍；養民輕斂，君之道也。

孟子曰有布縷之征至用其三而父子離者此所以薄稅斂之言而有以救時之弊者矣孟子言有布縷之征有粟米之征有力役之征布所以為衣縷所以
紩鎧甲粟米所以為糧力征所以荷負廝養之役然而君子為政其於此三者之賦未嘗並行也用其一則緩其二今夫三者之賦皆取民之類也如用其二
則有傷財而民至於餓死用其三則有害民而至於父子離散是豈君子之為政然歟蓋征之者義也緩之者仁也惟君子以仁是守以義是行然而充類之
至而義之盡者君子所不為也此孟子不得不權時而救時之弊也

孟子曰諸侯之寶三土地人民政事寶珠玉者殃必及身諸侯正其封疆不侵鄰國鄰國不犯寶土地也使民以時。居不離散寶人民也修其德教布其惠政寶政事也若寶珠玉求索和氏之璧隋侯之珠與強國爭之強國加害殃及身也。

疏正義曰此章言寶此三者以為國珍寶於爭玩以殃其身諸侯如茲永無患也孟子言諸侯之所寶者有三曰土地曰人民曰政事使鄰國無侵犯其封疆是寶其土地也撫恤鰥寡煢獨使民以時民不離散是寶人民也修德布惠是寶政事也若不以此三者為寶而寶珠玉者殃禍必及身矣此孟子見當時之君爭城殺人橫賦重斂不以土地人民政事為寶所以有是言而救之耳〇和氏之璧隋侯之珠正義曰案韓詩云楚人和氏得玉璞於楚山中獻武王武王使人相之曰非也王怒刖其左足後成王即位和抱玉璞泣於楚山下成王使人琢之果得寶名曰和氏之璧又隋侯姓祝字元暢往齊國見一蛇在沙中頭上血出隋侯以杖挑於水中而去後回還到蛇處乃見此蛇銜珠來隋侯前隋侯意不懌是夜夢脚踏一蛇驚起乃得雙珠後人稱為隋侯珠矣

盆成括仕於齊孟子曰死矣盆成括盆成姓括名也嘗欲學於孟子問道未達而去後仕於齊孟子聞而嗟歎曰死矣盆成括知其必死盆成括見殺門人問曰夫子何以知其將見殺門人問孟子何以知之也曰其為人也小有才未聞君子之大道也則足以殺其軀而已矣孟子

荅門人言括之爲人小有才慧而未知君子仁義謙順之道適足以害其身也。疏盆成括至而已矣○正義曰此章言小智自私藏怨之府勞謙終吉者也
盆成括仕於齊孟子曰死矣盆成括者盆成括嘗學於孟子未達其道而去之後仕於齊國孟子聞之乃曰死矣盆成括以其盆成括之必見死也盆成括見
殺門人問曰夫子何以知其將見殺者言盆成括果見殺死門人乃問孟子曰夫子何以知其盆成括將見殺死曰其爲人也小有才未聞君子之大道也則
足以殺其軀而已矣者孟子荅之曰盆成括之爲人小有才慧而未知聞君子仁義謙順之大道是則足以知其將見殺其身孟子之滕館於
上宮館舍也上宮樓也孟子舍止賓客所館之樓上也有業屨於牖上館人求之弗得或問之曰若是
乎從者之廋。也屨。扉屨也業織之有次業而未成也置之窗牖之上客到之後求之不得有來問孟子者曰是客從者之廋廋匿也孟子與門
徒相隨從車數十故曰侍從者所竊匿也曰子以是爲竊屨來與孟子謂館人曰子以是衆人來隨事我本爲欲竊屨故來邪曰
殆非也館人曰殆非爲是來事夫子也自知問之過。也夫子。之設科也往者不追來者不拒。苟以是心
至斯受之而已矣孟子曰夫我設教授之科教人以道德也其去者亦不追呼來者亦不。拒。逆誠以是學道之心來至我則斯受之亦不知
其取之與否君子不保。其異心也見館人。殆非爲是來亦云不能保保知謙以。益之。而。已。疏孟子至而已矣○正義曰此章言教誨之道受之如海百川移
流不得有拒雖獨竊屨非己所絕順荅小人小人自咎者也孟子之滕館於上官者孟子往至滕國乃舍止於賓客所館之樓上有業屨於牖上館人求之弗
得或問之曰若是乎從者之廋也者言業織之有次業而未成之屨置之於窗牖之上自客到之後館主之人求之不得或問於孟子曰若此屨之不見爲從
者之廋匿也曰子以是爲竊屨來與者孟子見館主乃問已以爲從者之廋匿其屨乃謂之曰子以是從者來隨事我本爲欲竊子之屨故來與曰殆非也館

主自知責已問之過也乃曰殆非為是來事夫子也夫子之設科也至斯受之而已矣者孟子又曰夫我之設科以教人往去之者則不追呼而還來者則不拒逆誠以是學道之心來至我則斯容受之而教誨亦且不保其異心也然則不拒從者之匿屨亦何累之有論語云不保其往有教無類其斯之謂與

孟子曰：人皆有所不忍，達之於其所忍，仁也。人皆有所愛不忍加惡推之以通於所不愛皆令被德此仁人也人皆有所不為，達之於其所為，義也。人皆有不喜為謂貧賤也通之於其所喜為謂富貴也抑情止欲使若所不喜為此者義人也人能充無欲害人之心，而仁不可勝用也。人皆有不害人之心能充大之以為仁仁不可勝用也人能充無穿窬之心。而義不可勝用也。穿牆踰屋姦利之心也人既無此心能充大之以為義義不可勝用也人能充無受爾汝之實。無所往而不為義也。爾汝之實德行可輕賤人所爾汝者也既不見輕賤不為人所爾。汝能充大而以。自行所至皆可以為義也士未可以言而言，是以言餂之也。可以言而不言，是以不言餂之也。是皆穿踰之類也。餂取也人之為士者見尊貴者未可與言而強與之言欲以言取之也是失言也見可與言者而不與之言不知賢人可與之言而反欲以不言取之是失人也是皆趨利入邪無知之人故曰穿踰之類也。

疏孟子曰至類也○正義曰此章言善恕行義充大其美無受爾汝何施不可取人不知失其臧否比之穿踰之類者也孟子曰人皆不忍至是皆穿踰之類也者孟子言人皆有所惻隱而不忍如能推之所不忍於其所忍者仁人也以其所愛及其所不愛仁之為道如是也人皆有所不喜為謂貧賤也如能推之所不喜為而達之於所喜為謂富貴也是為有義之人也人能充大不欲害人之心而為仁則仁道於是乎備故不可勝用也人能充大其無穿踰姦利之心以為義則義於是乎盡故義不可勝用也人能充大其不受人爾

汝之實是不爲人所輕賤故無所行而不爲義者也言所爲皆可以爲義矣蓋惻隱有不忍者仁之端也羞惡有不爲者義也但能充而大之則爲仁義矣人之爲士於尊貴者未可與言而與之言是以言取之也是失言也以其失之諂也可以與之言而不與之言是以不言取之也是失人也以其失之。赦也如此者是皆爲穿牆踰屋趨姦利之類也

孟子曰言近而指遠者善言也守約而施博者善道也君子之言也不下帶而道存焉言近指遠近言正心遠可以事天也守約施博約守仁義大可以施德於天下也二者可謂善言善道也正心守仁皆在胸臆吐口而言之四體不與焉故曰不下帶。而道。存。焉君子之守修其身而天下平身正物正人天下平矣病舍其田而芸人之田所求於人者重而所以自任者輕芸治也田以喻身舍身不治而欲責人治是求人太重自任太輕。也。

【疏】孟子曰至自任者輕正義曰此章言道之善以心爲原當求諸己而責於人君子尤之況以妄芸言失務者也孟子曰言近而指遠者至所以自任者輕孟子言辭之近而指意已遠者乃爲善言。者也所守簡約而所施博大者乃爲善道。〇君子之言也不下帶而道存焉是所謂言近而指遠也是孟子自解其旨也以。其君子於其言也皆在胸臆以其不遠於心而道存焉蓋帶者所以服之近於人身也故取而喻之曰不下帶而道存抑又見君子之言非特騰。心說而已君子之守脩其身而天下平是所謂守約而施博也是孟子又自解其旨也以其君子之所守特在脩身而天下由是平矣是所謂正己而物正者也且人病在舍其己之田而耕芸他人之田也是所求於人者爲重而所以自任其在己者太輕耳芸治也田所以喻人之身也言人病在舍其己身而治他人之身也故爲是云

孟子曰堯舜性者也湯武反之也堯舜之體性自善者也殷湯周武反之於身身安乃以施人謂加善於民也動容周旋中禮者盛德之至也人動作容儀周旋中禮者盛德之至。哭死而哀非

為生者也死者有德哭者哀也經德不回非以干祿也言語必信非以正行也經行也體德之人行其節操自不回邪非以求祿位也庸言必信非必欲以正行為名也性不忍欺人也君子行法以俟命而已矣君子順性蹈德行其法度夭壽在天行命以待之而已矣

疏孟子至而已矣○正義曰此章言君子之行動合禮中不惑禍福脩身俟終堯舜之盛湯武之隆不是過也孟子曰至於君子行法以俟命而已矣者孟子言堯舜之體性自然善也湯王武王反之於身身安乃以施人謂加善於人而反之者也一則體性之自然一則反之於身身安乃以施人無非是禮也故動容周旋中禮者是為盛之至也至者以其盛德至矣盡矣不可以有加矣蓋哭死而哀非為生者也是為動容中禮也是孟子自解之旨也言哭其死而哀之者非為其生者也以其動容中禮德性然也經德不回非以干祿也言語必信非以正行也是謂周旋中禮者也是孟子自解之旨也言經德不回邪非欲干求爵祿而然也以其周旋中禮德行然也言語必以正非欲以正行為名故然也亦以周旋中禮德言如是也君子者順性蹈德行其禮法脩身以俟命而已然則堯舜禹湯為盛德之至亦不是過也

孟子曰說大人則藐之勿視其巍巍然大人謂當時之尊貴者也孟子言說大人之法心當有以輕藐之勿敢視之巍巍富貴若此而不畏之則心舒意展言語得盡而已堂高數仞榱題數尺我得志弗為也仞八尺也榱題屋霤也堂高數仞榱題數尺奢太之室使我得志不居此堂也大屋無尺丈之限故言數仞也食前方丈侍妾數百人我得志弗為也極五味之饌食列於前方丈侍妾衆多至數百人也般樂飲酒驅騁田獵後車千乘我得志弗為也般大也大作樂而飲酒驅騁田獵後車千乘般于遊田也在彼者皆我所不為也在我者皆古之制也吾何畏彼哉在彼貴者驕佚之事我所恥為也在我所行皆古聖人所制之

法謂恭儉也我心何為當畏彼人乎哉。疏孟子至彼哉○正義曰此章言富貴而驕自遺咎。茅茨采椽聖堯表也以賤說貴懾有蕩心心謂彼陋以寧我神故以所不為為之寶玩者也孟子曰說大人則藐之至吾何畏彼哉者孟子言說當時之尊貴為之大人者當輕藐之勿視其巍巍然尊貴而畏之也以其如是則心意舒展得盡其言也又言堂高數仞仞八尺也至𣝣高數尺是為奢汰之室也如我之得志於行道不為此室也食之前有方丈之廣以極五味之饌而列之又有所侍之妾至數百人之衆如我得志於行道亦不為之也大作樂而飲酒驅騁田獵有後車千乘之多如我得志於行道亦不為之也以其在彼驕貴之事者皆我所恥而不為之也在我所行之事又皆是古聖王之制度者也是皆恭儉而有禮也如是則於我何有畏於彼之富貴乎哉是以說大人則藐之而勿視其巍巍然也

孟子曰養心莫善於寡欲其為人也寡欲雖有不存焉者寡矣養治也寡少也欲。利欲也雖有少欲而亡者謂遭橫暴若單豹臥深山而遇飢虎之類也然亦寡矣其為人也多欲雖有存焉者寡矣謂貪而不亡蒙先人德業若。晉國欒黶之類也然亦小矣不存者衆。疏孟子。至寡矣○正義曰此章言清淨寡慾德之高者畜聚積實穢行之下廉者招福濁者速禍雖有不然蓋非常道是以正路不可不由也孟子曰至雖有。不存焉者寡矣者孟子言此以教時人養心之術也言人之治其心莫善於少欲也其為人也少欲則不為外物之汨喪雖有遭橫暴而亡者蓋亦百無二三也然而未必全無也以其少也是如單豹為人少欲獨隱處於深山而卧乃遭遇於飢虎而亡之是也其為人也多欲則常於外物之所汨喪雖間有不亡其德業於身者蓋亦百無二三也然而未必多有者焉以其亦少也是如欒黶為人多貪乃為卿於晉國者是也荀子云養心莫善於誠蓋亦與此孟子同其旨也

曾晳嗜羊棗而曾子不忍食羊棗公孫丑問曰膾炙與羊棗孰美羊棗棗名也曾子以父嗜羊棗父沒之後唯念其親不復食羊棗故身不忍食也公孫丑怪之故問

羊棗與膾炙。孰美。也孟子曰膾炙哉言膾炙固美也何比於羊棗公孫丑曰然則曾子何爲食膾炙而不食羊棗曰膾炙所同也羊棗所獨也諱名不諱姓姓所同也名所獨也孟子言膾炙雖美人所同嗜獨曾子父嗜羊棗耳故曾子不忍食也譬如諱君父之名不諱其姓姓與族同之名所獨也故諱。疏曾晳至所獨也○正義曰此章言曾參至孝思親異心羊棗之感終身不嘗孟子嘉之曾晳嗜羊棗而曾子不忍食羊棗公孫丑問曰膾炙與羊棗孰美者曾晳曾子父也曾晳爲人專好羊棗羊棗棗名也曾晳既沒而曾子常思念其親而不忍食羊棗公孫丑怪之乃問孟子以謂膾炙與羊棗此二味孰爲美孟子曰膾炙哉言膾炙固美於羊棗也而羊棗何可比於膾炙哉公孫丑曰然則曾子何爲食膾炙而不食羊棗公孫丑又問孟子曰如是則曾子何爲獨食於膾炙而不忍食羊棗曰膾炙所同也羊棗所獨也諱名不諱姓姓所同也名所獨也孟子又荅之曰膾炙雖美人所同好者也羊棗獨曾。子好之故曾子所以思念之而不忍食也譬如。君父之名不諱其姓者以其姓爲族之所同名爲君父之所獨故諱之也○注羊棗棗名也正義曰蓋樲與棗一物也然而有二名是樲小而棗大樲酸而棗甘耳云羊棗則羊棗之爲大棗甘者也其類則樲棗之屬也曾晳者曾子父也案史記弟子傳曰曾蒧音點字晳是也孔傳云曾參父名點○注上章稱曰豈有非義而曾子言之者○正義曰此謂公孫丑疑曾子爲非義而乃不知膾炙所同羊棗之所獨而曾子之心言之是或一於孝道故云然也

萬章問曰孔子在陳曰盍歸乎來吾黨之小。子。狂簡進取不忘其初孔子在陳何思魯之狂士孔子。在陳不遇賢人上下無所交蓋歎息思歸欲見其鄉黨之士也簡大也狂者進取大道而不得其正者也不忘其初孔子思故舊也周禮五黨爲州五州爲鄉故曰吾黨之士也萬章怪孔子何爲思魯之狂士。者也

孟子曰孔子不得中道而與之必也狂狷乎

狂者進取獧者有所不爲也孔子豈不欲中道哉不可必得故思其次也 中道中正之大道也狂者能進取獧者能不爲不善時無中道之人以狂獧次善者故思之也

敢問何如斯可謂狂矣 萬章曰人行何如斯則可謂之狂也

曰如琴張曾皙牧皮者孔子之所謂狂矣 孟子言人行如此三人者孔子謂之狂也琴張子張也子張之爲人踸踔譎詭論語曰師也辟故不能純善而稱狂也又善鼓琴號曰琴張曾皙曾參父也牧皮行與二人同皆事孔子學者也

何以謂之狂也 萬章問何以謂此人爲狂

曰其志嘐嘐然曰古之人古之人夷考其行而不掩焉者也 嘐嘐志大言大者也重言古之人欲慕之也夷平也考察其行不能掩覆其言是其狂也

狂者又不可得欲得不屑不絜之士而與之是獧也是又其次也 屑絜也不絜汚穢也既不能得狂者欲得有介之人能恥賤惡行不絜者則可與言矣是獧人次於狂者也

孔子曰過我門而不入我室我不憾焉者其惟鄉原乎鄉原德之賊也 憾恨也人過孔子之門不入則孔子恨之獨鄉原不入者無恨心耳以其鄉原賊德故也

曰何如斯可謂之鄉原矣 萬章問鄉原之惡如何

曰何以是嘐嘐也言不顧行行不顧言則曰古之人古之人行何爲踽踽涼涼生斯世也爲斯世也善斯可矣閹然媚於世也者是鄉原也 孟子言鄉原之人言何以嘐嘐若有大志也其言行不顧則亦稱曰古之人古之人行何爲踽踽涼涼有威儀如無所施之貌也鄉原者外欲慕古之人而其心曰古之人何爲空自踽踽涼涼而生於今之世無所用之乎以爲生斯世但當取爲人所善善人則可矣其實但爲合衆之行媚愛也故閹然大見愛於世也若是者謂之鄉原也

萬

子。曰一鄉皆稱原人焉無所往而不爲原人孔子以爲德之賊何哉萬子即萬章也孟子録之以其不解於聖人之意故謂之萬子子男子之通稱也美之者欲以責之也萬子言人皆以爲原善所至亦謂之善人若是孔子以爲賊德何爲也曰非之無舉也刺之無刺也同乎流俗合乎汙世居之似忠信行之似廉絜衆皆悅之自以爲是而不可與入堯舜之道故曰德之賊也孟子言鄉原之人能匿蔽其惡非之無可舉者刺之無可刺者志同於流俗之人行合於汙亂之世爲人謀居其身若似忠信行其身若似廉絜爲行矣衆皆悅美之其人自以所行爲是而無仁義之實故不可與入堯舜之道也無德而人以爲有德故曰德之賊也孔子曰惡似而非者惡莠恐其亂苗也惡佞恐其亂義也惡利口恐其亂信也惡鄭聲恐其亂樂也惡紫恐其亂朱也惡鄉原恐其亂德也似真而非真者孔子之所惡也莠之莖葉似苗佞人詐飾似有義者利口辯辭似若有信鄭聲淫人之聽似若美樂紫色似朱朱赤也鄉原惑衆似有德者此六似者孔子之所惡也君子反經而已矣經正則庶民興庶民興斯無邪慝矣經常也反歸也君子治國家歸於常經謂以仁義禮智道化之則衆民興起而家給人足矣倉廩實而知禮節安有爲邪惡之行也

疏萬章曰至斯無邪慝矣○正義曰此章言士行有科人有等級中道爲上狂狷不合似是而非色厲內荏鄉原之惡聖人所甚反經身行民化於己子率以正孰敢不正之謂也萬章問曰孔子在陳至何思魯之狂士者萬章問曰孔子在陳國有戹不遇賢人上下無有交者乃歎曰盍歸乎來言我黨之爲士進取於大道而不得其中道者也亦以不忘其初而思故舊也故問之孟子謂孔子在陳國何爲而思魯國之狂士者也孟子曰孔子不得中道而與之至故思其次也孟子荅之曰

孔子不得中正之道者而取與之必也思其狂狷者乎狂者以其但進取於大道而不知退宿於中道狷者有所不敢爲但守節無所爲而應進退者也孔子豈不欲中道者而與之哉不可以必得中道之人故思念其次於中道者爲狂狷者也敢問何如斯可謂狂矣萬章又問孟子曰人行當何如則斯可謂之狂矣曰琴張曾皙牧皮者孔子之所謂狂矣孟子又荅之曰如琴張曾皙牧皮三人者孔子謂爲狂者也蓋論語嘗謂古之狂也肆今之狂也蕩琴張曾皙牧皮三者皆學於孔子進取於道而躐等者也是謂古之狂者也琴張曰君子不爲利疚我曾皙風乎舞雩詠而歸是皆有志於學亦志於仕以爲進取者也牧皮經傳並無所見大抵皆學孔子而行有同於曾皙琴張二人耳此孟子所以皆謂之狂士何以謂之狂也萬章又問何以謂此三人爲之狂士也曰其志嘐嘐然曰古之人古之人至鄉原德之賊也者孟子又荅之曰其志嘐嘐然大言乃曰古之人古之人及考驗其所行之行而未始掩覆其言焉是言過於行爲之狂者也孔子思與狂者又不可而必得之欲得有介之人能不耻賤汚行不絜者而與之也是爲狷者也是又次於狂者也孔子有曰過我門而不入我室我不以恨之者其唯獨於鄉原之徒也鄉原者以其爲賊害於德者也然則孔子如以自非鄉原而過其門而不入室者是則恨之矣此亦見孔子自非鄉原之徒者以無不與之也所以思於中道而不可得則思其狂狷曰何如斯可謂之鄉原矣萬章又問何如則謂之鄉原者矣曰何以是嘐嘐也至曰是鄉原也孟子又荅之曰鄉原之人其言何以是嘐嘐然若有大也以其言不顧於行行又不顧於言則亦稱之曰古之人古之人所行之行何爲踽踽涼涼有威儀如無所施之貌也是言鄉原之人外欲慕古之人而其心乃曰古之人何爲空自踽踽涼涼而生於今之世無所用之乎以爲生斯世也但當取爲人人所善則可矣故闇然大見媚愛之於世也者是則謂之鄉原者矣萬子曰一鄉皆稱原人焉至何哉者萬章不解孟子之意故問之曰如一鄉皆稱爲原善之人是無所往而不爲善人矣孔子乃以爲有賊害於德是爲德之賊者何爲者哉曰非之無舉也至斯無邪慝者孟子又荅之曰言鄉原之人能掩蔽其惡使人欲非誇之則無可而

非者使人欲譏刺之則無可爲譏刺者其志則有同乎流俗之人所行又合於汙亂之世居其身則若有忠信而實非忠信也行其身若有廉絜而實非廉絜也衆人皆悅美之而自以爲是而無其實故不與入堯舜之正道者也是無德而爲有德故謂之爲德之賊者也孔子有曰惡有似眞而非眞者惡莠之莖葉秀茂者以其似苗恐有亂其苗種者也惡佞詐飾者以其似義恐有亂其義者也惡利口辯辭以其似信恐其有亂於信者也惡鄭聲之淫哇以其似美樂恐其有亂於雅樂也惡紫之間色以其似朱恐其有亂於朱者也惡鄉原之惑衆以其似有德恐其有亂於德者也凡此六者孔子所以惡之以其似是而非者也君子者乃歸其常經而已矣云經者則義信德是也如佞。口鄉原者是不經也唯君子則反經而已矣君子去其不經以反復乎經則其經斯適於正而不佞故義以立而不爲佞亂信以立而不爲利口亂德以立而不爲鄉原亂此庶民所以興行又不爲兩疑之惑矣庶民既以興行斯無邪慝之行也○注周禮五黨爲州五州爲鄉故曰吾黨之士也○正義曰案論語云子在陳曰歸與歸與吾黨之小子狂簡斐然成章不知所以裁之今云周禮五黨而解其文蓋亦不案此論語而有誤也誠如周禮五黨言之則論語何以云吾黨蓋不當引此爲證所謂黨者蓋五百家爲之黨是其旨也○注孟子言至學者也○正義曰子張之爲人踸踔譎詭論語曰師也辟故不能純善者案家語有衞人琴牢字張則此與左傳所謂琴張者琴牢而已非所謂子張善鼓琴也趙注引爲顓孫師亦未審何據而琴張曰師張曰曾晳曾參之父蓋言於前矣牧皮者未詳○注似眞而非至孔子所惡也正義曰案論語云惡紫之奪朱惡鄭聲之亂雅樂惡利口之覆邦家其序與此不同者蓋孟子以亂義不及亂信亂信不及亂德其所主三者而已苗莠朱紫聲樂所託以爲喻者也是所以爲異者也○注色厲內荏至子帥以正孰敢不正者○正義曰此蓋本論語之文而云

孟子曰由堯舜至於湯五百有餘歲若禹臯陶則見而知之若湯則聞而知之言五百歲聖人一出天道之常也亦有遲速不能正五百歲故言有餘歲也見而知之謂

輔佐也通於大賢次聖者亦得與在其間親見聖人之道而佐行之言易也聞而知之者聖人相去卓遠數百歲之間變故衆多踰聞前聖所行追而遵之以致其道言難也

由湯至於文王五百有餘歲若伊尹萊朱則見而知之若文王則聞而知之

伊尹摯也萊朱亦湯賢臣也一曰仲虺是也春秋傳曰仲虺居薛爲湯左相是則伊尹爲右相故二人等德也

由文王至於孔子五百有餘歲若太公望散宜生則見而知之若孔子則聞而知之

太公望呂尚也號曰師尚父散宜生文王四臣之一也呂尚有勇謀而爲將散宜生有文德而爲相故以相配而言之也

由孔子而來至於今百有餘歲去聖人之世若此其未遠也近聖人之居若此其甚也然而無有乎爾則亦無有乎爾

至今者至今之世當孟子時也聖人之間必有大賢名世者百有餘年適可以出未爲遠而無有也鄒魯相近傳曰魯擊柝聞於邾近之甚也言已足以識孔子之道能奉而行之既不遭値聖人若伊尹呂望之爲輔佐猶可應備名世如傅說之中出於殷高宗也然而世謂之無有此乃天不欲使我行道也故重言之知天意之審也言則亦者非實無有也則亦當使爲無有也乎爾者歎而不怨之辭也

【疏】孟子曰至無有乎爾○正義曰此章言天地剖判開元更始三皇以來人倫攸敘弘析道德莫貴聖人聖人不出名世承間雖有斯限蓋有遇不遇焉是以仲尼至獲麟而止筆孟子亦有乎爾終於篇章者也孟子曰由堯舜至於湯至由湯至於文王又至由文王至於孔子又至由孔子而至於今止無有乎爾者此孟子欲歸道於己故歷言其世代也言自堯舜二帝至於商湯其年數有五百餘載矣如禹皋陶爲堯舜之臣則親見而知堯舜聖人之大道而佐行之也如湯王之去堯舜之世則相去有數百歲之遠則但聞其二帝所行之道遵而行之者也又自商湯逺至文王周時又有五百餘歲如伊尹萊朱二者俱爲湯之賢臣則親見而知湯所行之道而輔佐之者也

如文王之去湯世則相去有數百歲之遠則但聞其湯所行之道而遵之者也以自文王之世至於孔子之時又有五百餘載如太公望散宜生二者爲文王之臣則親見而知文王所行之道而輔佐之者也如孔子之去文王世則相去亦有數百歲之遠則但聞其文王之道而遵之者也故自孔子以來逮至於今但百有餘歲以其去孔子之世如此之未遠自鄒國至于魯國其地相去如此之甚近然而猶可應備名世如傅說之中出於高宗也然而世之以謂無有此名世而出於閒者乃天不欲使我行道也故曰然而無有乎爾則亦無有乎爾矣此所以欲歸於己而歷舉世代而言之也○注伊尹至于等德也正義曰史記云伊尹名摯號爲阿衡也爲湯之相萊朱亦湯賢臣一曰仲虺是也春秋傳曰仲虺居薛爲湯左相者蓋魯定公元年左丘明之文也杜預云仲虺奚仲之後也○注太公望散宜生○正義曰太公望於前詳言之矣散宜生案論語云武王曰予有亂臣十人馬融云十人而散宜生在焉散姓宜生名也○注至今者至而無有也○正義曰云魯擊柝聞於邾者按魯哀公七年公伐邾之文也亦於敘言之詳矣云傅說出殷高宗者亦言於前篇矣然而仲尼作春秋必至獲麟而止者也孟子亦必止於無有乎爾而終其篇者蓋亦見孟子擬仲尼而作者也故哀公十四年春西狩獲麟杜氏云麟仁獸也聖王之嘉瑞時無明王而出而遇獲仲尼傷周道不興感嘉瑞之無應故春秋脩中興之教絕筆於獲麟之一句所感而作固所以爲終也孟子之書終於是言者蓋亦憫聖道不明于世歷三皇已來推以世代雖有歲限然亦有遇不遇焉故述仲尼之意而作此七篇遂以無有乎爾終於篇章之末蓋亦深歎而不怨之云爾

孟子注疏解經卷第十四下

孟子注疏卷十四下校勘記　阮元撰盧宣旬摘錄

欄也　閩監毛三本同廖本孔本韓本考文古本欄作闌足利本作闌下入欄同音義出闌字云與欄字同案闌者假借字欄者俗字闌者正字也

又復從而非之　閩監毛三本同廖本孔本韓本考文古本非作罪

章指言驅邪反正正斯可矣來者不綏追其前罪君子甚之以爲過也

廝養之役也　閩監毛三本同廖本孔本韓本考文古本廝作斯音義出斯養云斯養同廝

則分崩不振　閩監毛三本孔本韓本同宋本廖本無則字

章指言原心量力政之善者繇役並興以致離殍養民輕斂君之道也

居不離散　閩監毛三本同廖本孔本韓本考文古本居作民

章指言寶此三者以爲國珍寶於珍孔本韓本考文引古本作爭玩以殃其身諸侯如茲

永無患也

章指言小知自私藏怨之府大雅先人福之所聚勞謙終吉君子道也

若是乎從者之廋也　閩監毛三本孔本韓本同廖本廋作廋音義出廋字云或作廋

屝屨也　十行本糢糊閩監毛三本如此宋本孔本韓本屝作屝音義出屝字作屝者誤

自知問之過也 閩監毛三本同宋本孔本韓本無也字

夫子之設科也 閩監毛三本同宋本岳本廖本孔本韓本子作予案注云夫我設教授之科僞疏亦云夫我之設科以教人則作予是也予子蓋字形相涉而譌

來者不拒 閩監毛三本孔本韓本同宋九經本宋本岳本咸淳衢州本廖本拒作距

亦不拒逆 閩監毛三本韓本同廖本考文古本拒作距孔本拒逆作逆拒

君子不保其異心也 閩監毛三本同廖本孔本韓本考文古本無其字

殆非爲是來 閩監毛三本同廖本孔本韓本考文古本上有言字

謙以益之而已 閩監毛三本同廖本孔本韓本考文古本作謙以荅之

章指言教誨之道受之如海百川移流不得有拒 考文引古本作距 雖獨竊屨非己所絕順荅小人小人自咎所謂造次必於是也

人能充無穿窬之心 閩監毛三本同宋九經本岳本咸淳衢州本廖本孔本韓本窬作踰

人能充無受爾汝之實 各本同廖本汝作女

人所爾汝者也 閩本孔本韓本同監毛二本汝作女毛本下爾汝亦作女

而以自行所至 閩監毛三本自作有廖本孔本韓本考文古本有作自

是以言餂之也 音義云本亦作餂〇按韻書無餂字而趙注與方言正合則爲餂字之誤無疑也

章指言善恕行義充大其美無受爾汝何施不可取人不知失其臧否比之穿踰善亦遠矣

孟子曰人皆不忍 閩監毛三本皆下有有所二字

以其失之以也 閩本下以改敎監毛二本與閩本同

而道存焉 閩監毛三本同岳本廖本孔本韓本考文古本無此四字

自任太輕也 閩監毛三本同宋本孔本韓本無也字

章指言言道之善以心爲原當求諸己而責於人君子尤之況以妄芸言失務也

乃爲善言者也 閩本同監毛二本刪者字

乃爲善道〇君子之言也 閩監毛三本〇作也字

以其君子於其言也 閩本同監毛二本無上其字

非特騰心說而已 補監毛本心作口是也

盛德之至 各本同孔本下有也字

行命以待之而已矣 閩監毛三本同廖本孔本韓本考文古本作待命而已矣

章指言君子之行動合禮中不惑禍福修身俟終堯舜之盛湯武之隆不是過也

是爲盛之至也 閩監毛三本盛下有德字

勿視其巍巍然 閩監毛三本同廖本孔本韓本巍作魏音義出魏魏丁云當作巍是經文本作魏作巍非也○按依說文本無二字

謂當時之尊貴者也 岳本及各本同宋本無謂字

說大人之法 閩監毛三本同廖本孔本韓本考文古本說下有此字

言語得盡而已 閩監毛三本廖本孔本韓本考文古本無而已二字

堂高數仞 閩監毛三本同廖本孔本韓本考文古本堂高作高堂

榱題數尺 閩監毛三本同廖本孔本韓本考文古本榱題作振屋

奢太之室 閩監毛三本同廖本孔本韓本足利本太作汰考文古本作大

大屋無尺丈之限 廖本孔本考文古本足利本同閩監毛三本韓本屋作室

後車千乘 閩監毛三本同孔本韓本考文古本後作從

章指言富貴而驕自遺咎也茅茨采椽聖堯表也以賤說貴懼有蕩心心謂彼陋以寧我神故以所不爲爲之寶玩也

自遺咎 補案咎下依章指有也字

利欲也 各本同廖本利欲作欲利

若晉國欒黶之類也 閩監毛三本同廖本孔本韓本考文古本無晉字

不存者衆 閩監毛三本同廖本孔本韓本考文古本下有也字

章指言清靜 孔本韓本作淨 寡欲德之高者畜聚積實穢行之下廉者招福濁者速禍雖有不然蓋非常道是以正路不可不由也

孟子至寡矣 閩監二本同毛本子下有曰字

孟子曰至雖有不存焉者寡矣 監毛本同案不字衍

故問羊棗與膾炙孰美也 閩監毛三本同廖本孔本韓本考文古本孰字在與字之上韓本無也字

故諱 閩監毛三本同廖本孔本韓本考文古本下有之也二字

章指言情理 宋本孔本韓本考文古本作禮 相扶以禮制情人所同然禮則不禁曾參至孝思親異心羊棗之感終身不嘗孟子嘉焉故上章稱曰豈有非義而曾子言之者也

獨曾子好之 閩監毛三本子改晳

譬如君父之名 閩監毛三本如下增諱字

吾黨之小子 閩監毛三本同宋本孔本韓本小子作士

孔子在陳 閩監毛三本同廖本孔本韓本考文古本在作尼

思魯之狂士者也 閩監毛三本同廖本孔本韓本考文古本無者字

狷者有所不爲也 各本狷作獧案音義出狂獧云與狷同則經注並當作獧作狷者誤

能恥賤惡 閩監毛三本同廖本孔本韓本考文古本惡作汙

以其鄉原賊德故也 閩監毛三本同宋本孔本韓本無鄉原二字

萬章問鄉原之惡如何 廖本孔本韓本如作云閩監毛三本如何作何如

言何以嘐嘐若有大志也閩監毛三本同廖本孔本韓本以下有是字

萬子曰按朱注本作萬章誤

惡鄉原恐其亂德也韓本脫此八字

莠之莖葉似苗閩監毛三本同岳本廖本孔本韓本無之字

色似朱朱赤也閩監毛三本同廖本孔本韓本少一朱字

孔子之所惡也閩監毛三本同廖本孔本韓本考文古本上有皆字

歸於常經閩監毛三本同宋本岳本廖本孔本韓本考文古本於作其

章指言士行有科人有等級中道爲上狂獧不合似是而非色厲內荏鄉原之惡聖人所甚反經身行民化於己子率而足利本作以正孰敢不正也

如佞口鄉原者閩監毛三本口上有利字

然而無有乎爾則亦無有乎爾音義陸本作然而無乎爾則亦有乎爾

非實無有也岳本廖本孔本韓本考文古本同閩監毛三本有誤者

章指言天地剖判開元建始三皇以來人倫攸敘宏析道德班垂文采莫貴